국포 강박과 남인시맥을 이은 18~19세기 문인
지원 강세륜의 한시와 상주지역 시사 연구

지원 강세륜의 삶과 시문학

국포 강박과 남인시맥을 이은 18~19세기 문인
지원 강세륜의 한시와 상주지역 시사 연구

지원 강세륜의 삶과 시문학

방현아 지음

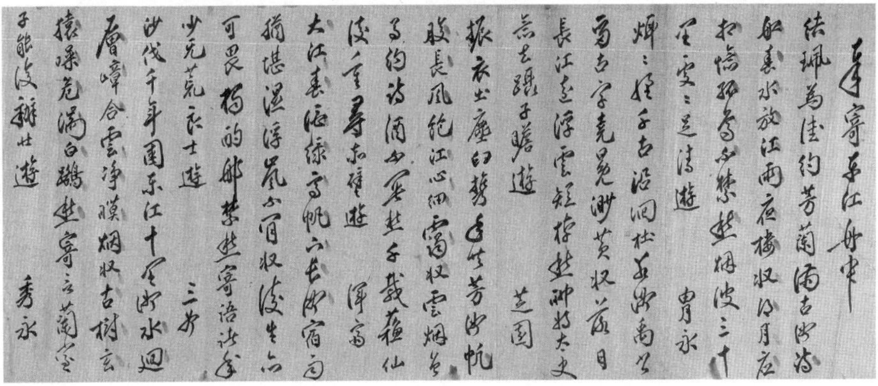

학자원

책을 펴내며

지원(芝園) 강세륜(姜世綸, 1761~1842)은 근기남인의 대표주자인 국포(菊圃) 강박(姜樸)의 손자로, 18~19세기에 살았던 관료이자 문장가이다. 지원은 상주에서 태어난 영남학파의 문인으로, 정종로의 문하에서 퇴계 이황과 미수 허목의 사상을 이어받았다. 한양에서는 홍의호(洪義浩), 홍순호(洪醇浩), 홍대호(洪大浩), 강준흠(姜浚欽) 등과 교유하였고, 영남지역에서는 강세백(姜世白), 이경유(李敬儒), 강세진(姜世晉), 강봉흠(姜鳳欽), 강세은(姜世誾), 강장흠(姜長欽), 강철흠(姜哲欽), 강세규(姜世揆), 강세문(姜世文), 황반로(黃磻老), 이승배(李升培), 유심춘(柳尋春), 이이순(李頤淳), 고몽찬(高夢贊) 등 수많은 문인들과 교유하며 남인 문단의 문학 활동에 기여하였다.

본 저서는 필자의 박사학위 논문인 『지원(芝園) 강세륜(姜世綸)의 시문학(詩文學) 연구(硏究)－「한경잡영(漢京雜詠)」과 『북정록(北征錄)』을 중심(中心)으로－』를 수정 보완한 것이다. 필자의 박사학위 논문은 강세륜의 생애와 문학세계를 본격적으로 규명하려는 최초의 시도로, 그가 남긴 문집 『지원집(芝園集)』 8책과 『북정록(北征錄)』 1책을 중심으로 시문학세계를 고찰하고 연구한 것이다. 강세륜은 상주지역의 남인문인들과 교유하며 '추수사(秋水社)', '죽우사(竹雨社)', '열운사(悅雲社)'라는 시사 안에서 활발한 문학적 수창으로 일천여 편이 넘는 기행시, 만시, 증별시 등 차운시와 창수시를 남겼다. 특히 한시를 통해 국도 한양의 승경을 형상하였고, 경기를 거쳐 강원도·함경도로 가는 여정에서 경험한 국토의 산수자연을 노래하였다. 1821년 종성부사로 임명되어 함경도를 다녀온 여정과 체험을 기록한 『북정록』은 그의 문집에도 수록되지 않은 규장각 소재 유일본으로, 그가 친필로 수정보완한 필사본이라는 점과 후대인들의 삭제나 수정을 거치지 않고 본래의 기록 그대로 보존되었다는 점에서 주목된다.

지원은 시를 지음에 있어 고문(古文)의 격식을 얻고자 『시경』과 당시(唐詩)를 전범으로 삼았으며, 두보, 이백, 잠삼, 왕창령 등을 위시한 당나라 시인들과 북송의 소동파, 조부인 국포와 우복 정경세 등 앞선 문인들의 시에 차운하곤 했다. 문학표현에 있어서는 성정(性情)의 자연스런 유로(流露)를 중시하여 '성정지발(性情之發)'과 '풍유지기(諷諭之寄)'를 특징으로 하였으며, 인위적인 꾸밈이나 모방 없이 마음에서 저절로 우러난 시를 써야한다고 주장하였다.

특히 18~19세기에 한양을 주제로 노래한 1817년의 저작인 「한경잡영(漢京雜詠)」 40제가 주목된다. 「한경잡영」은 홍의호, 강준흠, 강세륜이 동일하게 남기고 있는 연작시이다. 세 사람의 교유와 문학적 수창의 결과물인 「한경잡영」은 19세기 초의 다양한 한양의 모습과 작가의 정서를 살펴볼 수 있으며, 18세기 정조의 하명아래 지어진 「성시전도시(城市全圖詩)」와 강이천의 「한경사(漢京詞)」 등의 작품들과 비교해볼 수 있는 좋은 자료이다. 형식면에서는 훨씬 다양해졌지만, 내용면에서는 조선 초 팔경시(八景詩)의 맥을 이어 왕조의 찬양, 태평의 구가 등을 주제로 하며, 태평성대를 누릴만한 도심의 활기와 승경(勝景)을 추구하고 있다.

또한, 61세(1821년)에 함경북도 종성부사로 임명을 받아 39일간의 여정을 기록한 『북정록』과 1년간 임지에서의 생활과 풍습을 노래한

「종산잡록(鍾山雜錄)」을 통해 국토산하의 기관(奇觀)에 대한 자긍심과 역사관을 엿볼 수 있다. 경물과 사적을 통해 역사를 반추하고 자성(自省)하며 승경과 국토의 산하를 노래한 '백두산가(白頭山歌)'는 이러한 호연지기(浩然之氣)의 기개와 국토애가 집약된 작품이다. 기생 가련(可憐), 조생(趙生)이나 관노(官奴)의 삶을 주제로 그들의 목소리를 대변한 작품들은 약자에게 세심하게 마음을 쏟는 그의 애민정신과 인간성 긍정의 측면에서 비롯된 소견이다. 새하가(塞下歌)를 중심으로 쓴 「종산잡록」은 기속시(紀俗詩)와 풍속시(風俗詩)를 담고 있으며, 삶의 질고뿐 아니라 세시풍속(歲時風俗)을 즐기며 수문연무(修文練武)하던 북관민들의 기질과 건전하고 강인한 삶의 영역을 보여주고 있다. 그는 작품 안에서 민족의 지난 역사와 생활상을 생생하게 그려냄으로써 당면한 현실 문제를 적시하고 적극적으로 대처하지 못한 한계까지 그대로 드러내었다. 이것이 그의 시문학 작품이 지닌 속성이자 의의이다.

저자는 박사과정을 수료하고도 까마득한 시간이 흐른 뒤에야 박사학위를 받았고, 부끄러운 마음에 박사논문을 아주 소량만을 제본하여 많은 분들과 나누지 못했다. 그러나 이후 졸고를 필요로 하는 연구자들이 있다는 것을 알고 나누지 못한 송구한 마음이 들었다. 본서는 그 마음을 전달하고자 고안하게 되었다. 본서의 내용은 학위논문과 큰 차이가 없으나 채 발견하지 못했던 오탈자와 이후 소논문을 통해 발표한 내용들을 약간 보완하여 출간하게 되었다. 특히 강세륜에 대한 연구가 처음이라 되도록 많은 주석을 달았으며, 도표나, 사진, 진주강씨 세계도의 부록 등은 생략하고 한자는 되도록 한글로 전환하였다.

지난 10월 경상북도 상주에서 국포 강박의 신도비건립 행사가 있었다. 그 행사는 남인문단의 비조인 국포 강박의 사상과 생애, 문학과 그 전통을 다시 한 번 돌아보게 하였으며 본서를 출간하게 된 본격적 계기가 되었다. 박사수료 후 학문의 길에서 멀어져 살다가 아이들이 훌쩍 큰 나이에 다시금 박사논문을 준비하는 일이 쉽지는 않았다. 무엇보다 용기의 부족이 가장 큰 이유였다. 그러나 나의 부족을 인정하는 겸손한 자세와 용기로 논문을 완성할 수 있었다. 그러나 돌아보면 무엇보다 주변의 학은 없이는 불가능한 일이었다.

부족한 후배를 제자로 맡아 자상한 지도와 큰 가르침을 주신 지도교수이신 진재교 교수님, 심사를 맡아주시고 이모저모 많은 도움을 주신 정우봉 교수님, 윤재환 교수님, 김영진 교수님, 이현일 교수님께 무한 감사를 드린다. 용기부족으로 끙끙대고 있을 때, 늘 할 수 있다는 가능성으로 격려해 주신 이영호 교수님, 강세륜의 문집을 한걸음에 들고 나와 주시고 강준흠 연구로 학위를 받으신 최상근 박사님, 지금도 초서 학습으로 이끌어주시는 경운초당의 김채식 교수님, 석사학위 1호제자라고 응원해 주시는 김명호 교수님, 일일이 거론할 수 없을 만큼 많은 분들께 넘치는 학은을 입었다. 성균관대에서 한문학을 지도하시는 존경하는 교수님들과 진주강씨 대사간종회 여러분께도 감사드린다. 이외에도 모두 나열하지 못하지만 어려운 시기에 인문학의 등불인 한문학의 길을 마다하지 않고 묵묵히 걸어가는 많은 동학들과 존경하는 선후배님께 못다 한 인사를 대신하며 지면으로도 전할 수 없는 깊은 감사의 마음이 전달되기를 바란다. 논문의 정리와 편집을 위해 애써주신 학자원 사장님과 편집부에 감사의 마음을 전한다.

보잘 것 없는 저서이지만 강세륜의 생애와 문학연구가 식산가(息山家)와 모헌가(慕軒家), 국포가(菊圃家)를 중심으로 이어지는 남인 문단과 시맥의 새로운 작가들을 조망하는 데에 조금이나마 보탬이 되는 유의미한 자료가 될 수 있기를 바란다.

2023년 1월 저자

차례

제1부
생애

지원芝園 강세륜姜世綸의 삶과 배경

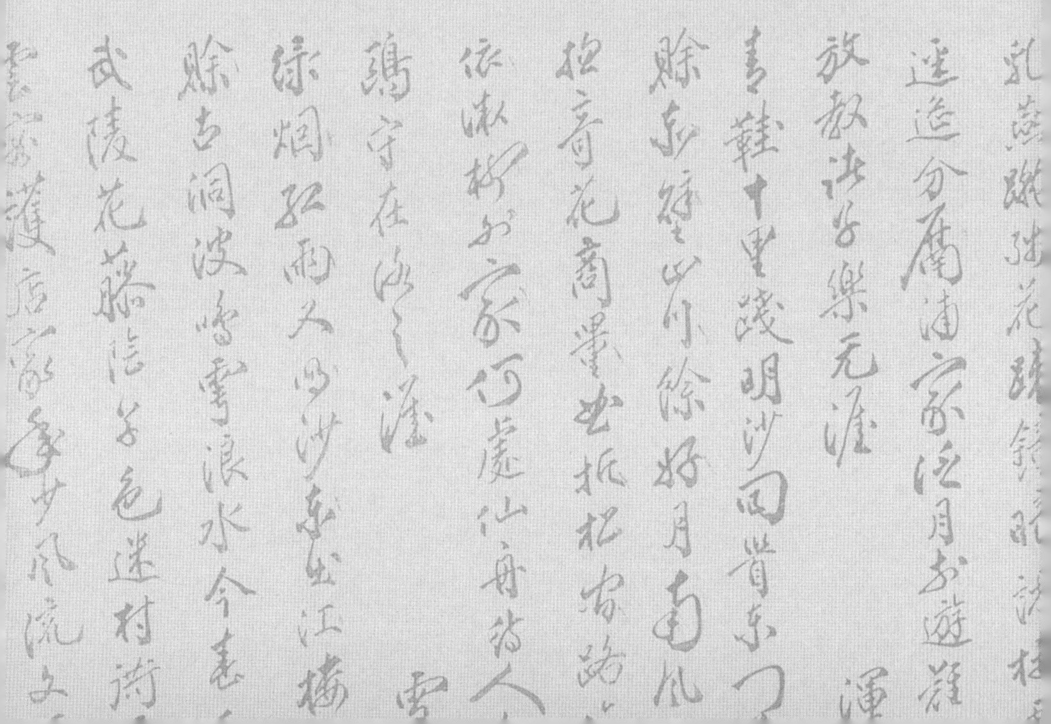

1. 연구사 검토와 서지사항

한문학에서 개별 작가의 발굴은 진부한 것처럼 보이지만, 여전히 유효하다. 특히 조선후기 남인 문단으로 주목받고 있는 작가는 소수이기에 이런 점에서 비중 있는 남인작가의 발굴과 연구는 조선후기 문학사의 구도와 지형을 보완한다는 점에서 의미가 있다. 지원 강세륜(1761~1842)은 그러한 작가들 중의 한 분이다. 강세륜은 18~19세기 남인 문단에서 두각을 나타낸 시인이지만, 그간 자료가 묻혀있어 전혀 주목을 받지 못하였다. 이 점에서 강세륜의 문집을 발굴하여 본격적으로 그의 작품을 새롭게 연구하는 것은 유의미한 작업이다.

조선 후기 남인문단과 관련한 작가와 작품의 발굴은 지속할 필요가 있다. 남인은 당색 때문에 문집이 제대로 간행되지 못한 경우가 적지 않고, 남긴 글도 문중이나 후손가에 파묻혀 학계의 시선조차 받지 못하였다. 강세륜의 경우도 마찬가지였다. 강세륜은 『지원집(芝園集)』 8책[1]과 『북정록(北征錄)』 1책[2]을 남겨 일천여 편이 넘는 한시를 창작

---

1 姜世綸의 『芝園集』과 「漢京雜詠」은 최상근의 『姜浚欽의 三溟詩話 연구』, 성균관대학교 석사학위논문, 2010, 65면, 註164)에 처음 언급되었다. 또한, 최상근의 「林下李敬儒의 『滄海詩眼』 연구」, 『한국한문학연구』 제59집, 2015, 32면 註76)에도 『芝園集』이 언급되었다. 『芝園集』 8冊은 晉州姜氏大司諫公派宗會中에 소장된 定稿本이다.

2 규장각 소장본 『北征錄』은 필사본, 청구기호는 一簑古 951. 05-J569b, 저술연도는 純祖21~22年(1821~1822)이다. 첫 장에 辛巳 壬午라는 年紀가 기재되어 있고 내용에 英祖, 正祖의 廟號가 나타나는 것으로 辛巳年이 1821년이며, 『承政院日記』 순조21년 9월 6일조에 姜世綸을 鍾城府使로 임명한다는 기록이 있다. 표지에 『北征錄』이라고 쓴 단권이지만, 앞부분은 여정을 기록한 『北征錄』이며, 중간 이후는 종산에서의 생활을 기록한 「鍾山雜錄」이다. 또한, 「鍾山雜錄」 첫 장에 「鍾山錄」이라는 첨지가 붙어있고, 문집에 「鍾山錄」이라 되어 있어 작가가 문집간행을 위해 수정하려 한 것을 알 수 있다. 규장각본과 문집의 定稿本은 작품수와

한 뛰어난 시인이다. 『지원집』은 후손가에 소장되어 연구자의 시선이 닿지 않았고, 『북정록』은 규장각의 해제가 전부이다. 강세륜은 서울에서 문학 활동을 하면서 성균관 관리와 문인들과 교류하였고, 영남 지역 문사와도 활발히 교류하였다. 그의 한시는 시사(詩社)를 통해 지은 수창시(酬唱詩)와 차운시(次韻詩)이며, 일상을 노래하거나 승경(勝景), 경관(景觀)을 주요 소재로 삼아 국토산하를 미적 대상으로 삼고 그 기관(奇觀)과 향토정서를 형상하는 등 다채로운 편이다.

강세륜이 고향 상주의 승경을 노래하여 이경유(李敬儒)의 잡영(雜詠)에 차운한 「상산잡영(商山雜詠)」 25수[3]와 상주의 갑장산(甲長山)의 팔경(八景)을 노래한 「갑장암팔경(甲長菴八景)」,[4] 우복(愚伏) 정경세(鄭經世)의 '우산(愚山) 21경'에 차운한 시들은 수작(秀作)이다.[5] 이러한 산수미를 포착한 것은 이계 홍양호(1724~1802), 진택 신광하(1729~1796)의 작품에서 볼 수 있는 한시의 진경산수풍이라 할 수 있다.[6]

제목에 차이가 있다. 본고는 필사본을 텍스트로 삼고 필요에 따라 定稿本을 참고하였다. 문집에는 『北征錄』이 남아있지 않다.

3 姜世綸, 『芝園集』 卷2, 「商山雜詠」 25首, "林翁示雜詠諸作, 或律或絶, 淸婉可誦. 要余和之, 遂用其韻, 各賦古詩一章, 又采摭昔賢遺躅, 忠信故蹟孝烈之在耳目者, 山川之稱名勝者, 十數事以補遺, 凡二十五章, 章八句."라 하고, ①王山, ②二香亭, ③迎賓館, ④屛城, ⑤道南書院, ⑥玉洞書院, ⑦忠烈祠, ⑧梅谷, ⑨愚山, ⑩柴里, ⑪栗谷, ⑫招鶴臺, ⑬自天臺, ⑭弄淸臺, ⑮觀水樓, ⑯開巖亭, ⑰不換亭, ⑱素履亭, ⑲甑潭, ⑳黃萬石, ㉑洪氏婦, ㉒熊耳山, ㉓三灘, ㉔龍遊洞, ㉕農泉 등 25제재를 소개하고 있다.

4 姜世綸, 『芝園集』 卷4, 「甲長菴八景」, 龍池宿雲, 獅嶺棲霞, 甕巖返照, 罏峯霽月, 懶翁古壁, 舍人舊臺, 欄頭小塔, 庭面老檜의 8景이다.

5 姜世綸, 『芝園集』 卷1, 「敬次愚伏先生愚山二十一景韻」, 水回洞, 拱仙峯, 畫圖巖, 靑山郵, 雙壁壇, 雲錦石, 花潡, 船巖, 垂綸石, 溪亭, 書室, 愚巖, 懷遠臺, 五峯塘, 五老臺, 萬松洲, 御風臺, 羽化巖, 翔鳳臺, 山影潭, 鰲柱石의 21곳이다.

6 陳在敎, 『이조 후기 한시의 사회사』, 소명출판, 2001, 제2장 耳溪 洪良浩論과

수많은 시작품들은 그의 전반적인 생애와 교우관계를 밝혀내는데 참고하였으며, 본서에서는 가장 주목되는 추수사, 죽우사, 열운사로 이어지는 시사와 「한경잡영」, 『북정록』을 연구의 핵심으로 삼았다. 「한경잡영」과 『북정록』은 서울의 진경과 강원도 함경도를 중심으로 한 국토산하의 산수미를 다각도로 형상화 한 것이다. 그가 읊은 자연은 일종의 한시가 포착한 진경이라 할 수 있다.

그간 강세륜을 주목한 논문으로 김선기는[7] 김충선(金忠善)의 『모하당문집(慕夏堂文集)』의 서(序)를 쓴 저자로 강세륜, 정신(鄭藎), 강필효(姜必孝)[8]를 언급하였다. 이 서문은 1842년 1월 16일 강세륜이 생을 마치기 5개월 전에 쓴 것이다.[9] 임진왜란 때 조선에 귀화한 후, 김충선이라는 새 이름을 받은 일본 장수 사야가(沙也可)를 예찬하고 의사(義士)라는 칭호를 붙여 칭송한 내용이다.[10] 최상근은 『삼명시화(三溟詩話)』를 연구하면서, 이경유(李敬儒), 강세백(姜世白), 강세륜 등을 거론하며 당대의 시인으로 주목하였다. 강세륜의 경우 영남이라는 지

제3장 震澤 申光河의 『北游錄』과 『白頭錄』을 참고하였다.

7 김선기, 『항왜 김충선(사야가)의 모하사상 연구』, 부산외국어대학교 대학원 일어일문학과 박사학위논문, 2011.

8 姜必孝(1764~1848)의 字는 仲順, 號는 海隱, 法隱, 本貫은 晉州, 尹光紹의 문인, 『海隱遺稿』가 있다.

9 金忠善, 『慕夏堂文集』, 「慕夏堂文集序」, "壬寅(1842) 孟陽 旣望, 原任兵部左侍郎, 晉山 姜世綸序." 국립중앙도서관본.

10 김선기, 전게논문, 104~108면에 姜世綸이 쓴 「慕夏堂文集 序」 전문이 번역되어 있다. 번역은 『慕夏堂文集 附實記 國譯註解』, 사성 김해김씨 종회(2009)를 인용한 것이다. 서문은 김충선의 6대손인 김한정의 요청을 받고 문집발행의 동기를 써 놓은 것이다. 김충선이 조선에 투항한 배경과 그 이후의 활약상, 賜姓 김해김씨를 하사받은 내용 등 김충선의 생애를 통해 일어난 중요사건을 서술하고 있다. 강세륜의 문집에는 이 서문이 남아있지 않다. KBS 〈역사스페셜〉(2002년)에서 「임진왜란 비사 왜군과 싸운 왜군들」이라는 제목으로 김충선에 대해 조명한 적이 있다.

역적 한계와 남인이라는 당색의 한계로 문집이 제대로 간행되지 못했던 것으로 보인다고 하였다.[11]

이현일과 맹영일은 강준흠과 강박, 강필신 등의 문학을 주목하면서 강세륜의 이름을 언급하였다.[12] 권태을은 『상주한문학』을 통해 상주 출신 문학가를 선구적으로 연구하였다. 이 책은 상주지역의 많은 문인들을 대거 소개했다. 그러나 강세륜을 본격적으로 연구한 것은 아니며 『죽우사시집(竹雨社詩集)』 소재 강세륜의 시 4편을 소개하여 상주시인으로서의 강세륜에 주목하였다.[13] 이는 문집의 존재가 알려지지 않았기 때문인데, 이후 최상근이 「한경잡영」을 소개하며 문집의 존재를 알림과 동시에 그의 문학 연구에 관심을 촉구한 바 있다.[14]

본서는 강세륜의 문학에 대한 본격적인 연구가 없음을 감안하여 그가 남긴 문집을 통하여 생애와 한시를 집중적으로 규명하고자 한다. 이를 통해 강세륜이 남인문단의 중요한 작가임을 밝히고, 아울러 남인 문단의 영역을 확장함으로써 조선 후기 한시사의 중요한 작가임을 규명할 것이다. 이를 위해 본 연구는 몇 가지 주안점을 가지고 논지를 전개하고자 한다.

---

11 최상근(2015), 전게논문, 32면, 秋水社를 바탕으로 형성된 詩脈이 영남에서는 李敬儒의 『滄海詩眼』, 서울에서는 姜浚欽의 『三溟詩話』가 저작되었는데, 이 두 편의 시화는 연안 이씨 博泉·息山家와 진주 강씨 菊圃家의 자매품이라 평가하였다.

12 이현일, 「삼명시화로 본 18세기 한시사」, 『민족문학사연구』 27권, 민족문학사학회, 2005; 맹영일, 『국포 강박의 생애와 한시 연구』, 고려대학교 석사학위논문, 2007; 姜浚欽 著, 민족문학사연구소 한문학분과 역, 『三溟詩話』, 소명출판, 2006, 470~471면.

13 권태을, 『상주한문학』, 문창사, 2002, 556~558면에 그의 시 4편이 소개되었다. 『상주문화』 7호, 「商山詩社(秋水社·竹雨社)紹介」, 상주문화원, 1998.

14 최상근(2010), 65면.

첫째, 18~19세기 남인문단을 중심으로 한 문학 동인의 흐름을 조명하여 그들이 조직했던 문학적 계회(契會)와 시사(詩社)의 의미양상을 도출하고자 한다. 추수사, 죽우사, 열운사로 이어지는 시사의 전통적 양상과 그 사적전승에 주목하였다.

둘째, 「한경잡영」[15] 40제를 통해 국도 한양의 활발함과 그 이면의 모습을 고찰하고자 한다. 「한경잡영」은 홍의호와 수창한 결과물이기도 한데, 강세륜, 홍의호, 강준흠 세 사람이 동일한 시기에 엇비슷한 시제로 창작한 작품이다. 이들이 남산 자각동(紫閣洞)을 중심으로 교유한 것과 한경을 주제로 창작한 동기, 작품들 간의 연관성 등을 중심으로, 팔경시들과의 연계성은 물론 「성시전도시」와 강이천의 「한경사」 등과의 비교분석을 통해 그 진면목을 제시하고자 한다.

셋째, 『북정록』과 「종산잡록」을 통해 북관 지역의 풍속과 세태를 포착한 그의 시선과 북관의 인문지리를 시로 포착한 성취를 알아보고자 한다.[16] 강세륜은 61세 되던 1821년에 함경북도 종성(鍾城)으로 가는 과정에서 견문한 정감을 『북정록』에 담았고, 그곳의 생활과 풍습들은 「종산잡록」으로 포착하였다. 『북정록』에는 141제 163수의 5언, 7언의 절구와 율시, 고시, 잡언체, 악부시 등이 실려 있으며, 「종산잡

---

15 「한경잡영」은 1817년 당시에는 詩軸형태였을 것으로 짐작되나 남아있지 않으며, 『芝園集』 권3의 定稿本을 텍스트로 삼았다.

16 규장각본 『北征錄』은 문집에 실려 있지 않다. 「鍾山雜錄」은 『북정록』의 뒷부분에 실려 있는데, 문집에는 「종산록」이라는 이름으로 『지원집』 권7에 넣었다. 필사과정에서 제목도 간략하게 수정하였고, 작품수도 다르다. 본서는 규장각본을 주 텍스트로 하고 필요에 따라 문집의 「종산록」을 참고하였다. 「종산잡록」 1면에 '卷之八'이라는 첨지가 붙어있는 것으로, 『북정록』을 권7로, 「종산잡록」을 권8로 구성하려 한 것을 알 수 있다. 따라서 『북정록』이 「종산록」 앞에 들어가면 문집의 바른 순서가 되며 卷4와 卷5의 시는 중복되므로 합해야 한다.

록」은 159제 256수로 모두 300제 419수의 한시로 변방에서의 생활과 그곳의 현실을 읊조리고 있다.[17] 특히 함경도 지역의 세태와 풍속, 국토의 역사, 변방의 사적과 인물 등 북관의 인문지리 등을 제시하여 향토정서를 잘 포착하고 있다.

『지원집』 8책은 2009년에 당시 진주강씨대사간공파종회 강정구(姜鼎求) 회장이 문적(文籍)이 멸실되는 책임을 행면코자 한다는 취지로 영인 복제본을 간행하였다. 문집 관련 정보는 도표로 정리하였으며 상세작품은 〈부록〉으로 첨부하였다.

〈표1-1〉『지원집(芝園集)』 8책 서지사항

册	卷	作品種類	作品數	著述年代
1册	卷 1	詩	102제	1780~1815년
	卷 2	詩	101제	1816~1817년
2册	卷 3	詩 (漢京雜詠)	40제	1817년
		詩	66제	1818년
	卷 4	詩	123제	1818년
3册	卷 5	詩	98제	1818년 (卷4와 중복)
	卷 6	詩	약 120제	1819~1821년
4册	卷 7	詩 (鍾山錄)	113제	1821~1822년
	卷 8	詩 (南歸錄)	53제	1822년
		詩 (歸田錄)	64제	1823~1828년
5册	卷 9	詩	122제	1829~1833년
	卷 10	詩	101제	1834~1842년
6册	卷 11	教書	8편	1805~1817년 이후
		疏箚	11편	1802~1840년
		啓	4편	1805~1821년

17 〈부록〉에 『北征錄』 141제와 「鍾山雜錄」 159제의 작품목록이 있다. 「鍾山雜錄」 맨 뒤에 "此下又有鍾山錄六七張繼難合編者"라는 첨지로 뒷부분이 더 있었음을 알 수 있는데, 『芝園集』의 「鍾山錄」에 12제가 추가되어있다.

	卷 12	經筵講義十九條	19조	1805～1816년
		箋	17편	1786～1837년
		書	4편	1808～1839년
7册	卷 13	序	7편	1816～1840년
		記	1편	
		跋	2편	
		上樑文	14편	1808～1837년
	卷 14	丘墓文	1편	
		銘	1편	
		墓誌銘	9편	1783～1833년
8册	卷 15	丘墓文	5편	1793～1833년
		遺事	2편	1819년
		贊卷	1편	
		製進祭祝文	29편	1812～1821년
	卷 16	進香文	2편	1821년
		奉安文	4편	1813년
		哀辭	3편	1807～1819년
		誄	4편	1808～1822년
		祭文	16편	1782～1836년

『지원집』 8책은 권1에서 권16까지로 구성되어 있으며, 일천여 수가 넘는 시작품들과 산문들이 실려 있다. 권1～권10의 시작품들은 대체로 연대순으로 기술되어 있어 생애와 교유관계를 규명하는데 중요한 자료적 기능을 한다. 상주지역의 시사와 「한경잡영」, 『북정록』이 중심연구이지만 그 외 한시와 산문은 생애 연구와 자료로 활용하고 개별 작품 분석을 위해 더러 인용하고자 한다.

2. 가계家系와 삶의 행적

강세륜(1761~1842)의 가계와 생애를 고찰하기 위해 몇 가지 단계로 나누어 서술하고자 한다. 강세륜은 비교적 장수하였고, 삶의 분기점도 대체로 명확하다. 따라서 그의 삶을 몇 단계로 고찰할 수 있는 바, 젊은 시절의 수학기(修學期), 벼슬길로 나간 사환기(仕宦期), 은퇴 후의 만년기(晩年期)로 나누어 살피고자 한다.

2-1. 가학家學의 전승傳承과 수학기修學期 (1세~22세)

강세륜의 자(字)는 문거(文擧), 호(號)는 지원(芝園), 지포(芝圃), 별호(別號)는 동초(桐焦)[18]다. 본관은 진주(晉州)며, 1761년(영조37) 경상북도 상주(尙州) 봉대리(鳳臺里, 현 상주시 상산로)에서 태어나 23세에 급제하여 한양으로 가기 전까지 그곳에 거주하였다. 남인 문단의 비조격(鼻祖格)인 국포 강박[19]의 손자며 강필악[20]의 셋째아들로, 진주강씨 박사공파(博士公派) 21세손이다.[21] 어머니는 여천(驪川) 이씨(李氏)로, 이재후[22]의 따님이다.[23] 우선 강세륜의 생애를 살펴보기에 앞서

---

18 桐焦는 「竹雨社詩集」에 나오는 別號로 문학동인 활동에 쓰던 호칭이다. 『北征錄』안의 「鍾山雜錄」 1면에 '芝園'과 '桐焦秋客'이라는 두 개의 落款이 찍혀있다.

19 姜樸(1690~1742)의 字는 子淳, 號는 菊圃, 蕙圃. 生父는 姜碩勛인데 姜碩蕃의 養子로 왔다. 부인은 全州 李氏로 李萬選의 딸이다. 『菊圃集』 12卷 6冊이 있다.

20 姜必岳(1723~1795)의 字는 希遠, 號는 萍窩. 生父는 姜杭이며 生母는 宣城李氏 李基晩의 딸이다. 姜樸의 외아들 姜必詩(1721~1736)가 결혼을 못하고 16세에 夭折하여 姜樸의 養子로 왔다.

21 博士公派로부터 1971년부터 大司諫公派 종중이 설립되었는데, 그는 대사간공파에 속해있다.

22 李載厚(1698~1773)의 字는 元博, 號는 蔡菴, 本貫은 驪興. 父는 李東煥(字, 囿春), 祖父는 李百休, 曾祖父는 李湜, 부인은 尹志賢의 딸이다. 1723년 생,진

그의 가계를 간단히 정리할 필요가 있다.[24]

조부 강박은 18세기 전반기 근기남인 문단의 핵심 시인으로 청담(淸潭) 이중환(李重煥, 1690~1756), 모헌 강필신[25], 약산(藥山) 오광운(吳光運, 1689~1745), 신절재(愼節齋) 이인복(李仁復, 1683~1730) 등과 함께 경종, 영조 연간의 근기남인 문단의 주류를 형성하고 후배 문인에게 상당한 영향력을 발휘한 인물이다. 그는 허목(許穆, 1595~1682) 이후 문학의 제일인자라고 불렸을 만큼 근기남인 내에서 정치적, 문학적 전통을 견지한 인물로 많은 연구가 전개되었으며,[26] 그의 문학

양시 합격, 1727년 문과급제, 持平을 지냈다.

23 驪川 李氏 夫人(1722~1794)은 貞夫人으로 父는 李載厚, 母는 茂松 尹氏로 尹志賢의 딸이다. 祖父는 李東煥, 外祖父는 尹志賢이다.

24 姜世白, 『晉宗成憲』 卷7, 「居住」를 참고하면, 晉州 姜氏의 시조는 姜以式이다. 正順公 姜縉이 新羅 末에 晉陽候에 封해져서 자손들이 晉人이 되고 本貫이 晉州가 되었다. 正節公 姜九萬(931~975)이 처음 晉州 飛鳳山 아래 鳳谷村에 거하였는데, 자손들이 대대로 벼슬을 많이 하였으며 坡平公 姜洪의 형제는 11명이 벼슬을 할 정도였다. 江南道士가 마을 뒤 바위를 보고(바위 위에 또 작은 바위가 있는 것이 봉황의 형세였다.) 감탄하며 "姜氏의 번성함이 이 바위 때문이로구나!"하였다. 李之元이 그것을 시기하여 사람을 시켜 이 바위를 치게 하였더니 바위 속에 크고 흰 동그란 돌이 4개가 나왔다. 또 그것을 깨게 하니 모두 피가 되었다. 수년 뒤에 척준경의 난을 만나 坡平公 兄弟 20여인이 다 화를 입었다. 恭穆公 姜蓍가 鳳谷으로부터 진주의 斷俗寺 아래 沙月村으로 옮겼다. 姜子平이 벼슬을 많이 하여 요직에 올라 近畿에 살게 되었다.

25 姜必愼(1687~1756)의 字는 思卿, 號는 慕軒. 蔡彭胤의 門人이었다. 姜必愼에 대해서는 맹영일, 「모헌 강필신의 생애와 문학연구」, 『동양고전연구』 69집, 2017, 205~232면.

26 윤재환, 『조선 후기 근기 남인 시맥의 형성과 전개』, 문예원, 2012; 부유섭, 「菊圃 姜樸의 尙古的 시세계」, 『한국한시연구』 18집, 한국한시학회, 2010; 맹영일, 「기속시를 통해 본 18세기 민간생활상 : 菊圃 姜樸과 慕軒 姜必愼의 기속시를 중심으로」, 『漢文學論集』 제31집, 근역한문학회, 2010; 남재철, 「국포 강박의 시에 나타난 조선 후기 양반 몰락의 한 실상」, 『한국학보』, 일지사, 2008; 맹영일, 『국포 강박의 생애와 한시 연구』, 고려대학교 석사학위논문, 2007; 맹영일, 「국포 강박의 애도시 연구」,

적 재능은 강준흠(1768~1833)의 『삼명시화』를 통해서 익히 알려진 바 있다.[27] 강박은 그들 조상이 성서(城西)에서 시작된 것이라 하여 서울이 본래 근거지임을 밝히고 있다. 국초부터 국도의 성서 밖에 살아서 '성서지강(城西之姜)'이라 하였으며, 연산군 때 상주(尙州)로 피난을 갔다가 다시 돌아오게 되었고, 그때 돌아오지 않은 자들이 '영남지강(嶺南之姜)'이 되었다고 하였다.

선대를 살펴보면, 관찰공(觀察公) 강자평(姜子平, 1430~1486) 때 벼슬을 많이 하여 요직에 올라 근기에 살게 되었다. 그의 아들 대사간공(大司諫公)[28]은 1504년(연산군10)에 일어난 갑자사화 때 대사간으로 있었는데 연산군이 생모인 폐비 윤씨(尹氏)를 왕후로 복위하고 신주를 묘에 안치하려는 것에 대해 반대하다가 우두머리로 지목되어 사위인 허반(許磐)과 함께 능지처참되었다. 그의 아우인 군수 강겸(姜謙)도 형의 죄에 연좌되어 북쪽 변방에 유배되었다가 생을 마감하였다. 대사간공의 부인 정부인(貞夫人) 선산김씨는 남편과 사위, 세 아들(永叔, 茂叔, 興叔)을 동시에 잃고, 자부(큰며느리, 永叔公의 부인)인 익산

『韓國漢詩硏究』 제15권, 한국한시학회, 2007; 남재철, 「국포 강박의 시세계와 세시기속시」, 『한문학보』, 일지사, 2005; 남재철, 「菊圃 姜樸의 詩觀」, 『한국문학연구』 제5호, 고려대학교 민족문화연구원, 2004; 김명환, 『菊圃 姜樸의 文學論』, 경북대학교 석사학위논문, 2003; 박무영, 「菊圃 姜樸의 詩學 : 18세기 南人系列의 美的 동향에 대한 연구의 일환으로」, 『한국한문학연구』 제29집, 한국한문학회, 2002; 沈慶昊, 「강박과 남인 문단의 형성」, 『한국 한시의 이해』, 태학사, 2000. 413~447면.

27 姜浚欽 著, 민족문학사연구소 한문학분과 역, 『三溟詩話』, 소명출판, 2006, 470~471면.

28 姜詗(1451~1504)의 字는 詗之이다. 『大東野乘』, 「海東雜錄」, "姜詗, 晉州人, 字詗之, 謙之之弟, 爲人寬平厚直, 又有志節, 我成廟朝登第, 官至大司諫, 燕山甲子被殺, 中廟初命贈吏曹參判."(이하 문집과 실록 등은 DB를 인용하였으며 주에는 생략한다.)

이씨 부인으로 하여금 대사간공의 시신을 수습토록 하여 금천 난곡(현, 난곡선영)에 모신 이후 자진했다. 이씨 부인은 시어머니를 장례하고 합폄(合窆)한 후, 친정인 경상북도 상주로 피난길에 오르게 된다.

중종반정 이후 대사간공은 복권되어 자헌대부 이조판서 겸 대제학에 추증되었으며, 부인은 정려(旌閭)를 받았다. 이들은 다시 소덕문(昭德門) 밖 대거동(大車洞)으로 와서 살게 되었다.[29] 대간공의 부인 김씨의 열녀 정려문이 그곳에 있었기 때문이다.[30] 대거동이라는 동명은 사라졌지만 수렛골이라 불렸다는 표석이 남아있어 지명의 연유를 짐작케 한다.[31] 표석은 현재 중구 서소문로 89 순화빌딩 옆에 있는데,[32] 거동이 대거동을 말한 것으로 보인다. 소의문 바로 앞이 이들의 근거지였으며 국포가 살았다는 성서(城西)는 바로 이곳이다. 대거동의 옛 집은 애련당(愛蓮堂)이라 불렀는데 집 앞 연못에 연꽃을 심어 그렇게 부른 것이다. 이곳에 중국 사신들이 자주 들렀으며, 주지번(朱之蕃) 또한 이곳에 머물렀다고 한다.

---

29 姜世晉, 『警弦齋集』 卷2, 「過大車洞舊第識感」을 통해 모헌 강필신 一家도 상주로 가기 전 大車洞에 살았음을 알 수 있다. "一別西城四十春, 胎仙重返幾居民. 園花尙記曾遊地, 簷燕何知舊主人. 萬事斜陽明鬢雪, 百年故宅轉風輪. 多情惟有終南色, 一抹濃眉不我嚬."

30 姜世白, 『晉宗成憲』 卷7, 「居住」, "中廟改玉後, 復置宅于昭德門外大車洞, 揭我大諫公夫人金氏烈女旌門."

31 西小門 서북쪽 盤松坊에 소재한 마을이다. 이곳에 숙박 시설이 많아 수레들이 많이 모여든 데서 수레골이란 이름이 생겼다. 한국고전번역원 고전종합DB 각주 참조.

32 표석에 "이곳 서소문동 서북쪽 전 배재고교 자리와 이화여고 부지 일부에 해당하는 지역을 수렛골 또는 차동(車洞)이라고 불렀다. 그것은 이 마을에 숙박 시설이 많아 관청의 수레들이 많이 모여든 데서 연유한 것이다. 수렛골은 영조가 인현왕후 탄생지인 이 지역에 인현왕후 추모비를 세워 추모동이라고도 하였다."라고 기록되어 있다. (필자는 '거동'으로 읽었다.)

애련당은 곧 나의 대거동 옛 집이다. 당 앞에 연못이 있어 연꽃을 심었기에 이 이름으로 편액하였다. 진흥공(—姜紳, 필자주)[33]이 접대사로 중국 사람들과 친한 자가 많았다. 이 때문에 중국사신이 자주 집에 왔으며 중국사신 주지번도 여러 날 머무르며 시를 판에 걸고 또 액을 써서 문미에 건 일이 많았다. 당시에 이름난 제영이 병자호란 때 다 타 버렸다. 그 후 중건하여 연못과 대를 옛 모습대로 했지만 시와 편액은 망실되었으니 애석하다! 우리 고조 복정공(—姜弘秀, 필자주)[34]이 일찍 돌아가셔서 종가가 오래도록 주인이 없다가 국포공에 이르러 집을 수리하여 살게 되었다. 연못에 비록 연꽃은 없지만 연못 주변에 작약꽃을 많이 심었다. 지금은 헤어지는 사람에게 주어 슬픈 마음이 들게 한다. 돌아가신 선조들의 제영시가 있어 아래 기록한다.[35]

선조들이 소유했던 대거동의 집을 국포가 수리해서 살았다는 이야기이다. 이후 강필악이 국포의 3년상을 마치고 이 집을 팔아 아현(鵝峴)으로 이사할 때까지는 이곳에 살았다. 그런데 이들이 영남에서 올라와 성서인 서울에서 본격적으로 살게 된 것은 정정공(貞靖公) 강사상(姜士尙),[36] 소암공(笑庵公) 강사필(姜士弼)[37]에 이르러서라 할 수 있

33 姜紳(1543~1615)의 字는 勉卿, 號는 東皐, 鄭汝立 옥사처리에 참여하여 平難功臣 3등에 책록되고 晉興君에 봉해졌다. 함경도 순찰사, 경기도 관찰사, 우참찬, 좌참찬 등 역임, 기로소에 들어갔다.

34 姜弘秀(1563~1593)의 字는 君實, 부친은 姜紳이다.

35 姜世白, 『晉宗成憲』 卷7, 「庄墅」, '愛蓮堂', "愛蓮堂, 卽我大車洞舊第也. 堂前有池種蓮, 故以是名扁. 壬辰之後, 晉興公, 以接待使, 與華人多親厚者, 是以天使之來輒舘, 於是 天使朱之蕃, 亦累日宿留, 以詩揭板, 且書額揭楣亦多. 當時名碩之題詠. 丙子之亂, 蕩爲灰燼, 其後重建, 池臺依舊, 而詩與額並亡失之. 惜哉! 自我高祖僕正公早世, 宗家累値無主. 至菊圃公修葺而安之, 池雖無蓮, 而繞池多種花藥, 今屬別人念之傷心, 有先故題詠, 錄于下方."

36 姜士尙(1519~1581)의 字는 尙之, 號는 月浦이며, 晉州 姜氏 14代이다. 右議政

다.[38] 강사상의 아들은 서(緖), 신(紳), 인(絪), 담(紞)의 4형제가 있었다. 둘째인 신(紳)이 종택으로 출계(出系)하였다. 진흥군(晉興君) 강신(姜紳)은 오리(梧里) 이원익(李元翼, 1547~1634)과 같은 마을에 살았으며 매우 막역한 사이였다.[39] 이들 일가 중 강신(姜紳), 강연(姜綖), 강담(姜紞)은 '영남동도회(嶺南同道會)'의 회원이 되었는데, '영남동도회'는 성서(城西)를 중심으로 1601년 장악원(掌樂院)에서 조직된 모임이었다.[40]

정두경(鄭斗卿, 1597~1673)은 강홍중(姜弘重, 1577~1642)의 묘비명에서 그의 조상 강형(姜詗)의 일을 언급하면서 "강씨 집안 계통이 본디 진주에서 나와, 그 족속들 해동에서 으뜸이 되었네. 예로부터 오늘

으로 영의정에 추증되었고, 진주부원군에 봉해졌다. 부인은 貞敬夫人 尹氏로 訓鍊院 副正 尹光雲의 딸이다.

37 姜士弼(1526~1576)의 字는 景猷, 號는 笑庵, 曾祖는 大司諫 姜詗, 祖父는 姜永叔, 부는 姜溫, 兄이 右議政 姜士尙이다.

38 姜樸, 『菊圃先生集』 卷8, 「嶺南宗人宗稧序」, "我姜氏, 自國初居國都西城外, 爲城西之姜, 不祿, 廢王甲子, 家遘鞠凶, 大諫公以直道遇害, 三子皆坐死, 其長贊成公, 卽我七世祖也. 祖母李夫人, 家故嶺南, 窮毒啜泣, 以匱行踰嶺, 其隨母而南者, 孑然數孤而已. 當是時, 姜氏豈不凜凜哉. 旣得良範, 阡葬我祖, 定居于尙山之山陽, 幸而諸孤成就揚顯, 一世二世而彌大昌焉. 嗟乎! 善人君子, 不幸當亂世, 遭離淫禍, 門戶夷覆, 而猶不永殄其世, 得復有是焉則天也. 我貞靖公位益高, 上注益隆, 身益不可退, 遂與弟笑庵公, 擧家而歸城西, 餘兄弟之留而不歸者, 至今爲嶺南之姜. 盖自城西而爲嶺南, 自嶺南而反之, 而復爲城西, 留之而仍爲嶺南, 其始皆城西氏也."; 姜世白, 『晉宗成憲』 卷7, 「居住」 등 참조 정리하였다.

39 姜世綸, 『芝園集』 卷13, 「宗英益寧君昭剛公, 內外子孫譜後序, 癸巳(1833)」, "昔, 我家世居城西, 自吾先祖貞靖相國, 晉興尙書, 與梧里文忠公, 共閈同朝, 誼莫逆也. 梧里卽宗英昭剛公四世孫也."

40 1601년 7월 19일에 조직된 同道會로 26명이 참석하였다. 序文은 五峯 李好閔이 썼으며(『五峯先生集』 卷4 「題嶺南同道會題名卷 幷序」), 鄭崑壽가 병으로 오지 못했으므로 회원은 27명이다.

날에 이르기까지 대를 이어 명공들이 배출되었네."[41]라고 언급할 정도로 문한세가(文翰世家)로 주목하였다. 이후 강세백[42]은 "성서(城西)의 강씨 집안이 돈독하고 화목하다고 일컬어졌는데, 세월이 흘러 친척들이 각지로 흩어져서 이제 서울에 사는 친족은 전 현감 강세정(姜世靖－강준흠의 부친)과 한두 집뿐이네."라고 하여 가문이 모두 영남으로 내려가 서울에는 정작 몇 집 살고 있지 않음을 언급하였다.[43]

이처럼 강세륜의 집안은 서울의 성서를 중심으로 한 근기남인과 상주를 중심으로 한 영남남인에 고루 속해있었다. 이들은 한양에서는 '성서종계(城西宗契)'라는 족계(族契)를 조직하였고, 상주를 중심으로는 '영남종계(嶺南宗契)'를 조직하여 모임을 통해 일가의 우애를 돈독히 하였으며, '종진(宗賑)'을 통해 구휼(救恤)과 상부상조(相扶相助)의 덕목을 실천하기도 했다.[44] 가문 종족의 결속을 위해 종계 활동을 한 정황은 다음 언급을 통해 알 수 있다.

> 서울의 성서(城西)는 우리집안이 오래 살던 곳이다. 우리 정정공(貞靖公－姜士尙) 형제자손의 집안이 여기서 40년을 살았는데 드디어 숙종임

---

41 鄭斗卿, 『東溟集』 第14卷, 「岳君江原道觀察使贈吏曹判書姜公墓碑」, "姜系晉州, 族巨海東, 自昔迄今, 世出名公…(後略)."

42 姜世白(1748～1824)의 字는 淸之, 號는 皓隣, 別號는 杞痴, 부인은 淑人 咸陽朴氏로 朴龍慶의 딸이다. 『陶山風雅』와 『晉宗成憲』이 있다. 방현아, 「皓鄰 姜世白의 생애와 시경향－家乘과 詩社를 중심으로」, 『민족문화』 62집, 한국고전번역원, 2022 참조.

43 姜世白, 『晉宗成憲』 卷7, 「居住」, "城西之姜, 世以敦睦稱焉, 世益降時不與, 喪亂流亡, 東西飄蕩, 今則在京者, 惟族兄前縣監世靖及他一二家而已, 今及疇昔, 寧不痛心."

44 姜世白, 『晉宗成憲』 卷8, 「嶺南同道會錄」, 「城西宗契帖」, 「嶺南宗契帖」, 「戊戌宗賑錄」, 「戊午宗賑錄」에 叙事, 會員, 座目 등이 있다.

금 임술연간(壬戌年間－1682)에 계를 만들어 일가친척의 우애를 돈독하게 하고, 인륜을 폈다. 언제부턴가 모임이 시들하였는데 지금 대종계가 합해져서 공목공 이하 여러 종친이 봄, 가을에 날을 정하여 모이니 이 또한 좋은 일이다.[45]

영남의 상산(商山)은 우리 사부공(－姜士孚)의 후손이 살던 곳인데, 십여 년이 되어 경종 계묘(1723)에 적서를 막론하고 각각 일두미(一斗米)를 내어 3년을 정하여 여름에는 일두(一斗)의 보리를 더 거두고, 가을에는 이두(二斗)의 조(租)를 거두어 계를 삼았다. 유사는 1년마다 바꾸고, 상을 당하면 부조하고, 과거에 합격하면 장학금을 주며, 오래 사신 분을 위해 잔치를 하였다.[46]

위 인용문을 통해 이들 가문의 일가친척들은 서울에서는 일종의 향우회처럼 모였고, 상주에서는 곡식을 모아 계비(契費)로 삼아 서로 구휼(救恤)과 부조(扶助)를 도모하기 위하여 계회를 유지하였음을 알 수 있다. 이를테면 성서(城西)와 상주(尙州)라는 경향(京鄕)의 두 장소는 이들 가문의 세거지(世居地)이기도 하거니와, 이 세거지는 삶의 터전임과 동시에 정치적으로나, 학예를 상호 소통하는 교류의 구심처였다. 자신들이 사는 지역에서 가까운 곳에 있는 정사와 정자, 누각을

---

45 姜世白, 『晉宗成憲』 卷8, 「城西宗契帖」 叙事, "洛之城西, 卽吾宗之攸居也. 我貞靖公兄弟子孫之家於是者爲四十餘, 遂於肅廟壬戌年間, 結契所以敦宗也, 叙倫也, 不知何年廢, 而今則爲大宗契合恭穆公以下諸宗春秋卜日而會, 此亦勝事而城西之契."

46 姜世白, 『晉宗成憲』 卷8, 「嶺南宗契帖」 叙事, "嶺之商山, 我師傅公後孫之攸居者, 亦爲數十餘家矣. 遂於景廟癸卯, 勿論嫡庶, 各出一斗米, 自此限三年, 夏則加收一斗麥, 秋則二斗租, 以爲稧, 有司管之周年而遞, 有喪則賻, 有科則資, 有大耋則宴."

중심으로 모임을 가지고 매우 밀접하게 결합하였으며, 학문의 계보를 만들기도 하였다. 예를 들면 상주에서는 낙동강은 물론 이향정(二香亭), 소리정(素履亭), 갑장산(甲長山), 갑장암(甲長菴) 등이 그러한 근거지 역할을 하였다.

이외에도 이들은 종가(宗家)를 중심으로 종친(宗親)을 규합하는 다양한 계회(契會)와 모임을 활성화하였다. '무술종진(戊戌宗賑)', '무오종진(戊午宗賑)' 등이 그것인데, 이를 통해 진자(賑資)를 모아 종친을 위하여 상부상조의 결속을 실천하였다.[47] 종가를 중심으로 한 종친의 결속은 경제적인 상부상조의 의미도 있지만, 종친 내에서는 효제(孝悌)와 경로(敬老)로 실천궁행(實踐躬行)함으로써 종족윤리로 내부 결속을 다지기도 하였다. 일례로 1778년 12월에 당시 흉년과 기근으로 상주지역 친가들이 거의 굶어 죽을 지경이 되자, 그들을 구휼하기 위해 진자(賑資)를 모아 이듬해 3월까지 각기 일정액을 분등(分等)한 사건이 그 중 하나다.

> 시운이 불행하여 흉년이 거듭 들었는데, 금년에 또 백년 이래 심한 기근이 들어 우리 문중에 장차 굶어죽게 된 자들이 백여 명에 이를 지경이 되었으니 이 어찌 슬프고 통탄할 바가 아니겠는가? 마침내 문중의 노소들이 한자리에 모여 구제할 방책을 상의하였는데, 방책이 나올 방법이 없었다. 부득이 양범(良範)의 제사지낼 곡식만 제외한 나머지 곡식과 종계 공용의 전답을 팔아 간신히 살릴 방도로 삼았다.[48]

---

47 姜世白, 『晉宗成憲』 卷8, 「嶺南同道會錄」, 「城西宗系帖」, 「嶺南宗契帖」, 「戊戌宗賑錄」, 「戊午宗賑錄」.

48 姜世白, 『晉宗成憲』 卷8, 「戊戌宗賑錄」, "運値不幸, 歉荒荐臻, 今年又是百年來, 無所之殺歲, 而吾門合族, 將至塡壑者, 幾乎百餘口, 玆豈非憂痛處耶! 遂與門中老少合席, 商確講定拯濟之策, 而計無所出 不得已, 除出良範墓享, 餘存之

흉년으로 힘든 혈족들을 위해 진자(賑資)로 사용할 양범묘사전(良範墓舍錢) 30냥과 종계매답전(宗契賣畓錢) 362냥을 합해 총 392냥의 계획을 마련한 뒤, 이를 집마다 분등하였다. 당시 기근으로 가장 어려운 12월부터 3월까지를 기한으로 삼아 분등하였고, 구휼에 쓰인 돈은 모두 308兩 6分이었고, 돈을 받지 않은 여덟 가구의 경우, 따로 세찬(歲饌)으로 8兩을 지불하였다. 노소(老少)를 가리지 않고 하루에 전(錢) 2葉을 주었으며, 공용채(公用債)와 잡비(雜費)는 총 65兩 9錢 4分으로 도합 392兩이다. 분등한 횟수와 날짜, 인원, 액수는 다음과 같다.

〈표1-2〉 무술종진(戊戌宗賑) 분등록(分等錄)

분등횟수	날짜	대상	액수
初等	戊戌(1778) 12월 1일	15口	4兩 5錢
二等	12월 16일	59口	17兩 7錢
三等	己亥(1779) 1월 1일	85口	28兩 5錢
四等 / 五等	1월 11일 / 1월 21일	151口	90兩 6錢
六等	2월 1일	158口	49兩 5錢
七等	2월 16일	158口	49兩 5錢
八等	3월 1일	156口	49兩 6分
九等	3월 16일	136口	42兩 2錢

표를 통해 알 수 있듯이 분등은 모두 9차례였으며, 날짜는 농한기와 흉년이 심한 겨울에 집중되어 있다. 인원과 액수 모두 정확하게 기록되어 있다. 이러한 사례를 보면 이들의 종계는 내부 규약과 결속이 매우 높았으며, 체계적인 방법으로 모임을 진행하였음을 알 수 있다. 종친을 위한 일에는 모두 힘을 다져 경제적 지원과 노고를 아끼지 않

穀, 斥賣宗契公用之田, 以爲菫菫救活之道…(後略)."

왔으며, 종친간의 경제적 문제를 두고서는 여러 해 동안 경비지출도 마다하지 않았다. 무엇보다 상을 당하면 부조하고 과거에 합격하면 돈을 주었으며, 나이 많은 어른들의 장수를 축하하기 위한 연회를 베풀었다.[49] 또 하나의 사례는 1798년 대 흉년을 당해 종계를 통해 종진(宗賑)한 일이다.

> 우리 종가가 멀고 가깝고 친밀하고 소원하고 없이 모두 청빈(淸貧)으로 이름이 난 것은 대대로의 세업이기 때문이다. 지난 무술년(1778)에 크게 기근이 들었을 때, 우리 종조부(從祖父) 지추공(知樞公)과 우리 여러 부형들이 문을 닫고 모여 구제할 방책을 의논하여 옛날에 마련해 두었던 종계(宗契)의 돈을 헐어서 3만여 전을 모았다. 모든 족속 중에 굶주려서 거의 죽을 지경이 된 자들에게 매달 분배하여 나누어주기를 보리가 날 무렵까지 하였다. 이때 영남 민사들이 사방으로 흩어져 구덩이에 빠져 죽게 된 자들이 거의 태반이었는데, 유독 우리 종가만 항심(恒心)을 보전할 수 있었다. 굶어서 얼굴이 누렇게 뜬 자들이 없었던 것은 선부형(先父兄)이 크게 보살펴준 은혜 덕분이었다.[50]

위의 기록은 1798년에 다시 기근이 들어 가난한 종친이 늘어나자 이전의 선조들이 행하던 사례를 본받아 구휼했다는 내용이다. 당시

---

49 당시의 門長은 僉知 姜杭이었으며, 會員은 必默, 必恭, 必肅, 必𢢜, 必炯, 必仁, 世忠, 世趾, 世昌이었고, 宗契都監은 姜栻이었고, 有司는 世白, 墓舍都監은 世晉이었다.

50 姜世白, 『晉宗成憲』 卷8, 「戊午宗賑錄」, "吾宗無遠近疏數, 擧以淸貧名, 盖世業也. 往在戊戌歲, 大饑, 吾從祖祖父知樞公, 暨吾諸父兄, 議闔門接濟之策, 毁舊設宗契劃, 得三萬餘錢, 尙咸諸族之飢餓, 將死者, 分月排等, 而廩之, 及麥而止. 于時, 嶺以南, 民士之散而之, 四轉而歸壑者, 項背相望, 而獨吾宗, 得保恒心, 面無菜色者, 先父兄大庇之恩也…(中略)…歲除前一日, 世綸書."

에 강세륜이 유사(有司)를 맡아 종친들을 독려하여 모금하고, 이를 토대로 가난한 종친을 구휼하였다. 이때 모금을 한 액수는 14,000여 전(餘錢), 구휼할 종친의 가호(家戶)는 25가(家)였다. 진자(賑資)의 액수와 삼색곡(三色穀-租, 粟, 太)의 액수가 진안(賑案)에 상세히 남아 있고, 이 구휼은 파진연(罷賑宴)을 끝으로 6월초에 마감한 것으로 기록하고 있다.[51]

이처럼 강세륜의 가문은 종계를 통해 지속적으로 종친의 결속을 도모하고 가문 유지와 함께 종족 간의 우애를 다지고 있어 조선 후기 종계(宗契)의 한 모범적 전형을 보여주고 있다. 요컨대 강세륜은 선대로부터 이어진 종족의 결속과 함께 가문의식을 강조하는 집안 분위기에서 성장하였고, 이러한 분위기 속에서 자라 성장 과정에서도 무엇보다 종족 간의 계회는 물론 종족 간의 시회(詩會)에도 적극적으로 참여하여 문학 활동의 중요한 배경으로 삼았던 것이다. 강세륜이 가문의식을 배양하고, 시회에 참여하여 문학 활동을 한 것은 가문과 종계의 역할도 있었지만, 직접적으로는 바로 조부와 부친의 영향이 있었다.

조부(祖父) 강박(姜樸)은 1690년(숙종16) 생부 강석훈(姜碩勛, 1664~1700)과 우계이씨(羽溪李氏) 이서우[52]의 따님(1661~1754)사이에서 2남 1녀 중 차남으로 태어났으나, 강석번[53]의 계자(繼子)가 되었다. 생조부는 강진(姜璡, 1628~1682)이고, 생부인 강석훈은 강진의 차남이다. 이서우의 집안은 본래 북인이었으나 인조반정 때 견제를 받지 않았으

51 당시의 宗賑都廳은 世魯, 有司는 世德, 世綸, 貿穀有司는 若欽, 胤欽, 大欽, 宅欽이었다.

52 李瑞雨(1633~1709)의 字는 潤甫, 號는 松谷, 松坡로, 本貫은 羽溪이다.

53 姜碩蕃(1657~1717)의 字는 盛甫, 生父는 姜琛, 吏曹參議에 追贈되었다. 부인은 淑夫人에 추증된 龍仁 李氏로, 李俊傑의 딸이다.

며, 오히려 그는 인조 때에 처음으로 청요직에 올랐다.

강박은 미수 허목 이래 청남계열 근기남인 인사들의 정치적, 문학적 계보를 이은 인물로 높은 위상을 지녔다. 이는 미수 허목의 추천을 받았으므로 그 당시 당색을 남인으로 굳혔던 것으로 보인다. 허목이 임상원(任相元, 1638~1697)의 가르침을 받았던 관계로 강박도 임상원의 가르침을 받을 수 있었다. 한편, 강박은 희암(希菴) 채팽윤(蔡彭胤, 1669~1731)의 문인으로 오광운(吳光運, 1689~1745)과 약현(藥峴)에 가까이 거주하여 채팽윤의 동벽단 시사(東壁壇 詩社)[54]에 참여하였다. 이들은 모두 경종 2년(1722) 이후에 남인들이 문외파(門外派), 문내파(門內派), 중립파(中立派-跨城派)로 삼분되었을 때 문외파인 청남에 속했던 인사들이다. 당시 청남 계열은 심단(沈檀, 1645~1730)을 지도자로 하고 권이진(權以鎭), 이인복(李仁復), 이중환(李重煥), 오광운, 강박을 주축으로 하였고, 허목을 종주로 하는 사림정치의 원칙에 투철해야 한다는 청론(淸論)을 고수하였다.[55]

한편 강박은 강필신 등 남인 계열의 사대부들과 더불어 백련시단의 구성원으로 1724년에 북한산 백련사에서 시사를 가졌다.[56] 그는 1715년 삼일제과거(三日製科擧)에 수석으로 급제하고 이듬해 식년문과에서 을과로 합격하여 홍문관정자, 수찬, 부수찬, 부교리, 교리, 필선, 함종부사, 장례원판결사 등을 지냈다. 1728년(영조4)에 39세로 통정대

54 윤재환, 전게서 119~125면; 沈慶昊, 「18, 19세기 서울의 도시문화와 연행예술의 역사 지리학적 연구 : 조선후기 시사와 동호인 집단의 문화 활동」, 『민족문화연구』 31권, 고려대학교 민족문화연구원, 1998, 176면.

55 沈慶昊, 「18세기 중·말엽의 남인 문단」, 『국문학연구』 1집, 국문학회, 1997, 149~150면.

56 맹영일, 『18세기 전반 백련시단의 형성과 시세계』, 고려대학교 대학원 박사학위논문, 2015.

부로 승품되었으나, 이인좌의 난에 연루되어 벼슬길이 막히게 되었다.[57] 강박은 이만선(李萬選, 1654~1735)의 딸과 결혼하여 아들 필시[58]를 낳았다. 필시는 16세인 1736년 9월 관례(冠禮–三加)를 행하고 12월에 혼인하기로 하였는데, 11월 18일에 요절하였다. 족보에는 결혼을 못하고 16세에 요절하였다는 사실만을 적었지만 강세백은 『진종성헌(晉宗成憲)』에 다음과 같은 글을 남겼다.

> 공의 이름은 필시요, 자는 돈효(敦孝)로 우리 할아버지 국포선생 강박의 아들이다. 어머니는 정부인 전주이씨 판사 모거재(慕蘧齋) 이만선(李萬選)의 딸이다. 신축년(1721)에 태어났다. 병진년(1736) 9월에 삼가(三加)의 관례를 행하고 장차 12월에 장가들려고 하였는데, 11월 18일에 돌아가셨다. 16세에 난곡선영에 장사지냈다. 국포공이 공을 위한 제문[59]에 이르기를 "용모와 자태가 밝고 순수하며, 붉은 광대뼈와 풍성한 뺨, 이마의 기운은 융성하고, 두 입술은 붉은 칠을 한 듯하니, 바라보면 마치 정금과 아름다운 구슬 같다."라고 하였다. 단정하고 깨끗한 성품과 바르고 곧은 뜻, 자애로운 아량과 효성스럽고 형제를 사랑하는 행실이 4, 5세부터 이미 보였다. 장성해서는 더욱 수련하고 근신하여 행동거지와 언행이 고요하고 조금도 어그러지지 않았으니 항상 평소에 함부로 말하거니 어긋난 행동이 없었다. 비록 그의 또래들이 만만하게 보더라도 오히려 매우

---

57 임미정, 「松谷 李瑞雨의 詩文學 연구」, 연세대학교 대학원 석사학위논문, 2007, 9~16면. 강박의 외조부인 李瑞雨는 청송 심씨와의 사이에서 3남 4녀를 두었다. 아들은 李正觀, 李碩觀, 李弘觀이고 사위는 尹彙昌, 姜碩勛, 申命濟, 洪以錫이다. 이서우는 첩자로 李翼觀과 李順觀을 두었다. 이순관이 이인좌의 난에 동조하여 서울에서 掛書한 사건으로 참형을 당하였고, 이익관과 이홍관도 처형되었으며, 이들의 외조카인 강박도 이 사건에 연루되어 벼슬에 나아가지 못하였다.

58 姜必詩(1721~1736)의 字는 敦孝이다. 『晉宗成憲』 卷4, 「伯父秀才府君」.

59 姜樸, 『菊圃集』 卷10, 「祭亡子必詩文」, 「祭亡子再碁文」.

공손하게 대하였다. 항상 부모님 곁을 떠나지 않으며 쇄소응대하였다. 오직 독서에 열심이었는데 그 목소리가 낭랑하여 뜻에 따라 글을 지었으니 자세히 깨우심에 보통아이들보다 뛰어났다. 오언고시를 특히 잘하여 종당의 부형들이 그를 들어 칭찬하였다.[60]

요절한 이에 대해 추모하고 삶의 족적을 남긴 강세백이 평생 가승의 전승을 소중하게 생각한 책무와 근친에 대한 깊은 사려의 마음 또한 엿볼 수 있다. 국포는 외아들의 이름을 필시(必詩)라 짓는 이유를 글로 남겨가며 지극한 애정을 표하였다.[61] 윗글을 통해 강세백은 자식에 대한 아낌없는 사랑과 먼저 보내 애통해하는 국포의 심정을 감지하였음을 느낄 수 있다.

강박은 족제(族弟) 강원[62]의 차남인 강필악을 후사로 삼았다. 강박은 1742년 10월에 53세로 생을 마감하기까지 실직(實職)을 얻지 못하고 성서(城西)의 초가집에 은둔하였다. 그의 문집은 사후 33년 뒤인 1775년에 강필악이 수습하였다. 이를 바탕으로 채제공이 평양에서 12권의 『국포집(菊圃集)』을 목판으로 간행하였다.[63] 다음은 채제공이

---

60 姜世白, 『晉宗成憲』 卷4, 「伯父秀才府君」, "公諱必詩, 字敦孝, 我王考菊圃先生諱樸子也. 妣貞夫人全州李氏 判事慕遽齋 諱萬選女. 辛丑生. 丙辰九月, 冠行三加, 將以十二月聘, 而十一月十八日終. 年十六, 葬于蘭谷先塋, 我王考祭公文曰 '容姿明粹, 丹輔豐頰, 額氣隆然, 兩唇如抹朱, 見之如精金溫玉, 端潔之性, 貞介之志, 慈諒孝悌之行, 自四五歲已見焉. 長益修飭, 擧止言動, 靜一無雜, 常居無濫言違行. 雖其曹偶之易褻者, 猶待之甚敬, 常不離父母側, 灑掃應唯, 惟謹讀書, 其聲琅然, 屬思搆辭, 精警踰凡兒, 尤長於五言古詩, 宗党父兄, 擧稱詡之…(後略)."

61 姜樸. 『菊圃集』 卷8, 「兒子必詩名說」.

62 姜杬(1698~1765)의 字는 而善, 부인은 宣城李氏 李基晩의 딸이다. 강필악의 생부로 子는 姜必恭, 孫子는 姜世質, 曾孫은 姜大欽이다. 『晉宗成憲』 卷3, 「祖學生府君」.

쓴 서문이다.

> 공의 문장은 창울(蒼鬱)하고 노건(老健)하여, 힘써 옛 도를 되돌리려고 하였다. 시의 경우 오언과 칠언의 근체는 두소릉(杜少陵)의 체가 아니면 흡족하게 여기지 않았으며, 오언 고풍은 말은 다했어도 뜻은 무궁하다. 무게는 동서(東序)에 둔 종 같고, 음은 청묘(淸廟)의 거문고 소리이다. 문의 경우 육경을 근언으로 삼고 용문(龍門－사마천)의 글을 곱씹어서, 간오(簡奧)하면서도 질탕하고, 전칙(典則)하면서도 우유반복(優遊反復)한다. 구성은 조직이 잘되어 있어서 조금도 엉성함이나 부족함이 없다. 요컨대 허미옹(許眉翁－許穆) 이후 제일인자다.[64]

채제공은 국포의 문장을 허목이후 으뜸으로 칭송했다. 박무영은 그의 논문에서 강박시의 특징을 '언외지취(言外之趣)의 시학(詩學)', '질문진박(質文眞朴)의 미학(美學)'으로 요약한 바 있는데, 적실한 지적이다.[65] 국포는 1794년 1월 이조 참판에 추증되었다.

강세륜의 부친 강필악(姜必岳, 1723~1795)은 자가 희원(希遠), 호는 평와(萍窩)로 생부 강원(姜杬)과 생모 의성이씨(宣城李氏) 이기만(李基晩)의 딸 사이의 2남으로 경종 계묘년(1723) 5월에 상주 공성리 집에서 태어나고 자랐다. 형 강필공[66]과 사이가 매우 돈독하였고 14세에

---

63 沈慶昊, 「姜樸과 남인 문단의 형성」, 『한국한시의 이해』, 태학사, 2000, 415면.

64 姜樸, 『菊圃集』序, "公之文章, 蒼鬱老健, 力挽古道, 以詩乎則五七言近體, 比少陵不屑, 五言古風, 言有盡而意無窮, 其重東序之鍾也. 其音淸廟之瑟也, 以文乎則源委六經, 咀嚼龍門, 簡奧而能迭宕, 典則而能反復, 間架綿搆, 無少餘憾, 要之許眉翁以後, 一人而已."

65 박무영, 「한국한문학의 미학적 특성과 전통－국포 강박의 시학－18세기 남인계열의 미적 동향에 대한 연구의 일환으로」, 『한국한문학연구』 29집, 한국한문학회, 2002.

상경해 국포공의 사자(嗣子)로 대를 이었다. 서울 성서에서 살며 양자로서의 역할을 잘 감당하였다. 강필악은 이재후의 딸을 아내로 맞이하여 25세, 29세, 38세에 강세백, 강세위, 강세륜 삼형제를 낳았다. 강필악은 국포의 3년 상을 마치고 아현(鵝峴)으로 이사하였는데, 1747년 11월 권상일(1679~1759)은 『청대일기』에서 강필악을 만난 일화를 다음과 같이 언급하였다.

> 저녁때가 지나 좌기를 마치고 바로 이정(二井) 근처(새문[新門] 밖 鵝峴 근처) 조규보[67] 집에 가서 유숙했다. 규보는 일찍이 장흥방으로부터 집을 사서 도성 서쪽 반송(盤松)가로 이사했는데 여러 해 머물다가, 또 서강 마포로 옮기고, 작년에 또 집을 사서 이곳으로 이사한 것이다. 강필악 군이 보러왔다. 강군은 우리 고을 강이선(姜而善－姜杬)의 둘째 아들이다. 근년에 자순(子淳－강박) 영공의 양자가 되어 왔다. 삼년상을 지내고 옛 집을 팔아 이곳으로 옮겼는데, 규보 집과는 거리가 멀지 않다."[68]

---

66 姜必恭(1717~1783)의 字는 希祖, 號는 寡諧, 壺隱, 부친은 姜杬이며 姜必岳의 친형, 金亨國의 딸인 順天金氏와의 사이에 아들 世質이 있고, 손자는 姜大欽이다. 『寡諧詩集』 2권 1책이 있다. 세보에는 卒年이 미상이나 문집 附錄 「行錄」에 癸卯(1783년) 1월 16일(『晉宗成憲』 卷4, 「伯父寡諧處士府君」과 『芝園集』 卷14, 「從父寡諧府君墓誌銘 幷序」에는 15일)이라 하였다.

67 趙重普(1706~1778)의 자는 奎輔, 호는 蟻庵, 본관은 楊州. 1738년에 식년 진사시에 합격, 서화가인 강세황 등과 함께 '안산15학사' 중 한 사람이다.

68 權相一, 『淸臺日記』 10, "夕後罷坐起, 直往二井傍(在新門外 鵝峴近處) 趙奎輔家留宿. 奎輔 曾自長興坊買家, 移住於西盤松邊, 留累年, 又移于西江麻浦, 昨年 又買家, 移住於此矣. 姜君必岳來見, 此是吾州姜而善次子, 頃年 爲子淳令公養子, 而來過三喪, 賣舊家 移此, 與奎輔家, 相距不遠矣."; 권상일은 진주강씨 가문과 다양하게 교유하였다. 權相一, 『淸臺集』 卷7, 「與姜子淳 樸」; 卷8, 「答姜繼而 士言」, 「與姜思卿 必愼」,

이선(而善)은 강원(姜杬)의 자이며 상주에 살았던 강필악의 생부이다. 강필악이 강박의 양자로 온 사실을 언급하며 강박이 1742년 생을 마친 후 강필악이 3년 상을 지낸 일과 이후 옛 집을 팔아 아현으로 이사한 사실 등을 기록으로 증험해준다.

강필악은 33세에 서울생활을 마무리하고 고향 상주로 되돌아왔다.[69] 상주에 내려와 처음 산 곳은 북문(北門) 밖 복룡리(伏龍里)였다. 친형 강필공과 어려서부터 족조(叔祖) 송은처사(松隱處士) 강석필[70]에게 배웠으며 문장으로 명망(名望)이 있었으며 이승연(李承延), 강세진(姜世晉) 등과 추수사(秋水社)의 일원이었다.[71] 강세륜이 백부인 강필공과 그의 손자 강대흠과 친한 것은 그러한 가계로 연유한 것이다. 강필악은 이후 국포의 문집 간행에 힘써 52세에 부친의 문집을 간행하였다. 아들 강세륜이 시종의 은혜를 입어 그 공훈으로 첨지중추에 제수되었고 노인을 우대하는 전례로 벼슬은 1794년 71세에 동지중추부사에 이르고 진은군(晉恩君)에 봉해졌다.[72] 을묘년(1795) 11월에 봉대리 집에서 세상을 하직하였다.[73]

그의 성품과 관련한 몇 가지 일화를 소개한다.

---

69 鄭宗魯, 『立齋集』 卷41, 「嘉善大夫晉恩君姜公墓誌銘 幷序」, "(前略)…生公于商山功城里第, 年十四菊圃公取爲嗣, 三十三, 自京復歸于商山…(後略)"

70 姜碩弼(1679~1755)의 字는 公望, 號는 素履, 松隱處士라 불렀다.

71 姜世綸, 『芝園集』 卷14, 「從父寡諧府君墓誌銘 幷序」.

72 『日省錄』, 정조 16년(1792) 1월 2일, "강필악을 통정대부에 조차하였다.", 정조 18년(1794) 1월 17일, "동지중추부사에 임명하였다."

73 鄭宗魯, 『立齋集』 卷41, 「嘉善大夫晉恩君姜公墓誌銘 幷序」, "以景廟癸卯五月日, 生公于商山功城里第, 年十四菊圃公取爲嗣, 三十三自京復歸于商山. 七十以季男侍從恩除僉知中樞, 越三年以優老典進秩拜同中樞, 襲封晉恩君, 勳胄故也. 乙卯十一月日, 考終于鳳臺里第, 葬于州南熊耳山靈水寺後乾坐原."

공은 단정하고 조용하고 성품이 효성스럽고 우애가 있어 국포공의 집에서 살 때에 법도가 있었으며 자제와 모시는 자들이 예가 아닌 것은 감히 하지 않았다. 공이 잘 섬겨서 혹시라도 그 뜻을 놓치는 일이 없었고 (국포가) 돌아가시자 몸을 상하도록 거의 실성한 듯하였으며, 정부인이 자녀들을 만날 때마다 심기가 슬퍼하고 마음 상해하자 공이 지극한 뜻으로 순종하고 따랐으며 그로써 기쁨을 얻었다. 무릇 오래사시도록 잘 봉양하고 병을 간호하기를 생을 마칠 때까지 모두 유감이 없었다. 생부모 섬기기를 또한 그같이 하였으니 형(—강필공, 필자주)이 있었지만 최선을 다했다. 형과 잘 지내서 늙을 때까지 한결같았으며 종형자가 오만하여 따르지 않으면 공이 근심하며 어쩔 줄 몰라 했다. 그 아들을 성공시키고 친척과 화목하며 곤궁한 사람을 돕고 다급한 사람을 구제해 분란을 풀고 어려움을 해결해주는 데 힘써 수고하였다. 남과 더불어 서로 경계를 설정하지 않았으며 오직 진심과 믿음으로 서로 잘 지냈으며 풍류를 즐길 줄 알아 남을 대함에 봄바람이 불 듯 온화하게 하였으며 명리에는 담담하였다.

일찍이 회시에 나갔을 때 판서 홍명한이 시험 관리를 맡았는데 전담하인을 시켜 서로 보고자하였지만 공이 사양하고 병을 핑계로 가지 않았다. 홍명한이 그를 매우 공경하고 중히 여겼으나 이미 홀로 수행하고 공의 수레를 사양하였다. 그 거하는 곳에 편액하기를 '평와'라 하고 항상 떳떳이 수양하며 맑고 조용히 유유자적하였다. 경서와 역사서를 펼치는 것과 자제를 가르치고 지도하는 것으로 즐거움으로 삼고 재물에는 더욱 담담하여 마음에 두지 않았다.

언젠가 한 친척이 백 여 금의 재물을 빌려갔는데, 오랫동안 갚지 않자 공이 드디어 그 문서를 없애버리고 어디 두었는지 잊었다하셨다. 한 친족이 거짓으로 그 친척의 땅을 공에게 팔았는데 몇 해 지나 그 친척이 알고 와서 말하니 공이 조금도 안색을 바꾸지 않고 그것을 돌려주었다.

어려서 책과 그림을 좋아해서 매우 많이 구하고 모았는데 중년이후에 이 또한 뜻을 잃게 한다고 여기고는 구하는 자가 있으면 번번이 나눠주기를 인색하게하지 않았다. 나이 70에 지위가 공훈의 반열이 되자 항상 스스로 조심하였고 첫째와 막내 두 아들이 과거에 급제하여 축하하는 자들이 문에 많이 왔는데 풍성하고 가득함을 두려움으로 여기시어 기쁜 얼굴색이 없었다. 대개 천하물건에 다시 마음을 두는 일이 없었다. 돌아가실 때 원근종친 및 아는 사람 모르는 사람 모두 "오랜 덕과 후덕한 복을 누리다가 돌아가셨다."라고 말하였다.[74]

윗글은 정종로[75]가 쓴 글로 묘지명과 더불어 강필악의 성품과 학문에 대한 전반적인 생평을 알 수 있다.[76] 강필악은 소박하면서도 후덕한 덕을 베풀었던 성품이었으며 재물이나 관직에 욕심이 없어 물건에 집착하지도 않았고, 오히려 남을 지나치게 배려하는 성품을 지녀 종가에도 후덕한 덕을 베풀던 인물이었다. 다음은 강필신의 아들 강세

74 鄭宗魯, 『立齋集』 卷41, 「嘉善大夫晉恩君姜公墓誌銘 幷序」, "公端正恬雅, 性孝友, 菊圃公居家有法度, 子弟侍側者, 不敢以非禮見. 公善事之, 無或拂其志, 及喪過毁幾滅性, 貞夫人屢遭子女慽傷心氣, 公極意承順, 以得其歡. 凡養生護疾 及送終皆無憾. 事生父母亦如之, 不以有兄而不自盡也. 與伯氏湛樂, 至老如一日, 有從兄子傲不馴, 公悶之無忝. 取其子成立之, 睦於宗族, 周窮恤急, 與解紛釋難, 罔不憚力. 與人交不設畦畛, 惟以忠信相將, 風流醞發, 對之如春和之襲, 於名利泊如也. 嘗赴會圍, 洪判書名漢將主試, 倅人要相見, 公辭以疾不往. 洪公深敬重之, 旣孤遂謝公車. 扁其所居曰萍窩, 常頤養淸默, 優游自適. 非披閱書史, 則教導子弟以爲樂, 於貨財尤澹然, 不經於心. 嘗有一親知, 給取百餘金物, 久不報, 公遂去其券, 而付之忘域. 一族人欺賣其甥之田於公, 旣經年其甥覺而來告, 公無幾微色還之. 少好書畫, 求蓄甚多, 中年以後, 以爲此亦喪志, 有求者, 輒散之無吝焉. 壽躋稀年, 位襲勳班, 而常自視歉然, 伯季二胤登第, 賀者盈門, 以盛滿爲懼而不色喜, 盖天下物無復有嬰其懷者. 及卒遠近宗戚及人之知不知者, 莫不曰長德厚福亡矣."

75 鄭宗魯(1738~1816)의 字는 士仰, 號는 立齋, 無適翁, 本貫은 晉州, 문경 출신, 대제학 鄭經世의 6대손, 李象靖의 문인, 영남학파의 학통을 계승하였다. 『立齋集』, 『昭大名臣言行錄』 등이 있다.

76 鄭宗魯, 『立齋集』 제4권, 「姜持憲清之, 爲求先公墓誌, 來留數日, 因與拈韻共賦, 甲子」.

진의 언급이다.

> 나의 종숙 희원군(=강필악, 필자주)은 돈독하고 후덕한 사람으로 어려서 국포공의 가르침을 받고 고가(古家)의 남은 가르침에 힘썼다. 세 아들 강세백, 강세청(=강세위의 초명, 필자주), 강세륜이 있으니 모두 뛰어나다. 우리 종가가 불행히 국포공으로부터 위로 침랑공에 이르기까지 7세가 모두 끊어졌다가 다시 잇게 된 것이다. 오직 희원군은 다행히 세 아들을 낳아 대를 이었으니 우리종가의 아름다운 일이다. 지금 영조8년 계묘년(1759)은 곧 군의 회갑이다.[77]

위 언급은 7대에 걸쳐 공교롭게 대를 잇지 못해 양자를 들이다가 강필악에 와서 세 아들을 낳게 된 일과 그의 회갑을 축하한 글이다. 국포 역시 생부는 강석훈(姜碩勛이지만 강석번(姜碩蕃)의 계자(繼子)가 된 일, 강석번 역시 생부는 강침(姜琛)이지만 양자로 가 7대째 계자를 들이던 가문의 상황을 언급하며 오랜 가르침의 전승을 중시한 가계를 말하였다. 강필악 역시 문집이 남아있지 않아 몇 편의 시작품과 소략된 시사활동만이 남아있다. 이들의 문학활동은 국포 강박과 모헌 강필신의 문학적 교유가 그 아들대인 강필악, 강세진까지 이어지는 좋은 연계를 보여준다.

강세륜의 어머니[78]의 성품과 생애에 대한 정종로의 기록이 남아있다.

---

77 姜世晉, 『警弦齋集』 卷3, 「宗叔希遠君回甲宴序」, "吾宗叔 希遠君, 篤厚人也. 少受菊圃公敎詔, 克有古家餘韻, 有三子, 長曰世白, 次曰世淸, 季曰世綸, 皆鳳毛也. 吾宗 不幸 自菊翁而上之至寢郎公, 凡七世, 世皆絶而復紹. 惟希遠君克生三子, 嗣有令緖, 吾宗之休也. 今上八年癸卯, 卽君之甲年也."

78 驪川 李氏 夫人(1722~1794)은 貞夫人으로 父는 李載厚, 母는 茂松 尹氏로 尹志賢의 딸이다. 祖父는 李東煥, 外祖父는 尹志賢이다.

부인인 정부인 여주이씨는 정언 이재후의 딸로 지평 이조참판에 추증된 이동환의 손녀이다. 성품이 맑고 곧아 사덕이 모두 갖추어졌고 남편을 섬기는 도리를 어기지 않았으며 시부모를 섬기고 자녀들을 가르치고 그 도를 다하여 총명하고 지혜로움이 남보다 뛰어났으며 고금의 일과 벌열계보와 파를 논하지 않았고 모두 잘 기억함이 지장과 같았다. 비록 학문이 넓고 고아한 군자라 해도 그보다 뛰어남이 없을 것이다…(후략).[79]

한편, 강필악이 저술한 글로는 『추담집(秋潭集)』에 추담(秋潭) 고유(高裕)[80]를 애도한 만사(輓辭) 4수가 있으며,[81] 형 강필공과 주고받은 시들이 있다.[82] 국포에서 이어지는 문학적 전통은 정종로가 쓴 다음 시에서도 확인할 수 있는데, 강박의 문학적 재능을 계승한 강필악의 시운(詩韻)의 청아(淸雅)함을 칭송하고 있으며, 그들 간의 친밀도와 왕래를 짐작할 수 있다. 시의 일부이다.

---

79 鄭宗魯, 『立齋集』 卷41, 「嘉善大夫晉恩君姜公墓誌銘 幷序」, "配貞夫人驪州李氏, 正言載厚之女, 持平贈吏曹參判東煥孫. 淸明貞介, 四德俱備, 配君子無違, 事舅姑敎諸子, 咸盡其道, 聰慧絶人, 不論古今事及閥閱譜派, 皆强記如指掌. 雖博雅君子, 無以過焉……(後略)."

80 高裕(1722~1779)의 字는 順之, 號는 秋潭, 初諱 亨運, 本貫은 開城, 상주 출신, 直講, 正言, 持平, 掌令, 弼善, 慶尙道都事, 창녕현감, 安州牧使, 1777년(정조1) 同副承旨에 올랐다. 1796년 청백리에 녹선 되었다. 祖父는 高師錫, 父는 高奎瑞, 母는 義城金氏 김익남의 딸이다. 부인은 竺山金氏, 『秋潭先生文集』 4卷 2冊이 있다.

81 姜必岳이 쓴 輓은 高裕, 『秋潭先生文集』 卷4에 4首가 있다. "西北有奇峰, 平地起萬丈. 群山肅拱揖, 衆夫祗瞻仰. 精英落人間, 之子儀厥象. 神精露突兀, 文華何照朗. 雲鵬起同風, 頃刻扶搖上. 十九登俊造, 二十魁文榜. 金批爛紅紙, 聖主興歎賞. 所期良非少, 吾道倚爾仗. 噫噫勿復陳, 至今空影響. 狂歌靡所適, 悲風來草莽.", 국립중앙도서관본.

82 姜必恭, 『寡諧詩集』, 「與岡翁會萍窩同賦萍窩希遠號」, 「雲臺步希遠韻」, 「希遠盆梅次伯姪韻」, 「萍窩題菊花」.

菊老芬猶在　국포(강박) 어른의 향기가 아직도 남아있는데
萍翁韻更淸　평와(강필악) 어른의 시운은 더욱 맑구나.
過江憐嶺俗　강을 지나니 영남 풍속이 사랑스럽고
步月憶京城　달밤에 거닐며 경성을 추억하네.
晩福兒皆秀　늦게 복이 있어 자식들이 모두 뛰어나서
熙朝季已鳴　태평 시대에 막내까지 이미 명성이 있구나.[83]

1구에서는 조부인 국포 강박의 문학의 남은 향기를, 2구에서는 부친인 평와 강필악의 시운(詩韻)의 맑고 청아함을 언급하였다. 그들의 문학은 맑은 문체를 지니고 자손인 강세백, 막내인 강세륜의 문장력과 재능이 뛰어남을 칭송하였다.

강필악이 1795년 11월에 72세의 나이로 생을 마감하였을 때, 많은 사람들이 그를 위해 만을 지어 위로하였다. 다음 시는 홍의호[84]가 지은 것이다.

豊晉通家好　풍산 홍씨와 진주 강씨는 오래전부터 좋은 사이로
相傳慶壽圖　서로 '경수도(慶壽圖)' 전하네.
菊翁遺令緒　국포 선생께서 아름다운 실마리를 남기셨으니
芝嶺占名區　지초고개에 이름난 지역을 차지했네.
白首推恩爵　흰머리로 은혜로운 작록을 미루어 받으니
青氈種德符　집안 대대로 덕을 축적해 온 징험일세.
終嗟違撰屨　마침내 애석하게도 장구(杖屨)를 모시지 못해

83 鄭宗魯, 『立齋集』 卷2, 「弦齋萍窩(姜公必岳號)兩丈來臨吟得二首分呈」 제2수.

84 洪義浩(1758~1826)의 字는 養仲, 號는 澹寧, 諡號는 正憲, 本貫은 豐山, 의주부윤, 대사간, 공조판서 등 역임, 洪萬紀의 증손, 祖父는 洪重孝, 父는 참판 洪秀輔이며 母는 朴宗胤의 딸, 대사헌 洪仁浩의 아우로 『澹寧瓿錄』, 『青丘詩誌』, 『魯庵稿』, 『審理錄』, 『朝鮮名家書帖』, 『瓿錄雜彙』 등이 있다.

南望一嗚呼　　남쪽을 바라보며 한번 탄식하네.[85]

수련(首聯)의 1구에서 풍산홍씨 집안과 진주강씨 집안이 예로부터 좋은 관계였음을 말한 것으로 이들은 집안끼리 친분이 두터웠던 것으로 보인다. 일례로 강세륜의 둘째 아들은 홍대호[86]의 딸과 결혼하여 사돈관계가 되었다. 국포 때부터 지금까지 좋은 인연으로 가문이 만나게 됨을 언급하였고, 강필악이 마지막 가는 장구(杖屨)를 모시지 못함을 안타까워하고 있다. 2구에 경수도(慶壽圖)를 전하였다고 것은 그들 조상대에 있었던 경수계(慶壽契)를 말한 것이다. 이들 가문에는 1605년 선조들의 경수연첩(慶壽宴帖)이 있었으니 그 절목과 좌목(10인), 계원(13인), 참석자제(8인), 집사자제(16인) 등의 명단과 강세백의 「경서첩후(敬書帖後)」(1822)가 남아있다. 이를 통해 대대로 경로하며 장수를 축하하던 집안의 훌륭한 가풍을 알 수 있다.[87]

조목수[88]는 강필악을 위해 만(輓) 2수를 지어 강박 가문의 3세가 모두 문장으로 뛰어나 성은을 입었음을 언급하였다.[89] 조목수의 문집에

---

85 洪義浩, 『鲁庵稿』 卷1, 「晉恩君姜丈必岳挽」, "義方徵我友, 蘭玉二難幷. 共進文淵學, 長期澹水情. 彼奔多薄俗, 雲臥獨完名. 聞說先生宅, 東江一曲淸. (其二)"

86 洪大浩(1755~1818)의 字는 剛仲, 號는 水樓, 정조7년(1783) 계묘 증광시 진사 3등, 거주지는 原州, 父는 洪哲輔, 祖父는 洪重厚, 曾祖父는 洪萬紀이다. 姜世綸과 사돈지간이다. 洪義浩의 『澹寧瓿錄』 卷22, 「祭六兄應敎水樓公文」에 戊寅年(1818) 5월 4일로 卒한 年度가 나온다.

87 姜世白, 『晉宗成憲』 卷8, 「慶壽宴帖」, 「敬書帖後」.

88 趙沐洙(1736~1807)의 字는 士威, 號는 舊堂, 本貫은 豐壤, 異稱은 趙虎然, 『舊堂先生文集』이 있다.

89 趙沐洙, 『舊堂集』 卷2, 「姜晉恩君必岳輓」 第2首, "喬木春風動古査, 菊園生色淡香葩. 兩兒驥步雲前路, 三世鴻恩嶺外家. 爭道圓甌無欠缺, 那知造物便揄揶.

는 강필악, 채제공, 이승연의 만이 차례로 실려 있다. 정종로의 「만진은군(輓晉恩君)」[90]에서는 국포 집안의 명성이 자자했으며 재상이 많이 나왔고 대대로 빛나는 문장으로 가업이 뛰어났음과 세 명의 아들 모두 온화한 성품으로 문재가 뛰어났음을 언급하였다. 강필악을 위한 묘지명과 만시는 정종로의 「가선대부 진은군 강공 묘지명 병서(嘉善大夫晉恩君姜公墓誌銘幷序)」,[91] 류규[92]의 「만강진은군필악(輓姜晉恩君必岳)」 3수,[93] 신체인[94]의 「만강진은군필악(輓姜晉恩君必岳)」[95] 등

回頭更向諸孤語, 爲念家邦勉意加."

90 鄭宗魯, 『立齋集』 卷7, 「輓晉恩君」, "萍窩丈人晉恩君, 菊圃之胤晉興孫. 家聲赫赫卿相尊, 世業彬彬詩禮敦. 先公詞翰尤著聞, 爛爛奎華耀紫垣. 爰取寶柯接靈根, 定識令姿宜高門. 映人符彩玉潤溫, 滿面吉氣春氤氳. 沐蘭浴椒洗一番, 芬馥重以香麝薰. 志氣當年天欲掀, 雲衢唾手驅長轅. 一朝過江止鳳園, 棲心靜界忘塵氛. 軒冕不期等雀蚊, 牕几送日惟丘墳. 今人與居古人羣, 素行惟向民彝敦. 忮刻本來雲掃痕, 子諒發生泉從源. 家庭雍睦常欣欣, 祥慶鍾毓來津津. 遂有三子皆鬱彬, 思繩祖武仍襲芬. 季先折桂登青雲, 曩奉板輿歸琴軒. 榮養專城樂事繁, 牲齊腯旨絃歌喧. 仲也出后性溫淳, 隣居定省連晨昏…(後略)."

91 鄭宗魯, 『立齋集』 卷41, 「嘉善大夫晉恩君姜公墓誌銘 幷序」.

92 柳逵(1730~1808)의 字는 士極, 秀夫, 號는 臨汝齋, 本貫은 豐山, 류성룡의 6世孫으로 經史, 산률, 음양, 성력에 정통하였다. 1791년 左議政 蔡濟恭의 천거로 義禁府都事에 제수되었고, 1792년 영남 유림과 연명으로 사도세자의 無罪를 아뢰는 만인소를 올렸다. 『臨汝齋集』 9卷 5冊이 있다.

93 柳逵, 『臨汝齋文集』 卷1, 「輓姜晉恩君必岳」, "和鳴琴瑟一堂春, 宜福由來豈弟人. 千里遠求仁者粟, 菊翁家廟薦精禋. 孩提心作大人心, 簪盍襟期淺更深. 千古汝南今上洛, 一疵無聞月朝林. 伊溪東畔駐征轅, 壺隱風流共一軒. 指盡鴒原流水逝, 篋中詩草檢遺痕."

94 申體仁(1731~1812)의 字는 子長, 號는 晦屛, 本貫은 鵝州, 의성출신, 李象靖의 문하에서 함께 공부하던 280여명의 인사들과 湖門學團을 구성하여 性理學을 연구하였다. 『晦屛集』 12卷 6冊이 있다.

95 申體仁, 『晦屛集』 卷1, 「輓姜晉恩君必岳」, "晉興勳業國朝名, 菊老文章一代鳴. 繼緖百年偕老慶, 貤恩三世襲封榮. 如論晩福仙翁是, 況有雙郎桂籍幷. 白首江皐存沒恨, 一生迢遞燕鴻情."

이 남아있다. 신체인은 국포의 문장이 일대를 울렸으며, 가문 대대로 이어오는 3대의 업적이 이름이 있음을 칭송하였다.

강필악의 형인 강필공(姜必恭)은 『과해집(寡諧集)』이 남아있고, 이들에게 많은 문학적 영향을 주었다. 강필공은 타고난 품성이 인자하고 부드럽고 어질며, 뜻과 행실은 강개하고 고결하여, 비루하고 인색한 마음이 없었고, 교만하고 꾸미는 태도도 보이지 않았다.[96] 다른 사람들의 칭찬에 연연하지 않았으며 남과 잘 어울리지 않는 성격으로 자호를 '과해(寡諧)'라 하였는데 이는 도연명의 시가 세상과 더불지 않는다는 뜻을 삼은 것이다. 또 다른 호는 '호은(壺隱)'으로 비장방(費長房)이 술병 속에 숨어 사는 노인을 따라갔던 고사를 원용한 것이다.[97] 강필공은 소은(小隱) 이경익[98]과 송은공(松隱公) 강석필[99]로부터 학문을 배워 국포를 준적으로 삼았다.

---

96 姜必恭, 『寡諧集』, 「行錄」, "公賦性仁柔慈良, 志行忼慨高潔, 鄙吝之心, 未嘗萌于中, 矯飾之態, 未嘗形諸外."

97 後漢 때 시장의 약장수 노인이 점포 머리에 병을 걸어 놓고 시장이 파하면 매번 그 병 속으로 들어갔다. 당시 市掾으로 있던 費長房이 이를 알고 그를 따라 병 속에 들어갔는데, 玉堂이 화려하고 좋은 술과 맛있는 안주가 그득하여 함께 술을 실컷 마셨다. 그가 돌아올 때 노인이 대지팡이[竹杖]를 주면서 "이것만 타면 저절로 집에 갈 수 있다."라고 하여 그 지팡이를 타고 집으로 돌아왔다. 지팡이를 갈피 속에 던지니 靑龍이 되었다. 『後漢書』 卷82, 「方術列傳, 費長房」.

98 李景翼(1683~1750)의 字는 大遊, 號는 小隱, 본관은 全義, 李最全의 아들이며 錦江 張璛의 문인으로 安東에 살았다. 密菴 李栽, 屛谷 權榘 등과 학문을 강론하였다. 『小隱集』이 있다.

99 姜碩弼(1679~1755)의 字는 公望, 號는 松隱, 강석필은 권상일과 한양에서 교유하였다. 權相一, 『淸臺集』 卷1, 「次寄姜公望 碩弼」; 卷3, 「次韻姜公望溪亭述褱」; 卷7, 「答姜公望(丁卯)」; 卷12, 「松隱姜公墓碣銘 並叙」 등 참조.

학문은 소은 이경익과 작은할아버지인 송은공에게 배워 문을 닫고 깊이 연구하기를 20여년을 하여 위로는 성현의 경전과 정주(程朱)의 학문으로부터 제자백가에 이르기까지 두루 섭렵하였으며, 문장은 경전을 주로 하여 마한의 정수를 통달하고 시문은 한나라와 당나라를 주로 하여 도연명과 위응물의 뛰어남을 따랐다. 더욱이 오언고시를 잘하여 깊이 한번 시를 읊음에 여럿이 탄식하는 뜻이 있었으니, 대개 공의 시문이 우리 할아버지 국포선생을 준적으로 삼았다. 그러므로 그 전아함은 유래가 있다.[100]

강필공의 학문은 중국의 경전과 한당의 시인에 이르기까지 시문을 섭렵하였으며, 특히 소은 이경익과 강석필에게 직접 사사받고 시체는 진(晉)의 도연명과 당나라의 위응물을 따랐다. 강필공의 학문적 경향을 말한 것이지만 함께 문학 활동을 했던 강필악과 강세백 등의 문학적 경향이라고도 볼 수 있다. 이들이 서로 간에 수창하고 차운한 시들을 통해 유사한 문학적 동질성을 공유하였고 강세백은 강필공과 사승(師承)관계였음을 알 수 있다.[101]

다음 글은 강필공의 행장이지만 자손들 모두 국포공의 가르침을 전범으로 삼았음을 알 수 있는 대표적인 대목이다.

아! 공이 평소에 우리 할아버지 국포공의 가르침을 기뻐 따랐으니, 소

100 姜必恭, 『寡諧集』, 「行錄」, "學則受之於小隱李處士景翼, 及叔祖松隱公, 閉門潛研, 率二十餘年, 上自聖經賢傳, 閩洛緖論, 以至諸子百家, 未不旁搜羅絡, 文主經傳而咀之以馬韓之髓, 詩主漢唐而嚼之以陶韋之英. 尤長於五古浸浸有一唱三歎之意. 盖公詩文, 動以吾王考菊圃先生爲準的, 故其典則有自來矣."

101 姜必恭, 『寡諧集』, 「與岡翁會萍窩同賦」, 「希遠盆梅, 次伯姪韻」, 「萍窩題菊花」 등 참조.

자가 조심히 "고가명족의 전범으로부터 할 것이지 시대의 유행을 어찌 따르겠는가."라고 말하였다. 돈독하고 화목함으로 경계한 것도 오직 국포공의 가르침이라 하셨고, 효도와 공경을 가르친 것도 또한 오직 국포공의 가르침이라 하시고 문장으로 말하는 것도 또한 오직 국포공이라 하니 우러러 항상 뜻이 옛 현인을 가까이 하셨다. 깨진 창 차가운 부엌에서 우뚝이 책에 둘러싸여 앉아서 무릎을 안고 높이 그 소리를 읊기를 마치 금석을 내는듯하여 부귀의 얻고 잃는 것이 어떠한 것인지도 모른다. 원헌의 쑥으로 동여맨 띠 집[102]과 관요안[관녕][103]이 무릎을 꿇고 책상에 앉는 것과 손사막[104]이 산허리에서 휘파람소리를 듣는 것을 행하니 누가 위아래인지 우열을 가리기 어렵구나.[105]

위의 글을 통해 가르침의 요체는 시대의 유행과 조류를 함부로 따르지 않고 고가자전(古家自典)에 두었음을 알 수 있다. 이는 고가명족

---

102 공자의 제자 原憲은 魯나라에서 생풀을 엮어 지붕을 덮고 쑥대로 문을 내고 뽕나무로 지도리를 삼고 가난하게 살았다. 子貢이 집에 찾아와 무슨 병이 있냐고 묻자, "재물이 없는 것을 가난이라고 하고, 도를 배우고서 행하지 않는 것을 병이라고 들었다. 나는 가난할지언정 병이 들지는 않았다."라고 대답하자, 자공이 몹시 부끄러워하였다. 『莊子, 讓王』

103 幼安은 管寧의 字이다. 후한 靈帝 말년에 피난하여 요동에 이른 뒤 초당을 짓고 은거하면서 여러 차례 조정의 부름을 받고도 나아가지 않았으며, 항상 검은 紗帽를 쓰고 木榻에 앉아 고결한 모습을 보였으므로 세상에서 현자로 칭송했다는 고사가 전한다.

104 孫思邈(581~682)을 가리킨다. 唐나라 초기의 道士이자 名醫로 華原사람인데, 제자백가에 통달하고 老莊學에 밝았으며 陰陽과 醫學에 정통하여 百歲가 넘도록 장생하였다.

105 姜必恭, 『寡諧集』, 「行錄」, "噫! 公平生悅服我王考詔, 小子恆若曰 古家自典, 則時樣何可爲也. 戒之以敦睦, 則惟曰菊圃公, 敎之以孝悌, 則亦惟曰菊圃公, 語之以文章, 則亦惟曰菊圃公, 昂然常志在尙友, 破牕冷灶, 兀兀圍書, 而坐抱膝, 高吟其聲, 若出金石, 不知富貴得喪之爲何物, 則原憲之蓬累, 而行管幼安之當膝穿榻, 孫眞人之半嶺聞嘯, 未知孰爲伯仲也."

(古家名族)의 오랜 가르침과 옛 현인들의 가르침을 따르는 상고적(尙古的) 태도와도 같다. 지재상우(志在尙友)의 상우(尙友)는 원래 맹자가 말한 것으로 책을 통한 옛 선인과의 사귐을 언급한 것인데 이 역시 고전을 대하는 상고적 태도와 자기 수양을 강조한 것이다. 또한, 공자의 제자 원헌(原憲)과 관녕(管寧)의 고사를 들어 가난은 부끄러운 것이 아니요, 도를 알지 못하는 것이 병폐라 여기며 은거하여 고결하게 사는 삶을 동경하였다.

이어 강세륜의 형제를 살펴보자. 여기서 잠시 언급할 점은 강세륜의 가문을 세세하게 언급할 필요가 있다는 점이다. 그의 존재가 학계에 처음 알려지기 때문이기도 하지만, 강세륜의 시문 성취에 가문의 배경이 크게 작용하기 때문이다.

강세륜의 맏형인 강세백의 자(字)는 청지(淸之), 호(號)는 호린(皓隣), 시사에서 사용하던 별호는 기치(杞痴)로 쓸데없는 걱정이 많은 기우(杞憂－杞人憂天)를 원용한 것인데 만년에 아무 일 없기를 바라는 뜻으로 지었다.[106] 강세백은 1748년 6월 27일 한경(漢京) 아현리(鵝峴里)의 집에서 태어났다.[107] 8세 때 아버지를 따라 상주로 내려갔으며, 문사(文詞)가 뛰어났다. 다음은 강세륜이 쓴 묘지명의 일부이다.

> 강세백은 1748년 6월 27일 한양의 아현리(鵝峴里)에 있는 집에서 태어났다. 빼어난 눈썹과 빛나는 눈동자, 우뚝한 이마를 가졌으며 지각이 비범하였다. 어려서 겨우 말을 배울 때 선대부께서 증선지(－『십팔사략』)와

---

106 姜世綸, 『芝園集』 卷14, 「伯氏弘文館應敎皓隣公墓誌銘幷序」, "…晩年取無事憂天之意, 又號杞癡…."

107 姜世綸, 『芝園集』 卷14, 「伯氏弘文館應敎皓隣公墓誌銘幷序」, "英宗戊辰, 六月二十七日, 公生於漢京之鵝峴里第, 秀眉炯目, 隆額端輔…(後略)."

소미사(－『통감절요』)를 주셨는데, 내용을 물음에 막힘이 없었고, 연대와 계통을 응대하는 것을 차례대로 하였다. 8세(1755) 때 선대부를 따라 영남으로 내려가서 일찍이 문사에 힘을 쏟았는데, 겨우 15세에 이미 고인의 문장을 엿보았으며, 더욱 배움에 힘써 고을의 학교에서 공부하게 하니 선배들이 모두 두려워했다. 18세(1765) 때 외할아버지인 규암공(－이재후, 필자주)을 양강[남한강－필자주] 가에서 뵌 다음 가르침을 받고 행보가 더욱 넓어졌다. 서울에 들어가서는 번암 채제공, 여와 목만중, 함취 홍수보 같은 분들을 스승으로 섬겼는데, 그분들이 "너는 진실로 국포 공의 손자로구나!"라고 말씀하시며 이마를 쓰다듬어 칭찬하시고, 부지런히 노력하여 서울에서 아름다운 명성을 떨칠 것을 기약하였다. 약관의 나이부터는 여러 번 크고 작은 회시에 합격하였다.[108]

강세백은 어려서부터 『십팔사략』과 『통감절요』 등 고전을 다독하는 것을 기본적인 학문자세로 삼았으며 문장에 재예가 있었다. 8살 때 부친 강필악을 따라 상주로 터전을 옮긴 이후 가학과 고을의 서당에서 공부에 매진하여 주위의 명망을 받았다. 18세부터는 경기도 양평의 남한강부근에 사는 외조부 이재후에게서도 가르침을 받았다. 양강(楊江)가에 살며 강세백에게 학문적 영향을 준 이재후는 성호(星湖) 이익(李瀷)의 족인(族人)이자 문인이었으며,[109] 부친 이동환(李東煥,

---

108 姜世綸, 『芝園集』 卷14, 「伯氏弘文館應敎皓隣公墓誌銘 幷序」, "英宗戊辰, 六月二十七日, 公生於漢京之鵝峴里第, 秀眉炯目, 隆額端輔, 靈覺異凡, 兒甫學語, 先大夫, 授曾先少微史無滯, 問年代系統, 應對有序, 八歲隨先大夫南下, 早肆力文詞, 甫成童, 已窺古人門墻, 傍治功令, 遊州序里塾, 先進皆畏之, 年十八, 拜葵庵公於楊江之上, 旣承炙, 地步益廣轉, 而入京師, 如樊巖蔡相國濟恭, 餘窩睦知樞萬中, 含翠洪尙書秀輔, 諸公曰 '而眞菊圃孫也.' 撫頂叩所存獎詡期勉華, 聞譟洛下, 自弱冠後, 屢發大小解屯于禮闈."

109 李瀷, 『星湖全集』 第5卷, 「題元博金剛詩後 二首, 幷後敍」.

1681~1753)은 농암(聾巖) 이현보의 9세손이자 이백휴(李百休)의 아들로,[110] 성호와 성호의 재종질인 이억휴(李億休, 1681~1755), 이양환(李陽煥, 1681~1745)과 함께 모두 신유생 동갑으로 자주 교유하며 친하게 지냈다고 한다. 강세백은 이후 한양에서도 근기 남인시맥의 성립기와 발전기를 주도했던 번암 채제공, 여와 목만중, 함취 홍수보로부터 수학하는 기회가 있었다. 일찍이 한양에 갔을 때 채제공, 목만중, 홍수보 등이 그의 문장을 보고는 "진실로 국포의 손자로구나![眞菊翁孫也]"라며 놀라곤 하였다. 이들로부터의 가르침과 학문적 깊이는 강세백에게 많은 영향을 끼쳤을 것으로 보인다. 그러나 강세백은 무엇보다 국포의 가르침을 우선으로 삼았다.

강세백은 1792년 45세에 영남 유생 7천명이 모인 도산응제(陶山應製)에서 장원급제하였다. 이는 1792년 3월 정조가 이만수(李晩秀)를 보내 도산서원에 치제하게 하고 어제(御題) 2통을 내려 그날 참가한 유생들에게 시험을 보게 하여 직접 채점하여 선발한 것인데, 이날 거둬들인 3천 7백여 장의 시권 중에 강세백과 김희락(金熙洛, 1761~1803) 2인이 뽑혔다. 이보다 앞서 서양의 사학이 우리나라에 흘러들어와 서울에서 기호까지 물들였는데 유독 영남의 70여주만이 한 사람도 물들지 않았다하여 임금께서 감탄하며 교화로 남기고자 하였다.

또한, 당시 중앙 정계에서 영향력을 점차 키워 가던 남인이 1791년 진산사건(珍山事件)을 계기로 서학(西學)의 소굴이라는 공격을 받자 정조가 서학에 대한 해결책으로 정학(正學)을 바로 세울 것을 강조하며 그 방안으로 성리학에 충실한 영남학풍을 진작하고 영남인재를 선발하도록 한 것이다.[111] 이에 정종로는 축하시를 지었고[112] 정조는 후

110 『驪州李氏世譜』, 驪州李氏尙書公派宗親會, 1992.

에 도신(道臣)에게 지시하여 전교(傳敎), 제문(祭文), 각신(閣臣)과 차비관(差備官)의 좌목(座目), 입격방목(入格榜目), 입문(入門)한 사람과 시권을 제출한 사람의 수효, 입격(入格)한 시권 중에서 우수작 4편을 모아 『경림문희록(瓊林聞喜錄)』의 범례를 따라 『교남빈흥록(嶠南賓興錄)』[113]을 간행하게 했으며, 그 책판(冊板)은 도산(陶山)에 보관토록 하였다. 이에 채제공은 정조의 명대로 「도산시사단비명(陶山試士壇碑銘)」[114]을 써서 이 일을 기록하였다. 이는 당대 문풍을 염려하던 정조가 문풍의 폐단을 바로잡을 방법으로 상고적 복고주의 시의 경향인 남인문인의 시를 방안으로 삼고 이를 중요하게 여긴 것이었다.

강세백은 2년 뒤 1794년(47세)에 갑인정시(甲寅庭試) 문과에 급제한 뒤, 사헌부 지평(持平), 홍문관응교(弘文館應敎), 지제교(知製敎) 겸 경연시독관(經筵侍讀官), 춘추관편수관(春秋館編修官)을 역임했다. 1794년 어머니가 돌아가시고 이듬해 부친까지 돌아가시고 동생(강세위)마저 상을 이기지 못하자 누차 계속되는 어려운 일로 세상의 정치에 뜻을 두지 않았다. 이어 정조가 돌아가시고 1801년 부인마저 세상을 뜨자 1803년에 순조가 다시 감찰을 제수했음에도 "자연에서 살겠다 말

111 『正祖實錄』에 "정조는 1792년 3월에 친히 閣臣 李晩秀를 도산서원으로 보내 별시를 치르게 하였다. 당시 7천여 명이 응시하고 3천여 명이 試券을 제출하였는데 정조가 직접 채점하여 姜世白과 金熙洛 두 사람을 문과에 급제시켰다."라고 하였다.

112 鄭宗魯, 『立齋集』 제2권, 「聞姜淸之登第, 次申和卿韻 擬贈, 壬子」.

113 『弘齋全書』 卷184, 「群書標記 嶠南賓興錄」. 賓興은 주나라 때 향대부가 소학에서 인재를 천거할 때 鄕飮酒禮에서 빈객으로 예우하며 국학에 올려 보낸 데서 유래된 鄕試를 뜻하는 말이다.

114 蔡濟恭, 『樊巖集』 卷57, 「陶山試士壇碑銘」, "聖上十六年壬子, 遣閣臣李晩秀, 賜祭于陶山李文純公書院, 先是, 西洋邪學, 流出我東, 自京師浸淫, 及於畿湖間, 獨嶺以南七十州, 無一人汚染. 上歎曰 此先正遺化也…(後略)."

하면서 어찌 현달한 관직에 오르기를 애쓰겠는가?" 하고는 벼슬에 나간 지 열흘정도 지나 "부귀가 끝났다. 어찌 녹봉을 구하겠는가?" 하고 바로 관직을 버리고 돌아갔다.[115]

순조4년(1804) 2월 강세백은 지평으로 있으면서 임금이 힘써야 할 일들에 대하여 상소한 적이 있었으며,[116] 이후 24년 동안 제수된 것이 사헌부에서 지평 3번, 장령 9번, 집의 1번이며, 사간원에서 사간 1번, 홍문관에서 수찬과 부수찬 13번, 교리와 부교리 9번, 응교와 부응교 10번이지만 모두 왕명에 응하지 않았다. 저술로는 『명정학(明正學)』 1편, 『강상풍발(江上風撥)』 1책, 『호린야언(皓隣野言)』, 『진종성헌(晉宗成憲)』 4책이 있는데, 현재 『진종성헌』과 『도산풍아(陶山風雅)』(－호린유고)[117]가 확인된다.[118]

다음 시는 강세백이 세상을 마치기 열흘 전에 지은 것으로 시의 내용을 보면 자신의 생을 대변한 듯하다.

鴻能遠擧隨時運　기러기가 멀리 날아감은 시운을 따르기 때문이고
龍自深潛洞化機　용이 스스로 침잠함은 승천의 기회를 엿봄이네.

---

115 姜世綸, 『芝園集』 卷14, 「伯氏弘文館應教皓隣公墓誌銘幷序」, "(前略)…當宁癸亥, 例陞典籍轉監察, 公曰 山林云乎, 何高蹈爲黽勉, 趨肅仕十許日曰 牲鼎已矣. 何干祿爲卽棄官歸…(後略)."

116 『朝鮮王朝實錄』, 순조4년 기사에 "持平姜世白, 縣道上疏, 勉聖學, 仍論紀綱之不立, 言路之不開, 民生之倒懸, 貪汚之日肆, 經用之不敷. 批曰: '所陳切實, 予甚嘉尙, 竝當體念矣.'"라고 하였다.

117 姜世白, 『陶山風雅』(皓鄰遺稿)에는 시 81수가 있다.

118 姜世綸, 『芝園集』 卷14, 「伯氏弘文館應教皓隣公墓誌銘幷序」, "(前略)…又採公私古蹟之關先故者, 一一編錄, 爲晉宗成憲四冊, 俾世綸弁卷爲文章, 亦曰 有吾王考, 軌範詩務, 袪巧思奇語, 自警絶迭宕, 文辭暢理順, 自成典刑, 公猶自視, 欿然曰 忝也, 盖謙也…(後略)."

松竹一庭青獨也　소나무와 대나무는 마당에 독야청청하니
不知天地有霜威　천지에 매서운 서리가 있음을 알지 못하네.

시의 내용은 강세백이 자기 자신을 기러기, 용, 소나무, 대나무에 빗대어 말한 것이며 위의 시를 짓고는 대개 절필하였다. 77세인 1824년 9월 25일에 세상을 떠났다. 유심춘(柳尋春), 윤동야(尹東野, 1757~1827), 유식,[119] 황반로(黃磻老)가 그를 위해 쓴 만사(輓詞)가 남아있다.[120]

강세백은 정종로, 이경유[121]와 도의로 계(契)를 맺어 '진솔회'[122]에 비기는 시사(詩社)를 형성하였다. 이 시사는 추수사(秋水社), 죽우사(竹雨社)를 말한다. 다음은 정종로가 1816년에 강세백에게 보낸 서신이다.

강원에서의 훌륭한 유람은 내가 평생 처음 얻은 것이어서 지금까지도 꿈속의 생각은 아직도 그곳에 있다네. 다만 돌아오는 길에 그대의 집에 들러 여러 노숙한 분들과 다시 한바탕 훌륭한 대화를 하지 못한 것이 한

119 柳栻(1755~1822)의 字는 敬甫, 號는 近窩, 本貫은 晉州, 鄭宗魯의 門人으로 南漢朝, 南漢皜, 黃龍漢등과 교유하였다. 『近窩集』 8卷 4冊이 있다.

120 尹東野, 『弦窩集』 卷2, 「輓姜皓隣 二首」; 柳尋春, 『江皐集』 卷1, 「輓姜皓鄰」; 柳栻, 『近窩集』 卷8 附錄, 「輓詞[姜世白]」, 黃磻老, 『白下集』 卷2, 「輓姜皓隣」

121 李敬儒(1750~1821)의 字는 德懋, 號는 林下, 半俗(泮俗), 滄海이다. 古祖父는 李沃, 曾祖父는 息山 李萬敷(1664~1732), 祖父는 李之彬, 父는 剛齋 李承延이다. 1792년 음사로 참봉이 되었으나, 벼슬에 뜻이 없어 평생을 학문과 문학에 바쳤다. 『林下遺稿』, 『滄海詩眼』이 있다.

122 宋의 司馬光이 65세에 낙양에서 古老들과 眞率會를 결성하고 시첩을 만들었는데, 伯康과 君從이 78세, 安之가 77, 正叔이 74, 不疑가 73, 叔達이 70세였고, 사마광이 가장 어렸다. 「진솔회」 시에 "일곱 사람의 나이 합하면 오백여 세인데, 꽃 앞에서 함께 취하니 고금에 드문 일일세, 말 타기와 닭싸움은 우리의 일이 아니고, 모시옷 입고 머리 희니 더욱 눈부시네.[七人五百有餘歲, 同醉花前今古稀, 走馬鬪雞非我事, 紵衣絲髮且相輝.]"라 하였다. 『古今事文類聚』 前集 卷45, 「樂生部眞率會」.

스럽다네. 그대의 편지가 방금 도착하여 그리워하는 마음이 나와 마찬가지임을 알았으니 더욱 서글퍼지네. 근래 몸이 편치 않던 것은 이제 평상을 회복하셨는지. 나는 가슴과 옆구리 사이의 견통이 아직도 멈추지 않고 있지만 날마다 빗질하여 망건 쓰고 앉을 수 있으니 또한 어찌 염려할 만하겠는가. 시사(詩社)를 이곳으로 옮기는 것은 언제 하려 하는가? 바위에 핀 꽃도 아직 다 지지 않았고 산 위의 달도 점점 둥글어지려 하는데 때에 맞추어 한번 모이는 것이 좋겠으니 날짜를 정하여 알려주면 어떻겠는가.[123]

위 서신으로 정종로가 이들의 죽우사 시사에 대해 관심과 독려를 보인 것을 알 수 있을 뿐만 아니라, 시사를 통한 만남도 함께 기대하고 있다. 당시 죽우사는 남회(南會), 북회(北會), 동회(東會), 서회(西會)로 이름을 달리하며, 각각의 장소에서 개최하였다. 특히 서회(西會)에서는 입재 정종로를 따라 식산선생(息山先生)의 유집(遺集)을 교수(校讎)하였다.[124] 정종로는 건강이 좋지 않아 편지를 마지막으로 그 해 여름에 생을 마친다. 이들은 이를 계기로 상주에서 모여 스승과의 영결을 슬퍼하며 시를 짓기도 하였다.[125]

---

123 鄭宗魯, 『立齋集』 卷12, 「答姜青之(任子,1792)」, 「答姜青之(戊辰,1808)」, 「答姜青之(丙子,1816)」, "江院勝遊, 在僕是平生初得, 至今夢想猶在彼, 但於歸路, 不得歷入仙莊, 以與諸老伴更做一場良晤, 以此爲恨, 惠札卽至, 審所懷一般, 尤覺悵然, 日間愆度, 已復常否, 僕乳脇間牽痛, 尙未已, 顧能日巾櫛以坐, 亦何足慮也. 詩社之移於此中, 未知在何間, 巖花猶未盡落, 山月漸欲滿輪, 趁此時一會政好定期以示如何."

124 姜世綸, 『芝園集』 卷13, 「書林下翁遺卷後」, "有社竹雨, 有原社續社, 南會于素履之亭龍門之塾, 北會于愚山, 東會于江上之靜, 虛樓青龍伽藍, 又東會于洛嵓, 西會于莊巖水石, 又西會于仙橋, 又西會于北寺, 從鄭立齋, 校讎息山先生遺集…(後略)."

125 「竹雨社詩集」에 「愚山喪後, 社事曠月廢盖春不杵之義也. 白下黃叔璜, 至話

홍의호(洪義浩)도 한양에 있었지만 상산시사(商山詩社)를 알고 그들의 시에 화운(和韻)하였다.[126] 『담녕부록(澹寧瓿錄)』에 「강세백과 그의 동생 지원」이라는 시를 보면, 강세백과 홍의호는 오랫동안 친분이 있었음을 알 수 있다. 『상산지』[127]에서도 강세백의 문장을 두고, "문장이 기려(綺麗)하고 금운(衿韻)이 광아(曠雅)하여 사림의 중망을 입었다."라고 평하였다.[128] 임하(林下)는 고문(古文)의 언사(言辭)를 기뻐하며 일찍이 그에게 "시(詩)는 내가 그대만 못하고, 문(文)은 그대가 나만 못하다네."라고 하였고, 강세륜은 둘의 문장이 마치 이백과 두보의 이름이 나란한 것과 같다고 하였다.[129] 이경유는 다음과 같이 말하였다.

> 나와 강세백 청지(清之)가 시사를 결성하였는데, 처음 연정(蓮亭－二香亭)에 모여 시사의 이름을 '추수(秋水)'라 했으니, 부형 장로가 다 참여하였다. '향(鄕)'자를 뽑아 시를 지었는데, 청지의 시에 '연잎은 추수사에 문득 높으니, 도화는 무릉향을 셈하지 않네.'라는 구절이 자못 아름다웠다.[130]

此事, 泫然拈松坡韻. 同賦寄社中諸君子」 2首(芝園, 白下), 「適小會林下相對悲吒而已 詩到聊思同率爾拚和」 4首(皓隣, 林下, 兢齋, 南涯) 라는 제목으로 스승과의 영결을 슬퍼하는 시가 있다.

126 洪義浩, 『澹寧瓿錄』 卷7, 「商山, 姜正言清之世白號皓隣, 有詩社, 和韻一鉅軸投示者, 其季芝園文學, 將還以一律寄詩」.

127 金子相 譯, 『商山誌』, 상주문화원, 2003.

128 권태을, 『상주한문학』, 문창사, 2002, 485면.

129 姜世綸, 『芝園集』 卷14, 「伯氏弘文館應教皓隣公墓誌銘幷序」, "(前略)…林翁喜古文辭者, 嘗語公曰 詩我不如君, 文君不如我, 余笑曰 李杜齊名, 安事乎旗亭之甲乙哉."

130 李敬儒, 『滄海詩眼』, "余與姜世白清之, 結社, 始會於蓮亭, 名社曰秋水, 父兄長老皆與焉. 拈鄕字, 清之詩有, 荷葉忽高秋水社, 桃花不數武陵鄕, 頗佳.", 권태을, 『상주한문학』, 문창사, 2002, 485면.

이를 통해 강세백과 이경유가 추수사를 결성했음을 단적으로 알 수 있으며 같은 책에서는 “강세백 청지는 국포의 손자다. 역시 시에 능했는데, 나는 그가 지은 ‘언송시(偃松詩)’를 애송하였다. 그 결어의 ‘혼탁한 세상에선 가히 누울 만하지만, 맑은 시절인데 어찌 일어나질 않는가.’라 한 구절이 어찌 가풍에서 비롯된 것이 아니겠는가.”라고 칭송하였다.[131] 또한, 국포를 전범으로 하여 이어지는 문학적 재능과 그들 가풍의 문장력을 높이 평하였다.

정종로의 문집에도 강세백과 강세륜에게 보낸 시들이 남아있다.[132] 정종로의 셋째 아들인 정상관[133] 역시 남곽(南郭)에 사는 강세백과 함께 교류하며 시회를 통해 시를 짓곤 하였다.[134] 강세백은 정상관이 죽자 그를 위해 뇌문(誄文)을 지어 그의 준일(俊逸)함과 세속에 얽매이지 않는 문장을 칭송하였다.[135] 강준흠[136]은 강세백의 뛰어난 풍류와 정채(精彩)한 문장이 무리 중에 우뚝했으며 집안의 문사들이 대를 이어 뛰어났음을 칭송하였다.[137]

---

131 李敬儒, 『滄海詩眼』, “姜世白淸之, 菊圃之孫也. 亦能詩爲, 余誦其所爲偃松詩, 其結語, 所謂濁世猶可臥, 時淸胡不起者, 豈非家風所自耶.”, 권태을, 『상주 한문학』, 문창사, 2002, 486면.

132 鄭宗魯, 『立齋別集』 卷1, 「贈姜淸之世白文擧世綸」, “玉署薇垣客, 聯翩到竹關. 岸巾迎碧水, 携手坐靑山. 箱帙終宵樂, 琴碁半日閒. 願君同我隱, 休向郭南還.”

133 鄭象觀(1776~1820)의 字는 叔顒, 叔毋, 號는 谷口園, 愚伏 鄭經世의 7代孫이며, 鄭宗魯의 셋째아들이다. 文集 『谷口園記』 10卷 5冊이 있다.

134 鄭象觀, 『谷口園記』 卷1, 「南郭姜侍讀丈世白共賦適小會」, 「次皓隣韻三首」.

135 鄭象觀, 『谷口園記』 卷10, 附錄, 「誄文」, “山南徵士, 無適翁先生, 有季子曰谷口處士, 爲人俊逸不羈, 昻昻若汗血之駒, 騫霄之鳳, 爲文章詰崛…(後略).”

136 姜浚欽(1768~1833)의 字는 伯源(百源), 號는 三溟. 조부는 姜必得, 부친은 姜世靖이다. 부인은 安東 權氏로 權儐의 딸이다. 아들은 姜時永, 姜羲永(系淳欽后), 姜基永이다.

구사당(九思堂) 김낙행(金樂行, 1708~1766)은 강세백의 젊은 시절의 영특함을 칭찬하며 "젊은 나이에 특출하니 응당 대적할 자 없고[妙齡特達應無敵]", "그대가 명가 후손인 줄은 다들 알았으니, 입신양명하여 모름지기 아름다운 시절에 이르네.[指點盡知名祖後, 立揚須及艷陽時]"[138]라고 하여 그의 재주 있는 삶을 추앙하였다.

강세백의 부인은 함양박씨(咸陽朴氏) 박용경(朴龍慶)의 딸로 판서 박규(朴規)의 후손이다. 그와의 사이에 낳은 강장흠[139] 역시 문장에 이름이 있었으니. 부친 사후 삼촌인 강세륜과 함께 죽우사를 이은 열운사(悅雲社)를 1828년에 재조직하여 학문과 시사의 전통을 이어나갔다. 강장흠의 아들인 강주영[140]은 정종로의 손녀와 혼인을 하여 진주정씨(晉州鄭氏) 집안과 문학뿐 아니라 혈연으로 이어졌다. 유식이 강세백을 위해 쓴 만사(輓詞)가 남아있다.[141]

둘째형 강세위[142]는 강항(姜杭)의 둘째아들 강필량[143]이 후사가 없

137 姜浚欽, 『三溟詩集』 7編, 「輓應教族叔世白」 二首, "風流唐突暎諸人, 文曲星精是後身. 十四代宗顔廟在, 二千年世陸詞陳. 南鄉耆老懷良吏, 東觀神仙列外臣. 去歲八行成絶筆, 季方相對更沾巾. / 先人行輩幾人餘, 杖屨周旋一夢如. 耆德重承蓮稧帖, 孫曾俱讀蕙翁書. 墳臨古寺千峯秀, 家在荒臺四壁虛. 老去文章誰與質, 屋樑殘月照孤居."

138 金樂行, 『九思堂續集』 1卷, 「金谷贈姜淸之世白」.

139 姜長欽(1770~1834)의 字는 穉仁, 號는 半醒, 姜世白의 아들이다. 어릴 때 이름이 應男이었다. 부인은 鵝州 申氏 申鼎沃의 딸이다. 子는 姜胄永이다.

140 姜胄永(1794~1861)의 字는 用華, 號는 耳山, 정종로의 문인, 姜世白의 孫子, 姜長欽의 아들. 부인은 晉州 鄭氏 鄭象晋의 딸이며 鄭宗魯의 손녀딸이다.

141 柳栻, 『近窩集』 卷8 附錄, 「輓詞[姜世白]」, "適翁門下展如人, 經術沉潛抵七旬. 茶飯尋常伊洛卷, 襟期眞率葛懷民. 頖水搴蓮兒踵武, 菑田種秫世淸貧. 封胡繞膝皆能學, 書帶窓前不老春. / 早年相識到衰年, 同病江湖白髮隣. 郭雪篝燈猶的歷, 亭春花鳥共聯翩. 秖今萬事成陳迹, 何處靑山起新阡. 無數飛螢流入戶, 殘篇似惜此生緣."

어 9살에 양자로 가게 된다. 양자로 간 후에도 본가의 형제들과 우애하며 지냈는데, 이는 강세륜이 쓴 묘지명을 보면 알 수 있다.

강세위가 동생을 생각하는 배려와 정직한 양심에 관한 일화가 있어 소개한다. 일찍이 강세륜이 오주(吳洲－平安南道 江東縣)에서 벼슬할 때 강세위가 동생을 보러 갔었는데, 고을 사람들이 강세위와 친하게 되어 그에게 무명을 선물하려고 했지만 사적으로는 절대로 받지 않았다. 이는 동생의 정치생활에 누가 될까 염려하였기 때문이었다. 또 어느 날 강세위가 길에 돈 수 십 꿰미가 든 전대를 주웠는데, 그 돈을 취하지 않고 밭 사이에 두고는 며칠 동안 지켜보다가 잃어버린 자를 기다려서 돌려주었다. 이처럼 강세위는 욕심이 없고 정직한 성품이었으며, 술을 마시면 기쁘게 천진(天眞)한 모습을 드러낼 뿐이었다. 그러나 그해 생모가 돌아가시고 이듬해 모친과 생부 강필악까지 돌아가시자 슬픔을 이기지 못하였으며, 45세로 생을 마친다.[144]

강세위는 1794년 추수사를 결성할 때 이향정에 동석한 회원이기도 했으며, 강세륜이 강세은(姜世誾), 강세모(姜世謨) 등과 친하게 된 것도 형 강세위가 계자로 가게 된 연유로 인한 것이었다. 강세위는 전주

142 姜世緯(1752~1795)의 字는 仲廉, 初名은 世清, 5월 4일생, 9세 때 姜必良의 양자가 되었다. 通德郎, 부인(1749~1815)은 全州 李氏 李晚松의 딸이다. 子 姜哲欽, 姜勳欽, 姜晳欽이 있다.

143 姜必良(1739~1756)의 字는 希聖, 通德郎, 부인은 豐山 洪氏 洪澤輔의 딸이다.

144 姜世綸, 『芝園集』 卷14, 「仲氏墓誌銘」, "兄弟一是仁愛, 四十年, 怡怡相樂也. 歲己酉, 世綸將老宰吳洲, 公來覲留數月, 有鄉人納交獻紬段一, 公辭曰而有求乎, 吾不以私逕累吾弟政, 嘗路見遺橐貯錢十數緡, 公取置田間, 守竟日待失者, 還之, 公喜飲酒中, 則嬉嬉然, 露眞天而已……甲寅春, 遭我先夫人喪, 乙卯冬, 丁洪氏喪, 不日, 我先大夫又棄, 不肖公嘔血隕絶幾殊, 而甦氣喘喘, 凜不保朝暮, 而猶饋奠哭擗如不病者, 日久, 疾益亟不克隨瀧阡行, 皐復於先大夫三虞之夕, 卽丙辰正月十七日, 得年四十五葬."

이씨 이만송(李晩松)의 딸과 결혼하여 3남을 두었는데, 장남인 강철흠[145]은 훗날 강세륜과 열운사(悅雲社)의 회원으로 함께 시회를 하였으며, 강장흠과 금강산여행을 함께하였다. 셋째아들 강석흠[146]은 강세렴(姜世濂, 1751~1836)에게 양자로 갔으며, 강석흠의 아들 강달영[147]이 고몽찬의 사위로 가게 되어 진주강씨와 개성고씨(開城高氏) 두 가문은 혼사로 인연을 맺었다.

강세륜은 18세(1778)에 개성고씨 고첨[148]의 장녀[149]와 결혼하였다. 그는 23세에 급제하여 한양으로 가기 전까지 상주에 기거하였으며, 이후에도 상주에 자주 내려와 시사를 통해 영남 문인들과 자주 교유하였다. 문집의 시는 대부분 상주에서 시사를 하며 쓴 시들과 만년에 다시 상주로 돌아와서 지은 것들이다. 특히 부친의 노력으로 간행된 강박의 문집을 15세 때부터 대할 수 있었으며, 이후에도 국포시에 차운하며 자주 시를 짓곤 하였다.

강세륜은 24세, 29세에 아들 둘을 두었으니, 장남은 강숙흠,[150] 차

---

145 姜哲欽(1778~1856)의 字는 道人, 穉養, 號는 渾齋, 상주 봉대에 거주하였다. 姜世綸의 형 姜世緯의 아들이다, 1810년 생원시에 합격, 玉洞書院長을 지냈다. 강세륜, 강장흠과 열운사 회원이었다.

146 姜晳欽(1789~1853)의 字는 道仁, 號는 疎髙, 姜世濂(1751~1836)의 아들, 生父는 姜世緯이다.

147 姜達永(1826~1877)의 字는 天路, 號는 白儂居士이다. 姜晳欽의 아들이며 高夢贊의 사위이다.

148 高襜(1740~1782)의 字는 襜如, 本貫은 開城, 父는 高斗瑞, 祖父는 高師說, (生父는 高緯瑞).

149 夫人(1760~1843)은 高襜의 딸이며, 母는 延安李氏 李萬達의 딸이다. 아래로 남동생 高翼齡, 高翼脩가 있었으며, 여동생은 金天錬에게 出嫁했다.

150 姜俶欽(1784~1847)의 字는 肅心. 通德郞, 부인은 高靈申氏 申景祿의 딸이다. 子는 姜彙永이다.

남은 강병흠[151]이다. 두 아들 모두 정종로의 문인이었으며 문장(文章)과 재국(才局)이 있었다. 강숙흠은 부친이 북관의 임지로 가는 39일간의 여정을 함께할 정도로 효성이 지극했고, 강병흠도 먼 북관까지 찾아갈 정도로 아버지에 대한 정이 두터웠다. 둘째 강병흠이 홍대호의 딸과 결혼을 하여 사돈지간이 되었다. 이처럼 강세륜은 상주에서 태어나 한양에 가기 전까지 가학의 학문적 전통을 이어받아 고문공부에 심취하였으며, 스승 정종로의 문하에서 수학하며 여러 시우들과 학문의 기반을 닦을 수 있었다.

2-2. 관직官職과 사환기仕宦期 (23세~62세)

강세륜은 평생 관직에 종사하였다. 23세(1783)의 젊은 나이에 증광시(增廣試) 병과(丙科) 17위로 문과에 급제하여 규장각 강제문신(奎章閣 講製文臣)에 뽑힌다.[152] 평안도 강동현감(江東縣監)(28세), 충청도 결기현감(結己縣監)(42세), 함경도 종성부사(鍾城府使)(61세) 등을 역임하였으며, 장령(掌令), 헌납(獻納), 경연시독관(經筵侍讀官), 부교리(副校理), 부수찬(副修撰), 수찬(修撰), 교리(校理), 성균관사성(成均館司成), 검토관(檢討官), 사간원(司諫院) 가선대부대사간(嘉善大夫大司諫) 등을 지냈다. 75세에 병조참판이 되었지만 종성부사를 그만둔 이후에는 지속적으로 고향에 은거하였으므로 관직과 환관기(宦官期)는

151 姜秉欽(1789~1864)의 字는 彝仲, 號는 鳳樓. 부인은 豐山 洪氏 應教 洪大浩의 딸이다. 『만가보』 13책 42면(우측) 8단 1행에는 姜敬欽으로 잘못 기재되어 있다.

152 『朝鮮王朝實錄』, 「正祖實錄」, "正祖 7年 癸卯(1783) 4월 24일 의정부에서 講製文臣을 뽑았는데, 李度謙·李顯道·趙濟魯·李勉兢·金啓洛·金熙朝·李崑秀·尹行任·成種仁·李暾·李翼晉·沈晉賢·徐瀅修·李儒修·姜世綸 등 17명이었다."

과거에 급제한 23세에서 62세까지로 한정하였다. 그가 평생 관직에 종사한 것으로 정조의 신임, 남인에 대한 배려, 그의 처세와 무난한 성격 등을 가늠할 수 있다. 그때 쓴 경연과 교서들이 문집에 일부 남아있다.

다음 시는 젊은 시절 과거시험을 보러 갈 때 강세진이 써준 전별시이다.

苹鹿離歌夕	녹평 잔치 열어 이별가 부르는 저녁이여
菁莪聖化天	말쑥한 인재가 임금의 성덕에 무젖는 때로다.
阿文適戰捷	우리 문거가 때마침 초시에 합격하였으니
菊老有孫賢	국포 어른이 똑똑한 손자를 두었도다.
計吏隨征馬	문서를 든 계리가 가는 말을 따르니
陌花暎妙年	밭둑의 꽃들이 젊고 훌륭한 청년 비춰주네.
送春兼送汝	봄을 보내며 겸하여 너까지 보내자니
別思滿觥船	이별생각에 술잔이 가득해지네.

「아우 문거(文擧) 세륜이 과거장에 가는 것을 전송하며」[153]라는 제목으로 된 5언율시 2수 중 1수이다. 수련(首聯) 1구의 '평록(苹鹿)'은 『시경』, 「소아(小雅)」, '녹명(鹿鳴)'장에 나오는 "유유녹명(呦呦鹿鳴) 식야지평(食野之苹)"의 구절을 딴 것이다. 빈객(賓客)을 연향(燕饗)하는 것을 읊은 시로, 이별을 축복하였다. 제목의 '족제(族弟)'는 성과 본이 같은 사람들 가운데 유복친 안에 들지 않는 같은 항렬의 아우뻘인 남자에게 붙이는 호칭으로, 강세진은 강세륜보다 44세가 많지만 항렬이 같으므로 '족제'라 한 것이다.

---

153 姜世晉, 『警弦齋集』 卷2, 「送族弟文擧世綸赴東堂會闈」, 국립중앙도서관본.

함련(頷聯) 3구의 '전첩(戰捷)'은 싸움터에 나가 승리하였다는 뜻으로, 치열한 과거시험에서 합격하였음을 말한다. 제목의 '동당(東堂)'은 과거의 본시험에 대한 별칭으로, 당시 문과를 동당시(東堂試)라고 불렀다. 4구의 '국로(菊老)'는 국포어르신을 말하며, 과거 본시험을 보러 가는 똑똑한 세륜을 보며 강세진은 국포를 떠올리며 기뻐했을 그를 회상했다. 길에 핀 꽃들이 그의 가는 길을 비춰주길 바라며 과거에 합격하여 화려한 젊음을 시작하는 그를 축복하였고, '봄을 보내며 너 또한 보낸다.'라는 시구에서는 이별의 아쉬움이 전달된다.

다음 시는 과거 시험을 본 이후 급제하게 되어 축하하며 지어준 시이다. 제목은 「문거가 회시에 급제하고 인하여 초계문신에 선발되어 말을 타고 일산을 덮고서 돌아와 집에 인사하기에 몹시 경사스럽고 기뻐서 시를 짓는다」[154]이다.

擁蓋羣瞻聳	말 위에 일산을 받치니 사람들 우러러 쳐다보는데
簪花二紀明	어사화 두 줄기가 선명하게 빛나네.
奎章新寵渥	규장각에 뽑히니 새로이 넉넉한 은총 내리고
桂籍舊家聲	합격자에 이름 올리니 옛날부터 이름난 집안이었네.
喬木渾生意	우뚝한 나무엔 온통 생기가 돌고
宗英與有榮	가문의 영재들이 함께 영화를 누리네.
菊門餘白首	국포 문하의 남은 머리 흰 늙은이가
悲喜不勝情	슬픔과 기쁨이 교차하는 심정 가눌 수 없네.(제1수)

과거에 합격하여 초계문신(抄啓文臣)에 뽑히고, 고향에 금의환향(錦

154 姜世晉, 『警弦齋集』 卷2, 「文擧大捷會闈, 仍被文臣抄啓之選, 乘馹擁蓋歸拜家, 慶喜甚, 賦之」 2首.

衣還鄕)하여 어사화 꽂고 말 타고 거리에서 행진하던 유가(遊街)의 모습을 읊었다. 함련(頷聯)의 4구에 '계적(桂籍)'은 고려, 조선 시대의 문과방목을 이르는 말로, 합격하여 방에 붙었음을 말해준다. '가문의 영재[宗英]'이라 하여 축하해주며 강박어른이 손자의 합격한 모습을 보았더라면 얼마나 흐뭇해했을까 하는 아쉬운 마음을 함께 표현하였다.

菊翁遵道軌	국포 노인이 바른길을 따라 사셨으니
名跡聖明知	이름과 자취를 임금께서 밝게 아신다네.
夥爾承先烈	장한 너도 조상들을 이어
唱名上玉墀	합격자에 이름 불려 궁궐 뜰을 오르는구나.
朋儕咸屬望	친구와 동료들은 모두 기대를 걸고
花鳥亦生姿	꽃과 새들 또한 생동하는 자태로다.
靜業須加勉	조용한 마음공부에 모름지기 더욱 힘써서
身心澹自持	몸과 마음을 담박하게 하여 자신을 지키시게나.(제2수)

강세진은 강세륜을 볼 때마다 함께 글을 짓고 수학(修學)했던 강박이 떠올랐을 것이다. 국포가 '바른 도의 궤도'를 따라 살았듯이 강세륜 역시 정업(靜業)에 더욱 힘써서 심신을 바르고 깨끗하게 스스로 굳게 지켜나가기를 바라는 마음을 적었다.

강세륜은 1783년에 처음으로 사변가주서(事變假注書)라는 관직을 제수 받는다.[155] 그해 정조의 주역강의에서 이현도(李顯道)·조제로(趙濟魯)·이면긍(李勉兢)·김계락(金啓洛)·김희조(金熙朝)·이곤수(李崑秀)·윤행임(尹行恁)·성종인(成種仁)·이청(李晴)·이익진(李翼晉)·심진현(沈晉賢)·신복(申馥)[156] 등과 함께 답변에 참여하였다. 12월에

155 『承政院日記』, 정조 7년 4월 29일, "李衡達有頉, 代以姜世綸爲事變假注書"

정조는 "제술(製述)과 과강(課講)을 이미 마쳐 세공(歲功)을 끝냈으니 먼 도의 사람들은 의당 집으로 가서 쉬게 해야 할 것이다. 초계문신 신복과 강세륜에게 왕복 기간을 제외하고 90일간의 말미를 주어 그들로 하여금 되도록 빠른 시일 안에 내려가게 하라."[157]라 하교하였고 석 달의 휴가를 얻어 상주로 내려갔다. 초계문신 시절 강세륜에 대한 정조의 배려를 느낄 수 있다.

강세륜은 24세에 첫아들을 낳았다. 관직에 몸담고 있으면서도 이때부터 줄곧 서울과 상주를 오가며 상주지역의 문인들과 많은 문학 활동을 지속하였다. 그해 7월 보름에 상주 이향정(二香亭)에서 상주지역 문인들을 중심으로 추수사(秋水社)가 결성된다. 상주에 있는 형 강세백과 임하 이경유가 주축이 되어 결성하였는데, 이때는 그가 관직에 오른 시점이어서 활발한 활동을 하지는 못했다. 1785년 12월 5일 역적을 징토(懲討)하는 의리를 논하였고, 이어 환자[還上]의 폐단은 수령(守令)을 가리는 일로써 급선무를 삼아야 한다고 아뢰었으며, 비답을 내려 장려하였다.[158] 26세(1786)에 사헌부의 정4품 벼슬인 장령을 하였고, 신복(申馥)과 시를 짓기도 하였다.[159]

28세 겨울 12월에 평안도의 강동현감으로 제수 받았다.[160] 강준흠은 '정언 족숙 세륜이 강동으로 부임해가는 것을 전송하며'라는 전별

---

156 申馥(1753~?)의 字는 英伯, 本貫은 平山, 거주지는 安東. 정조 7년 癸卯 증광시 진사 3등이다.

157 『日省錄』, 정조 7년 癸卯(1783) 12월 2일 己未.

158 『朝鮮王朝實錄』, 「正祖實錄」 20卷, 정조 9년 12월 5일 庚辰 4번째 기사.

159 姜世綸, 『芝園集』 卷1, 「與申英伯馥聯鑣南歸臨岐拈韻」.

160 『外案考』 卷7, 平安道 江東縣監에 1788년 12월, 『承政院日記』, 정조 12년 12월 20일 정미 기사.

시를 써서 강씨 가문에 대대로 어진 이가 많다[晉陽家裏古多賢]하며 그를 송축하였다.

楊柳輕風雪未殘	버들개지 가볍게 바람타고 눈은 아직 녹지 않았는데
白門西去路漫漫	서대문 지나 평안도로 간다하니 길은 아득하네.
江東父老知君否	강동의 부로들 그대를 알기나 할까
抄啓文臣作縣官	초계문신이 현의 관리가 되었구나.(其一)[161]

위 시는 초계문신으로 있다가 처음 현감으로 부임을 하게 되자 그를 전송하며 준 것이다. 이때 이경유는 강동현이 관서의 작은 고을이지만 화재(貨財)가 많고 호구가 실하여 관리들이 많이 탐욕을 부리는 곳인데, 임금께서 특별히 청환(淸宦)·현직(顯職)으로 문거(文擧)를 보내셨으니 위공무사(爲公無私)하여 치란(治亂)을 잘 헤아릴 것을 서(序)로써 격려하였다.[162] 그는 강동현감으로 평안도에 1790년까지 있었는데, 그 사이 29세(1789)에 둘째 아들이 태어났다. 1794년에 어머니가 돌아가시고 이듬해에 연이어 부친이 향년 72세로 돌아가셨다. 39세에 장령을 거쳐 42세(1802)에는 헌납(獻納)을 담당하였다.

1802년 6월 9일에 충청남도 결성(結城-潔已)현감으로 제수 받아 1804년 10월까지 있었는데, 그곳에 살던 김기서[163]와 친분이 있었다.

---

161 姜浚欽,『三溟詩集』1編,「送正言族叔 世綸 赴任江東」四首.

162 李敬儒,『林下遺稿』卷7,「送姜文擧之任江東序」, "江東關西小縣, 然貨財積, 戶口實, 由是守尉多貪婪 不恤民人, 歲且饑民不聊生, 上憂之, 選文臣有才者, 吾黨姜文擧爲縣令, 往治之. 文擧少年登高科, 被閣選歷臺職, 固已淸顯矣. 今又分憂百里克致專城之養於其親人, 皆榮之, 其友延城李敬儒, 賀且勉之曰 古之仕者爲公, 今之仕者爲私, 爲公者治, 爲私者亂. 吾請文擧, 毋子女玉帛圖一爲公無私, 苟爲公矣. 治天下國家尙有餘, 何況一江東哉! 吾其拭目而待之."

김기서는 훗날 「서지원한경잡시후(書芝園漢京雜詩後)」에서 강세륜의 시를 평가하였다. 강세륜의 시는 그 안에 성정(性情)의 발로(發露)함과 풍유(諷諭)의 기이(奇異)함이 있으며, 시를 지을 때 다듬고 꾸미고 모방하지 않아, 반드시 마음에 감동된 바가 있은 연후에야 쓴다고 하여 그의 시작법(詩作法)을 칭찬하였다.[164]

44세(1804)에 홍문록 회권에 들고 10월 도당록에 올랐으며, 이 해 상주에서 추수사를 이은 죽우사(竹雨社)가 20여년 만에 재결성되어 형님인 강세백, 이경유와 활발한 활동을 하며 모임의 주축이 되었고 1816년 속죽우사 활동을 통해 시집을 남겼다.[165]

45세에는 경연시독관과 부교리를 맡았다. 1806년에 이경유의 부친인 강재(剛齋) 이승연(李承延)이 돌아가시자 이듬해 「강재이장승연만(剛齋李丈承延挽)」 7수의 가(歌)를 썼다. 1808년에는 종손(從孫) 강주영(姜胄永)의 폐서(幣書)를 형을 대신해 써주었다.[166] 1809년에 홍대호의 딸이자 강세륜의 둘째 며느리인 홍씨가 22세라는 이른 나이에 병약한 몸으로 죽게 되어 "하늘이 우리 집에 복을 주지 않으려는가! 어찌하여 내 며느리를 일찍 데려가는가![哭曰天不欲祚我家耶, 何奪吾婦速也.]"라며 곡하고 만(挽)을 지어 애도하였다.[167] 같은 해 저옹(樗

---

163 金箕書(1766~1822)의 字는 稚圭, 號는 梨湖, 琅玕居士, 本貫은 淸風, 그는 1812년 벼슬에 나가기 전까지 결성에 거주하였다. 김영진, 「사대부 문인화가 金箕書의 『和樵謾稿』」, 『고전과 해석』 8집, 고전문학한문학연구학회, 449면.

164 金箕書, 『和樵謾稿』 卷5, 「書芝園漢京雜詩後」에서 姜世綸이 「城市全圖詩」를 썼다고 하였다.

165 『竹雨社詩集』은 『尙州文化』 7집(1998), 경주상주문화원 부록에 있다.

166 姜世綸, 『芝園集』 卷12, 「從孫胄永幣書代伯氏戊辰」.

167 둘째 며느리는 豐山 洪氏로 剛仲 洪大浩의 딸(1788~1809)이다. 甲子年(1804) 봄에 洪大浩가 자신의 딸이 유순하고 예쁘다고 소개하여 혼인을 하게 되었는데,

翁) 남한조(南漢朝, 1744~1809)의 만(輓)을 썼으며,[168] 순조의 맏아들 효명세자(孝明世子)의 백일잔치를 위해 육촌아우 강세은(姜世誾), 둘째아들 강병흠(姜秉欽)과 함께 서울로 행차하였다.[169]

50세에 홍문록 회권에 들었으며, 2년 뒤에 부수찬 직을 맡았다. 52세에 정월대보름날 반저(泮邸)에서 박시원,[170] 김상원[171]과 시를 지었다.[172] 그 해 중추에는 유상원(柳象遠), 강세규(姜世揆) 등과 배를 띄워 새벽까지 시를 짓기도 하였다. 이는 낙강유회의 전통을 이은 시회이다. 1813년 9월 16일에 조카와 아들이 과거에 응시하였다. 1814년 봄에는 종손 강주영(姜胄永)이 관례(冠禮)를 하게 되어 손님으로 참석한 김영(李瑛), 김상려(金商礪), 이승배(李升培) 등과 동석하여 수창하였다.[173] 1815년 7월 보름에 소리정(素履亭)[174]에서 모임을 가졌다.[175]

병이 들었고 임신 중에 아이를 태중에서 잃고 며느리도 己巳年(1809)에 22세의 젊은 나이에 죽었다. 강씨 세보에는 죽은 해가 1808년으로 나오나 『芝園集』 卷13 「仲子婦洪氏壙銘幷序」에 보면 1809년 1월 2일 卒로 나온다.

168 姜世綸, 『芝園集』 卷1, 「樗翁南丈漢朝輓」.

169 姜世綸, 『芝園集』 卷1, 「爲參元子百日候班, 發京行, 再從弟啓好世誾, 次兒秉欽, 以禮闈行從宿新院店拈杜韻」.

170 朴時源(1764~1842)의 字는 穉實, 號는 逸圃, 本貫은 潘南, 『逸圃集』 8卷이 있다. 『逸圃集』 卷1, 「和姜文學望鄕臺觀燈韻」이 있다.

171 金尙元의 字는 善長, 號는 晩星齋, 本貫은 一善, 조선 후기 구미 출신의 문신, 1800년 문과에 급제하였으며, 지평, 정언 등을 지냈다. 父는 金龍應이며, 鄭宗魯 門下에서 학문을 배웠다.

172 朴時源, 『逸圃集』, 「和文學望鄕臺觀燈韻」, "明時調玉燭, 佳節又觀燈. 撲地分排密, 凌霄次第登. 夜深星斗滴, 春去錦花蒸. 二十年前會, 猶欣此日能.";朴時源 著, 安柾 譯, 『국역 逸圃集』, 토우, 2004. 59면.

173 姜世綸, 『芝園集』 卷1, 「仲春, 行從孫胄永冠禮, 李時應瑛以賓, 至金伯庸商礪, 李大彦升培與席, 滯雨拈東人韻」.

174 姜世白, 『晉宗成憲』 卷7, 「素履亭」, 素履亭은 功城 松里 伊水가에 있었다. 南塘 全復禮(字, 勿之, 상주시 공성면 마을유래에 田福禮는 오류)가 글을 읽던

56세에 검토관(檢討官), 57세(1817)에 성균관 사성이 되었으며, 수찬(修撰)을 거쳐 그해 7월에는 교리를 맡는다. 이 시기에 남산 아래 홍의호의 집에서 강준흠과 더불어 잦은 교유를 하며「한경잡영」을 지었다. 상주를 오가며 죽우사 시사에도 적극적이던 시기였다. 61세(1821)에 종성부사로 임명을 받아 함경북도 종성을 가며,[176] 가는 동안 경유하는 곳마다 글로 남겨『북정록』을 저술하였으며, 이듬해 11월까지 임지에서 견문한 북관의 인문지리와 풍속을「종산잡록」에 남겼다.

함경도는 변방에 위치하여 전국에서 가장 살기 어려운 지역이었고 그가 임명을 받아 가던 해에 흉년과 물난리로 그 지역 대부분 농사가 흉년이었다. 홍수로 무너진 곳을 모두 수축해야 하는 상황이었고 인력도 부족한 상황이었다.

> 이종목(李鍾穆)이 비변사의 말로 아뢰기를, "방금 함경 감사 이면승(李勉昇)의 장계를 보니, 종성부사 강세륜과 북병사 김수기(金守基)의 첩정을 낱낱이 들어 아뢰기를 본부에서 강을 따라 축동(築垌)을 하는데, 지난 가을에 홍수가 나서 여러 곳에 무너져 내린 곳이 모두 2094파(把)입니다. 그 가운데 서역 바깥과 행영 동남문 밖 두 곳은 요해처이므로 수축(修築)하는 것을 조금도 늦출 수 없습니다. 그러므로 영읍(營邑)이 그 역을 나누어 맡아서 봄 농사 전에 맞추어 축을 다 쌓도록 이미 신칙하였습니다. 야지내(也只乃)[177]등 다섯 곳은, 수신(帥臣)과 고을 수령이 나무를 심고

곳으로 愚伏, 蒼石과 친했으며, 愚伏이 정자 이름을 지었다. 정자가 廢하여 참판 姜玓(素履公, 부인이 全復禮의 손녀)이 옛터에 다시 세웠다. 상주시 공성면 마을 유래에 의하면 현 巨倉里라고 하며 지금은 터만 남아있다.

175 姜世綸,『芝園集』卷1,「七月既望, 素履亭小集拈韻賦各體遣興」,「又拈七絶」,「又拈七律」.

176『承政院日記』, 純祖 21년 9월 6일 기사.

> 석축을 하자는 논의가 같지 않고, 해당 고을의 민정(民丁)이 이미 부족하다고 하여, 이웃 고을의 백성을 조발(調發)해야 할 형편이니, 재해를 입은 해의 춘궁기에 백성들에게 도와주기를 청하기가 실로 어려우므로, 우선 수신(帥臣)의 의논에 따라 토질에 맞는 나무를 아래 위 빙 둘러 심고, 역군(役軍)의 양향미(糧餉米)는 한 사람당 날마다 세 때 7홉씩으로 하여, 해당 고을에 있는 회부곡(會付穀)을 전례대로 마련하여 지급하도록 아울러 묘당으로 하여금 품지하여 분부하게 하소서." 하였습니다.[178]

위와 같은 실록의 기록처럼, 열악한 환경 속에서 환곡의 비리 또한 암암리에 행해지고 있었다. 함경도 암행어사 조인영(趙寅永)이 서계를 올려 그 지역 관리들의 비리를 고발하였는데 강세륜도 거기에 함께 연루되었다.[179] 순조 22년 10월 2일에 삭탈관직 당했다. 그의 죄목은 대략 절미(折米)를 받으며 이익을 남긴 것, 소를 헐값에 매매하고 해삼을 강제로 배정해서 사익을 챙긴 것 등이었다.[180]

---

177 也只乃灘으로 함경북도 온성군 종성노동지구 지역이다.

178 『承政院日記』, 純祖 22년(1822) 1월 19일 乙丑, "李鍾穆, 以備邊司言, 啓曰 卽見咸鏡監司 李勉昇狀啓, 則枚擧鍾城府使姜世綸, 北兵使金守基牒呈, 以爲本府沿江築垌, 自經昨秋大水, 諸處潰決者, 合爲二千九十四把, 而其中西城外及行營東南門外兩處, 係是要害, 其所修築, 不容少緩. 故營邑分掌其役, 趁春耕前完築之意, 已爲申飭, 至於也只乃等五處, 帥臣邑倅植木石築之論, 各自不同, 而該邑民丁, 旣云不足 勢將調發隣邑之民, 則災歲窮春, 隣民請助, 實難議到, 姑從帥臣議, 以宜土之木, 環植上下, 而役軍糧米 每名每日七合三時式, 以該邑所在會付穀, 依已例磨鍊上下事, 竝請令廟堂稟旨分付矣. 環一邑累千把築垌, 果難災歲動民, 一時竝擧, 而至於最要害不可不及今修築處, 形止旣甚緊急, 役處亦不浩大, 使之待解凍始役, 而植木竪柵, 未必不如壘石成垌, 況此試可之地, 宜先木柵, 而道帥臣僉議亦同, 竝與依辛丑例 以會付穀磨鍊之請, 依所啓許施, 何如? 傳曰 允."

179 『承政院日記』, 純祖 22년 9월 20일, 10월 2일, 『朝鮮王朝實錄』「純祖實錄」 1822년 9월 30일 기록.

당시 해삼은 사매(私賣)가 금지되어 있었고, 청의 관원에게만 예단(禮單)으로 지급하였다. 청인들의 해삼에 대한 욕구가 매우 강해 다른 예단 품목을 해삼으로 바꿔 가는 일도 많았다.[181] 청인들은 더 많은 해삼을 구하기 위해 잠매(潛賣)가 성행하였는데, 1820년 해삼 10근의 값이 소 한 마리의 값과 같다고 하여 양국 상인 모두에게 이익이 되므로 해삼 잠매를 막는 것은 사실상 불가능하였다. 함경도는 연이은 흉년과 전염병으로 심각한 기근에 시달렸다.

헌종 대에 관암(冠巖) 홍경모(洪敬謨, 1774~1851)도 이 문제를 해결하기 위해 다른 지역에 도움을 요청하였지만 거절당하고, 자의적인 진휼정책을 펼치며 사태 해결을 위해 노력한 바 있다. 하지만 홍경모 역시 민생을 구제한 노력에도 불구하고 나라의 허락 없이 곡물을 풀어 구휼하여 이 때문에 서경보가 장계를 올려 홍경모의 파직을 요구하여 마침내 그는 파직되고 말았다.[182]

사실 북관의 경우, 지리적 조건이 대단히 열악하고 기근도 잦아 북관민의 빈곤 문제는 일상사였고, 그 해결책도 쉽지 않았다. 더욱이 국경을 접하고 있어 잠상(潛商) 등 시비가 끊이지 않던 곳이기도 하였고, 이러한 문제는 조선 후기 북관 지역의 가장 큰 문제이자 쉽게 해결할 수 없기도 하였다. 강세륜이나 홍경모와 같이 양심적인 목민관은 이 지역의 문제를 일시적으로 해결하기 위한 사적 차원의 방안을

180 『承政院日記』, 純祖 22년 9월 30일 辛丑.

181 洪儀泳, 『北關紀事』, 「開市事宜」, "海蔘一種禁物 不以賣買 彼人每於他禁物 則初不憾生意 至於海蔘則大欲 是以我國淸差供饋 亦有海蔘紅蛤 而海蔘代捧."

182 강석화, 「19세기 京華士族 洪敬謨의 생애와 사상」, 『한국사연구』 제112호, 한국사연구회, 2001, 173~175면.

제시하였지만, 만족할 만한 결과를 얻지 못하였다. 심지어 위의 사례와 같이 탄핵 대상이 되기 일쑤였다. 강세륜의 사적인 노력 역시 그 결과는 파직이었다.

2-3. 상주尙州에서의 만년기晩年期 (63세~82세)

강세륜은 파직되어 1822년 11월 11일, 종성을 떠나 남쪽으로 다시 내려오게 된다. 이러한 상황에서도 그는 남쪽으로 돌아오는 여정의 기록인 「남귀록(南歸錄)」 53제를 쓰며 국토에 대한 풍광을 다시 한 번 노래하였다. 12월에 병이 나서 풀어줄 것을 요청하였고, 이듬해 1823년 1월 보방(保放)되었다가 2월 12일에 석방되었다.[183] 고향으로 돌아온 후 줄곧 상주에서 문학 활동에 전념하였다. 「귀전록(歸田錄)」은 그때 쓴 작품들이다. 변방에서 돌아온 가을 지원과 함께 한 고몽찬[184]이 쓴 시이다.

吾家移住錦江灣　　우리 집이 이사하여 금강 가에 사는데

183 『承政院日記』, 純祖 23년(1823) 1월 3일, “又以義禁府言, 啓曰 卽接月令醫員高在暐手本, 則時囚罪人姜世綸, 素患疝積之症, 在途觸寒, 挾感闖發, 就囚之後, 一倍添劇, 肚臍橫亘, 氣息奄奄, 實有難保之慮云. 罪人病勢如此, 則一邊保放, 一邊草記, 曾有定式矣. 姜世綸, 姑爲保放之意, 敢啓. 傳曰 知道.”; 純祖 23년 (1823) 2월 12일, “以義禁府赦單子, 傳于李鶴秀曰 姜世綸·李海淸·尹心圭·崔允和·金持泰·申景雨放.”

184 高夢贊(1793~1858)의 字는 理叟, 號는 錦洲, 本貫은 開城, 부친은 高補(1742~1794, 字 鍊卿)이다. 『錦州先生文集』이 있다. 高夢贊은 川沙 金宗德(1724~1797)의 문인인 魯庵 鄭必奎(1760~1831)와 장인인 思軒 鄭來成(1744~1835)에게 사사받아 大山 李象靖(1711~1781)의 학맥을 이은 인물이다. 박정민, 「19세기 영남선비의 현실인식과 대응-금주 고몽찬의 산문을 중심으로-」, 『동방한문학』 73권, 동방한문학회, 2017.

仙老行幮分外攀　신선의 행차를 분수에 넘치게 모시게 되었네.
人似塞鴻秋後至　사람은 변방 기러기 가을 뒤에 이른 듯하고
鄕如遼鶴月中還　고향은 요동 학이 달빛 속에 돌아온 듯하네.
靑綾去作三章客　벼슬살이로 고향 떠나 삼장의 객이 되었고
白首歸來四皓山　늙어서 사호의 상산으로 돌아왔네.
往事東床提歷歷　지난날 사위로 오던 일을 일일이 이야기하니
床前童穉已蒼顔　그대 앞의 어린 나도 벌써 주름 깊었구나.[185]

수련(首聯)의 2구에서 마치 요학(遼鶴)이 돌아온 듯하다하여 강세륜을 신선에 비유하였다. 요학(遼鶴)은 요동 사람 정령위(丁令威)가 탄 학이라는 뜻으로, 정령위가 고향을 떠난 지 천 년 만에 학을 타고 돌아와 보니 성곽은 그대로인데 아는 사람이 하나도 없어서 공중을 배회하며 탄식하다 떠나갔다는 전설을 말한다.

함련(頸聯)은 강세륜이 젊은 시절에는 벼슬하느라 타지에서 지내다가 노년이 된 후에 고향으로 돌아왔음을 말한 것이다. 상산사호은 진나라 말기 어지러운 세상을 피해 살았던 네 명의 은자가 은거했던 중국의 섬서성(陝西省) 상현 동쪽에 있는 산의 이름이다. 그들은 모두 흰 수염 때문에 '사호(四皓)'라고 일컬었는데, 여기서는 상주에서 함께 하던 문인들을 상산사호에 비유한 것이다. 미련(尾聯)의 7구에서 '동상(東床)'은 사위를 뜻하는 말로, 강세륜이 개성 고씨 부인과 결혼하여 고몽찬의 집안인 고첨의 사위로 들어온 것을 가리켜 한 말이다.

이때부터 고향에 은거하며 한동안 돌아보지 못한 그들의 문학 동인을 1828년 재결성하여 '열운사(悅雲社)'라 하였다. 회원인 이이순(李頤淳), 강봉흠(姜鳳欽) 등과 자주 문학적 수창을 이어갔으며, 석북

185 高夢贊, 『錦洲先生文集』, 「陪姜芝園丈世綸, 夜話鹿墅」.

(石北) 신광수(申光洙)의 남긴 시고들을 읽기도 하였다.[186] 66세(1826)에 오랜 친구인 홍의호가 졸하여 「담원홍상서양중만(澹園洪尙書養仲輓)」을 썼고, 69세에 형조참의를 사양한다는 글을 올렸다.[187] 71세에 둘째아들이 생원이 되었다. 1832년 종증손(從曾孫)인 강직[188]이 결혼하게 되어 폐서(幣書)를 써주었으며,[189] 1833년 1월 19일에는 강준흠이 병으로 죽는다.

75세(1835)에 사간원(司諫院) 가선대부대사간(嘉善大夫大司諫)과 병조참판(兵曹參判)이 되었다.[190] 죽는 해까지도 붓을 놓지 않고 평생 습관처럼 시를 썼으며, 특히 새해 첫날이나 명절이면 꼭 시를 지어 그날의 감회와 풍속을 서술하였다. 1837년에 쓴 「상원만필(上元漫筆)」에서 상주에서의 평화로운 노년의 정경을 노래하였다.

藥飯蒸紅古俗傳	약식을 붉게 찌는 것은 옛 풍속이 전해온 것이요
上元名節別開筵	대보름 명절에는 특별히 잔치를 연다네.
安期食盡人間棗	안기생이 인간세상 대추를 다 먹어버렸다지만
西舍東隣漠漠烟	서쪽 집 동쪽 이웃에 뭉게뭉게 연기 오르네.[191]

186 姜世綸, 『芝園集』 卷9, 「閱石北遺草」 3首, "琁風吹送鶴鳴皐, 石北詩名北斗高. 試聽練光秋夜宴, 關山戎馬妓音豪(1). 黃庭讀罷玉皇前, 謫下人間六十年. 彈盡高山流水曲, 滿空秋響月娟娟(2). 秋風關外送行歌, 白首靑萍感慨多. 桑海百年餘老涕, 山下綿邈意如何(3)."

187 姜世綸, 『芝園集』 卷11, 「辭刑曹參議書」 乙丑.

188 姜稷(1816~1859)의 字는 芸甫, 號는 典庵(典菴), 江皐 柳尋春의 문인이다. 부인은 眞城 李氏 李泰相의 딸과 南陽 洪氏 洪升鉉의 딸이다. 『典庵遺稿』의 「靜觀問答」과 동생인 姜稜의 『苷園品香』 卷1, 2가 宗家에 보존되어있다.

189 姜世綸, 『芝園集』 卷12, 「從曾孫稷幣書代宗侄壬辰」.

190 『朝鮮王朝實錄』, 「憲宗實錄」 11월 8일(癸巳).

191 姜世綸, 『芝園集』 卷10, 「上元漫筆」.

그의 나이 희수(喜壽)에 맞은 대보름날에 특별히 잔치를 열고 약식을 찌던 풍속을 토속적인 시어로 표현하였다. 노년에는 거의 상주에서 은거하였으니 위 시는 명절을 맞는 평화로운 일상을 엿볼 수 있다. 전(轉)구의 안기생(安期生)은 전국시대 제(齊)나라 사람으로, 천세옹(千歲翁)으로 불렸던 선인(仙人)인데 세속을 떠나 동해의 해변에서 약을 팔며 살았고 신선술을 배워 대추만 먹으며 살았다. 『사기』, 「봉선서(封禪書)」에 "그가 오이만한 대추를 먹었다.[安期生食巨棗大如瓜]"라 하였는데, 이는 약식에 대추가 들어가야 하는데 안기생이 모두 먹어버려 대추를 많이 넣을 수 없다는 일화를 들어, 넉넉지 않은 삶을 우회적으로 표현하였다. 결(結)구에서는 동서(東西)의 이웃에 연기가 피어오르는 모습으로 평화로운 정경을 더해주고 있다.

78세(1838) 3월에는 부인 고씨 숙부인(淑夫人)과 결혼 60주년을 맞아 회혼연(回婚宴)을 하고 「중뢰연시(重牢宴詩)」와 병서(幷序)를 지으며 부부애를 돈독히 하였다. 가족들 30여명이 참석하였고 손님들과 의관을 입고 모인 자들이 수백 명이었으니, 장수하게 된 것은 모두 조상의 인덕(仁德)으로 인한 것이라 하며 매우 감동하였다.[192] 평소에도 가족친지들과 매우 화목하였는데, 설날이나 추석이 되면 늘 수십 명의 가족이 모이곤 했다. 가족의 모임은 그에게 큰 기쁨이었다. 81세 추석에는 가족 60여명이 모여 각자 술과 떡, 과일, 면, 고기 등을 가지고 와서 밤새도록 정을 나누며 잔치를 하였다.[193] 이는 상주지역을 둘

192 姜世綸, 『芝園集』 卷10, 「重牢宴詩幷序」, "(前略) 吉日吾二老人, 以燕服順陰陽之位坐, 花卓南北, 亦傳盃而已. 次進酒食大盤, 子孫男女, 迭進奉壽, 又自老宗婦以下, 諸姪諸孫獻壽者, 總三十餘人, 觀者曰 盛事也. 出而燕客衣冠會者, 數百人, 村嫗野老之環堵者, 數千. (後略)"; 鄭象履, 『制庵先生文集』 卷6, 「芝園姜令公重牢宴序」에도 그날의 정경이 상세하게 설명되어 있다.

러싼 친지들의 친밀도를 잘 드러내고 있다. 부인에게 쓴 시는 종성에서 쓴 단 1수가 있는데 한 통의 서신 같다.

迢迢兩地阻書音	아득히 먼 양쪽 땅에 서신조차 막혀 있으니
霜雪頭邊幾分深	서리와 눈은 머리 양쪽에 얼마나 깊이 물들었는가.
四十年來初久別	40년 살며 이렇게 오래 이별한 것은 처음인 듯하니
三千里外只孤吟	삼천리 밖에서 단지 외로이 읊조릴 밖에요.
頹齡豈爲封侯計	늘그막에 어찌 봉후(封侯)의 계책을 위해서겠소!
出塞亶由報主心	변방에 온 것은 오로지 임금께 보답하고자 해서라오.
八口米鹽今似昔	여덟 식구 쌀과 소금은 지금도 예와 같으니
使君其奈俸無金	봉록으로 돈이 없는 것은 그대에게 어찌 할 수 없네.[194]

수련(首聯)에는 북관 지역과 상주와의 아득한 거리로 인해 소식조차 알 수 없는 아쉬움과 홀로 먼 곳에서 겨울을 보내는 외로운 심사가 잘 표현되었다. 부인과 결혼한 지 40여 년이 지났지만 이렇게 오랜 시간 이별하였으니, 경련(頸聯)에서는 먼 변방까지 관직을 받고 온 이유가 명예나 다른 것보다 오직 임금의 명령에 순종하며 따르고 신하로서 보답하고자 하는 것이라는 그의 충심이 잘 드러나 있다. 미련(尾聯)은 박봉의 남편이 아내에게 미안해하는 마음이 간접적으로 표현되어 있다. 그가 받은 봉록은 여덟 식구가 먹을 쌀과 소금이 전부여서, 부인에게 미안해하는 마음을 드러내는데, 그의 인간적인 면을 볼 수 있는 부분이다.

---

193 姜世綸, 『芝園集』 卷10, 「中秋之下浣, 會宗族于鳳下先齋家, 各持一器而來, 酒者酒, 餠者餠, 果者果, 麪者麪, 肉者肉, 凡諸可食者, 無不畢具, 會者老少冠童六十餘人, 永夕情話, 其樂可知. 賦一律以識之督和於座中」.

194 姜世綸, 「鍾山雜錄」 작품124, 「思鄕諸作」 중 제2수 부인에게 부치는 시.

80세(1840)에 병조참의를 사직하는 소를 올렸고,[195] 생을 마친 해에도 지은 시가 있을 정도로 끊임없이 시를 썼으며, 주변에 많은 사람들의 만(輓)과 묘지명을 써주었다. 1842년 6월 19일에 82세의 생을 마감하였으며 평생 그와 함께했던 숙부인은 이듬해 1843년에 생을 마친다. 강세륜은 고몽찬의 부친 고보(高補)의 만(輓)을 지었으며,[196] 그의 만(輓)과 제문은 고몽찬과 고성겸(高聖謙, 1810~1886)이 지었다.[197] 고몽찬이 지은 만시(輓詩) 5수와 제문은 강세륜의 생애를 잘 정리하고 있다.

先朝右文	선대 조정에서 문교를 숭상하여
鐸賢韶俊	현인과 인재를 불러 등용하였네.
公時秉聿	공은 당시 붓을 잡고
宅彼奎華	저 빛나는 규장각에 자리 잡았네.
吐鳳摛鴻	찬란하고 걸출한 문장을 지어
萬竅揔響	온갖 구멍으로 소리를 만들었네.
龍湖抨涕	용호에서 눈물 떨치고
結盟商猿	상산의 원숭이와 맹세하였네.
春枰玉山	옥산에선 바둑을 두고
社酒綠野	녹야에선 사주를 마셨네.
峩峩冠冕	우뚝한 면류관 되어
千里斗南	천리에 명성을 드날렸네.
視履考祥	행동을 살펴보고 길흉을 상고하여
有炳綍鑑	빛나는 귀감이 되었네.

195 姜世綸, 『芝園集』 卷11, 「辭兵曹參判䟽」.

196 姜世綸, 『芝園集』 卷1, 「輓高丈補」.

197 高夢贊, 『錦洲集』 1卷, 「輓芝園姜公」, 6卷, 「祭芝園姜公文」; 高聖謙, 『鹿里集』 卷13, 「祭芝園姜公文」, 고성겸에 대해서는 방현아, 「甪里 高聖謙의 「漢城樂府」 연구」, 『인문과학』 86집, 성균관대학교 인문학연구원, 2022.

舃禧膚慶　큰 복과 아름다운 경사가
戩萃無羸　다 모여 남김이 없었네.
禮重졸牢　회근연(回巹宴) 돌아와 다시 잔치를 여니
榮追泉壤　영예는 황천의 선조에 미쳤네.
鬅鬡雪鬢　덥수룩이 허옇게 센 귀밑머리는
平揖喬松　교송과 나란하였네.
奧玆瀨鄕　이 영강 고을에서
繹如皇駮　혼사의 인연으로 줄을 이었네.
豐東古里　풍동의 옛 마을
江左名床　강좌의 명향일세.
先契如山　선대의 두터운 정분 산처럼 높아
講世相守　세상사 강론하며 서로 지켜 왔네.
峕鑣謝轄　인편을 감사히 보내 주어
去羽來鱗　편지가 오고 갔네.
歡慽多門　기쁘고 슬픈 일 많았으나
視作一閬　한 집의 일처럼 여겼네.
薤謳相輤　청해가 소리 상여를 돕고
社筆傳楹　시사의 문장이 기둥처럼 전하네.
緣滿兩塵　인연이 양진에 가득하여
皎駒惺夢　흰 망아지 지나가 꿈에서 깨었네.
龍頭舊甲　과거에 급제했던 옛적의 그 갑자가
一臘在前　섣달 한 달을 앞두었는데
南星遽墮　남성이 문득 떨어지니
岱宗焉仰　대종을 어디서 우러를까
鄕無標鵠　향중에선 표곡이 없어지고
國失蓍龜　나라에선 시귀를 잃었네.(후략)[198]

198 高夢贊, 『錦洲集』 6卷, 「祭芝園姜公文」; 高夢贊 지음, 박정민 옮김, 『錦洲先生

전체적으로 문재(文才)를 지녀 규장각 문신에 뽑히고 북관으로 다녀왔던 일, 부인과 회혼연(回婚宴)을 베풀었던 일, 그와 서신 왕래로 친하게 지냈던 일들을 추억하며 정성껏 술잔과 글로 그를 위로하였다.

1~6구는 규장각의 초계문신으로 뽑혀 문장으로 이름이 드날렸음을 말한다. 7구는 정조의 죽음을 가리키며 7~10구는 상산에서 함께 하던 일들을 언급했다. '사주(社酒)'는 춘·추분을 전후하여 가장 가까운 술일(戊日), 즉 사일(社日)이 되면 마을 단위로 토지신에게 제사를 지내고 모여서 마시던 술을 말한다. 남두(南斗)는 두남(斗南)과 같은 말로 '두북 이남(斗北 以南'이란 뜻이다. 당나라 인인기(藺仁基)가 적인걸(狄仁傑)을 두고 "적공(狄公)의 어짊은 두북 이남(斗北 以南)에서 한 사람일 뿐이다."라 한 데서, 명성이 매우 높음을 뜻한다. '시리고상(視履考祥)'은 『주역』, 「이괘(履卦)·상구(上九)」에 "행동을 살펴보아 길흉을 상고하되, 주선한 것이 완벽하면 크게 길하리라.[視履考祥, 其旋元吉.]"라는 말을 원용한 것이다. 11~16구는 북관지역에서 멀리 관직을 하던 일을 읊었고, 17~26구는 고향에 돌아와 부인과 회혼연을 하고 친지들과 다시 만나던 일을 언급했다.

20구의 '교송(喬松)'은 주나라 영왕(靈王)의 태자 왕자교(王子喬)와 선인(仙人) 적송자(赤松子)를 말한 것인데 둘 다 불로장수했다하니 그가 장수했음을 말한 것이고, 21구의 '영향'은 '영강이 있는 마을'이란 뜻으로, 현재는 '영강(潁江)'으로 문경시의 남쪽을 흐르면서 낙동강에 유입되는 강이다. 31구의 '황박(皇駁)'은 황백색의 말과 적백색의 말로, '혼사'를 뜻한다.[199] 31구의 '해가(薤歌)'는 상여가 나갈 때 부르는

文集』, 영남선현문집국역총서 41, 한국국학진흥원, 2018.

199 『詩經』, 「豳風·東山」, "아가씨가 시집을 가니, 누른 말과 얼룩말이로다.[之子于

노래인데, 사람의 목숨이 염교 잎 위의 이슬과 같아서 아침햇살에 쉽사리 말라 없어진다는 뜻이다.[200] '용두구갑일납재전(龍頭舊甲一臘在前)'에서는 과거에 급제했던 날이 섣달 한 달을 앞두었다 하였으니 23세에 과거 급제하던 때가 벌써 60년이 흘렀음을 말한 것이다. 그의 죽음을 슬퍼한 뒷부분에서는 남성이 떨어진 듯, 표곡이 없어진 듯하여 나라에서 시귀를 잃었다고 표현하였다. 시귀(蓍龜)[201]는 거북과 시초(蓍草)이다. 옛날에 일의 시비와 길흉을 점치던 것으로 사물을 판단하는 기준을 뜻하며, 나아가서 모든 의문을 판별해 주는 원로나 국사(國士)를 뜻하는 말로 쓰인다.

강세륜은 20대 초반에 초계문신에 들어간 후 정조의 배려 아래 학문과 교육에 집중할 수 있었으며, 평생 꾸준하게 관직에 몸담았다. 여러 관직을 거쳐 75세에 병조판서에 임명될 만큼 신임을 얻었으며 환관기(宦官期)에 서울과 상주를 오가며 문학 활동과 시사활동에도 가장 활발했다. 고향 상주로 돌아와 만년까지도 문인들과의 교류와 시짓기를 지속하였으니, 관직 생활과 문학 활동이 주된 생애로 점철된다.

다음 가계도는 문학적 계보와도 관련되어 있어 첨부한다.

歸 皇駁其馬]"

200 『古今注』, 「音樂」, 漢 高祖에게 반기를 들다 패망한 田橫의 죽음을 두고 그 무리가 지은 만가 1장에 "염교 위에 맺힌 이슬 어이 쉽게 마르나, 이슬은 말라도 내일이면 다시 내리지만 사람은 죽어 한 번 가면 언제 돌아오나.[薤上朝露何易晞, 露晞明朝更復落, 人死一去何時歸.]"라고 하였다. 薤露歌 또는 輓歌라고 한다.

201 蘇東坡, 『東坡全集』 卷91, 「祭歐陽文忠公文」, "공이 세상에 산 것이 66년인데 백성들은 부모가 있고 국가에는 시귀가 있었네.[公之生於世, 六十有六年, 民有父母, 國有蓍龜.]"라고 歐陽脩를 평했다.

〈표1-3〉 강세륜(姜世綸) 가계도(家系圖)[202]

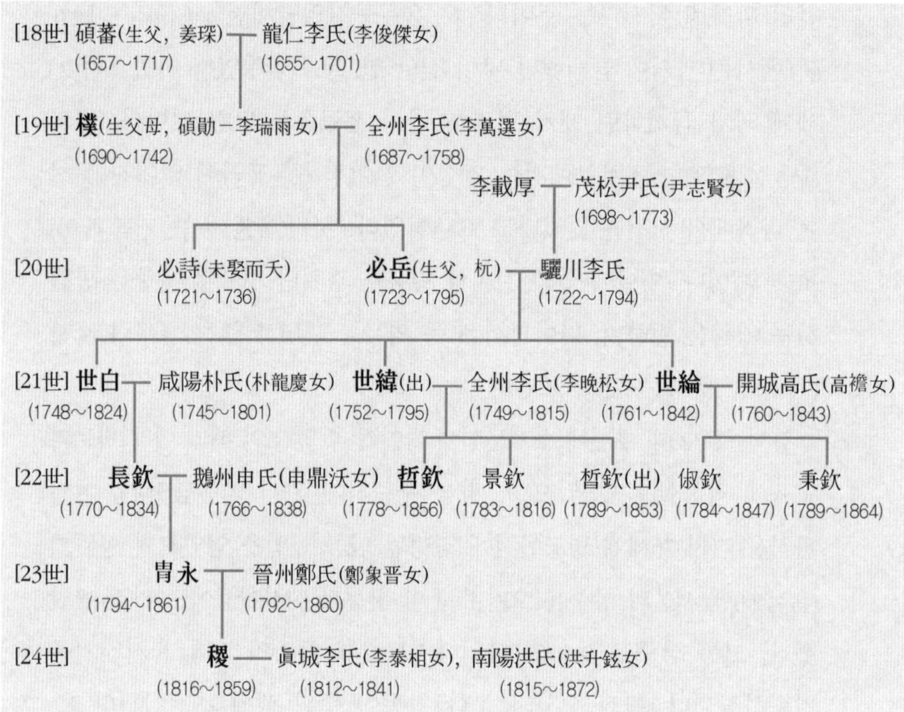

202 본고와 문집에 나오는 姜氏 인척관계는 방현아(2020)의 278~181면의 〈부록4〉 姜士安, 姜士孚 後孫 家系圖, 〈부록5〉 姜士翼 後孫 家系圖, 〈부록6〉 姜士尙 後孫 家系圖, 〈부록7〉 姜士弼 後孫 家系圖를 참조하면 된다.

3. 근기近畿와 영남嶺南 남인南人과의 문학적 교유

사대부들의 교유로 이루어진 문학적 수창, 그리고 그들이 형성했던 문학적 모임은 당시에는 주요한 교유의 형태였으며 때로는 당색에서 비롯한 정치적 색채를 띠기도 했다. 강세륜이 교유한 주된 인물은 친인척관계이거나, 정종로의 문하에서 퇴계 이황과 미수 허목의 사상을 이어가는 영남남인의 성리학자들과 한양의 근기남인들이었다. 문학적 동지로 모인 이들은 오랫동안 시사를 통해 모임을 유지하며 문학에 대한 끊임없는 열정과 구성원에 대한 애정이 있었다.

첫 번째 교유그룹은 주로 친인척관계이거나, 상주지역을 중심으로 한 정종로의 문인으로 학풍과 사상을 이어가던 영남남인들이다. 주 인물로는 강세진(姜世晉),[203] 강봉흠(姜鳳欽),[204] 백원(百源) 강준흠(姜浚欽), 덕무(德懋) 이경유(李敬儒), 긍암(兢菴) 강세규[205] 유심춘[206] 황

---

203 姜世晉(1717～1786)의 字는 嗣源, 號는 警絃齋. 1753년에 生員, 文集은 『警弦齋集』이 있다. 『晉宗成憲』 卷5, 「族兄成均生員警絃齋公」.

204 姜鳳欽(1762～1828)의 字는 德祚. (『芝園集』과 鄭象履의 『制庵集』에는 德祖) 號는 南厓(南涯로 되어있는 곳도 있다.), 세보에는 1762년이 卒年으로 나오나, 태어난 해이다. 鄭象履, 『制庵集』 卷8, 「內舅南厓姜公墓誌銘 並序」에 생몰년이 있다. "公以元陵, 某年五月十五日生, 純廟戊子十一月初六日卒, 壽六十七, 葬開源先兆次某向原, 所著有詩史一卷, 南厓詩藁若干卷藏于家. (後略)"

205 姜世揆(1762～1833)의 字는 公敍, 號는 兢菴. 本貫은 晉州, 父는 姜必炯, 母는 성산이씨 李碩佐의 딸이다. 鄭宗魯의 문하생, 1786년 대과에 급제하였고 승조좌랑 · 감찰 · 경상도도사 · 持平 · 正言 · 사헌부집의 등을 지냈다. 策에서 군포 · 전부 · 조곡 등의 불공평함을 지적하고 현실화할 것을 논했다. 1793년 부친상으로 벼슬에서 물러났다가 1797년 복직되었다. 『兢菴集』 6권 3책이 있다.

206 柳尋春(1762～1834)의 字는 象遠, 號는 江皐, 本貫은 豐山, 柳成龍의 後孫으로 父는 柳光秀인데 伯父 柳潑에게 입양되었다. 世子翊衛司翊贊을 역임했고, 『江皐集』이 있다.

반로[207] 황인로[208] 황암로[209]등이 있다. 특히 상주를 중심으로 상산시사 활동시기에 교유한 퇴계학통을 이은 긍재(兢齋) 이이순(李頤淳)과 대언(大彦) 이승배(李升培), 이열(而悅) 이학배(李學培) 등도 있다.

경현재 강세진은 강박의 문인이었으며 서울 성서 대거동에서 일가가 함께 살았다. 상주로 내려간 후 추수사에서 강필악 부자와 깊은 교유와 활발한 왕래를 했으며 『경현재집』에 그에 대한 글이 산견된다.[210] 강세륜이 서울에서 관직생활을 하다가 휴가를 올 때마다 기쁘게 맞아 글을 써주며 그를 아꼈다. 강세진은 이주항(李柱恒)의 딸 벽진이씨(碧珍李氏)와 결혼하여 1남 1녀를 낳았으나 아들이 요절하였고 이후 한복초(韓復初)의 딸 청주한씨(淸州韓氏)와 결혼하여 봉흠을 낳았다.

남애(南厓) 강봉흠(姜鳳欽)은 조부인 강필신, 부친인 강세진의 가학과 학문적 영향을 받았고, 강세륜과 추수사부터 열운사까지 평생 함께 문학적 동인을 유지하였다. 그가 남긴 『남애시사(南涯詩史)』는 그

207 黃磻老(1766~1840)의 字는 叔璜, 號는 白下, 平窩. 本貫은 長水, 居尙州, 厖村(黃喜)의 후예이며, 審幾堂 黃启熙의 3남 중 막내, 兄 黃莘老(1766~1840, 字는 孟耕, 號는 懷窩), 黃巖老가 있다. 鄭宗魯의 문하생으로, 시문과 필법에 뛰어났다. 竹雨社의 회원이었고, 『白下集』이 있다.

208 黃麟老(1785~1830)의 字는 文吉. 號는 雨坪, 槃澗 黃紐의 후예며 黃敬熙의 아들이다. 一家의 白下翁과 쌍벽을 이룬 시인이며, 학자로서, 문장이 고고하고 박식하였다. 『雨坪遺稿』가 있다.

209 黃巖老(1759~1812)의 字는 次野, 號는 正齋, 黃磻老의 兄이다. 평생 布衣로 살았으며, 姜世綸과 친구였다. 姜世綸이 『芝園集』 卷2, 「悼黃次野巖老」에 短律四十韻을 썼다.

210 姜世晉, 『警弦齋集』, 「送族弟文學世綸, 赴東堂會闈」, 「文學大捷會闈, 仍被文臣抄啓之選, 乘馹擁蓋歸拜家, 慶喜甚賦之」, 「送文學還朝」, 「携希遠叔台甫君, 登二香亭, 餞文學洛行, 仍留宿賞蓮」, 「文學受暇還步前韻贈之」 등이 있다.

의 문학에 대한 통시적 견해를 알 수 있는 자료이다.[211] 강세륜은 남애가 쓴 '단구축(丹邱軸)'의 발문(跋文)에 "그가 때를 만나지 못해 명성을 얻지 못했으나 그가 유람하며 쓴 시의 시어(詩語)들이 새기고 꾸미지 않고[不事雕篆], 자연스럽게 발현된[自發天籟] 것으로 노건(老健), 충담(沖澹)하다"라고 그의 시를 평가하였다.[212] 강세륜은 강필신의 외손자인 정상리[213]와 함께 강필신의 『모헌집』, 강세진의 『경현재집』을 간행하였다.[214] 강세륜은 모헌이 지은 시의 창울(蒼鬱)하고 교재(皦繂)함을 칭찬하며 국포는 모헌의 지음(知音)이라 하였다.[215] 이처럼 강박과 강필신이 백련시단에서 결집된 문학적 동인관계는 아들과 손자대인 강필악, 강세진, 강세백, 강세륜, 강봉흠으로 이어졌다. 이들

211 姜鳳欽, 『南涯詩史』 2卷 1冊, 계명대학교 동산도서관본(筆寫本). 세보에는 '南厓'로 나온다; 심경호, 「南涯詩史 해제」, 계명대학교 동산도서관 소장 善本 古書 해제집1, 계명대학교 동산도서관, 2007. 이 시화집은 1797년부터 1800년 사이에 편찬한 것으로 보이며, 신라 최치원, 왕거인과 고구려 을지문덕부터 조선 영조 때 강박, 강필신에 이르기까지 군왕과 여러 시인들이 지은 시 가운데 시대의 상황과 정치적 사건의 배경을 알 수 있는 한시를 소개하고, 역사서, 문집, 야담, 시화 및 행장, 묘지문 등에서 관련 일화를 적출한 뒤, 작가의 약전을 부기하여 엮은 책이다.

212 姜世綸, 『芝園集』 卷13, 「題南厓丹邱軸慕下方」.

213 鄭象履(1774~1848)의 字는 仲素, 號는 制庵, 鄭經世의 7세손으로, 鄭翼魯의 아들이며, 어머니는 강세진의 딸이다. 李滉을 사숙하였다. 『制庵集』 8卷 4冊이 있다.

214 姜必愼, 『慕軒集』, 「慕軒集序」, "公之胤子上舍警弦齋公, 有隱德高標, 亦以文詞繼家, 緖之兩世遺集並若干卷, 我伯氏晧隣公之所刪正也. 小子與公之孫鳳欽, 鳩若干財謀繡木, 而壽其傳事未就, 而鳳欽歸泉下 鄭斯文象履弦翁宅相也 慨然擔其事與吾族孫胤永繼而拮据, 有年今則可爲以役矣. 遂與鄭君相對讎校釐, 爲慕軒集三冊, 弦齋集二冊…六年庚子(헌종6년, 1840), 端陽節族, 姪原任兵部左侍郎世綸謹序."

215 姜世綸, 『芝園集』 卷13, 「題南厓丹邱軸慕下方」, "慕翁, 昔有王事於湖左, 歷覽四郡山水, 得長短近體十二篇以歸, 詩蒼鬱皦繂, 渢渢乎瀏瀏乎, 聲爲律, 吾王考菊圃府君慕翁之知音也."

은 친족관계인 동시에 문학 동인과 동지로 오래도록 활발한 문학 활동으로 서로의 생애에 많은 영향력을 끼쳤다. 이는 문학의 영역과 삶의 영역이 연계되어 시가 삶의 원동력이 되고 서로의 삶에 선한 영향력을 줄 수 있는 인문학적 기반이 된 좋은 선례이다.

삼명(三溟) 강준흠(姜浚欽)은 강인(姜絪)의 후손인데 강인은 강사상(姜士尙)의 셋째아들이고, 둘째아들 강신(姜紳)은 종가(宗家)로 출계하여 강세륜의 직계조상이 되었으므로 이들은 가까운 인척이다. 강준흠이 14세에 동몽(童蒙)으로 입시(入侍)하여 지은 시구 "일원명단극, 풍운요자위(日月明丹極, 風雲繞紫闈)"는 정조의 칭찬을 크게 받을 정도로 뛰어난 문재를 지녔다.[216] 상주로 내려가지 않고 서울에 오랫동안 세거하였으며, 젊은 시절부터 강세륜과 성균관에서 교유하였는데, 다음 시를 통해 오래도록 교유가 지속되었음을 알 수 있다.

千里鴻書一得難	천리의 편지는 한번 얻기도 어려우니
每依烽燧識平安	매번 봉화 불에 의지해 평안하겠구나 생각한다네.
郎君入塞青春早	그대가 변방으로 갔을 때는 청춘의 이른 나이였는데
學士臨邊白髮寒	학사가 변방으로 가니 노년의 추울 때였다네.
肅愼荒畬經雨變	숙신의 거친 땅은 비가 지나면 변하고
匈奴獵火隔江看	흉노의 사냥 불은 강 건너로 보인다네.
北方三月無花柳	북방의 3월은 꽃도 버드나무도 없을 것이나
應記東風在谷蘭	응당 동풍은 계곡난초에 있을 것임을 기억하시게.[217]

216 姜世綸, 『芝園集』 卷14, 「族姪三溟學士墓誌銘幷序」, "余與三溟學士百源, 同祖, 我右議政貞靖公, 貞靖公諱士尙, 傳子晉昌君, 諱絪與我祖晉興君弟兄, 聯武偉然, 爲 穆陵名卿…(後略)."

217 姜浚欽, 『三溟詩集』 7編, 「寄族叔鍾城守」 2首 중, 앞 首이다.

강세륜은 1788년 12월 20일에 28세의 나이로 평안도 강동현령(江東縣令)에 임명된 일이 있었으며, 61세 백발의 나이에는 추운 변방의 종성부사로 가게 되었다. 그때의 일을 말하며 강준흠이 안타까운 심정으로 이 시를 지어 위로하였다. 종성(鍾城)은 극변지(極邊地)로 편지 한 번 제대로 보낼 수 없는 상황이니 그저 봉홧불을 보며 평안하리라 짐작한다는 내용이다. 미련(尾聯)에 3월이라 한 것은 1822년 봄을 말하며, 북방의 봄은 겨울이나 마찬가지로 매우 추운 곳이지만 그래도 동풍은 계곡 어딘가에 난초의 향기를 불러올 것이라는 한 가닥 희망의 메시지를 전달하고 있다.

또한, 『종산잡록』의 「상관도중(上官途中)」의 7언 절구 여덟 수의 연작시에 대해 "편편이 죽지사(竹枝詞)를 대신할 만하다."라는 삼명(三溟)의 시평(詩評)이 남아있는 것으로 보아 그가 종성부사직을 마친 이후 다시 남쪽으로 내려와 강준흠과 만나 『북정록』과 「종산잡록」을 보며 수창했음이 짐작된다. 『지원집』에 백원(伯源)[218]과의 수창기록이 많이 남아 있다.[219]

홍의호와 강준흠 등은 대표적인 공서파(攻西派)로, 강준흠과 천주교배척 관련 언급은 묘지명에 상세히 기록되어있다. 강준흠은 1801년 윤행임(尹行恁)의 축출에 앞장섰으며, 정약용이 귀양 간 지 14년 만에 해배의 기회를 맞았으나 1813년 그의 석방을 극렬히 반대하는 상소를 올려 4년이나 더 귀양살이를 해야 했다. 이 때문에 같은 남인

---

218 姜浚欽의 字는 百源으로 『芝園集』에는 伯源과 혼용되고 있다.

219 姜世綸, 『芝園集』 卷2, 「次伯源苦濕韻」, 「有人傳誦伯源纖字韻賦霖雨也遂走次」, 「轉到伯源所疊前韻寄澹園」, 「到伯源所拈小倉韻二首」, 卷3, 「次伯源寄來韻十五首」, 「次伯源寄來韻」, 「次伯源夜坐見月韻」, 「次伯源詠霏韻」, 卷6, 「次百源惠韻」 등.

이면서 시파(時派)였던 정약용과는 사이가 좋지 않았다. 강세륜은 홍의호, 강준흠, 이기경 등과 밀접하게 교유하였고 같은 공서파였다. 1798년 정종로가 이경유에게 보낸 서신에 강세륜이 천주교에 대해 적대적이었음이 증험된다.[220]

또한, 강세륜은 강세정[221]을 족형(族兄)이라 하며 함께 시를 짓기도 하였으며,[222] 강세정의 묘지명에 "그의 시문은 화려하게 꾸미는 것을 일삼지 않고, 말의 이치가 모두 잘 갖추었다.[詩文, 不事藻麗, 詞理俱到.]"라고 하여 그의 시의 특징을 말하며 『송담유고(松潭遺稿)』 3책을 언급하였다.[223]

임하(林下) 이경유(李敬儒) 역시 문학동인 활동을 함께하며 평생 강세륜과 교유하였으며 문집과 동인시집에 그와 차운한 시가 많이 남아 있다. 이경유에 대해서는 그의 비평집 『창해시안』 연구가 제법 있다.[224] 특히 강세륜이 종성으로 부임해 갈 때 「멀리 삼대부 문거가 종성으로 부임 가는 것을 보내는 서문[遙贐姜三大夫文擧之任鍾城序]」[225]을 써주

220 鄭宗魯, 『立齋集』 第11卷, 「答李德懋」, "及戊午秋, 李台 季受以輦轂下一脈種子之綿綿不絶, 書報我以致其憂歎之意, 而不指言其誰某. 其後姜文擧啓請嚴査, 而爲憲長者又爲繼發. 然亦以其因置不問, 意其必無足爲慮而然矣. 豈料其潛滋暗長, 包藏禍國之心, 乃至於此極哉? 今自朝家誅罰大行, 凡其窩窟根柢, 無不蕩掃而痛鋤之. 自今以往, 必無毫髮邪氣更有餘痕, 何其幸也?"

221 姜世靖(1743~1818)의 字는 明初, 號는 松潭, 1803년 12월 경남 기장으로 유배를 갔다.

222 姜世綸, 『芝園集』 卷1, 「是行也, 走書於伯氏, 又走書於族兄, 懷川宰世靖, 要與同會, 於三巖二潭之間矣. 懷兄踐約, 伯氏有故以一詩, 寄來二人相對, 悵然共次」.

223 姜世綸, 『芝園集』 卷14, 「族兄僉樞松潭公墓誌銘」.

224 최근 연구로는 장유승, 「창해시안(滄海詩眼)』 연구의 재검토」, 『한문학보』 42집, 우리한문학회, 2020.

225 李敬儒, 『林下遺稿』 卷7, 「遙贐姜三大夫文擧之任鍾城序」, "鍾城在窮髮之

었는데, 불모의 땅인 종성지방에 야인이 많아 문무 관리를 번갈아 보내 시서(詩書)를 진작하고자 하여 이때 강세륜이 부사로 부름을 받게 되었다는 내용이다. 종성으로 부임해 간 그해(1821)에 이경유의 부음을 듣게 되는데, 그때 쓴 서(序)와 여섯수의 시를 보면 그와는 지음(知音)의 관계였음을 알 수 있다. 다음은 이경유를 애도하며 쓴 서문과 시이다.

> 오호라! 상주에서 종성까지 장정 단정 모두 합해 2500리 길인데, 임옹의 부음을 듣고서 수루에서 한밤중에 집안 형에게 편지를 쓰자니, 절반을 쓰기도 전에 실성한 듯 길게 부르짖었다. 아! 종자기가 죽었으니 백아의 거문고를 어디에 쓰리오! 비록 그러하나 나와 임하노인이 옛날부터 '지음'이었던 것은 시로 인해서였다. 생각이 이르러 문득 여섯 수의 근체시를 지어 멀리 부치고, 집안사람들에게 경계하여 술과 면을 보내 제사자리에 청하라했으니 영이라도 내려와 드시지 않겠는가! 아! 서글프구나![226]

陽至前年月不明	지난해 동짓달에 달이 밝지 않더니
文星仰見失光晶	문창성을 우러러 바라보니 광채를 잃었네.
蓮塘咽雨秋花暗	연꽃 연못에 비가 요란하니 가을꽃은 어두워지고
竹社愁風夜葉鳴	대숲 모임에 쓸쓸한 바람 부니 밤의 낙엽이 우네.
我欲無詩南酒會	남쪽 술 모임에서 나는 시를 짓고 싶지 않았는데
君曾有語北關行	북쪽 변방 길에 그대는 일찍이 글을 지어 주었지.

北, 本野人之地, 去京師二千里, 國家聲教, 不能暨, 英陵世遣, 將盡驅野人雜種於塞外移他, 郡民以實之, 始設大府置都護使節制兵馬, 迭用文武官資高者, 爲之其俗勁武事弓馬, 不習詩書…(下略)."

226 姜世綸, 『鍾山雜錄』 작품125, 「遙悼林翁」, "於雩! 自商至鍾, 長短亭二千五百里, 林翁之訃聞戍樓三更, 發家兄書, 將半不覺失聲長號, 噫! 子期死, 何用牙琴爲, 雖然余與翁, 夙昔所知音者詩也. 思至輒有詩, 得六近體, 遠寄, 戎家人具酒麵送, 請筵几, 下靈其頷之否, 噫!"

涼州路隔三千里　　벼슬길로 인해 삼천리와 막혀있어
白馬空悲范巨卿　　흰 말만 공연히 범거경을 슬퍼하네.

위의 시는 6수 중 마지막 수다. 서론에 백아절현 고사를 떠올리며 이경유와의 사이를 백아와 종자기와의 관계로 생각하였고, 대신 '음악'이 아닌 '시'로 이어진 인연임을 말하였다. 6수의 시 안에 지음관계인 그와 함께했던 '죽우사'를 추억하였고, 그와의 영결을 매우 슬퍼하고 있다. 2구의 '문창성(文昌星)'은 학문을 맡아 다스린다고 하는 북두칠성의 여섯째 별로 이경유의 문학적 재능이 뛰어났음을 말하며, 4, 5구에서는 함께 동인활동을 하던 시절을 추억하였다. 8구에서는 범거경과 장려의 고사[227]를 들어 상주에서 북관으로 한 번 오겠다고 한 약속을 지키기 위해 죽었던 것은 아닌가 하며 죽어서라도 다시 만날 수 있기를 희망하며 슬픔을 억누르고 있다.

이경유의 문집 발문에서 강세륜은 "그의 문장은 순수하고 담박(淡

227 『後漢書』 卷111, 「獨行列傳」, 後漢때의 范式은 張劭와 절친한 사이였고 서로 신의가 돈독하였다. 범식의 字는 巨卿이고, 장소의 자는 元伯이다. 원백이 병이 들었을 때 친한 친구 두 사람이 밤낮으로 곁에서 간호하였는데, 원백이 죽을 때에 탄식하기를 "내가 나의 사우를 보지 못하고 죽는 게 한스럽다.[恨不見吾死友]"라고 하였다. 친구가 "나와 군장이 마음을 다하여 그대 곁에 있는데 우리가 사우가 아니겠는가. 다시 누구를 찾는가?[吾與君章, 盡心於子, 是非死友, 復欲誰求.]"라고 하자 원백이 "그대들은 나의 생우일 뿐이다. 산양의 범거경이 나의 사우이다.[若二子者, 吾生友耳. 山陽范巨卿, 所謂死友也.]"라고 하였다. 원백이 죽은 뒤 거경의 꿈에 나타나, 아무 날 죽어 아무 날 저승으로 간다고 하였다. 거경은 상복을 입고 장례 날짜에 늦지 않으려고 경황없이 달려갔다. 원백의 상여가 묘소에 이르렀는데 下棺하려 하자 상여가 움직이지 않았다. 얼마 뒤 거경이 흰 수레에 흰 말을 몰고 달려와 원백의 영구 앞에서 조문하기를 "원백이여, 이제 떠나시게나. 죽음과 삶의 길은 다르니, 이것으로 영영 이별이구나.[行矣元伯, 死生路異, 永從此辭.]"라고 하며 상여 끈을 끄니 그제야 상여가 움직였다.

泊)하며 고고하였다. 그의 시는 물이 흐르듯, 구름이 가듯 자연스러워서, 치면 물결이 되고 흩어지면 무늬가 되어 그 오묘한 경지가 자연스럽고 그윽하여 맑고 원대한 지취가 있어 읽어보면 남은 향기가 그치지 않는다."라고 그의 문학을 평가하였다.[228] 이들은 문학적 교유 외에도 임하(林下)의 종손(從孫)인 이서구(李叙九)가 강세백의 아들인 강장흠(姜長欽)의 딸과 결혼을 하게 되어 이경유의 집안과 강세륜의 집안도 혼맥으로 가문의 인연을 맺게 된다.[229]

긍암(兢菴) 강세규(姜世揆) 역시 함께 시사활동을 했으며, 호린 강세백과 특히 친밀하여 그의 집에서 『국포집』의 시들을 보고 함께 읽으며 자주 국포시의 운을 따서 시 짓기를 하였다. 『긍암집』에 그들이 함께 모여 지은 시들이 남아있다.[230] 「백원 학사와 지원 영공, 담녕 홍대감께 받잡고 답장드림[奉酬伯源學士, 兼呈芝園令, 澹園洪台]」의 시로 서울에 있었던 강준흠, 강세륜, 홍의호와도 함께 어울렸음을 알 수 있으며 「소리정에서 소모임을 했다. 지원형 세륜, 과암 동생 계호와 함께 시를 지으며[素履亭小會. 與芝園兄世綸, 過庵弟啓好, 共賦]」의 작품으로 강세륜, 강세은과도 교유한 정황을 알 수 있다.

「7월 16일, 소리정에서 소모임을 했다. 호린, 지원, 좌은, 세모, 과암과 각 시체를 지어 흥을 달래며[七月旣望, 素履亭小集. 與皓隣 芝園 坐隱 世簪 過庵, 賦各體遣興]」에서는 강세백, 강세륜, 강세모, 강세은

228 姜世綸, 『芝園集』 卷13, 「書林下翁遺卷後」, "(前略)…噫! 公之於文章, 醇淡高古, 其詩也, 如水流雲行, 或激而爲瀾, 或散而爲紋, 其妙境自然, 有閒淸遠之趣, 讀之餘響未已, 文亦簡而易…(後略)."

229 姜世綸, 『芝園集』 卷2, 「長欽延壻林翁從孫也. 翁繞來疊前韻」.

230 姜世揆, 『兢菴集』 卷1, 「宗兄皓隣世白宅, 拈菊圃集中韻」, 卷2, 「拈菊圃集中韻贈叔璜」, 「謹次菊圃集乞梅韻」, 「拈菊圃集乞梅韻弔盆梅」.

등과 함께 소리정에서 시사를 함께 했음을 알 수 있으며 『죽우사시집』에도 시 1편이 남아있다.

백하(白下) 황반로(黃磻老)는 "우리나라의 문장은 그대와 같은 자가 드물다."라고 할 정도로 강세륜의 문장을 높이 칭송하였고, 중양절(重陽節)에 강세륜의 전장에 가서 시를 쓰기도 했다.[231] 중양일(重陽日) 9월 9일에 문거(文擧) 강세륜의 전장에 모여서 글을 쓰며 모임을 가졌는데, 집에 모였는지 별장에 모였는지는 알 수 없으나, '모재(茅齋)'라 하였으니 따로 그의 서재가 있었던 것 같다. 종성에 있을 때 황반로에게 보낸 시가 있는데 황반로의 문장은 백두산을 짊어질 정도로 우뚝하게 뛰어났으며 그의 시평은 봄 노파의 입처럼 날카롭다고 하여 시문(詩文)과 시평(詩評)에 뛰어났음을 칭송하였다.[232]

우평(雨坪) 황인로(黃麟老)가 황반로를 위해 쓴 「낙암범월시(洛巖泛月詩)」 6수가 있는데, 임하(林下), 강고(江皐), 지원(芝園), 긍암(兢庵), 남애(南厓)와 한 수씩 지은 시의 소후발(小後跋)에서 다음과 같이 언급하였다.

> 정축년(1817) 7월 16일에 침낭(寢郎) 이경유와 시강(侍講) 유심춘, 한림(翰林) 강세륜, 지헌(持憲) 강세규, 사인(士人) 강봉흠 등이 평화(平窩) 상

---

231 黃磻老, 『白下集』 卷1, 「和贈姜文擧」, "銀臺班綴老緋衣, 淸夢時時禁苑飛. 北門鎖鑰知誰健, 東海文章似爾稀. 樂歲那無懸磬色, 前年纔自一塵歸. 看看世局須肥遯, 從古高人杜德機."; 「重陽日會姜文擧庄」, "突兀茅齋古郭南, 滿天秋色一江涵. 主人謝笏淸如水, 客子揮毫翠滴嵐. 不待白衣藏酒久, 更看紅葉賦詩耽. 東皐老友應須我, 獨把黃花若爲堪."

232 姜世綸, 「鍾山雜錄」 작품123, 「思鄕諸作」 18首, "所思迢遞碧雲端, 畸緒棼然苦未剛. 沙塞久違靑眼容, 文章空負白頭山. 評詩妙在春婆口, 攬鏡愁低夜妓鬟. 人世無如兄弟樂, 此身何事滯邊關."

사공(上舍公－黃磻老)과 더불어 낙암(洛巖)의 밑에서 뱃놀이 하며 각기 잔을 당겨 시를 읊되, 혹 조정의 근심사를 안아 탄식하고, 혹 강호의 즐거움을 들어 기뻐하고 유유히 걱정하면서도 조화롭게 화애로우며 성기고 넓음이 자유자재로 하였으니 대개 동파(東坡)의 고사를 본뜬 것이었다…(후략).[233]

위 발문(跋文)으로 그날 이경유, 유심춘, 강세륜, 강세규, 강봉흠, 황번로, 황인로 등이 보름날 모여서 뱃놀이 하며 시를 짓던 당시의 풍류를 엿볼 수 있다. 이는 이전 17세기부터 있어온 낙강에 배 띄워 시를 읊던 모임[洛江泛舟詩會]의 전통을 잇고 있음을 알 수 있다. 또한, 황인로가 지원에게 써준 시들이 남아있으며 지원이 금오산(金烏山)에 유람 가는 것을 전송하며 보낸 시도 있다.[234] 다음 시는 황인로가 종성으로 가는 강세륜에게 써준 시이다.

千里盤回長白根	천리 길 돌고 돌아 장백산 뿌리까지 가니
使君華秩列卿尊	그대의 화려한 자급이 구경의 존귀함에 이르렀네.
北關最號鍾城府	북관은 '종성부'를 제일이라 일컫고
南國重光菊圃門	남쪽지방은 국포 문하를 거듭 비취네.
祭風幾處無衣詠	바람을 제사하는 몇 곳에서는 옷도 변변치 않을 것이고
古月何山刁斗喧	오랑캐는 어느 산에서 조두를 시끄럽게 하는가.

233 黃麟老, 『雨坪遺稿』 卷3, 「洛巖泛月詩, 爲白下兄, 作六首, 并後序」, "世丁丑七月既望, 寢郎李公敬儒, 侍講柳公尋春, 學士姜公世綸, 持憲姜公世揆, 士人姜公鳳欽, 泊我白下上舍公磻老, 舟游於洛巖之下, 各引觴賦詩, 或喟然, 抱廟堂之憂, 或驩然, 道江湖之樂, 愉愉洽洽, 疎曠自適, 蓋倣東坡故事也…(後略)"

234 黃麟老, 『雨坪遺稿』, 「呈姜芝園令公世綸行𢢜(十月)」, "木葉知霜降, 山行發露陰, 桐琴餘古響, 蘭珮結同心, 圖畫神仙老, 文章歲月深, 黃樓餘恨在, 遙夜洞亭吟. (駕鶴之遊, 病未躡塵, 而留別於洞亭故云.)"; 「送芝園翁遊金烏山」.

却是兮牀成契濶　도리어 생각하니 계회를 하며 활발했는데
白頭愁殺淚眸昏　백발로 근심 겨워 눈물이 앞을 가리네.[235]

강세륜이 종성부사로 임명을 받게 되자 황인로가 그를 떠나보내는 마음을 읊었다. 수련(首聯)의 1구에서는 장백산이 있는 북관 지역까지 가게 됨을 말하였고, 2구에서 자급이 구경의 자리까지 올랐다 함은 강세륜이 통정대부(通政大夫-正三品)에 가자(加資)됨을 말한 것이다.[236] 이것은 본래 부사(府使)자리가 정3품이기 때문에 올려준 것이다. 함련(頸聯)의 6구에 나오는 '고월(古月)'은 오랑캐[胡]를 풀어쓴 것이며, '조두(刁斗)'는 구리로 만든 솥 같은 기구로, 군중(軍中)에서 낮에는 음식을 만들고 밤에는 이것을 두드려 경계하는 데 썼다고 한다. 장군들이 행군할 때에 조두를 쳐서 야경에 대비하였는데, 오랑캐를 늘 경계하는 태도를 말하는 듯하다. 강세륜이 화려한 벼슬을 거쳐 북관 지역의 종성부를 가게 되었으나, 함께 계회를 하며 시 짓던 때를 떠올리며 나이 들어 흰 머리로 가는 모습에 눈동자가 어두워진다는 것은 아쉬운 눈물이 흐른다는 것을 말한다.

강고(江皐) 유심춘(柳尋春)은 유성룡(柳成龍, 1542~1607)의 후손으로[237] 27세 때 정종로의 문하에서 학문에 전념하고 이들과 교유한 것으로 보이며, 성균관에서도 함께 수창한 기록이 있다.[238] 유심춘은 강

---

235 黃麟老,『雨坪遺稿』,「呈芝園令丈宰鍾城」.

236『承政院日記』, 純祖 21년 9월 6일 기사.

237 이형성,「江皐 柳尋春의 생애와 사상」,『퇴계학과 유교문화』 50권, 경북대학교 퇴계학연구소, 2012. 그의 집안은 상주에서 오랫동안 세거한 영남의 명문가였다. 원래 유성룡은 안동에서 세거하였으나 셋째 아들 修巖 柳袗(1582~1635)이 상주 柴里로 옮겼다. 유진은 유심춘의 6대조이다.

238 姜世綸,『芝園集』卷1,「泮邸與柳象遠尋春, 拈韻遣懷」.

세백과 이경유의 만(輓)을 지어주었으며 이들과 매우 밀접하게 교유하였다.[239] 무자년(戊子年－1828) 7월에 강세륜, 강장흠, 황반로, 조덕(趙才悳) 등과 함께 한 시가 있는데, 이 해 열운사를 재결성하였으므로 모임을 통해 조정의 일을 논하기도 하고 시를 쓰며 자연과 벗하는 즐거움을 나누기도 하였다. 그들은 모두 입재(立齋) 정종로(鄭宗魯)의 문하생들로, 스승이 돌아간 후에도 열운사(悅雲社)를 통해 함께 하는 시간이 많았다. 강세륜, 강세규, 강장흠, 이승배, 정필규(鄭必奎), 정병로(鄭秉魯), 정상진(鄭象晉), 정상리(鄭象履) 등과 북장사(北長寺)에서 『입재집(立齋集)』을 교정하며 운을 따 시를 짓곤 했다.

偶因朋友出　　우연히 친구로 인해 나가
隨水叩巖關　　물을 따라 암관을 두드렸네.
人坐春風席　　사람은 봄바람 부는 자리에 앉아있고
鳥啼四月山　　새는 4월의 산에서 지저귀고 있네.
床琴遲日韻　　책상의 거문고는 더딘 날의 운치요
箱衣暮年閒　　상자와 책갑은 모년이라 한가롭네.
信宿芝蘭室　　지란의 향기로운 방에서 하룻밤 보내니
吾行却忘還　　나의 행차는 도리어 돌아가는 것을 잊었다네.[240]

위 시는 수련(首聯)과 함련(頷聯)이 4월의 봄 정경을 감성적으로 노래하였으며, 전체적으로 서경과 서정이 어우러진다. 경련(頸聯)에서

239 柳尋春, 『江皐集』 卷1, 「和贈姜啓好世誾」, 「戊子七月既望, 與姜文擧, 姜穉仁, 黃叔璜磻老, 趙希大才悳, 諸友赴洛邑, 舟行共賦」, 「與姜文擧, 姜公敍世揆, 姜穉仁, 李大彦升培, 鄭明應必奎, 鄭彦瞻秉魯, 鄭日晉象晉, 鄭仲素象履, 會北長寺, 校立齋集拈韻」 등.

240 姜世綸, 『芝園集』 卷1, 「與黃叔璜磻老, 族弟公叙世揆, 會愚山鄭立齋丈宅」.

는 스승의 집에 모인 제자들이 스승의 방에서 거문고 소리를 듣고 시를 지으며 운치 있게 공부하는 모습을 볼 수 있다. 미련(尾聯)에서는 돌아갈 때가 된 것도 잊고 하룻밤을 보내는 방 안의 풍경을 보여주며, 지란지교(芝蘭之交)의 향기가 어우러져있음을 나타낸다. 학문연구와 책을 읽는 것, 그리고 스승을 오래도록 모시겠다는 다짐이 엿보인다.

家傳濂洛緖	집안에 성리학의 실마리가 전해오고
學究天人關	학문은 하늘과 사람의 핵심을 궁구했네.
端坐對黃卷	바르게 앉아 고인의 책을 대하노라니
居然老碧山	어느덧 푸른 산과 더불어 늙어가네.
暖溪魚自樂	따스한 시냇물에 물고기는 스스로 즐겁고
深樹鶴俱閒	깊숙한 수풀에 학과 함께 한가롭네.
叨侍永今夕	외람되이 오늘 밤 길이 모시니
雲歸鳥亦還	구름도 돌아가고 새 또한 돌아가네.(其二)

수련(首聯)의 1구에 염락(濂洛)은 송(宋)의 학자 주돈이(周敦頤)와 정호(程顥)・정이(程頤)를 대표하여 부르는 것으로, 이들이 살던 지역 명칭이 각각 염계(濂溪)와 낙양(洛陽)인데서 유래하였다. 2~4구는 성리학에 밝은 학자들이 모여 성리학을 존숭하고 학문에 임하는 자세를 보여준다. 7구에는 자연과 더불어 학문하며 스승을 오래 모시고자 하는 제자들의 마음을 볼 수 있다. 강세륜은 이들과 오랜 기간 교유했고 시사를 통해 정기적으로 모임을 가지며 차운하여 창수를 지속하였다. 규장각에서 초계문신이 된 이후 서울에 거주하거나 여러 곳의 관직생활을 하면서도 늘 상주로 내려와 문학적 모임을 이어갔다.

두 번째 교유 그룹은 성균관에서 만난 홍의호, 홍순호,[241] 이기경,[242] 사돈이면서 친구인 홍대호 등과의 교유로, 이들은 공서파에 속한 사람들이었다.

담녕(澹寧) 홍의호(洪義浩)[243]와의 교유는 매우 각별하고 중요하다. 성균관에서 만난 그들의 우의는 오랜 기간 지속되었다. 또한 홍대호와 사돈지간을 맺음으로 그들 셋의 관계 더욱 두텁게 연결되었다. 아마 홍의호의 부친인 홍수보와 국포가 교류가 있었던 것으로 보인다. 강세륜은 1783년에, 홍의호는 1784년에 각기 문과에 급제하여 초계문신으로 선발되었고, 둘 다 사변가주서로 정조의 신임을 받았었다. 홍의호의 집이 한양의 남산 아래 자각동(紫閣洞)에 있어서 그의 집을 드나들며 문학적 교유를 나누던 정황이 많다. 홍의호의 『담녕부록(澹寧瓿錄)』에는 권7에 처음으로 강세륜에 대한 언급이 나오는데, 그의 형인 강세백과도 함께 알던 사이임을 알 수 있다. 당시의 기록은 1811~1812년경으로 보이며 홍의호도 이들의 상산시사에 대해 알고 있었다.[244] 문집의 기록을 보면 생애의 후반부까지 지속적으로 교유했음을 알 수 있다. 1818년 홍대호의 회갑수(回甲壽)를 축하하는 시, 1821년 종성에 있을 때 담옹(澹翁)이 3월에 보내온 시에 답을 하여 파발로

---

241 洪醇浩(1766~1820)의 字는 孟儒, 號는 半蒼, 本貫 豐山, 출생지는 원주, 澹寧의 숙부인 洪來輔의 아들로 澹寧과는 사촌지간이다. 澹寧의 문집에 孟儒가 가장 많이 등장한다. 홍순호의 아들인 洪羲宗(1806~1865, 字 彝瑞)이 홍의호의 계자로 갔다. 『半蒼私稿』 18卷 2冊이 있다. 홍순호의 가계와 생애는 방현아, 「半蒼 洪醇浩의 생애와 초기시 연구」, 『동방한문학』 권92호, 동방한문학회, 2022.

242 李基慶(1756~1819)의 字는 休吉, 號는 瘠菴, 本貫 全州, 병조정랑, 이조좌랑을 역임했다.

243 洪義浩에 대한 최근논저로 방현아, 「澹寧 洪義浩의 「紫閣二十詠」 研究」, 『漢文古典研究』 제42집, 한국한문고전학회, 2021; 「澹寧 洪義浩의 金剛山紀行詩 研究」, 『漢文學報』 제44집, 우리한문학회, 2021.

244 洪義浩, 『澹寧瓿錄』 卷7, 「商山姜正言淸之世白號皓隣, 有詩社, 和韻一鉅軸, 投示者, 其季芝園文學, 將還以一律寄謝」, 「送芝園還嶺鄕用休吉韻」.

보낸 8수의 시가 있고, 1826년에는 만(輓)을 지어주었다.[245] 특히 강준흠과 강세륜, 홍의호의 「한경잡영」이 매우 주목되는데 이에 대해서는 뒤에 제3부 한양편에 자세하다.

맹유(孟儒) 홍순호(洪醇浩)는 홍래보[246]의 아들이고 홍래보는 담녕의 숙부이다. 따라서 담녕과 맹유는 사촌지간이다.[247] 그들의 교유와 수창에 대한 기록들이 『반창사고』와 『담녕부록』에 많이 남아있다.[248] 홍순호는 어린 시절 단구에서 생활할 때에는 가까운 친척 형제들, 매형들과 교유하였으며[249] 18세 이후에는 자주 한양의 남산에 있는 홍

245 姜世綸, 『芝園集』 卷5, 「澹園回甲壽言」 2首, 『鍾山雜錄』 작품8, 「澹翁寄詩出重陽節閱三月至次謝付撥路」, 『芝園集』 卷8, 「澹園洪尙書養仲輓」 3首.

246 洪來輔(1706~1780)의 字는 儀卿, 號는 菊泉, 洪醇浩, 『半蒼私稿』 卷18, 「先考成均生員府君誌妣狀草」(1814, 49세)참조. 『菊泉遺稿』 3卷1冊을 남겼으며, 洪醇浩의 序文과 跋文이 있다.

247 〈표1-4〉 豐山洪氏 家系圖

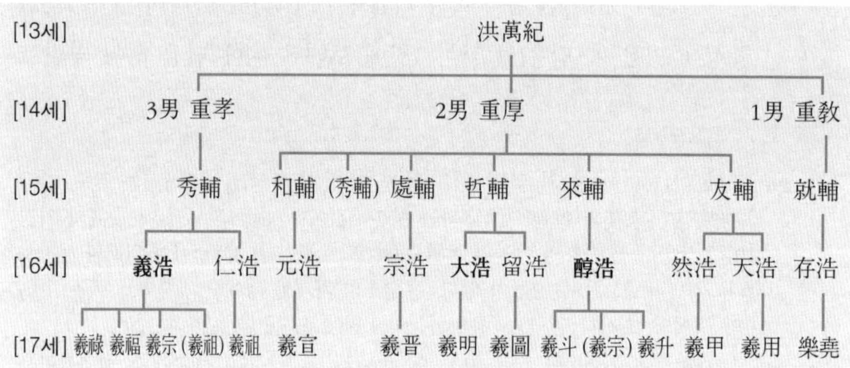

248 洪醇浩, 『半蒼私稿』 坤, 「六月二日, 約會雨未果, 芝園有詩, 聊以次之」, 「芝園姜學士, 寄詩依韻奉酬」, 「芝園姜文學, 遠訪臨別口號以示」(1817년), 「芝園來訪, 會次杜韻」, 「又因芝園來訪, 拈杜韻」, 「芝園有六篇詩, 各屬以贈歸次其韻, 聊以簡寄」, 「送別芝園姜學士」, 「澹寧屋, 拈杜韻, 芝園瘠菴兩學士, 同會」, 「和芝園用東武吟韻」 등; 姜世綸, 『芝園集」 卷1, 「訪半蒼洪孟儒醇浩, 於澹園洪養仲義浩宅, 瘠菴李休吉基慶適至, 拈韻共賦」, 「次澹寧寄來韻示諸友」.

의호의 별서를 찾아 많은 문학적 수창을 하며 지냈는데, 그 대상은 주로 남인계 인사들이었다. 44세(1809)에는 그곳에 거주하며 사촌형 홍유호(知縣 視雲翁),[250] 홍대호(侍讀 水樓翁), 홍의호(侍郎 澹寧翁)와 함께 '종남사호회(終南四皓會)'를 결성하였다. 결성 당시 이들의 나이는 순서대로 73세, 55세, 52세, 44세였으며, 가장 연장자인 홍유호를 일호(一皓)라 하였다. 4명을 상산사호(商山四皓)에 빗댄 것인데 '사호도(四皓圖)'에 차운한 시를 비롯해 이때의 시가 많이 남아있다.[251]

澹翁書室對南山	담녕옹의 서실에서 남산을 마주하니
文酒從容几席間	글과 술이 책상 사이에 따르네.
暇日笻鞋遊北洛	한가한 날 지팡이 짚고 신 신고 한양 북쪽을 유람하고
秋風簪笏起東關	가을바람에 벼슬은 동관에서 비롯되네.
千年誕啓黃河運	천년동안 황하의 운수를 널리 열며
四座團成白髮顔	네 명이 둥글게 백발의 얼굴로 모였네.
却笑漢詩延頸老	도리어 우스워라, 한시 쓰며 늙어가길 바라니
羽儀元自遠宸班	모범이 되지만 원래 스스로 대궐의 반열과는 멀다네.[252]

249 문집에 再從昆 洪必浩(1754~1821), 丁幼磬, 庶再從兄 公善, 妹兄인 鄭鎭璧와 李公華, 金斗鎭, 친구로는 沈履恭, 睦瑞中, 崔致旲, 秋景順, 崔義明, 徐謹之, 權圭錫, 崔其齋, 崔海翔, 申錫命, 鄭鎭極, 鄭督郵, 李彦恒, 崔石所, 申夔相, 李久之, 崔絅之, 金德中, 崔九紘, 鄭元善, 李山人 등이 보인다.

250 洪留浩(1737~1813)의 字는 伯師, 初諱는 留漢, 부친은 洪哲輔, 관직은 義禁府都事, 嘉善大夫戶曹參判에 贈함, 부인은 貞夫人 全州柳氏(1736~1822)로 柳敬之의 딸이다.

251 洪醇浩, 『半蒼私稿』 卷4, 「四皓圖次韻」. 卷9, 「翌日奉和第一皓視雲寄示韻」, 「終南四皓會詩」; 洪義浩, 『澹寧瓿錄』 卷3, 「四皓會詩」.

252 洪醇浩, 『半蒼私稿』 卷9, 「終南四皓會詩」.

1구의 담옹서실(澹翁書室)은 자각동(紫閣洞)에 있었던 서실 중 하나이다.[253] 자각동의 유처(幽處)는 수창을 통한 문학창작의 공간이었다. 6구의 사좌(四座)는 상산사호를 자처한 자신들을 가리킨다. 8구의 우의(羽儀)란 높은 지위에 있으면서 재덕을 겸비하여 남의 모범이 되는 것을 말한다.[254] 상산사호처럼 은거하며 시를 짓고 늙어가 벼슬길과는 멀어도 올바른 삶을 살 것을 기약하는 것이다. "밝게 읊으며 자각봉 꼭대기를 지나니, 삼등현령은 못했지만 모두 정이 있네."[255]라고 읊었으니, 높은 벼슬에 기필하지 않고 시정(詩情)에 만족하는 시인의 소박한 정서를 느낄 수 있다. 1812년에는 담녕의 서실에서 이기경, 강세륜, 홍순호가 수창하던 일화가 있다.

> 임신년(壬申年－1812) 맹하(孟夏－음력 4월)에 내가 홀로 담녕의 서실에 머물고 있었는데, 조금 있다가 곧 척암 이기경과 학사 강세륜를 맞았다. 그때 문거 강세륜이 성균관에 재직하여 서로 술을 마시고 시를 지었다. 내올 것이라고는 약간의 과일과 술 한 병뿐이었지만 진실로 '진솔회'와 같았다. 시를 짓고 헤어졌다가 시간이 되면 왔는데, 이같이 한 것이 6번이었다. 만남은 헛된 이 세상에서 즐거운 한가지의 일이라 할 수 있다. 시는 모두 산견되지만 고치거나 하지 않았다.[256]

---

253 南山 紫閣洞 홍의호의 別墅에 含翠堂, 頗好道齋, 居然我屋 등이 있었다.

254 『周易』, 「漸卦」에 "鴻漸於陸, 其羽可用爲儀"라 하였으며, 孔穎達은 疏에서 "處高而能不以位自累, 則其羽可用爲物之儀表, 可貴可法也."라고 설명했다.

255 洪醇浩, 『半蒼私稿』 卷1, 「與丁幼磬登南山拈韻共賦」, "石路崎嶇轉不平, 翫春幽興入松淸. 賞心遠峀紅連陌, 聘目孤烟翠度城. 吹帶遠風飄絮亂, 浥塵朝雨霽山明. 郎吟紫閣峯頭過, 了債三登揔有情."

256 洪醇浩, 『半蒼私稿』 卷9, 「同李休吉姜世綸文學二學士拈杜共賦」, "玄黓歲夏四月, 余獨留澹寧書室, 無以永日, 遂與瘠菴, 邀姜學士, 時文學旅宦在泮, 相與飮酒賦詩, 所需不過果數品酒一壺而已, 誠眞率會也. 詩成而散, 期至則來如是

위 인용문을 통해 횟수를 지정한 단기적인 모임에도 이름을 짓고 풍류를 즐겼던 시회의 단면을 볼 수 있다. 6회로 한정하여 이름을 '육순시사(六巡詩社)'라 하였으며,[257] 글을 고치거나 인위적인 수정을 가하지 않았다. 성정의 자연스러움을 추구하고 작위적인 수정을 가하지 않겠다는 이들의 생각을 알 수 있다. 이러한 모임은 1817년까지도 지속되었으니 강준흠, 홍대호, 강세륜 등이 함께 자주 수창하며 「한경잡영」을 창작하던 때이다.[258] 이 외에 홍순호가 주로 교유한 것은 사촌형제들이다. 홍순호는 "나의 종형제가 모두 9명인데, 혹은 벼슬을 하고 있고 혹은 한가히 놀고, 혹은 한가히 궁마를 타니 얼굴을 상봉하는 것이 한해에 한두 번에 지나지 않는다. 서울에 사는 자가 서너 명, 고향에 사는 자도 여러 명이다…(후략)."[259]라고 하였다.

〈표1-5〉 洪醇浩와 從兄들

	姓名	字	號	父
第一從兄(一兄)	洪留浩(1737~1813) 初, 留漢	伯師	視雲	洪哲輔 (1711~1770)
第二從兄(二兄)	洪天浩(1745~1816)	性之	松北	洪友輔 (1704~1764)

者, 凡六, 遇是亦浮世之一樂事云爾. 詩皆散見, 不爲釐正."

257 洪醇浩, 『半蒼私稿』 卷9, 「送別芝園姜學士」, "六巡詩社酒, 仍作別離盃. 塵世吾將老, 鄕山子擬迴. 月從秋氣盛, 鴈入嶺雲哀. 自此終南屋, 孤唫隔鳳臺."

258 洪醇浩, 『半蒼私稿』 卷10, 「芝園姜文學遠訪臨別口號以示」(1817), 「芝園來訪會次杜韻」, 「又因芝園來訪拈杜韻」, 「三溟姜學士浚欽, 與澹園屢疊古詩韻, 要余求和臨路走次」, 「芝園有六篇詩, 各屬以贈歸次其韻, 聊以簡寄」, 「芝園姜學士寄詩依韻奉酬」(1820) 등.

259 洪醇浩, 『半蒼私稿』 卷3, 「雪中次玄洲韻」, "余之從兄弟, 凡九人, 或縻於仕, 或倦遊京索, 或狃閑弓馬, 面面相逢, 歲不過一再, 居于洛下者, 三數人, 遲徊故居者, 亦數人…(後略)."

第三從兄(三兄)	洪元浩(1749～ ?)	士元		洪和輔 (1726～1791)
第四從兄(四兄)	洪仁浩(1753～1799) 初, 英漢	元伯 雲伯	霧庵, 節度公, 七隱, 後踈, 愚軒	洪秀輔 (1723～1800)
第五從兄(五兄)	洪大浩(1755～1818)	剛仲	水樓, 聲窩,	洪哲輔
第六從兄(六兄)	洪大浩(1755～1818)	剛中	水樓, 聲窩	洪哲輔
第七從兄(七兄)	洪義浩(1758～1826)	養仲	魯庵, 澹寧, 澹屋	洪秀輔
第八從兄(八兄)	洪宗浩(1760～1842)	漢伯		洪處輔 (1715～1767)
第九從兄(九兄)	洪然浩(1761～1805)	性養		洪友輔

이밖에 강세륜이 만년에 지은 시 중에 유철조[260]와 재회의 기쁨을 남긴 시가 있다. 1842년 지은 시에는 친구가 오지 않는 기다림과 아쉬운 심사가 그려졌는데, 이들은 1842년 같은 해에 생을 마감한다.[261]

세 번째 그룹은 상주에 거주할 때 서신으로 왕래하던 인물들로 현재 30통 가량의 간찰이 남아있다. 한국학 자료 포털에는 모두 19통이 남아있는데, 그 중 일부를 소개하면 다음과 같다.

① 1799년 하생복인(下生服人) 강세륜이 상대아들의 과거급제를 축하하는 내용.
② 1805년 11월 5일 상대의 둘째 삼촌이 사망한 것을 위문하는 내용.
③ 1807년 5월 11일 강세륜이 이현발에게 『산곡집』을 빌리는 내용.
④ 1812년 4월 16일에 강세륜이 송영절도사 유철조에게 백치첨사 길명

260 柳喆祚(1771～1842)의 字는 重吉, 士重, 號는 踈軒, 父는 柳師春, 장인이 姜杭이다.

261 姜世綸, 『芝園集』 卷10, 「踈軒柳重吉喆祚, 自道院至, 阻幾年, 相逢喜甚, 賦贈」, 「踈軒老人, 柳重吉, 敗約不至, 悵然寄一律」.

복을 잘 돌봐 달라고 부탁하는 내용.

⑤ 1813년 9월 16일 강세륜의 조카와 아들의 과거 응시 등과 관련된 내용.
⑥ 1815년 2월 22일에 이병순에게 보낸 상사등과 관련된 내용.
⑦ 1821년 9월 17일 이원조(李源祚, 1792~1871)의 부친 이규진(李奎鎭, 1763~1822)에게 보낸 편지.

국사편찬위원회 전자도서관 소재 11통의 간찰은 다음과 같다.

① 1799년 청명(淸明) 4일 후 제(弟)가 보냄.
② 1803년 5월 제(弟)가 보냄.
③ 1812년 11월 24일 기하(記下) 교리(校理) 강세륜이 송영(松營) 절하(節下)에 보냄.
④ 1814년 5월 19일에 제(弟)가 보냄.
⑤ 1819년 윤월(閏月) 회일(晦日) 강 교리(姜 校理)가 류 교리(柳 校理)에게 보냄.
⑥ 1822년 8월 25일 종산리(鐘山吏)가 류 승지(柳 承旨)에게 보낸 간찰로 간지(簡紙) 80폭(幅)을 보냄.
⑦ 1824년 10월 13일에 제(弟) 기복인(朞服人)이 류 승지(柳 承旨)에게 보냄.
⑧ 1834년 4월 7일에 제(弟)가 류 참판(柳 參判)에게 보냄.
⑨ 1829년 1월 23일에 제(弟)가 상대의 은자(恩資)를 축하하는 내용.
⑩ 1833년 1월 21일 병제(病弟)가 보낸 간찰로 연보(年譜)에 관한 내용.
⑪ 1835년 강세륜이 한포댁(寒浦宅)에 안부와 여중(廬中) 생활을 위로함.

특히 이병순[262]과의 서간문이 세 편 정도 남아있어 친분을 알 수

262 李秉淳(1751~1818)의 字는 幼性. 本貫은 眞城으로, 眞城李氏 宜仁派이다. 그는 退溪 先生의 손자 李純道의 高孫인 隱拙齋 李守弘의 曾孫이다. 1804년에 식년 생원시에 입격하고, 1814년에 淸安縣監으로 임명되었는데, 재직 중이던 1818

있다. 「유성 이병순의 뇌문[李幼性秉淳誄]」을 보면 1810년 반촌(泮村)에서 동관(同館)에 있으며 함께 숙식하던 마음이 잘 맞는 친구였음을 알 수 있다.[263] 그 무렵 이병순, 정원선,[264] 강세륜이 함께 소모임을 하며 당시(唐詩)에 차운하곤 했다.[265] 이병순은 1814년 충청북도 청안현감(淸安縣監)으로 부임하여 그곳에서 생을 마친다. 다음은 이병순(李秉淳)이 그곳의 현감으로 있던 해(1816) 11월 9일에 강세륜이 장익(張翼)이란 이를 부탁하기 위해 보낸 친필 간찰로, 원문을 번역하였다.

> 사흘 밤 동안 함께 나누었던 대화는 4년 동안이나 격조했던 마음을 풀기에 충분했으나 이별할 때의 슬픈 마음은 감당하기 어려웠다네. 겨울이 봄처럼 따스한 이때에 수령 정사를 살피고 있는 당신의 건강은 어떠하신지. 당신이 객관에서 혼자 지내는 것은 노인으로서 감당할 수 있는 바가 아니니 걱정스러운 마음 가눌 수 없다네. 나는 일정대로 집으로 오게 되니 마음이 호연해짐을 느끼네. 당신이 수령으로 재직하는 청안현(淸安縣)의 동면(東面)에 거주하는 사문(斯文) 장익(張翼)은 진안현감(鎭安縣監)을 통해서 평소 내왕하여 친숙한 사람인데 한두 번 당신에게도 나아가 인사를 드렸다하니 분명 그를 기억할 것이네. 모든 일에 각별히 그를 보살펴 주시길 부탁드리네.[266]

년에 사망하였다. 『芝園集』 卷16, 「李幼性秉淳誄」가 있다.

263 姜世綸, 『芝園集』 卷16, 「李幼性秉淳誄」, "歲庚午, 不佞, 有召旨, 入京師, 公亦始筮仕, 在泮村之同舘, 遂握手道夙, 心懽如胳如也."

264 鄭元善(1766~?)의 字는 希仁, 號는 壺隱, 本貫은 草溪이고 강원도 횡성 출신으로, 1794년 문과에 급제하여 雲山군수를 지냈고 司諫을 역임하였다.

265 姜世綸, 『芝園集』 卷1, 「泮邸小會, 與李幼性秉淳, 鄭希仁元善, 拈唐人韻」, 「寄幼性」.

266 http://kostma.aks.ac.kr/(한국학 자료 포털), 자료센터 DB－고문서 서간통고류－서간 인용, "三宵聯話, 足攄四年阻思, 而別來懷緖, 自不堪黯然作噩也. 冬暖

네 번째 그룹은 종성부사로 가며 만나거나 재직 중에 임지에서 만난 관리들이다. 당시 지역 수령이나 부백(府伯)으로 있었던 박시수(朴蓍壽), 이면승(李勉昇), 윤영희(尹永僖), 서유소(徐有素), 김영(金煐), 이해청(李海淸), 이면대(李勉大), 윤영(尹永) 등인데 내용은 『북정록』에 남아있다. 이들과는 지속적인 교유여부는 상세하지 않으나 간혹 전부터 알았던 사람들이라 기록하고 있다.

이처럼 그의 교유관계는 상주를 중심으로 한 친인척들과 성균관에서 교유한 인물들, 영남의 퇴계학맥을 이은 정종로의 문인들이 주를 이룬다. 특히 그들과의 시사(詩社)를 통한 교유는 평생의 희로애락을 함께하며 문학과 삶이 어우러진 형태로 적용되었고, 강세륜의 문학관과 시관을 정립하는데 중요한 사상적 배경이 되었다. 또한, 이들의 모임과 교유는 영남에서 성리학적 도학과 시문의 맥을 잇고 있다는 점에서 남인 문단에 중요한 위상을 차지한다.

如春, 不審, 政候動止更如何? 客館單棲, 有非老人所堪, 以是尤不勝憧憧馳慮也. 少弟, 如期赴家, 頓覺浩然, 目下冗瑣之憂, 不必煩遠聽耳. 治下東面張斯文翼, 夤緣鎭衙, 來往親熟者素矣. 聞亦一再造候於鈴下, 必記有矣. 幸望隨事另護, 俾生顔色, 如何如何? 餘在因便續候, 不備, 伏惟下照, 丙子 至月 九日, 少弟世綸 拜."

제2부

상주

시사詩社와 낙강선유시회洛江船遊詩會의 전통

1. 계회활동契會活動과 영남동도회嶺南同道會

강세륜의 시세계를 형성하는 데 중요한 역할을 했던 여러 문인들과의 교유와 시사에 대해서는 당시의 시대조류와 더불어 언급할 필요가 있다. 강세륜은 18~19세기 남인 문단에서 식산가(息山家)의 맥을 잇는 이승연(李承延), 이경유(李敬儒), 모헌가(慕軒家)의 맥을 잇는 강세진(姜世晉), 강봉흠(姜鳳欽), 국포가(菊圃家)를 잇는 강세백(姜世白)을 비롯하여 정경세(鄭經世)의 후손인 정종로(鄭宗魯)와 함께 시사를 형성하여 근기남인과 영남남인의 시맥(詩脈)을 잇고 있다. 실제로 강세륜은 추수사(秋水社), 죽우사(竹雨社)에 이어 정종로, 강세백과 이경유가 모두 세상을 떠난 이후에도 열운사(悅雲社)를 재결성하여 시사를 유지하기 위해 노력하였다. 또한, 이들 시사에서는 식산 이만부의 문집을 교수하기도 하였으며, 강필신의 『모헌집』과 강세진의 『경현재집』이 강세륜과 정상리에 의해 간행되었다.[1] 지음관계였던 모헌과 국포의 백련시단에서 결집된 문학적 동인관계가 대를 이어 계승된 것이다.

시사(詩社)는 18세기 한시단의 다양성과 역동성을 보여주는 지표의 하나로, 당파와 신분, 지역과 나이같은 동질적 요소를 공통분모로 하여 구성된 것이다. 문인들이 정치적 결사의 성격과 강독회, 화류회(花柳會), 야유회, 친목회, 감상회(鑑賞會)와 같은 성격을 공유하였다. 서

---

1 姜必愼,『慕軒集』,「慕軒集序」, "公之胤子上舍警弦齋公, 有隱德高標, 亦以文詞繼家, 緖之兩世遺集並若干卷, 我伯氏晧隣公之所刪正也. 小子與公之孫鳳欽, 鳩若干財謀繡木, 而壽其傳事未就, 而鳳欽歸泉下 鄭斯文象履弦翁宅相也慨然擔其事與吾族孫胤永繼而拮据, 有年今則可爲以役矣. 遂與鄭君相對讎校釐, 爲慕軒集三冊, 弦齋集二冊…(中略)…六年庚子(헌종6년, 1840), 端陽節族, 姪原任兵部左侍郎世綸謹序."

울뿐만 아니라 지방에서도 시사가 활성화되었고, 사대부의 범위를 넘어서 중인까지도 시사를 결성하여 활동하였다.[2]

18세기의 한양은 상품생산력과 성시(城市)로서의 규모를 갖추어 근대적 의미의 도시로 약진할 가능성을 지녔다. 서울의 도시적 발달과 생산성 향상으로 사대부나 중인(여항)계층의 심미적 취향이 확산되고 일반 서민들도 여가를 즐기는 풍조가 확대되어 서울 도성 안팎의 승지(勝地)에서 부시(賦詩)와 유상(遊賞)을 즐기는 일이 많아졌다.

이 시기에는 관각사대가(館閣四大家), 관동팔대가(館洞八大家) 이후 연암(燕巖) 박지원(朴趾源)의 백탑파로 이어지는 노론 인맥과 소론의 조귀명(趙龜命)·조현명(趙顯命)을 중심으로 하는 문인 집단이 형성되어 있었고, 오광운(吳光運)·강박(姜樸)을 이어 채제공(蔡濟恭)·정범조(丁範祖)·이헌경(李獻慶)을 중심으로 하는 남인 문단이 형성되어 각기 독특한 문학 사조를 낳았다. 소북의 경우도 강세황(姜世晃)을 중심으로 활발한 문화 활동을 전개하면서, 색목을 넘어 남인과 소론의 지식인들과 교유의 폭을 확대하였다.

18세기 시사는 19세기로 이어져 도성뿐만이 아니라 기호(畿湖)지방에도 여러 시사가 결성되어 도성내의 시사를 인사(隣社)로 삼았다. 시회 활동을 통해 당색과 신분의 제한을 넘어선 시붕(詩朋)그룹이 형성된 것은 대단히 의미 있는 일이다.[3] 이러한 문학적 풍조는 각 지방사족들에게도 많았다. 이들의 동인활동은 향촌사회의 계회(契會)의 다

2 안대회, 「18세기 시사의 현황과 전개양상」, 『고전문학연구』 제44호, 한국고전문학회, 2013, 421면.

3 심경호, 「18, 19세기 서울의 도시문화와 연행예술의 역사 지리학적 연구 : 조선후기 시사와 동호인 집단의 문화 활동」, 『민족문화연구』 31卷, 고려대학교 민족문화연구원, 1998, 101~102면.

양한 모습으로 나타나기도 한다. 그런데 이 시사는 종종 계회와 유사하게 착종되어 사용된다. 실제로 그 성격이 비슷하여 계회와 시사를 명확하게 구분하기는 어렵다. 사(社)는 계(契)와 같은 뜻으로 쓰이기 때문에 시계(詩契)라고 해도 시사와 다르지 않다. 따라서 시사를 언급하기 전에 우선 계회의 전통과 성격에 대해 살펴보고자 한다.

계회는 중국이나 우리나라의 오랜 전통으로 문사나 관리들이 서로의 학업과 덕행을 독려하여 연대감을 강화하기 위해 마련한 모임이었다. 중국의 경우 한유(韓愈)의 「남계시범(南溪始泛)」에 "원컨대 계(契)를 함께한 사람들은 닭, 돼지를 잡아서 봄, 가을로 잔치를 하세."[4]라고 한데서 온 말로, '계돈사(雞豚社)'라고 하였다. 마을에서 화목을 위해 결성한 모임을 '이중사(里中社)'라고 하는데 이중사(里中社)는 "마을의 사 제사에서 진평(陳平)이 주재(主宰)가 되어 고기와 음식을 매우 고르게 나누었다."[5]라고 한 데서 유래하였다. 여기서의 사(社)는 계(契)와 같은 의미로 사용되어, 모두 마을 사람들이 친목을 도모하기 위하여 결성한 계모임 같은 것을 말한다. "병든 발 힘 약해서 걸을 수도 없으니, 아침 산보 같은 것은 그만두어야 하겠지만, 비쩍 마른 육신을 가마에 태워서 데려갈망정, 이 좋은 경치를 어떻게 버려둘 수 있으랴."[6]라는 말은 그 배경이 되는 자연의 정취와 승경 안에서의 모임은 포기할 수 없음을 말한 것이다. '백련사(白蓮社)' 역시 동진(東晉)시대의 승려인 혜원(慧遠)이 여산(廬山)의 동림사(東林寺)에 있으면서 도잠(陶潛) 등 여러 명사들과 수도를 위하여 맺은 모임으로, 동림사에

4 韓愈, 『韓昌黎集』 卷7, 「南溪始泛」, "願爲同社人, 鷄豚燕春秋."

5 『史記』 卷56, 「陳丞相世家」, "里中社, 平爲宰, 分肉食甚均."

6 韓愈, 『韓昌黎集』 卷7, 「南溪始泛」, "足弱不能步, 自宜收朝躋, 羸形可輿致, 佳觀安可擲."

백련(白蓮)을 많이 심었기 때문에 백련사라 했다.[7]

우리나라의 경우 고려 때부터 지속된 계회는 조선에 이르러 친목과 관리들의 결속이라는 공리적 기능을 바탕으로 왕실의 후원을 받아 정착하였다. 모임의 성격과 계기에 따라 크게는 같은 관청에 재직했던 관료의 모임인 동관(同官)계회, 국가적인 역사(役事)에 참여한 관원들의 도감(都監)계회, 같은 시기에 과거에 급제한 동료의 모임인 동방(同榜)계회, 나이가 같은 관료들의 동경계회(同庚契會), 원로 관료들의 기로회(耆老會), 기영회(耆英會) 등으로 구분된다.

동관(同官)계회의 예로는 1502년(연산군8)에 사헌부 감찰들이 모인 계회가 있다. 자신들의 계회 장면을 그림으로 그려 감찰청의 벽에 걸어 둔 「계회도축(契會圖軸)」이 있는데, 이 벽화는 송함(宋諴)과 유방(柳房) 등의 발의로 제작된 것으로 태평성세를 만나 풍류를 즐기는 감찰들의 기개를 위해 만든 것이다. 이는 사헌부 감찰의 계축인 후한 때의 「총마계축(驄馬契軸)」의 정신을 이은 것으로 성현이 「감찰청벽서기(監察廳壁書記)」를 남겼다.[8]

또 다른 계회로는 승문원(承文院) 계회(契會)가 있었다. 이 모임은 출근해서 퇴근 전까지 업무시간과 강마(講磨)하는 틈에 모여, 경치 좋은 장소를 골라 그동안 쌓인 회포도 풀고 술잔을 돌리며 여가를 즐기는 모임이었다. 마치 신선이 노니는 듯한 정경이라 하며 "이때의 광경을 그림으로 그려 화폭(畫幅)에 담고 그 위에 각자의 이름과 함께 글

---

7 『古今事文類聚』 後集 卷32, 「白蓮社」.

8 成俔, 『虛白堂集』 第5卷, 「監察廳壁書記」, "於是, 乘卯申之暇, 集講磨之餘, 選勝以疏暢之, 崇酌以驩洽之, 方筵秩而氷壺交映, 山暮而玉樹齊欹, 令人望之若神仙焉. 是宜畫而圖之, 而列名而載詞, 以毋忘之, 而軸之所爲作也, 抑斯文之盛事非耶."

을 실어서 길이 잊지 않도록 하는 것도 당연한 일이라 할 것이다. 앞으로 이 일을 인연으로 하나의 시축(詩軸)이 또 만들어진다면, 이것 또한 사문(斯文)의 성대한 일이 되지 않겠는가."라고 하였다.[9]

강세륜의 선조인 강신(姜紳), 강연(姜綖), 강담(姜紞)은 성서(城西)를 중심으로 1601년 7월 19일 장악원(掌樂院)에서 조직된 영남동도회(嶺南同道會)의 회원이었다.[10] 그들은 안으로는 종계를 통해, 외부로는 향촌사회를 중심으로 결집하였다.

〈표2-1〉 영남동도회(嶺南同道會) 회원(會員) 일람

	官職	姓名	字	居
1	輔國崇祿大夫西川府院君	鄭崑壽(1538~1602)	汝仁	星州
2	正憲大夫知中樞府事兼弘文館提學同知成均館事延陵君	李好閔(1553~1634)	孝彦	軍威
3	嘉義大夫吏曹參判兼同知經筵春秋館事 世子左副賓客晉興君	姜 紳(1543~1615)	勉卿	尙州
4	通政大夫承政院同副承旨兼經筵參贊官	姜 綖(1552~1614)	正卿	尙州
5	通訓大夫軍資監正	尹 曄(1546~1604)	汝晦	尙州
6	顯信校尉守訓鍊院僉正	朴應立	信甫	寧海
7	中直大夫禮曹正郞知製敎	申之悌(1562~1624)	順夫	義城
8	保功將軍 世子翊衛司翊衛	姜 紞(1559~1637)	文卿	尙州
9	奉列大夫行蔚山都護府判官	金澤龍(1547~1627)	施普	禮安
10	中直大夫行司憲監察	權景祁(1546~1609)	從卿	咸昌

9 崔岦, 『簡易集』 第3卷, 「承文院契會圖識」.

10 1601년 7월 19일에 조직된 同道會로 26명이 참석하였다. 序文은 五峯 李好閔이 썼으며(『五峯先生集』 卷4 「題嶺南同道會題名卷 幷序」), 鄭崑壽가 병으로 오지 못했으므로 회원은 27명이다. 회원명부는 金澤龍, 『操省堂文集』 卷3, 「嶺南同道題名卷」과 姜世白, 『晉宗成憲』 卷8, 「嶺南同道會錄 序」를 참고하였다.

11	宣教郎省峴道察訪	柳仲龍(1558~1635)	汝見	居昌
12	承議郎重林道察訪	全　雨(1548~1616)	時化	草溪
13	奉正大夫前行黃澗縣監	吳克成(1559~1616)	誠甫	寧海
14	奉直大夫前行靑山縣監	李弘發	景晦	金山
15	奉直郎行昌寧縣監	朴光先(1562~?)	克懋	高靈
16	宣教郎前行長鬐縣監	權世仁	景初	丹城
17	承議郎前行司宰監注簿	權　淳(1564~1622)	和甫	咸昌
18	進勇校尉龍驤衛副司果	權　澍(1572~1677)	汝霖	咸昌
19	承訓郎前行繕工監直長	盧道亨(1571~1615)	伯嘉	尙州
20	秉節校尉忠佐衛副司果	金　憲(1566~1624)	晦仲	尙州
21	通仕郎承文院著作	李民宬(1570~1629)	寬甫	軍威
22	啓功郎行校書館著作	權　濟	致遠	丹城
23	宣教郎行繕工監奉事	申景翼	文叔	尙州
24	從仕郎行藝文館檢閱	李民寏(1573~1649)	而壯	軍威
25	宣教郎行廣興倉副奉事	趙　靖(1555~1636)	安仲	尙州
26	宣務郎前行濟用監參奉	曺友仁(1561~1625)	汝益	尙州
27	通仕郎權知承文院副正字	南復圭(1559~1615)	汝容	安東

위의 표를 통해 이들은 모두 요직에 있었으며, 출신 거주지별로 보면 상주(尙州) 9명, 군위(軍威) 3명, 함창(咸昌) 3명, 영해(寧海) 2명, 단성(丹城) 2명, 거창(居昌)·의성(義城)·안동(安東)·예안(禮安)·성주(星州)·초계(草溪)·금산(金山)·고령(高靈)이 각기 1명씩으로 상주 지역 출신이 가장 많은 것을 알 수 있다. 이호민(李好閔)의 원문에는 36명이라 하였는데,[11] 오기(誤記)로 보이며 강세백은 26명으로 고쳐

11 李好閔, 『五峯先生集』 卷4, 「題嶺南同道會題名卷 幷序」, "我嶺南人宦遊于京者, 作同道會于掌樂院新廨, 至者三十六人, 時萬曆辛丑秋七月也. 西川鄭相公以病不克赴, 其聞而樂之, 則視赴者有加, 會已各捐俸, 謀所以題名壽跡者, 幷錄西川公于首簡, 屬余志其事, 噫! 嶺之士仕于朝者, 舊不止此數, 而名儒鉅卿茂才

적었다.[12] 영남동도회는 이후에도 모임이 몇 차례 더 지속되었다.

한편 '기로연(耆老宴)'을 위한 계회도 있었는데, 강세륜의 「한경잡영」 '남지(南池)'(29제)에 다음과 같은 기록이 있다.

> 옛날 우리 선조 익찬공께서 오봉 이호민, 석문 이경직, 약봉 서성 등 여러 명재상들과 모임을 하여 연못가에서 기영회를 열었으니, '연지계'라 이름 하였다. 시첩이 있어 후세에 전한다.[13]

인용문의 '우리 선조 익찬공(翊贊公)'은 강세륜의 선조인 강담[14]이다. 그가 이호민,[15] 이경직,[16] 서성[17]과 시사를 만들고 연못가에서 기영회를 열고 그 이름을 '연지계'라 하였다. 인용문을 보면 사(社)와 계(契)가 같은 뜻으로 쓰였음을 알 수 있다. 이들은 시첩을 만들었는데 이 시첩에 대해 강세백의 『진종성헌』 권8, 「연지계첩(蓮池契帖)」에

者居多, 向雖存亡聚散之不常, 其存者相愛之情, 亦不以聚散而替焉. 斯可尙也已, 仍係詩以美之. 文獻吾東說嶺南, 世生卿相賁朝參. 向來蹤跡成漂梗, 勝日盃樽倚半酣. 梅竹幽居同晩計, 朱陳厖俗顧何慚. 秋風懷土人人是, 夢裡相携訪舊庵."

12 姜世白, 『晉宗成憲』 卷8, 『嶺南同道會錄 序』.

13 姜世綸, 『芝園集』 卷3, 『漢京雜詠』 29題, '南池', "昔先祖翊贊公, 與五峯石門藥峯諸名宰, 結社爲耆英會於池上, 號爲蓮池契, 有帖傳于後."

14 姜紞(1559~1637)의 字는 文卿, 號는 蘭谷, 姜士尙의 四子이다. 『晉宗成憲』 卷3, 「六世祖通政大夫礪山郡守先州鎭管兵馬同僉節制使府君」.

15 李好閔(1553~1634)의 字는 孝彦, 號는 五峯, 南郭, 睡窩, 本貫은 延安, 1579년 27세에 사마시에 합격한 9명이 모여 쓴 「題卯丑司馬世年禊序」(『五峯集』 卷7)가 있다.

16 李景稷(1577~1640)의 字는 尙古, 號는 石門, 諡號는 孝敏, 本貫은 全州.

17 徐渻(1558~1631)의 字는 玄紀, 號는 藥峯, 本貫은 達城, 諡號는 忠肅, 조선 8대 명당의 하나로 평가 받는 그의 묘는 경기도 포천시 설운동 산1-14에 있는데 경기도 기념물 제35호이다.

서문과 계원좌목, 함께한 18명의 자제 등 그날의 사실을 상세하게 전한다. 다음은 강세륜이 쓴 '남지(南池)'이다.

莫汝西池曲	너는 서지곡(西池曲)을 부르지 말고
聽我南池謠	나의 남지요(南池謠)를 들어보라.
南池昔日繁華盛	남지는 옛날에 번화하기 비할 데 없어
蓮葉如傘蓮花嬌	연잎은 우산 같았고 연꽃은 아리따웠다네.
是時池上耆英社	이 때 연못가에서 '기영회' 시사가 있었으니
吾祖桂坊蒼顏韶	우리 할아버지 계방공께서 창창한 얼굴 밝으셨네.
孰爲兼謩孰君實	누가 겸모가 되며 누가 군실이 되는가!
韓富諸公亦非遙	한기(韓琦)와 부필(富弼) 같은 제공들도 먼 이야기 아니라네.
北斗南山盈盈酒	북두와 남산처럼 가득가득 술이 넘치고
芙蓉折來觥籌饒	연꽃을 꺾어 와서 성대한 술잔치 풍요롭다네.
笙吹洋洋琴韻作	생황소리 성대하고 거문고 음률 일어나니
池魚出聽蓮藕搖	연못의 물고기가 나와 듣느라 연줄기가 흔들리네.
當時傳爲昇平會	당시에 태평시대의 모임으로 전해졌으니
玆事實在憲文朝	이 일은 실제 인조대왕 때에 있었다네.
前輩已遠蓮亦死	앞선 선배들 이미 아득해지고 연꽃 또한 죽으니
池上繁華今寂寥	연못 가 번화하던 광경이 이제는 적막하기만 하네.

제목은 '남지(南池)'이지만 남지의 외관과 풍경보다는 이곳에서 결성되었던 '연지계'의 결성과 동인을 강조하고 있으며, 그들 선조의 시계(詩契)가 인조 대에 이미 성행하였음을 언급하였다. 6구의 '계방(桂坊)'은 조선시대 '세자익위사(世子翊衛司)'의 별칭으로, 강담(姜紞)을 가리킨다. 7구에 겸모는 적겸모(狄兼謩)를 말한다. 치사한 뒤에 백거이(白居易, 772~846)와 그 유명한 구로회(九老會)의 일원이 되었는데,

적겸모와 노정(盧貞)만이 나이 70세가 안되었다는 기록이 전한다. 군실(君實)은 송나라 사마광(司馬光, 1019~1086)의 자이다. 사마광은 부필(富弼, 1004~1083)의 기영회(耆英會)에 회원으로 참석한 일이 있고, 벼슬을 그만둔 뒤, 진솔회(眞率會)를 주도적으로 만들었다. 9~14구는 성대한 술자리와 생황, 거문고 풍류가 곁들어진 모임을 화려하게 표현하여 15~16구의 적막함과 대비시키고 있다. 10구의 '굉주(觥籌)'는 술잔과 산가지가 뒤섞인다는 뜻으로 성대한 술잔치를 이른다. 당시에 매우 성대한 모임이었음을 알 수 있다. '지어출청연우요(池魚出聽蓮藕搖)'는 연못의 물고기와 연줄기가 흔들리는 모습이 생동감 있게 묘사되었으며, '당시전위승평회(當時傳爲昇平會)'는 당시에 전해져 오는 태평성대의 유명한 모임이었음을 증험하였다.

조선 초 태조 때부터 70세 이상의 문관출신으로 벼슬이 정2품 정경 이상인 사람들을 기로소 당상이라 하여 우대하였다. 위 시는 현재 남아있는 17세기 계회도의 특징을 잘 드러내는 「남지기로회도(南池耆老會圖)」(보물 제866호)로, 1629년(인조7) 음력 6월 5일 잠깐 비가 갠 사이에 숭례문 앞 홍사효(洪思斅)의 집에서 노인 열두 명[18]이 함께 모여 활짝 핀 연꽃을 감상한 후, 이 일을 기념하기 위해 기로회 장면을 그린 그림이다. 도화서(圖畫署) 화원 이기룡(李起龍)이 그렸다 한다.

남지에 대한 기록은 1433년(세종15)에 "과거 남대문 밖에 못을 파고 문안에 지천사(支天寺)를 두어 경복궁의 산세를 보완하고자 하였다."

---

18 姜世白, 『晉宗成憲』 卷8, 「蓮池契帖」, 契員座目을 보면 당시 참석자는 李好閔, 李覲, 洪思斅, 姜絪, 李貴, 徐渻, 姜紞, 柳舜翼, 沈惀, 李麟奇, 尹東老, 李惟侃 12명이다. 『谿谷集』의 「製耆老諸公南池賞蓮會圖」에서는 기로회에 모인 사람이 모두 11명이라 하였고, 『西溪集』의 「書南池耆老會圖後」에는 이 그림이 1629년(인조7)에 그려진 것이며, 모인 사람은 12명이라 하였다.

라고 한데서 찾을 수 있다. 조선 초 남서쪽으로 지세가 낮은 숭례문 일대 지형의 비보(裨補)를 위해 도성 내에 시설을 배치하고 도성밖에는 연지를 조성하였다.[19] 이후 남지는 매몰되기도, 복구되기도 하였는데, 15~16구의 '전배이원연역사(前輩已遠蓮亦死)', '지상번화금적료(池上繁華今寂寥)'라 하여 당시에는 매몰된 상태였다. 강준흠은 "연꽃은 이미 다 죽고, 물의 흐름은 어염시장으로 어지럽혀진 상태"[20]라고 읊었다. 홍의호는 그곳이 어람(魚籃)을 씻던 곳이었음을 추억하며 언급하였다.[21] 남지는 현재 중구 남대문로 5가와 중구 봉래동 1가 일대로 표지만 남아있다. 강준흠의 '남지(南池)'에는 당시 상황이 더 자세하다.

> 남지는 숭례문 밖에 있는데 연지라 불렀다. 인조5년(1627)에 우리 가문의 진창공과 동생 익위공이 오봉·약봉·연평 등 제공과 나이 70이상의 13명이 남지가의 석호 홍사효의 집에 모였다. 자제들이 소매를 걷어붙이고 즐거운 모임을 모셔, 하루 종일 술을 마시고 파하였다. 흰 머리 발그레한 얼굴로 차례로 부축을 받아 돌아가니, 도성의 남녀들이 온통 달려 나와 다투어 구경하면서 '낙사기회'에 비견하였다. 드디어 '연지계회도'를 그리자, 계곡 장공(-張維, 1587~1638)이 서문을 지었고,[22] 석문 이공(-李景稷, 1577~

19 길지혜, 『한성부 내 蓮池연구-동지, 서지, 남지, 어의동지, 경모 궁지를 중심으로-』, 서울대학교 박사학위논문, 2017, 123면.

20 姜浚欽, 『三溟詩集』 6編, 「漢京雜詠」 26題, '南池', "世久池中蓮已死, 流惡狼藉魚塩市."

21 洪義浩, 『澹寧瓿錄』 卷20, 「漢京雜詠」 29題, '南池', "鑿斯池也本西南, 淸水芙蓉故老談. 堪笑時人信齊諺, 任他游塞洗魚籃."

22 張維, 『溪谷集』 第31卷, 「題耆老諸公南池賞蓮會圖」, "在會十一公, 自七十一歲至八十一歲, 惟靑平沈公少七十者二歲, 用狄兼謩故事與焉. 今年六月五日, 積雨乍晴, 諸公聯鑣竝輿, 來會于崇禮門外洪僉樞第, 共賞官池荷花, 坐間序年

1640), 서계 박공(−朴世堂, 1629~1703)이 그 뒤에 발문[23]을 지었다.[24]

진창공과 익위공은 강사상(姜士尙)의 아들인 강인,[25] 강담(姜紞)이다. 강인(15世)은 강준흠(22世)의 직계선조이다. 강준흠은 오봉, 약봉 외에 연평 이귀[26]를 추가하였다. 위 인용문의 연도와 회원의 수는 약

不序官, 鶴髮童顔, 飛觴擧白, 觀者稱艶若神仙然, 旣而諸公命工, 摹以粉繪, 列錄名位年紀, 屬維識之, 維竊念壽貴皆殊福也. 鮮能兼備, 今觀錄中諸公, 旣極眉壽之尊, 而高者銘彝鼎主詞盟, 下亦不減省署星郎, 何其盛也. 殆是聖朝龐鴻之化, 仁壽之應, 而諸公其亦各得造物之所偏厚者乎. 玆會雖少, 不可以無傳也. 敬綴以小詩. 白鬚紅頰共聯翩, 十一人成八百年. 洛社幾拚河朔飮, 官池自有曲江蓮. 香風入座龍涎暖, 淥酒傾筒象鼻偏. 鶴背飆輪大寥廓, 不如長作地行仙."

23 朴世堂, 『西溪集』 卷8, 「書南池耆老會圖後」, "圖作於仁祖七年己巳(1629), 爲明崇禎二年, 其會則城南池, 賞蓮時, 卽六月五日, 會者共十二人, 先齒而後爵, 於是松溪翁年八十一, 爲最老居前, 次尹坡興, 李僉知, 年八十, 次延陵年七十七, 次李正郎, 洪同知, 姜右尹, 俱年七十五, 次延平年七十三, 次徐參贊年七十二, 次姜僉知, 柳左尹, 俱年七十一, 沈靑平年六十八最少, 不及諸公, 亦與會, 有唐宋故事焉. …(中略)… 當時如圖者共十二, 諸公皆藏其一於家, 中經喪亂, 其十一皆已亡, 獨藏構家者幸不失, 今惟此圖在世間耳, 請有以記之, 書此以還之, 辛未(1691)十二月十有一日辛卯, 潘南朴世堂, 謹識."

24 姜浚欽, 『三溟詩集』 6編, 「漢京雜詠」 26題 '南池', "在崇禮門外, 號蓮池, 仁廟五年丁卯, 吾家晉昌公與弟翊衛公, 會五峯藥峯延平諸公, 年七十以上, 十三人, 于池上石湖, 洪公思斅之第, 子弟豨韝部歡, 終日酣宴而罷, 白髮韶顔, 次第扶歸, 都城士女, 奔波競觀, 比之洛社耆會, 遂摹畵爲蓮池稧會圖, 谿谷張公爲之序, 石門李公西溪朴公題其後."

25 姜絪(1555~1634)의 字는 仁卿, 號는 是菴, 姜士尙의 셋째아들이다. 부인은 咸陽朴氏와 羅州丁氏이다. 임진왜란 때 왕을 扈從한 공으로 1604년 扈聖功臣 三等에 錄勳되고 晉昌君에 봉해졌다. 이듬해 洪州牧使가 되고 1610년 尙州牧使를 역임했다. 1632년 漢城府左尹, 1634년 漢城府右尹을 역임하였다. 일찍이 宣川郡守로 있을 때 30여리의 관개수로를 팠는데 백성들이 이를 姜公堤라 불렀다.

26 李貴(1557~1633)의 字는 玉汝, 號는 默齋, 諡號는 忠定. 李石亨의 5대손으로, 대호군 李壽長의 자손이다. 李珥, 成渾의 문하에서 수학하였다. 『默齋日記』 3卷이 있다.

간의 차이가 있다.[27] 본문에 자제들이 따라가서 어른들의 모임을 모셨다고 하였는데, 당시에 18명이 따라간 것으로 나온다.[28] 기록에 따라 차이를 보이지만 같은 조상의 이야기를 주제로 쓴 것을 보면 강세륜과 강준흠은 조상들의 계회에 대해 자랑스럽게 여겼음을 알 수 있다. 이러한 모임은 그들의 교유와 문학적 배경에 많은 영향을 주었다.

1, 2구에 '서지곡(西池曲)을 부르지 말고, 남지요(南池謠)를 부르라.'라고 하였는데, 정치적으로도 남지(南池)는 남인의 득세와 관련이 있고 서지(西池)는 노론의 득세와 관련이 있다는 설도 있으며, 남인들은 남지에서 유상(遊賞)하고 노론은 서지에서 유상한 일이 많았다고 한다. 남지는 본래 남인의 영수 허목이 준설하였는데, 순조 연간에는 남지가 메말라 터만 남게 되었다. 이들이 시를 읊던 당시에는 연못이 이미 황폐해졌는데, 1823년에 연못의 토사를 걷어내고 물을 채워 옛날의 모습을 찾게 되었다. 그러자 채제공의 관작이 회복되었으며, 남인으로서 급제한 사람이 4명이나 되었던 일이 있어 남지 때문에 남인이 득세한다는 말이 나오게 되었다고 한다.[29]

---

27 蓮池契 회원의 수는 장유는 11명, 박세당은 12명, 강준흠은 13명이다. 강세백은 12명의 회원을 명단까지 정확히 기록하고 있어 12명이 맞는 것으로 보인다. 연도도 종합해보면 1629년이 맞다.

28 姜世白, 『晉宗成憲』 卷8, 「蓮池契帖」에 子弟 18명은 青興君 李重老, 禮曹參判 李景稷, 左副承旨 李景奭, 左承旨 徐景雨, 達城尉 徐景霌, 延陽君 李時白, 廣州牧使 李時昉, 右承旨 李景嚴, 驪州牧使 洪得一, 司僕僉正 洪履一, 獻陵參奉 洪有一, 通津縣監 姜弘定, 掌樂主簿 柳重炯, 學生 李敬身, 李致身, 姜弘益, 沈翼世, 童子 尹龜龍이다.

29 李圭景, 『五洲衍文長箋散稿』, 「經史篇, 論史類」, 「里門, (南·北小門, 南門外池), 興仁門, (外兩石橋) 辨證說」, "崇禮門外有池, 多傳俚俗謠讖之語, 『輿地勝覽』崇禮門外有南池, 一號蓮池, 禱雨有應, 按成廟十三年癸卯, 韓明會啓言, 臣聞國都主山乃火山, 故定都時, 慕華館前及崇禮門外, 皆鑿池以鎭之, 丙午以來, 火災不絶, 往者, 命里中執鐸循道路, 使相警勅, 請復此法, 從之, 未知何年, 仍廢

이 연지계(蓮池契)에 대해 강세륜은 1798년에 다시 한 번 그들의 조상인 강인(姜絪)과 강담(姜紞)을 기리며 「경서첩후(敬書帖後)」[30]를 기록하였다. 이를 통해 일반적으로 계회는 시가 우선이 되는 문학동인은 아니었으며, 관청에 재직했던 관료들끼리, 혹은 출신지역이 같은 사람들끼리, 기영회와 같이 장수를 축하하기 위한 목적이 있는 모임이었으며, 시축은 모임 뒤에 모인 사람들과 그 모임을 기념하기 위해 만든 것임을 알 수 있다. 이러한 조상들의 다양한 계회는 모임을 중요하게 여기며 절기에 따라 제때의 음식을 나누고 노소를 가리지 않고 시모임을 했던 그들의 시사활동에 많은 영향을 주었다.

棄爲涸, 止有其址, 常爲沮如矣. 歲在純廟癸未, 春夏之交, 崇禮門外民人, 醵錢斂穀, 濬涸池貯水, 一復舊樣, 而忽有謠言, 許眉叟入閣時, 濬此池, 今又濬池, 是日也, 蔡相濟恭復爵, 斯池在南方, 故應南論人, 且南人登第者四, 亦非偶然."

30 姜世白, 『晉宗成憲』 卷8, 「敬書帖後」, "是帖, 寔我晉昌司直, 二府君遺躅也. 當時, 二府君, 俱以宿德耆齡約中與諸名宰, 賞蓮于郭南池, 倣洛社故事, 相與修禊焉. 主文者, 旣序而詩而鋪張之, 工畵者, 又繪素而傳賞之, 其意則眞率也, 其會則耆英也, 風流座上, 未知誰爲君實, 誰爲秉謩, 而白髮蒼顔之戲, 流觴曲水之遊, 足令人像想興感於百載之下, 況爲其雲仍者, 臨是池覽是帖…(中略)…仁廟己巳有蓮池契卽是帖也. 于時, 晉昌府君, 爲七十五歲, 司直府君爲七十一歲, 與會者, 七十以上, 爲十二人, 又一盛事也.…(中略)…戊午(1798년)首夏 世綸書."

2. 낙강시회洛江詩會의 전통과 추수사秋水社의 결사結社

시사(詩社)는 주로 경치 좋은 곳에서 마음이 통하는 선비들과 담소를 나누는 것으로 아집(雅集)[31]이라고도 하였으며, 함께 시를 나누며 풍류를 즐기는 모임인 시회(詩會)가 있었다. 이 시기에 이미 근기(近畿)에서는 국포 강박과 모헌 강필신을 필두로 백련시단이 형성되었으며, 영남의 문인들도 모임을 형성하였으니, 결사의 목적은 성정을 갈고 닦으며 수양하는 것이었다[結社, 陶我性情]. 즉 시를 짓고 술과 음식을 나누며 우의를 다지곤 했는데, 시사(詩社) 내지 계회(契會)는 남인(南人)들의 문단에 중요한 기반이 되었다.

상주지역 남인들의 상산시사(商山詩社)는 처음에 강세백과 이경유가 주창하여 1784년(정조8) 입추(立秋) 이튿날 이향정(二香亭)[32]에서 '추수사(秋水社)'라는 이름으로 결성이 되었다. 강필악, 이경유, 강세백, 강봉흠 등이 주축이었다.

---

31 雅集은 선비들의 아름다운 모임으로 친목을 위한 것인데, 시를 짓는 경우도 있었다. 중국 북송의 부마도위 王詵이 자신의 별장이 있는 西園에 蘇軾, 黃庭堅, 米芾 등 당시 명사 16인을 불러 모임을 가졌는데, 이 모습을 그린 李公麟의 「西園雅集圖」가 있다. 영조 말년에 탕평책에 반대한 이른바 노론 淸流에 속하는 인사 10여 명이 李惟秀(1721~1771)의 東園에서 가진 모임을 그린 그림으로 추정되는 「東園雅集圖」가 있다. 雅集에 대한 기록으로는 兪彦鎬(1730~1796)의 「東園雅集記」, 「東園雅集圖小記」, 茶山의 詩 「喜朴大卿回, 次山亭雅集韻」 등이 있다.

32 현재는 '枕泉亭'이다. 1577년(선조10)에 상주목사 鄭崑壽(1538~1602)가 상주읍성 남문 밖에 건립하고 '蓮堂'이라 하여 선비들의 휴식처나 글 짓는 곳으로 사용하였다. 임진왜란 때 소실되어 1612년에 상주목사 韓述이 중건하고 1614년 상주목사 康復誠(1550~1634)이 '天香亭'으로 개칭, 1693년에 목사 李恒이 蓮池를 '紅白蓮堂'으로 고치고 '二香亭'이라 하였다. 1914년 상주읍성이 헐릴 때 유지들이 정자를 사 현 위치로 옮기고 군수 沈晥鎭이 '枕泉亭'으로 이름을 고쳤다.

밝은 성군이 위에 계시니 사방이 태평하고, 경대부는 그 뜻을 이어받아 잘 다스리고, 농부는 밭에서 힘써 일하여 여러 해 동안 풍년이고, 선비된 자는 편안히 거하고 한가하게 먹으며 태평시대를 노래하고 칭송하는구나. 내가 다행히 편안한 시대에 태어나 서로 거함에 가까이 사니, 만나지 못하면 생각나고 생각나면 보고 싶으니 심하게 바람 불고 비가 내리는 날이 아니라면 혹은 나귀나 말을 타고 혹은 지팡이를 짚고 나막신 신고 뽕나무, 삼나무, 느릅나무, 버드나무 사이를 왕래하며 동네에서 노래하고 읊조리니 골목사이가 이에 또한 태평성세로구나.

이에 진주 강씨 청지 강세백과 모임을 결성하기로 꾀하였다. 일 년 중 12회 모이기로 하였으니, 1월은 대보름날에 2월은 청명일, 3월은 답청일, 4월은 초파일날, 5월은 단오, 6월은 유두, 7월은 칠석, 8월은 추석, 9월은 중양일, 10월은 소한, 11월 동지, 12월 납일에 모이기로 계획하였다. 음식은 각각 그 절기의 맛있는 음식으로 사치하지도 않고 너무 간소하지도 않게 준비하고 취하고 배부를 정도로 먹으면 그치고, 시 오언, 칠언 수 몇 편을 짓고 마치기로 하자 하였다. 입추 다음날 비로소 이향정에 모여 시사회의 이름을 '추수'라 하였으니, 그 때를 알 수 있다.

내가 종제 정유(여호)와 아버지(이승연) 뒤를 따랐고, 청지와 그 동생 세청(중렴, 강세위)은 그 아버지 평와공(강필악)을 따라왔고, 경현재(강세진) 어른은 그 아들 강봉흠(덕조)을 데리고 소릉으로부터 왔다. 그 나머지 모인 자들은 강세문(사욱), 평산인 신광직(익지)이다. 어린아이로 따라온 사람은 청지의 아들 응남(강장흠), 내 아들 승휘, 종으로 따라온 두 아이 박학준, 김산악이었다. 경재어른이 나이가 가장 많고, 우리 아버지가 두 살 어렸고, 평와공이 아버지보다 세 살이 어렸다. 소년 사욱이 가장 나이가 많았고, 청지가 사욱보다 열 살 적고, 내가 청지보다 두 살 아래며, 중렴이 나보다 2살 적었고, 여호는 중렴보다 6살 어렸다. 익지는 여호보다 한 살이 어렸고, 응남은 15세였고, 승휘는 어려서 겨우 4살이었다.

여러 공들이 술을 마시고 읊조리며 시를 짓고 모두 사욱 이하 여러 나이가 적은 자들은 따라서 화답하였고, 근체시 각 세 편 씩을 얻은 후 마쳤다. 때는 나무에 바람이 불고 자리가 가득 찼으며, 연못 이슬에 옷이 젖어 들었으니. 우리 시사의 승경을 도왔다. 이 모임은 서로 태평한 시대에 웃어른을 잘 봉양하는 예의 또한 갖추어져 있어서 쉼에 풍성하고 노래하며 시를 짓는 것이니 부친이 서문을 지어서 거기에 따랐다.[33]

위의 인용문은 그날의 전경을 자세하게 설명하고 있다. 특히 어린 종 박학준[34]과 김산악[35] 등 중인출신 인물도 함께 어울렸음을 언급한 것을 보면 이들의 열린 분위기를 상상할 수 있다.

시사를 결성할 때 모인 사람을 다시 정리하면 강재(剛齋) 이승연(李承延)[36]과 그 아들 임하(林下) 이경유(李敬儒), 조카 이정유(李挺儒),[37]

---

33 李敬儒, 『林下遺稿』 卷7, 「秋水社題名記」, "明王在上, 四方太平, 卿大夫承流宣化, 農夫服田力穡, 致屢豊之祥, 爲士者安居暇食, 歌頌太平, 吾等幸生於無事之時, 且所居密邇, 不見則思, 思則欲見, 非甚風雨, 或騎驢馬, 或理笻屐, 往來於桑麻楡柳之中, 謳吟於里, 巷阡陌之間, 斯亦太平盛事也. 於是, 與晉陽姜世白淸之, 謀結社, 約一月一會, 計一歲之中, 爲十二會, 正月曰上元, 二月曰淸明, 三月四月曰踏靑燈夕, 五月六月曰端陽流頭, 七月曰七夕, 八月曰秋夕, 九月曰重陽, 十月十一月十二月曰小寒冬至臘平, 飮食各以時羞, 不侈不簡, 期醉飽而止, 詩五七言數篇而止, 立秋之明日, 始會於二香亭, 名社曰秋水, 識其時也. 余與從弟挺儒汝豪, 隨家大人後, 淸之與其弟世淸仲廉, 從其大人萍窩公, 紘齋丈人, 率其子姜鳳欽德祖 自少陵來, 其餘會者, 姜世文士郁, 平山人申匡稷翼之也. 童子而從者, 淸之子應男, 吾兒承輝, 隷而從者 二童, 朴學俊金山岳, 紘齋年最高, 家大人少弦齋二歲, 萍窩少家大人三歲, 少年士郁最長, 淸之少士郁十歲, 余少淸之二歲, 仲廉少余二歲, 汝豪少仲廉六歲, 翼之少汝豪一歲, 童子應男十五歲也, 承輝幼甫四歲也. 諸公觴詠賦詩譚諧間作, 士郁以下, 諸年少, 皆從而和之, 得詩近體各三篇而罷. 時槐風滿座, 荷露沾衣, 有可以佐吾社之勝. 玆會也, 相與樂太平之世, 而養老之禮, 亦備焉. 於休盛矣, 唱酬詩, 家大人序而弁之."

34 朴學俊은 疣世翁 朴宗樞이다.

35 金山岳은 困知子 金岳柱(1770~1799)로 慶州人이다. 문집 『困知子集』 단권이 있다. 李敬儒, 『林下遺稿』 권9, 「金岳柱傳」.

36 李承延(1720~1806)의 字는 台甫, 號는 剛齋, 息山 李萬敷의 손자이다. 姜世綸

평와(萍窩) 강필악(姜必岳), 그 아들 호린(皓隣) 강세백(姜世白), 중렴(仲廉) 강세청(姜世淸),[38] 경현재(警弦齋) 강세진(姜世晉), 그 아들 남애(南厓) 강봉흠(姜鳳欽), 강세문(姜世文),[39] 신광직(申匡稷),[40] 강세백의 아들 응남,[41] 이경유의 아들 승휘, 어린 종 박학준, 김산악 등 모두 14명이었다. 아이들도 자연스럽게 어른을 따라와 함께 시사의 분위기와 시 짓는 방법 등을 터득할 수 있도록 배려된 모임이었다.

이 商山處士라 불렀으며, 그의 挽은 서설과 함께 7수의 歌로 되어있다. 『芝園集』 卷1, 「剛齋李丈承延挽丁卯」, 卷14, 「族兄僉樞松潭公墓誌銘」; 김주부, 「李承延의 생애와 〈嶺對〉에 나타난 영남인식」, 『대동한문학』 37집, 대동한문학회, 2012.

37 〈표2-2〉 息山 李萬敷와 李敬儒의 家系

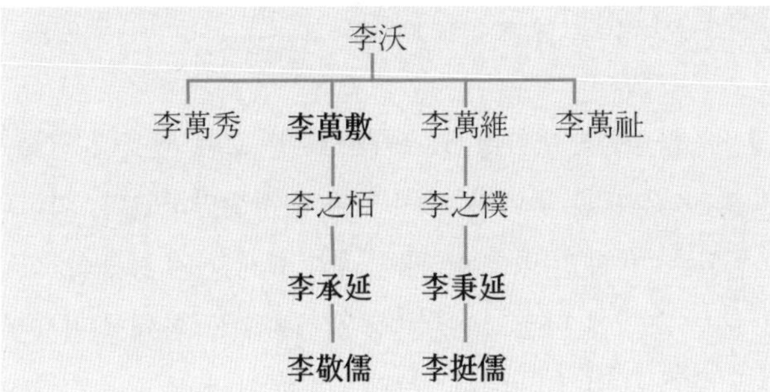

38 姜必岳의 아들은 姜世白, 姜世緯(姜世淸), 姜世綸이다. 권태을은 『상산지』에서 참석자가 강세륜이라 하였는데, 원문에는 姜世緯가 참석하였다. 仲廉이 字인 사람은 姜世緯이며, 위의 글에 姜世淸이라한 것은 처음 이름이 世淸이며 改諱가 世緯이다. 姜世白의 아들인 姜長欽은 兒名이 응남이다.

39 姜世文(1738~1802)의 字는 士郁, 號는 癯翁, 父는 姜必爀, (세보에는 字가 士有이고, 李敬儒의 「秋水社題名記」에는 士郁이다. 『晉宗成憲』 卷6, 「族兄癯翁公」에 士郁으로 나온다.), 「族兄癯翁公」에 의하면 姜世文은 용모가 구부정하고 깡마른 외모이지만 시를 잘해 말을 내면 사람들이 깜짝 놀랄 정도였다고 한다. 추수사 회원이었으며, 『癯翁集』이 남아있어 문학적 경향을 알 수 있다.

40 申匡稷(1757~?)의 자는 翼之, 平山人이다.

41 姜長欽(1770~1834)의 字는 穉仁, 號는 半醒, 姜世白의 아들이다. 어릴 때 이름은 應男이었다. 부인은 鵝州 申氏 申鼎沃의 딸이다. 子는 姜胄永이다.

이들 시회의 형태는 한 달에 한 번씩, 일 년에 12회 모임을 갖되, 각 달의 절기를 택해 음식은 각자 지참토록 했으며, 연회 뒤에는 오언, 칠언 시 한 편씩을 짓기로 하였다. 시사결성의 목적은 보고 싶은 사람들과 만나 서로 웃어른을 잘 봉양하는 예의도 가르치고 노래하고 시를 지으며 태평성대를 읊조리기 위한 것이었다. 따라서 나이의 제한 없이 노소를 가리지 않고 모임에 참석할 수 있었으며, 시간에 구애받지 않았던 그들의 모임에 음식 장만은 필수였다. 그러나 이 모임은 젊은 시절 관계 진출 등으로 계속적이고 지속적인 활동은 못하였다. 특히 강세륜은 과거에 급제하고 규장각강제 문신으로 뽑혔기에 활동할 수 없었다. 강세진의 「수사회병소서(水社會並小序)」에서도 다음과 같은 사실을 확인할 수 있다.

> 이군 덕무(이경유)가 나를 '이향정'에 초대하였다. 그때 연못에 연꽃이 성대하게 피어 붉은 꽃과 흰 꽃이 서로 비추어 완상할만하였다. 이군의 존부 태보(이승연)와 그 종제인 여호(이정유), 나의 족제 청지(강세백), 함녕 익지 신광직이 모두 모임에 나왔고, 어린 봉흠(강봉흠)도 함께했다. 술이 이미 무르익자 덕무가 종이를 꺼내서 '추수사'라 글씨를 쓰고 소리 높여 좌중에 선언하기를 "금일의 일은 내가 주관하겠소. 이 모임에 젊은이와 어른이 다 모였으니, 시가 없어선 안 될 것이오. 만약 짓지 않겠다면 어른들이야 제가 뭐라 할 수 없으나, 젊은이들은 응당 금곡원(金谷園)에서 벌주를 마시던 예에 따를 것이오."라고 하자, 모두들 "좋소." 하였다. 드디어 운을 뽑아 각기 시를 짓는데, 시를 절반도 짓기 전에 소나기가 갑자기 몰려와 처마에 방울 소리가 어지러이 울렸다. 난간에 기대서 연못을 굽어보니, 붉은 연꽃과 푸른 연잎에 연지방울이 떨어지고 수은이 쏟아지는 모양이 참으로 볼만한 광경이었다. 여러 사람들이 비로 인해 돌아갈 수 없어서 이윽고 하룻밤 묵기로 하였다. 이날 밤에 외로운 불이 희미하게

빛나는 중에 맑은 담론을 주고받자니, 어느덧 관가의 뿔나팔이 뿌우 울리고 마을의 닭이 꼬끼오 울어댔다.[42]

위 인용문에는 이들 간의 교유가 일종의 문학동인 모임으로 결성이 되는 장면과 참석자, 그리고 그날 밤부터 새벽녘까지의 자연풍광이 구체적으로 묘사되어 아름답게 그려지고 있다. 다음 시는 그날 쓴 「수사회(水社會)」이다.

紅白垂花侈一堂	붉고 희게 늘어진 연꽃이 온 집안을 치장하니
座間不用綺羅香	좌중에 향기로운 비단옷조차 필요 없다네.
招携莫憚三庚熱	초대한 것이 삼복더위라 하여 꺼리지 말라
銷落偏愁八月霜	쇠락하는 것은 팔월의 서리가 오히려 근심스러우니
據有朱欄仍結社	붉은 난간에서 모임을 맺은 것이 증거가 되지만
恨無明月與爲章	밝은 달이 함께 문장을 이루지 못함이 한스럽구나.
細傾葉低新濃酒	연잎 아래 새로 농익은 술을 찬찬히 기울이고
閒臥西牕竹雨凉	서쪽 창가에 한가로이 누우니 대나무 비가 시원하네.[43]

위의 기록으로만 본다면 그날 밤에 모였던 사람들은 강세진, 이경유, 이승연, 이정유, 강세백, 신광직, 강봉흠이다. 이 모임의 '수사회

42 姜世晉, 『警弦齋集』 卷2, 「水社會 並小序」, "李君德懋, 要余于二香亭, 時池蓮盛開, 紅白相映, 可翫也. 李君之尊府台甫, 其從弟汝豪挺儒, 吾族弟淸之, 咸寧申君翼之匡稷, 皆赴會, 兒鳳亦與焉. 酒旣闌, 德懋出牋紙題曰秋水社, 揚言于座曰 今日之事, 吾爲政, 是會少長咸集, 不可無詩, 苟無詩, 長者吾不敢焉. 少者當用金谷例, 僉曰諾, 遂拈韻各賦詩, 詩未半, 悤雨忽至, 簷鈴亂鳴, 倚欄瞰池, 紅房翠蓋, 泣臙脂而瀉水銀, 眞佳境也. 諸人關雨不得歸, 因留宿, 是夜孤火微明, 淸言相酬, 不覺官角嗚嗚, 村鷄喔喔."

43 姜世晉, 『警弦齋集』 卷2, 「水社會」.

(水社會)'는 '추수사(秋水社)'를 말하는 것이며 강세진이 그날의 모임에 대해 약술한 것으로 보인다. 수련(首聯)의 1구에서의 '홍백수화치일당(紅白垂花侈一堂)'은 붉은 색과 흰 색의 연꽃이 만발한 것으로 '홍백연당'으로 기인한 이향정의 모습을 표현한 것이다. '삼경(三庚)'은 삼복(三伏)을 말하는 것이니, 당시 말복을 마친 후 가을의 초입 즈음이었음을 알 수 있다. 이 날이 바로 '수사회(水社會)'라는 시모임이 결성되던 날로 보이며, 마지막 구의 '죽우(竹雨)'는 이들이 훗날 이름을 바꾸는 근거가 되는 것으로 보인다.

『경현재집』에는 그보다 앞선 시에 강필악, 이승연, 강세진과 강세륜 4명이 함께 그곳에 갔는데, 제목은 '강필악 삼촌과 이승연군과 함께 이향정에 올라서 문거(文擧)가 서울에 가는 것을 전별하기 위해 유숙하며 연꽃을 완상하네.'[44]이다.

爲把深盃餞去輪　깊은 술잔을 잡고 떠나는 수레를 전별하니
中元此夕別愁新　7월 15일 이날 저녁 이별의 수심이 새롭네.
有亭高出蓮花國　'이향정'은 높이 솟으니 연꽃 나라인데
携友重來雪鬢人　벗을 데리고 다시 오니 귀밑털 희끗한 사람이네.
露浥紅房見君子　이슬 맺힌 붉은 연밥에서 군자를 보고
月來絳幄發精神　달빛 비친 붉은 연꽃잎에 정신이 깨어나네.
水天揀得田田葉　물과 하늘 닿은 곳에서 연잎을 따서
欲釀香醪別作春　향기로운 술 빚어 따로 봄을 지어내고 싶네.

실제의 날짜는 7월 15일이지만 연꽃이 만발하고 연꽃 향기와 술 내

44 姜世晉, 『警弦齋集』 卷2, 「携希遠, 叔台甫君, 登二香亭, 餞文擧洛行, 仍留宿賞蓮」.

음이 어우러져 마치 봄이 다시 온 듯한 정취이다. '이향정'은 원래의 취지와 같이 문인들이 모이는 장소였고 상주에 근거하는 그들에게는 모임장소 지금의 '아지트' 같은 곳이었다. 그곳에서 시를 짓기도 하고 떠나는 이를 보내며 아쉬운 마음에 술 한 잔 건네기도 하였다. 경련(頸聯)의 5구에 '군자'는 바로 떠나는 강세륜을 말하는 것이다. 다음 시는 『상산지(商山誌)』에 남아있는 강세륜의 「이향정(二香亭)」인데, 『지원집』에도 그대로 남아있다.

左顧愛蓮紅　　왼쪽으로 돌아보면 아름다운 연꽃이 붉고
右顧愛蓮白　　오른쪽으로 돌아보면 아름다운 연꽃이 하얗다네.
紅蓮濃似錦　　붉은 연꽃은 농염하기가 흡사 비단 같고
白蓮瀅如璧　　흰 연꽃은 맑기가 마치 백옥구슬 같다네.
欄干十二曲　　열두 굽이 난간에
秋香來拍拍　　가을 향기 짙게 흘러온다네.
採之欲有贈　　연꽃 꺾어서 드리고자 하지만
美人雲端隔　　미인은 구름 끝 저편에 있네.

수련(首聯)과 함련(頷聯)의 대구와 심상이 두드러지며, 반복법과 공감각의 기법과 생생한 리듬감이 있다. 머리를 돌리는 순간마다 붉고 흰 연꽃이 얼마나 아름다운지, 그 향기는 얼마나 짙은지 독자로 하여금 느껴지게 한다. 짙은 붉은빛 비단 같기도 하고 밝고 맑은 구슬 같기도 한 붉고 흰 연꽃에 취해 미인에게 주고자 하나 구름 저쪽 어딘가 막혀있는 듯하다. 문징명의 「잡화시(雜花詩)」 '부용(芙蓉)'에 "미인은 웃으며 넘실대는 물 건너에 있는데, 지는 해에 도리어 아득한 근심만 생기네.[美人笑隔盈盈水, 落日還生渺渺愁.]"라는 구절과 흡사한 분위기이다. 특히 시각과 후각의 심상이 주를 이루며 섬세한 표현의 미가 극대화되어 마지막 구에서는 신비로움마저 든다. 이경유의 「이향정」에도 "남쪽 연꽃과 북쪽 연꽃이 붉고 흰 색깔로 나뉘어 있다. 정자가 두 못 사이에 있으니 완연히 새가 날개를 편 듯하다."[45]라고 하였다. 추수사 시기는 이들이 젊은 시절 출사하는 시기였기에 활성화되지는 못하였으나 이 시사를 기반으로 죽우사에 영향을 주어 열운사와 낙강의 선유문학의 형태로 전승되어 19세기 중반까지 이어지는 시맥의 기반이 되었다는 의의가 있다.

45 金子相 譯, 『商山誌』, 尙州文化院, 大南印刷社, 2003, 134면; 李敬儒, 「二香亭」, "南蓮與北蓮, 色色分紅白, 亭在兩塘間, 宛如舒鳥翼."

3. 죽우사竹雨社의 활성과 『죽우사시집竹雨社詩集』의 성과

1784년 추수사를 결성하였지만 문우들의 활동이 본격화된 것은 20년이 지난 1804년에 '죽우사(竹雨社)'라는 이름으로 명칭을 바꾸면서부터였다. 이경유의 집이 있던 북곽(北郭) 남성(南城)에서 결성된 죽우사는 '죽우원사(竹雨原社)'와 '죽우속사(竹雨續社)'로 나누어 적극적으로 모여 시를 수창하는 등 적극 활동하였다.

이승배(李升培)의 문집에 서(序)가 남아있어 시사에 대한 구체적인 사실을 알 수 있는데, 이 시사를 낙사(洛社), 왕희지(王羲之)의 난정지회(蘭亭之會)와 버금가는 것으로 평가하였으며 이들 계회의 문학적 특징을 언급하였다. 상주의 시사는 강세백과 이경유 두 어른이 시창(始創)하여 날을 정해 수창하였으며, 지원과 긍재(이이순),[46] 남애(강봉흠)가 이어 서로 화답하였는데, 그들의 문학표현의 특징으로 '맑고 평담하며 풍성하고 융숭함[淸平豐融]'을 들어 진실로 일가(一家)를 이루었다고 평하였다.[47] 또한, 뒤의 세 인물에 대해서는 '아름다움을 따라 맑고 고절함[遒麗淸絶]'을 들어 고인의 성기(聲氣)를 이었다 하였고, 우리나라 시계(詩契)의 융성함이 바로 이 시사에서 나왔으며 중국이 평가해도 결코 작다고 할 수 없다고 평가하였다.[48]

---

46 李頤淳(1754~1832)의 字는 穉養, 初字는 斐彦, 號는 後溪, 晩窩, 兢齋, 六友堂, 六友軒, 杞隱. 경상북도 봉화 출신, 이황의 9세손으로, 李龜蒙의 아들이며, 母는 金宅東의 딸이다. 6남 2녀 중 차남이다. 『後溪集』이 있다.

47 李頤淳, 『後溪集』 卷1, 「次姜正言淸之世白與泮中諸友相酬」, 「挽中表李兄敬儒」.

48 李升培, 『修溪先生文集』 卷6, 「竹雨詩社序」, "海內之爲州有九, 而三光五岳, 焜曜蟠際, 風氣人聲, 雖有大小之別, 而其爲自成一家則一也. 是以, 我東爲小華, 而嶺號鄒魯, 亦古今之傳言也. 獨怪夫世之論者, 於嶺稱文而不與詩, 豈嶺之人? 自童穉能言, 服習先輩之敎, 專用力於四子經訓, 故其發之於聲也. 理勝而

죽우사 모임은 '죽우원사', '죽우속사'로 나뉘며, 남회(南會), 북회(北會), 동회(東會), 서회(西會)로 이름하며 각기 장소를 달리하였다. 남회는 소리정(素履亭)의 용문숙(龍門塾)에서, 북회(北會)는 우산(愚山), 영수(穎 水) 가에서, 동회(東會)는 강 위의 고요한 누각 청룡가람(靑龍伽藍)이나 낙암(洛嵒)에서, 서회(西會)는 장암수석(莊巖水石)이나 선교(仙橋), 북사(北寺), 노음산사(露陰山寺)에서 모임을 가졌다. 특히 서회(西會)에서는 입재 정종로 선생을 따라 식산(息山)선생의 유집(遺集)을 교수(校讎)하였다. 이들은 꽃이 피고 버드나무가 늘어질 때 만나고, 달을 감상하고 등(燈)을 완상할 때 만나고, 감이 붉게 익을 때, 노란 국화가 필 때 만나고, 눈 속에 매화가 필 때 만나고, 경사가 있을 때 만나서 시를 짓고 술을 마시며 모이기를 쉬지 않았으며, 시축(詩軸)을 완성하는 성과를 내기도 했다.[49]

文隱, 動效濂洛而不尙漢魏也耶? 私竊思之, 濂洛二南之遺風也, 漢魏列國之餘波也. 苟能推原而極本, 其初言志, 固有正變之別, 而後世好奇之士, 不能精於取舍, 惟我先大王以朱詩配之雅頌, 此豈韋布末學之所可窺管耶? 商山有詩社, 皓隣 林下二丈人, 分日酬唱, 如古洛社, 蘭亭之會, 有芝園, 兢厓三君子從而和之, 余日過其社而閱其函, 二老之詩, 淸平豐融, 不純乎濂, 不泥乎漢, 信乎其自成一家矣. 三子之鳴, 亦皆遒麗淸絶, 浸浸乎古人之聲氣, 嗚呼! 孰謂吾嶺之不能詩也, 余於是又有感焉. 商之一方, 處洛上游, 先生長德, 仡仡相望, 至今韻人達士, 不絶厥聲, 繼玆以往, 莫或以論者之故, 而變其所習, 一以經行廸之, 不爲葩藻之勝, 則所謂天地之中聲, 於是乎在 而不囿於山川風氣之中矣. 使後之觀風者, 採之, 不知其孰濂孰漢, 而我東詩敎之隆, 未必不自吾社始矣. 若是則中國之人, 豈可以東音而少之哉! 吾東作者, 亦當以嶺聲爲正矣. 日芝園子屬余一言, 余以所感於中者書之如右."

49 姜世綸, 『芝園集』 卷13, 「書林下翁遺卷後」, "吾輩之氣類, 相感聲響, 相關率視, 眉老先生, 爲向背離合, 若林下李公, 少而壯而老而尊眉翁之道, 慕眉翁之文, 如七十子之服夫子, 踸然爲吾黨之耆德…(中略)…有社竹雨, 有原社續社, 南會于素履之亭龍門之塾, 北會于愚山, 東會于江上之靜, 虛樓靑龍伽藍, 又東會于洛嵒, 西會于莊巖水石, 又西會于仙橋, 又西會于北寺, 從鄭立齋校讎息山

1812년 음력 8월 보름에는 상주의 도남동(道南洞)에서 유심춘, 강세규 등과 모여 배를 타고 새벽까지 시를 지었다.[50] 이는 선유시회의 전통을 지켜가며 모임을 유지한 전승의 내력을 증험해준다. 또한, 『지원집』 권1에 「竹雨續社立春敬次王考韻有序」라는 제목으로 '년(年)·련(憐)·변(邊)'을 운자(韻字)로 한 7언절구의 5수가 남아있는데 이는 1816년 작품이며, 권13에도 1816년에 썼다는 「속죽우사입춘시서(續竹雨社立春詩序)」가 남아있다. 두 작품 모두 가장 활성화되었던 죽우속사의 시기에 지어진 작품들이며, 이를 통해 죽우사는 제법 규모와 형식을 갖추었던 시사였으며, 체계적으로 진행되었음을 알 수 있다 강봉흠의 조카인 정상리도 죽우사의 강봉흠과 강세백, 이경유에게 글을 지어 보내기도 했다.[51]

죽우사의 회원은 훨씬 많을 것으로 생각되나, 시집으로 확인되는 주회원은 ①계호(啓好) 강세은(姜世誾)[52] ②좌은(坐隱) 강세모(姜世謩)[53], ③호린(晧隣) 강세백(姜世白) ④임하(林下) 이경유(李敬儒) ⑤지

先生遺集…(後略)."

50 姜世綸, 『芝園集』 卷1, 「歲壬申, 不佞道南洞主以中秋之上旬, 有事到院柳徵士象遠, 吾族弟公叙, 曁若而士友後先至, 盖有約也. 與之劇談, 竟夕夜月色, 甚淸朗, 復登舟溯, 洄歷雩淵, 至自天臺下挹蔡處士, 遺芳沽邨, 酒酌之迴棹, 泊詠歸門下船, 夜已三四更矣. 敬次退陶韻, 各賦古詩一章, 以備院中古事」.

51 鄭象履, 『制庵先生文集』 卷1, 「拜呈竹雨社諸老三首」.

52 姜世誾(1780~1835)의 字는 啓好, 號는 過庵, 姜必章의 3男으로 姜世謩, 姜世謇(系必名后)과 형제인데, 姜必章이 부인이 셋이어서 어머니가 다르다. 세보에는 '未畢'로 되어있는데 셋째부인 孫氏의 出이다. 1803년에 생원시 입격; 南景羲 外, 엄형섭 역, 『東南唱酬錄』, 지식을 만드는 지식, 2017, 71~72면에 그의 시 「嶺南樓會席拈韻得樓字」 1편이 있다. 『過庵集』이 있다.

53 姜世謩의 字는 宗謨, 號는 坐隱, 姜必章의 장남, 모친은 豐山金氏 金瑞大의 딸이다.

원(芝園) 강세륜(姜世綸) ⑥긍재(兢齋) 이이순(李頤淳) ⑦남애(南厓) 강봉흠(姜鳳欽) ⑧긍암(兢菴) 강세규(姜世揆) ⑨순삼(舜三) 강용흠(姜龍欽)[54] ⑩대언(大彦) 이승배(李升培)[55] ⑪이열(而悅) 이학배(李學培)[56] ⑫백하(白下) 황반로(黃磻老)로 12명이다. 이 중 지원, 호린, 임하의 시가 가장 많이 남아있어 이들이 시사의 주축이었음에는 의심의 여지가 없다. 정종로와 강세규, 유심춘 등의 시는 시집에 남아있지 않지만 그들의 문집을 통해 함께 시사활동을 한 것으로 보인다. 이들을 생년 순으로 편수와 함께 다시 표로 정리하면 다음과 같다.

〈표2-3〉『죽우사시집(竹雨社詩集)』 시인(詩人)과 편수 일람 (생년순)

	성명	생몰	字	號, 別號	편수 (총106수, 1수는 2句씩 15聯으로 구성)
1	姜世白	1748~1824	淸之	晧隣, 杞癡	18수+聯句3
2	李敬儒	1750~1821	林下	德懋, 林翁	19수+聯句3
3	李頤淳	1754~1832	穉養	兢齋	6수+聯句3
4	李學培	1759~1831	而悅	川齋	1수
5	姜世綸	1761~1842	文擧	芝園, 桐焦	19수+聯句3
6	姜鳳欽	1762~1828	南厓	德祖	7수+聯句3

54 姜龍欽(1764~1832)의 字는 舜三, 號는 艮窩(진주 강씨 세보에는 良으로, 강세륜의 문집과 다른 글에는 艮으로 되어있다.), 姜士李의 후예다.

55 李升培(1768~1834)의 字는 大彦, 號는 修溪. 修溪居士라고도 불렸다. 『修溪集』에 강세륜과 관련된 많은 詩와 書가 있다. 『修溪先生文集』 卷1, 「訪姜文擧世綸夜拈牧隱集」, 「祝北樓共次杜韻賦聯句 姜文擧號芝園 姜公叙號兢庵」, 「贈別芝園」, 「和芝園」, 「春日寄芝園」, 「次芝園立春韻」, 「次芝園 春宮冠禮韻」, 「芝園宰鍾城以詩見寄 遂和以送」, 「素履亭 與晧隣 芝園共賦」, 「芝園拈杜律見寄 遂和呈 二首」, 「簡寄芝園拈杜韻」, 「答姜文擧世綸」 등.

56 李學培(1759~1831)의 字는 而悅, 號는 川齋, 本貫은 興陽, 李埈(1560~1635)의 자손이다.

7	姜世揆	1762~1833	公敍	兢菴	1수
8	姜龍欽	1764~1832	舜三	艮窩	3수
9	黃磻老	1766~1840	白下	過庵	1수
10	李升培	1768~1834	大彦	修溪	7수
11	姜世謩	?	宗謨	坐隱	11수
12	姜世誾	1780~1835	啓好	過菴	12수

위의 표는 『죽우사시집』에 남긴 시인을 중심으로 구성하였다. 시집에는 지원, 호린, 임하의 시가 가장 많이 남아있으며, 연안이씨, 장수황씨가 주축이었다. 또한 12명 중에 가장 늦게까지 장수한 인물은 강세륜으로 죽우사가 1820년 이후 모임이 끊기고 8년 동안 활동이 없자, 1828년 형님 강세백의 아들 강장흠과 열운사를 재결성하고 시사의 시맥을 후진들에게까지 잇도록 힘썼는데 이 점은 매우 주목할 만하다. 실제로 그는 1832년 낙강시회의 『낙유첩』에도 여러 편의 차운시를 남겼으며[57] 죽우사가 열운사로 시맥을 잇는데 가장 큰 공헌을 하였다.

강세은과 강세모는 강필장[58]의 아들이다. 강세은은 뛰어나고 총명하며 그의 시는 무리에서 빼어났다.[59] 이학배는 시가 1편밖에 없지만 창석(蒼石) 이준(李埈, 1560~1635)의 자손으로 그 시맥을 잇고 있다는 의의가 있다. 창석과 월간(月澗) 이전(李㙉, 1558~1648)은 임진왜란 때 상주지역의 대표사족이었으며, 이준은 정경세와 함께 정치적 성향과 학문을 함께하며 남인의 입지를 지켜가는 데 큰 역할을 담당한 인

57 『洛遊帖』에는 9제 126수의 시가 있는데 이 중 강세륜의 차운시는 7제에 각기 1수씩 있다.

58 姜必章(1722~1798)의 字는 希晦, 부인은 安東金氏, 豐山金氏, 一直孫氏이다.

59 姜世綸, 『芝園集』 卷14, 「再從弟參奉君墓誌銘幷序」.

물이다. 이학배가 창석 이준의 자손임을 언급한 주를 첨가하여 훌륭한 집안의 자손이었음을 강조하였다. 유주목(柳疇睦, 1813~1872)은 이학배의 성품이 온화하고 순수하였으며 어려서부터 놀기를 좋아하지 않았고 효성스러웠으며 학문에 힘썼다고 언급하였다.[60] 황반로의 문집에도 죽우사에서 차운한 시들이 남아있어 이들이 조석으로 자연과 벗하며 여유롭게 진솔(眞率)을 추구하던 경향을 알 수 있다.[61]

이승배(李升培)는 이학배의 족제(族弟)로, 강세륜은 1834년에 먼저 간 이승배의 묘갈명병서(墓碣銘幷序)와 제문(祭文)을 남겼는데,[62] 묘갈명을 보면 그들은 약관(弱冠)의 나이부터 시사한묵(詩史翰墨)으로 주선(周旋)하며 40여 년 동안 관계를 이어가며 "나를 아는 자는 강공만한 자가 없다.[知我者, 無如姜令公]"라고 할 정도라고 표현하였다.[63] 이들의 수창과 시사 활동으로 남은 필사본 『죽우사시집』의 총 106수

---

60 柳疇睦, 『溪堂集』 卷15, 「川齋李公行狀」, "公姓李氏, 諱學培, 字而悅, 號川齋, 蒼石先生之七世孫也. 李氏之籍興陽者, 自將軍陽升始…(中略)…以元陵己卯九月二十六日公生, 性質和粹, 儀度淸淑, 所稟於內外世類者然也. 幼不好弄, 便岐屹出羣, 篤於孝, 九歲喪妣, 哭泣悲哀如成人. 旣長力學, 乃慨然自悟曰: 君子立德, 在於吾身, 非高遠難行, 顧汨汨場屋者, 不識世間, 更有佗許大道理, 可懼也…(後略)."

61 黃磻老, 『白下集』 卷1, 「竹雨社次李供奉君子有所思行」, "朝弄紫沂海, 夕遊崑邱極. 泛聽終底止, 率由周道眞. 芝蘭生空谷, 馨香無休息. 猗猗綠艶秀, 煒煒紅芳艶. 不言空自愛, 異香播四域. 鶗鴂鳴不已, 饒舌紛費力. 雜草盈中野, 掩穢還相逼. 是非終如此, 唉唉吾道昃. 瑤華今不見, 白日中西匿. 緬焉懷丹邱, 何由矢心憶. 鳳鳥飛千仞, 彩珍備五色."

62 李升培, 『修溪集』 卷10, 附錄 「墓碣銘 幷序 (姜世綸)」, 「祭文 (姜世綸 芝園)」; 姜世綸, 『芝園集』 卷15, 「參奉李公墓碣銘幷序」.

63 姜世綸, 『芝園集』 卷15, 「參奉李公墓碣銘幷序」, "不佞, 自弱冠, 與修溪居士李大彦, 友往還周旋於詩史翰墨之間, 盖四十有年. 今大彦先我歸泉下, 余常服其志行之醇, 謹文學之贍慱…(後略)."

의 시는 13제의 주제별로 저작되었다.[64]

〈표2-4〉『죽우사시집(竹雨社詩集)』 시제(詩題) 일람

題	詩題目錄 (총 106수)	著者 및 篇首 (괄호 안은 편수)
1	龍門耆會 (11수)	啓好(3), 芝園(2), 皓隣(2), 林下(2), 坐隱(2).
2	自龍塾耆會移席素履亭 (43수)	林下(7), 芝園(7), 皓隣(7), 坐隱(7), 啓好(7), 大彦(7), 而悅(1).
3	湘靈鼓瑟六韻和錢起 (5수)	林下(1), 皓隣(1), 芝園(1), 啓好(1), 坐隱(1).
4	河梁別蘇武六韻 (5수)	林下(1), 皓隣(1), 芝園(1), 坐隱(1), 啓好(1).
5	罷歸途中口號 (3수)	芝園(1), 皓隣(1), 林下(1).
6	鳳下社會擬古別離 (5수)	林翁(1), 南涯(1), 兢菴(1), 杞痴(1), 桐焦(1).
7	林下社飮聯句賦老龍壇歌 (1수-15聯)	兢齋(3), 南涯(3), 皓隣(3), 林翁(3), 芝園(3).
8	皓隣宅社飮賦競渡歌 (4수)	芝園(1), 林下(1), 兢齋(1), 南涯(1).
9	芝園宅讌賦六言 (18수)	林下(3), 皓隣(3), 兢齋(3), 芝園(3), 南涯(3), 舜三(3).
10	愚山喪後社事曠月廢盖春不忭之義也. 白下黃叔璜至話此事泫然拈松坡韻同賦寄社中諸君子 (2수)	芝園(1), 白下(1).
11	適小會林下相對悲吒而已　詩到聊思同率爾抃和 (4수)	皓隣(1), 林下(1), 兢齋(1), 南涯(1).
12	送芝園學士赴春坊 召命 (4수)	皓隣(1), 林下(1), 兢齋(1), 南涯(1).

64 권태을, 「商山詩社(秋水社 · 竹雨社) 紹介」, 상주문화 7호, 상주문화원, 1998.

13	留別 (1수)	芝園(1).

이 시집의 시들을 보면 이들이 운을 가지고 시를 짓는 작시법과 시의 정서를 알 수 있다. 주로 자연과 동화되어 살아가는 '물아일체(物我一體)의 경지'와 '이별의 정한'을 주제로 하고 있다. 4제인 「하량별소무육운(河梁別蘇武六韻)」은 「하량(河梁)에서 소무(蘇武)를 떠나보내며」에 차운한 것이다.[65] 또한, 10제인 「愚山喪後, 社事曠月廢, 盖春不忤之義也. 白下黃叔璜至話此事, 泫然拈松坡韻同賦, 寄社中諸君子」는 1816년 스승인 정종로의 상사(喪事)로 함께 모였을 때 지은 것으로, 시기는 7월 보름 전후이다. 강세륜이 그해 8월에 춘방(春坊－세자시강원)으로 돌아가게 되고 그들과 이별하고 다시 만날 것을 기약하는 것으로 시를 마무리 짓는다. 1816년 강세륜이 세자시강원의 검토관(檢討官)으로 있었다는 기록이 있다. 이들의 시는 자연과 벗하며 살아가는 기쁨과 이별의 아쉬움을 노래하고 있다.

다음 시는 위 표의 9제 「지원댁만부육언(芝園宅謾賦六言)」(18수)으로 임하(林下), 호린(皓隣), 긍재(兢齋), 지원(芝園), 남애(南涯), 순삼(舜三) 6명이 각각 3수씩 수창한 시이다. 세속을 잊고 자연과 동화된 경지를 느낄 수 있다. 다음은 임하 이경유의 시이다.

花藥欄邊事簡　꽃가루 날리는 난간 가에서 일은 적고
詩書牕外日遲　시서의 창문 밖에 날은 더디네.

65 蘇武는 漢武帝 때 匈奴에 사신으로 갔다가 19년간 억류되어 온갖 고초를 겪고 귀국하였고, 李陵 역시 한 무제 때에 흉노를 정벌하러 갔다가 패하여 결국 흉노의 單于에게 투항한 뒤 그곳에서 20년간 지내다가 병사하였는데, 蘇武가 흉노를 떠나올 때 작별하면서 주고받은 五言詩가 「河梁別」이다. 『漢書』 卷54, 「李廣蘇建傳」.

貧家有酒待客　가난한 집에 술이 있어 객을 기다리고
黃鳥來囀數枝　꾀꼬리가 여러 가지에 앉아 지저귀고 있네.(林下)

자연과 벗하며 한가로이 벗을 기다리는 차분한 정경을 묘사하였고, 지(遲)과 지(枝)의 운자(韻字)를 사용하였다. 이 시에 이어 같은 운으로 화답한 강세백의 시다.

榴花細雨稍稍　석류꽃 피는 계절에 가는 비는 내리고
竹林嘉客遲遲　죽림의 좋은 객은 느릿느릿하네.
廚婢供進白飯　부엌의 여종은 백반을 들이고
樵僮曬乾青枝　나무해 온 아이 종은 푸른 가지를 쬐어 말리네.(皓隣)

기(起)구의 '유화(榴花)'는 음력 5월을 달리 부르는 말로, 석류꽃이 피는 유화월(榴花月)의 줄임말이다. 기(起), 승(承)구가 대립을 이루고 있으며 첩어의 사용으로 비가 내리는 모습과 자연에서 느리게 살아가는 모습을 형상하였다. 전(轉), 결(結)구에서도 밥 짓는 여종과 나무하는 하인의 모습이 자연과 동화된 경지를 이루고 있다. 다음은 이이순(李頤淳)의 화답이다.

背郭數家窈窕　뒷마을 여러 집이 조용하고
前山一路委遲　앞산의 한 길은 구불구불
主人有酒有客　주인은 술도 있고 객도 있으니
繫馬庭邊柳枝　마당 가 버드나무 가지에 말을 매었네.(兢齋)

산 옆에 굽이굽이 길을 지나 조용한 마을에 사는 벗을 찾은 객의 모습을 형용하였다. 주인집에 도착하니 술도 있고, 친구도 있고 버드나무 가지에 말을 매고 있는 한가로운 풍경을 노래하였다.

樹間蟬彩未已　나무 사이에 매미 소리 그치지 않고
林下驢來不遲　임하가 나귀 타고 늦지 않았네.
彩花牋上墨露　예쁜 꽃 편지위에 글씨를 쓰니
古槐筒中筆枝　오래된 회화나무 통 안에는 붓이 들어 있네.(芝園)

지원의 집에서 시사가 있어 모이기로 한 날, 문우(文友)들을 기다리는 모습이다. 승(承)구에 임하(林下)는 이경유를 가리키는 것인데, 수풀 아래라는 뜻으로 새겨도 가능하여 중의적으로 볼 수 있다. 전(轉), 결(結)구는 지필연묵(紙筆硯墨)이 갖추어져 있는 서가의 모습을 읊었다. 이들의 시는 평담한 시어로 한가로운 한낮의 정경과 자연을 노래하였다.

죽우사의 활동 시기는 강세륜이 1821년 종성부사로 가기 전인 1820년까지의 기간으로 보며 이후 시사의 모임이 점차 소진되었다. 1821년 이경유가 죽고 1824년에는 강세백마저 세상을 떠나게 된 것이 가장 큰 이유였으며 1828년 강세륜과 강세백의 아들 강장흠이 주축이 되어 열운사로 다시 결사(結社)하기까지 한동안 시사의 활동은 뜸하게 되었다.

4. 열운사悅雲社와 『낙유첩洛遊帖』, 선유문학船遊文學의 시맥

강세륜은 상주로 돌아온 이후 그의 만년기에 다시 강세백의 아들이지 조카인 강장흠(姜長欽) 등과 함께 상산시사를 유지하기 위해 '열운사(悅雲社)'라는 이름으로 시사를 재결성한다. 다음 글은 강세륜이 북관으로 갈 때 이경유가 보낸 것으로, 시사를 재결성하게 된 동기와 바람이 편지 속에 복선처럼 깔려있다.

> 공의 자급이 오르자 고향에서 기뻐하지 않는 사람이 없는데 하물며 나는 두말할 나위 없겠지! 또 하물며 성상께서 마음에 두고 선발하셨으니, 영화와 은혜가 지극하여 빛나는 영광을 들은 것에 있어서겠는가! 공은 반드시 충성을 다해 북쪽백성들에게 보답하기를 바란다네. 다만 쇠약한 노년에 고향과 나라를 떠나 2천리 밖에서 고을살이를 하게 되었으니 마음에 견디기 어려운 점이 있을 것이라네. 그러나 이미 매인 바가 있으니 무슨 말을 하겠는가. 개인적으로 돌아보니, 나(이경유)와 백씨(강세백)는 모두 많이 늙고 질병이 침범하는 몸이니, 공이 정사를 마치고 돌아오면 다시 어울려서 멀리 추수사(秋水社)와 죽우사(竹雨社)의 모임에 노닐기를 옛날처럼 할 수 있을까. 이는 참으로 반드시 할 수 있는 것도 아니지만, 또한 반드시 못할 것도 없겠지. 오직 원컨대 나라를 위해 스스로 아끼고 많이 드시도록 노력하시게.[66]

66 李敬儒, 『林下遺稿』 卷9, 「與姜文學」, "令之陞資, 鄕鄰靡不悅喜, 況不佞乎! 又況簡在聖心, 榮恩極至 傳聞光輝, 令必竭忠, 有以圖報北民, 庶幾矣. 但以衰晩之年, 離鄕去國, 爲吏於二千里之外, 懷有不能忍者, 然旣有所縻焉, 何可言. 私顧吾與伯氏, 俱是大耋, 疾病相侵, 其能及見, 令之政成而歸, 復得追隨遠遊於秋水竹雨之社, 如曩日者乎, 是固不可以必也, 亦不可以不必也, 唯願爲國自愛努力加餐."

북관에서의 관직생활을 염려한 것이지만 뒷부분에는 이제 나이가 들어 다시 추수사와 죽우사에서 함께하던 모임을 할 수 없을지도 모른다는 것을 예감하며 아쉬움을 토로하고 있다. 그러나 차후 그 모임이 다시 결성되는 것은 쉽지 않지만 못할 것도 없다는 희망과 바람이 담겨있다. 이경유는 강세륜이 북관에 있던 때에 생을 마감하였다. 강세륜은 이 글을 보고 지음이었던 이경유와 형님 강세백과의 교유를 추억하며 시사의 모임을 지속해야겠다고 마음속에 다짐하였다.

회원은 8명으로 긍재(兢齋) 이이순(李頤淳), 남애(南厓) 강봉흠(姜鳳欽), 간와(艮窩)[67] 순삼(舜三) 강용흠(姜龍欽), 강장흠(姜長欽), 강철흠(姜哲欽), 유회(幼淮) 강굉흠(姜肱欽),[68] 희대(希大) 조덕(趙扌悳)[69]이다. 강철흠은 강세은(姜世誾)의 아들이며, 강용흠, 강굉흠, 조덕이 새롭게 추가되었다.

---

67 세보에는 姜龍欽의 號가 良窩로, 문집과 『白下集』 卷2, 「江行聯句」에는 艮窩로 나온다. 세보가 오류인 듯하다. "布褐栖遲已白頭 百年吾道付滄洲 芝園(강세륜), 皇王帝伯陶鎔遠 山澤煙霞寢夢悠 白下(황번로), 黃綺園中無俗輩 朱陳村裏喚朋儔 穉仁(강장흠), 泉聲岳色奚囊滿 玉佩瓊徽逸響流 艮窩(강용흠), 牙頬淸香違蕙席 淵源佳約敗薪憂 江皐(유심춘), 多情尺素來紅鯉 無限煙波證白鷗 幼淮(강굉흠), 巖徑云開蔣詡竹 剡溪又送子猷舟 希大(조덕), 三庚暑氣驅朱夏 千里澄光接素秋 穉養(이이순)."

68 姜肱欽(1772~?)의 字는 幼淮(유준), 父는 姜世濟, 순조 22년(1822) 壬午 式年試 진사3등. 그의 字는 유준(幼淮)인데, 『芝園集』에는 유회(幼淮)로 나오며, 『白下先生文集』 卷2, 「姜幼淮肱欽穉養適訪山棲」에도 유회로 나온다. 『白下先生文集』 卷2, 「江行聯句」에는 유준으로 썼다.

69 趙扌悳(1773~1851)의 字는 希大, 號는 致齋, 本貫 豐壤, 尙州에 거주하였다. 순조 1년(1801) 신유 식년시 병과 17위로 급제하여, 지평·정언·헌납·梁山군수 등을 역임하였다. 父는 趙濯洙이다.

> 우리 형과 임옹이 돌아가신 이후로부터 시사의 일이 적료한 지 오래되었다. 옛날 시사의 친구를 돌아보니 나와 긍애(-긍재 이이순, 남애 강봉흠, 필자 주) 두 사람이 간록에 거하며 날을 정해 한 두 번 만났는데, 만날 때 또한 소리 없이 시 지을 뜻이 없고 좋은 경치로 소일거리도 없어, 드디어 거듭 시사를 다스릴 것을 약속하였다. 조카 간와 순삼(-姜龍欽)과 또한 당시에 연자인 강장흠, 강철흠 두 조카도 새로 금강산으로부터 돌아와서 오래도록 시격을 얻었었다. 같은 마을의 조카 유회(-강평흠), 시내 건너 사는 친구 희대 조덕 또한 더불어 시를 논할만 하여 함께 시사를 참여할 것을 맹서하였다. 시사의 회원 8인은 신구(新舊)로 반반이었으며 시사의 이름을 '열운사'라 하였다. 규칙을 정하기를 한 달에 2, 3회 모이고 모일 때는 한 두 그릇 정도를 준비하여 고인들이 모이기를 자주하며 예를 부지런히 하여, 물질은 없지만 정은 후한 뜻을 잃지 않기도 하였다. 맹약을 마치고 슬픈 생각이 이어져서 먼저 고시 일장(一章)을 지어 받들어 화답을 구하였다.[70]

위 인용문은 1828년의 글로 열운사를 재결성하게 된 동기와 회원, 시사의 운용 형태 등을 언급하였다. 첫 문장에서 알 수 있듯이 형 강세백과 이경유가 돌아간 이후 모임은 자연스레 뜸해졌고, 그 전통을 잇기 위해 드디어 새로운 이름으로 모임을 재결성하였다. "당시에 연자인 강장흠, 강철흠 두 조카가 새로 금강산으로부터 돌아와서 오래도록 시격을 얻었었다."라고 한 것은 시사를 결정하기 바로 전 강장흠

70 姜世綸, 『芝園集』 卷9, 「將重理社事簡寄約中諸君子」, "自吾伯氏暨林翁騎箕, 社事之寂寥久矣. 顧舊日社件, 不佞與兢厓兩君, 在居間麓, 率費月日一再會會, 亦悄然無意緒, 無以消遣餘景, 遂與約重理社事, 艮窩侄舜三, 亦當時與筵者長哲二侄, 新自金剛歸長得詩格, 同里侄幼准, 隔溪友趙希大, 又可與言詩, 幷許參盟, 社員八人, 新舊居其半社名曰: 悅雲社, 規曰: 一月再三會, 會需止一兩器, 毋失古人會數禮勤, 物薄情厚之意, 盟約訖, 綿仰愴慨, 先賦古詩一章, 奉以求和."

이 강철흠과 함께 금강산을 유람하고 『반성첩(半醒帖)』이라는 시축을 지어 백하에게 보낸 일을 말한다.[71] 이 때 강세륜이 강장흠을 불러 열운사를 재결성하는 과정을 찾아볼 수 있어 주목된다. 강세륜은 시회의 전통을 지켜나가는 것의 중요성을 언급하고 강장흠은 과연 자신이 모임을 이어갈 수 있을지 조심스럽고 염려하면서도 시맥의 전통계승에 대한 의미를 새기는 다짐이 들어있는 내용이다.

> 아아! 시사의 모임을 내가 어이 이어가리! 추수사, 죽우사는 모두 나의 부친이 제창하고 명명한 것으로, 바야흐로 그 평상시에 자리를 옮겨가며 승경을 찾고 술동이를 열어 풍류과 문아로 강 주변에서 풍류를 즐겼다. 당시에 문필에 종사하는 선비들이 하나같이 연북[문장이나 시회]을 하지 않는 것을 부끄러워하였다. 나의 숙부가 수주(종성)에서 지방관을 하여 시사의 일이 드디어 해이해지게 되었는데, 임옹이 돌아가시고 나의 부친도 또한 돌아가셔서 시사의 일이 폐하게 된 것이 지금 8년이 되었다. 소매를 걷고 돌아다닌 나머지 조금 먹고 풍수지탄을 느끼며 무자년(戊子年, 1828) 유두절 내가 새로 금강산에서 돌아와 늦은 비가 삼농의 바람을 흠뻑 적시고 섬돌 대나무로 새로 돋은 난초가 날 때, 삼촌이 나를 가르치며 말하기를 "시사가 끝이 나서야 되겠는가? 지난 자취를 잡고 품은 생각을 홍기시키며, 남은 경치를 어루만져서 길게 읍조릴 수 있으니, 시사가 끝나서야 되겠는가? 옛 시사의 회원은 오직 나와 긍재, 남애 몇 명뿐이니

71 黃磻老, 『白下集』 卷5, 「半醒帖序」에 寢郎 稚仁 姜長欽이 금강산을 유람하고 지은 『半醒帖』을 황반로에게 보여주었다. 半醒의 의미가 설명되어 있다. "日, 姜寢郎稚仁, 袖一冊示余曰: '此遊金剛帖也. 以半醒名, 子盍賜一言.', 余欣然受而閱之, 萬二千峯, 便在吾几案間, 而灑然若沃余醉面也. 况稺仁之脚踏, 而目擊焉者, 其盪胸快襟, 豈但眉際氣之勃勃有煙霞色而已哉! 其中必有如寐者之得寤, 醉者之得醒矣. 醒以名帖宜也, 而謂之半何, 抑金剛有內外景, 君不能盡其全, 而秪得其半耶!…(後略)"; 李升培, 『修溪集』 卷6, 「姜稺仁半醒帖序」에서도 『半醒帖』에 대해 알 수 있다.

또한 매우 무료하구다. 너희들이 그것을 시도하면 어떻겠는가?"라고 하였다. 내가 말하기를 "예! 진실로 아름다운 일입니다! 그러나 시사의 모임이 제가 차마 이을 수 있을까요? 술을 부르고 운을 명하여 사모하는 마음과 자연의 풍류를 즐기며 고인의 명구를 잇는 것인데, 시사의 모임을 차마 이을 수 있을까요?"라고 하였다. 삼촌이 그것을 헤아리면서 "아니다, 아니다, 성상이 자주 바뀌었고 경물도 이미 바뀌었지만 뜻을 잇는 것이 그대의 도리이다. 너는 그것을 힘쓸지어다. 우리의 시사는 추수사로부터 죽우사가 되었고, 지금 죽우사로부터 열운사가 되는 것이 옳지 않겠는가?"라고 하니, 내가 "예, 삼가 명을 받겠습니다."라고 하였다.[72]

위의 인용문으로 열운사의 결사취지와 과정을 고스란히 엿볼 수 있다. 위 대화의 시기는 강장흠과 강철흠이 금강산유람을 마치고 돌아온 1828년 유두절이 지난 어느날이었다. 1820년 강세륜이 종성부사로 간 이후 시사의 모임이 뜸해졌고, 이경유, 강세백이 돌아가신 후 모임이 끊긴지가 8년이 된 것이다. 앞선 선배와 뒤따르는 후배 문우들이 합심하여 시사를 온전히 계승하는 상황이 드러난다. 세월이 흘러 시물은 바뀌었지만, 열운사는 강세륜과 강장흠이 직접 결성한

72 姜長欽, 『半醒帖拾遺』, 悅雲社, 「敬次芝園公簡寄約中諸人韻幷序 戊子(1828)」, "嗚乎! 詩社之會, 余忍續諸! 秋水,竹雨, 皆吾先子, 唱而命名者. 方其鎭日移席, 選勝開樽 風流文雅, 迭宕江右, 當時操觚之士, 耻不得一與硏北矣. 自亞庭分憂愁州, 社事遂弛, 而林翁騎箕, 吾先子, 又棄不肖, 社事之廢, 今八年矣. 周旋希韝之餘, 喘徒切風樹之慟, 徒維困敦之流頭節, 不肖新自金剛歸, 晩雨慰滿三農, 砌竹劒拔新芽, 亞庭教不肖曰: '社其可終廢乎? 挹往躅而興懷, 撫餘景而長吁, 社其可終廢乎? 舊社之伴, 惟吾與兢厓數人, 亦甚無聊, 汝輩其企及之.' 小子曰: '唯! 誠美矣哉! 然詩社之會, 不肖忍續諸! 呼尊命韻, 羹墻寓慕, 批風抹月, 謦咳如承, 詩社之會, 其忍續諸!' 亞庭解之曰: '否否, 星霜屢遷, 雲物已改, 繼志子道也. 汝其勉之, 吾之社, 自秋水而爲竹雨, 今自竹雨而爲悅雲, 可乎?' 小子曰: '唯, 謹聞命矣.'"

후에도 시사의 전통을 되도록 고수하였으며 모임횟수는 여전히 한 달에 2~3회 모였다.

처음에는 8명으로 시작되었지만 모임을 거듭하면서 황반로, 이정환[73] 이선기[74]등이 참석하여 회원이 증가한 것으로 보이며, 이들은 주로 죽우사에서 활동하던 회원이거나 그들의 자제들과 친지들이다. 자료들을 통해 모임과 장소 등 활동상의 대략을 표로 재구하였다.

〈표2-5〉 열운사(悅雲社) 시회(詩會) 7회차 일람[『지원집』 권9 참조]

會 次	모임장소	시회의 문학 활동 예시
第一會	吾廬(姜世綸)	당인의 운을 따서 시를 지음[拈唐人韻]
第二會	幼淮宅(姜肱欽)	당인의 운을 따서 시를 지음[拈唐人韻]
第三會	兢齋宅(李頤淳)	두보의 「도의」 시의 운을 따서 지음[次老杜擣衣韻]
第四會	南厓宅(姜鳳欽)	『국포집』의 「지상소집」시에 차운함[謹次菊圃集池上小集韻][75]
第五會	穀城	송나라 진후산(陳師道, 1053~1101)의 운을 따서 지음[拈陳后山韻]
第六會	寢郎家(姜長欽)	두보의 시에 차운함[拈杜韻]
第七會	渾齋宅(姜哲欽)[76]	당인의 운을 따서 시를 지음[拈唐人韻]

73 李正煥(1775~1862)의 字는 季陽, 號는 雪堂, 本貫은 全州, 宗正卿 吏曹參判으로 추증되었다. 姜世綸, 『芝園集』 卷9, 「次李上舍季陽正煥唱酬韻」.

74 李選基(1785~1859)의 字는 孟儀, 號는 三州(洲), 생부는 李殷儒인데, 李挺儒에게 출계하였다.

75 姜樸, 『菊圃集』 卷5, 「池上小集」, "庭南稺柳長如人, 晴鳥枝枝送語頻. 春日與君池上酌, 梅花詩後境還新. 〈其2〉 鳴毫詞客集幽居, 窓外晴池照醉書. 車馬西橋無數過, 席門斜日意何如. 〈其3〉 社會東西取次成, 小池暄鳥亦春聲. 寒泉留着殘梅在, 來日餘花眼更明."

76 姜世綸의 문집에는 第七會가 上舍家로 나오나 『半醒帖拾遺』에 의거해 姜哲欽의 집으로 고쳤다.

첫모임은 열운사를 결성한 강세륜의 집에서 있었다. 두 번째는 유회댁(幼淮宅－姜肱欽집)에서, 세 번째는 긍재댁(兢齋宅－李頤淳집), 네 번째는 남애댁(南厓宅－姜鳳欽집), 이런 식으로 돌아가며 모임을 가졌다.[77] 모일 때마다 '용문소회(龍門小會)', '계정소회(溪亭小會)', '경재기회(景齋耆會)'처럼 앞에는 모이는 장소를, 뒤에는 '○○小會'라는 소모임 형식의 이름을 붙였다. 또한, 만난 날은 주로 원일(元日), 단오(端午), 중구일(重九日), 중추일(仲秋日), 동지(冬至), 납일(臘日), 제야(除夜) 등에 이루어졌고, 간혹 밤을 새기도 하였으므로 약간의 음식과 술을 간단하게나마 준비하여 서로 돌아가며 집에서 모이거나 배를 띄워 밤새워 시를 짓기도 하였다. 7월 보름날 밤에는 낙동강에서 범주시회(泛舟詩會)를 했으며 강장흠과 강철흠이 함께하였다.[78] 시간이 흘러 시사의 이름과 회원은 바뀌었으나 이들이 시회를 운영하는 방식과 형태는 변함이 없었음을 알 수 있다.

시를 지을 때는 주로 당시나 선인들의 시에 차운하여 시를 수창하였다. 형식은 "…차(次)…운(韻)"의 형태로, 두보나 이백, 왕창령 등 당시를 전범으로 하거나, 『국포집』을 통해 운을 정해 다시 짓기 하는 수창시가 가장 많았다. 열운시사에서 차운한 주된 시로는 두보, 이백의 시와 이현석(李玄錫, 1647～1703)의 『유재집(游齋集)』, 자신(子愼) 정지승(鄭之升, 1550～1589), 동파(東坡)의 매시(梅詩), 서거정(徐居正)

77 姜世綸,『芝園集』卷9,「吾廬第一會拈唐人韻」,「幼准宅第二會拈唐人韻」,「兢齋宅第三會次老杜擣衣韻」,「南厓宅第四會謹次菊圃集池上小集韻」,「穀城第五會拈陳后山韻」,「寢郎家第六會拈杜韻」,「上舍家第七會德祖病不能來寄哲姪三絶遂次其韻」.

78 姜世綸,『芝園集』卷9,「七月之望, 約江皐白下, 及鄕裏諸益, 會洛嵒書院, 夜泛舟前江, 長哲二侄從焉」.

의 시, 신광수(申光洙)의 「석북유초(石北遺草)」, 유경환(兪鏡煥)의 「남유시축(南遊詩軸)」 등이었다. 특히 국포의 시를 많이 차운하였는데 이 역시 시사의 문학적 경향이 강박의 고시(古詩)를 학시의 기본으로 삼았던 전통과 앞선 추수사, 죽우사의 방식을 유지 고수한 것이다. 아래 시는 강세륜이 열운시사에서 지은 고시의 일부이다.

池荷老秋水　연못의 연꽃은 가을 물에 오래되고
砌竹鳴寒雨　섬돌의 대나무는 차가운 빗소리에 울리네.
引領起遐想　고개를 들어 먼 생각을 불러일으키니
邈焉山河暮　아득히 산하는 저물어가네.
時物攪我懷　시절의 경물은 내 생각을 어지럽히니
人事異今古　사람의 일은 예와 지금이 다르다네.
宿昔奉光惠　지난날 영광스러운 은혜 내려주시어
長楸策駑步　긴 가래나무 사이로 노둔한 걸음 채찍질하여
的歷城南宅　성 남쪽의 집을 찾아보았고
委遲郭北路　성곽 북쪽 길을 천천히 둘러보았네.(후략)[79]

첫 구의 '지(池)'는 그들이 모였던 이향정에서 바라본 연못을 말하고 '추수(秋水)'는 '가을 물'이라는 뜻이자 시사의 첫 형태인 추수사(秋水社)를 상징한다. 2구는 대나무와 비를 사용하여 죽우사(竹雨社)를 빗댄 것으로 보이며, 내리는 비가 대나무에 닿아 울리는 대빗소리로 그들의 이름을 지은듯하다. 함께 시를 짓고 성남, 성북쪽으로 다니며 모였던 것이 시물(時物)과 인사(人事)의 변함으로 무상함을 말하였고, 이제는 지팡이에 의지할 만큼 나이가 들어 세월이 흘렀음을 아쉬워하

79 姜世綸, 『芝園集』 卷9, 「將重理社事簡寄約中諸君子」.

였다. 연못, 연꽃, 가을 물, 섬돌, 대나무, 차가운 빗소리, 산하, 경물, 가래나무 등 자연물의 시어를 많이 사용하였다.

한편, 열운사의 회원은 반은 원 시사의 회원, 반은 새로운 그 자제들로 이루어져 19세기 중반 이후까지 그 명맥을 유지한 것으로 보이는데, 특히 1828년 열운사를 재결성한 강세륜은 1842년 생을 마감할 때까지 10여년이 넘도록 후진들이 시사를 이을 수 있도록 노력한 것이 눈에 띈다. 1832년 낙강에서의 선유시사(船遊詩社)가 그 대표적인데, 그날의 시사로 남은 『낙유첩(洛遊帖)』(一洛江船遊詩帖)은 창석(蒼石)의 창작태도를 따른 강고(江皐) 유심춘의 아들 낙파(洛坡) 유후조(柳厚祚)와 유효조(柳孝祚) 형제의 주선으로 탄생한 시첩(詩帖)이다.[80]

이 시축에는 직접 배를 타지는 않았지만 창화하여 차운한 지원과 과암 등 이전세대의 차운시도 함께 수록되어 있어 시사의 연속성을 말해준다. 끝부분 잡영(雜詠) 5수(一侵・靑・先・歌・庚韻)에 차운한 강세륜의 「차소배동강시축잡영운(次少輩東江詩軸雜詠韻)」(1832) 5수가 남아있는데, 제목의 젊은 무리들[少輩]이란 바로 이날 참석한 15명을 말하며 시 제목의 '동강시축(東江詩軸)'은 바로 『낙유첩』을 말하는 것으로 보인다. 강세륜이 『낙유첩』에 남긴 차운시들을 통해 알 수 있다.

江花開已落　　강가에 핀 꽃이 피고 또 지니
江柳欲繁陰　　강 버들이 번성하여 그늘이 짙네.

80 『洛遊帖』은 1832년 4월 16일 상주 경천대에서 관수루에 이르는 구간을 뱃놀이한 그림과 시가 담긴 두루마리 詩帖이다. 서문은 姜性欽과 柳疇睦이 쓴 2편이 있다. 이날의 船遊는 상주지역 시사의 전통계승과 관련한 의의가 있다. 200년 간 愚川世家(柳昌夏)에서 보존해오다 2020년 상주박물관에서 번역본을 출간했다.

舩頭感逝木　　뱃머리에서 흘러가는 강물을 아쉬워하는 건
杳杳千古心　　아득한 천고의 마음이라네.[81]

1구의 화개(花開), 화락(花落)은 자신들의 시사를 꽃이 피고 지는 자연의 섭리에 비유한 것이며, 이미 떠난 시우들을 이어 그들의 후손들이 다시금 낙강에서 선유하는 것을 번성한 강 버들에 비유하였다. 낙동강에서 보는 계절의 변화와 자연물을 인생에 비유하고 흐르는 물처럼 흐르는 삶의 변화를 노래하였다.

다음은 『낙유첩』의 서문을 쓴 강성흠[82]의 언급이다.

> (전략)…지난 시절은 말할 것도 없고 징사인 강고 유심춘과 우리 지원 종숙 같은 분이 한번이 아니라 여러 번 유람하여 시를 남겨 강 주변을 빛냈는데, 당시 나는 아버님[-강세은, 필자주]의 병환 중이라 참으로 내심 부러워하면서도 감히 따라가지 못했다. 그러다가 올해(1832) 사월 기망에 동지들을 모아 달밤에 뱃놀이를 하였는데, 자천대에서부터 도남사, 퇴치암, 봉황성을 거쳐 관수루에 이르기까지 5,6십리를 배를 저었다. 달밤에 시를 읊으며 유감없이 홍겹게 웃고 즐기며 밤에서 낮까지 이어져 선배에 대하여 뿐 아니라 옛날보다 도리어 더 멋졌으니 적벽에서 뱃놀이 한 소식도 쉽지 않았을 일일 듯하다…(후략).[83]

81 姜世綸, 『芝園集』 卷9, 「次少輩東江詩軸雜詠韻」(1832).

82 姜性欽(1805~1864)의 字는 受天, 號는 曠士, 과암 강세은의 아들로 『洛遊帖』의 序文을 썼다.

83 『洛遊帖』, 序文 "(前略)…勿言往時, 如江皐柳徵士, 吾芝園從叔, 嘗屢遊不一遊, 咳睡任沫, 焜燿江表, 時余以家君在疚, 固心艶而不敢從. 迺於今年四月旣望, 集同志爲泛月, 舟自自天臺, 歷道南祠退致巖鳳凰城, 至觀水樓五六十里, 賦月中事, 無遺酬酣嬉笑, 夜以繼晝, 不惟於先輩, 反復勝之於古, 恐亦未易眉山之於赤壁…(後略)."(姜性欽)

밑줄 친 부분은 선유시회(船遊詩會)의 오래된 전통이 이어오고 있었음을 말해준다. 뒷부분에 이날 배에 탄 시반(詩伴)들의 이름을 모두 적었는데, 이 명단을 통해 이들의 이날 모임은 그들의 부모와 선조, 스승들의 시회를 답습하여 그 전통을 잇고 있음이 뚜렷이 보인다. 강성흠의 서문에는 이날 선유자의 명단이 15명인데 실제로 시를 쓴 사람은 16인이다. 다음과 같다.

〈표2-6〉 1832년 선유시회(船遊詩會) 주유자(舟遊者) 명단

성명	생몰	자	호 별호	가계와 특이사항
1. 李建基	1785~1849	叔聞	玄門	생부는 李挺儒, 李行儒에게 출계
2. 李鉉龍	1794~1877後	英士		李正煥의 아들, 秉溦으로 개명
3. 姜選永	1797~1858	棣而		姜哲欽의 아들
4. 柳厚祚	1798~1857	載可	洛坡 嶺梅	柳尋春의 아들, 1866년 우의정
5. 柳孝祚	1798~1857	忠可		柳尋春의 아들, 柳厚祚의 쌍둥이 동생
6. 李邁基	1800~1855	子明		李敬儒의 아들
7. 姜胥永	1803~1877	啓宇		
8. 姜性欽	1805~1864	受天	曠士	姜世誾의 아들
9. 姜建永	1806~1852	錫民		姜哲欽의 아들
10. 李敦九	1808~1861	敍可		李建基의 2남, 형 李敍九는 姜長欽의 사위
11. 姜逴永	1809~1834	萬超		姜選永의 종제
12. 姜述永	1810~1871	孝事		姜哲欽의 아들
13. 李亨基	1812~ ?	季行		본관 전주, 강성흠의 표종질
14. 柳周睦	1813~1872	叔斌	溪堂	柳周睦은 柳疇睦의 別名, 柳厚祚의 子
15. 姜　稷	1816~1859	芸甫	典菴	姜胄永의 아들
缺. 姜始永	1797~1873	可初	素菴	姜必恭의 증손, 姜大欽의 子, 姜秀永의 弟

위의 15인의 명단을 보면 대체로 죽우사 회원의 자제이거나 친족으로 구성되어 있음을 알 수 있으며, 이들이 열운사 시사처럼 시를 짓고 수창하는 형태를 이어가고 있었음을 알 수 있다. 일례로 이건기(李建基)는 식산(息山)의 현손이자 강재(剛齋) 이승연(李承延)의 손자이며, 강선영(姜選永)은 강필악(姜必岳)의 2남 강세위(姜世緯)의 손자이자 강철흠(姜哲欽)의 아들이다. 강직(姜稷)은 국포(菊圃)의 5세손이다. 다음은 차운자의 명단이다.

〈표2-7〉 1832년 선유시회(船遊詩會) 차운자(次韻者) 명단 (생년 순)

성명	생몰	자	호, 별호	가계와 특이사항
1. 姜世綸	1761~1842	文擧	芝園, 芝圃, 桐焦	姜必岳의 3男
2. 姜長欽	1770~1834	稚仁	半醒	姜世白의 장남
3. 李正煥	1775~1862	季陽	雪堂, 敬隱	
4. 姜哲欽	1778~1856	穉養	渾齋	姜世緯(鋼筆악의 2남, 출계)의 아들
5. 姜世誾	1780~1835	啓好	過庵	姜必章의 3男
6. 李選基	1785~1859	孟儀	三州(三洲)	생부: 李殷儒, 李挺儒에게 출계
7. 姜秀永	1793~1852	能仁	秋灘	姜必恭의 증손, 姜大欽의 아들
8. 姜冑永	1794~1861	用華	耳山	姜長欽의 장자
9. 姜藎永	?			

이들은 선유자들의 시를 이어받아 차운시를 지었으며, 『낙유첩』에 시가 함께 실려 있다. 이듬해 1833년에는 용문소회(龍門小會)[84]의 기록과 지속된 이들은 시를 통해 강세륜 사후 1842년 이후에도 이들의 모임은 지속되었을 것으로 생각된다. 황반로의 「강행연구(江行聯句)」

84 姜世綸, 『芝園集』 卷9, 「龍門小會, 拈唐人韻, 癸巳(1833)」.

에도 강세륜, 황반로, 강장흠, 강용흠, 유심춘, 강굉흠, 조덕, 이이순 8명의 작가가 수창한 연작시가 있는데, 죽우속사와 열운사 활동시기 즈음의 시로 보인다.

"소박한 옷 입고 한가로이 지내다 이미 흰 머리 되었고, 백 년 동안 우리의 도를 창주에 부치네.[布褐栖遲已白頭, 百年吾道付滄洲(芝園 姜世綸)]"에서 그 시사의 오랜 전통을 알 수 있다. 이어지는 시에서는 "샘물 소리 산악의 빛에 시 주머니 가득하고, 옥패 경휘 아득한 울림 흐르네.[泉聲岳色奚囊滿, 玉佩瓊徽逸響流(艮窩 姜龍欽)]"라고 하여 그들이 자연을 벗 삼아 풍성하게 시 짓던 시회를 상상할 수 있다.[85] 요컨대 이들이 계승한 문학작품은 주로 고인의 시에 차운하는 상고적 태도를 기본으로 삼고 있어 당시와 송시, 성현의 시에 차운하였고 특히 국포와 모헌 등 자신들의 선조의 사를 많이 차운하였다. 이들이 차운한 시의 경향은 어떠한지, 이경유의 『창해시안』을 통한 모헌과 국포의 시평을 보자.

> 모헌과 국포는 동시대 사람으로 서로를 추대하였다. 모헌의 시가 온자(蘊藉)하고 유아(幽雅)함에는 국포에게 미치지 못하나, 신채(神彩), 삽상(颯爽)한 점에서는 국포에 지남이 있다. 저 '시 짓느라 파리함은 내 모습과 같고, 병으로 한열(寒熱)은 인정을 짓네.'나 '바람 부니 서남 숲 삽삽히 우는데, 달 오르니 상하촌이 요요하네.'라 한 것은 시어가 극히 기발하고 뛰어났다. 저 '단풍 짙고 가을 깊으니 몸까지 변하려 하네.'라 한 구는 반드시 신귀(神鬼)가 부호(扶護)한 것이라 할 만하다. 그 아들 경현옹 역시 시에 능하여 이름이 났는데 그가 산사를 지은 일련에 '온갖 나무 높고 낮아 뭇 새가 평온하고 한 등불 명멸하는데 몇 중이 천심을 재네.'라 하였

85 黃磻老, 『白下集』 卷2, 「江行聯句」에 8인의 聯句로 구성된 唱酬詩 중 일부이다.

으니, 내가 아주 좋아하는 것이다."[86]

위의 인용문은 모헌 강필신과 국포 강박, 경현재 강세진의 시구를 들어 이를 평론한 것이다. 국포시의 특징으로 온자(蘊藉)하고 유아(幽雅)함을, 모헌시의 특징으로 신채(神彩), 삽상(颯爽)함을 들었다. 이들은 시사를 통해 작게는 시를 짓고 음식을 나누며 우의를 다지고 풍류를 즐겼지만 크게는 식산 이만부의 문집을 교수하기도 하였으며, 강필신의 『모헌집』과 강세진의 『경현재집』이 강세륜과 정상리에 의해 시사를 통해 간행되기도 했다.[87] 요컨대 낙강의 문학적 전통은 100여 년을 이어왔다해도 과언이 아니며, 구체적으로는 추수사→죽우사→열운사로 이름을 바꾸며 60년간 지음관계였던 모헌과 국포의 백련 시단에서 결집된 문학적 동인관계가 대를 이어 계승되었다고 할 수 있다. 이는 남인문단의 문학적 전통이 드물게 대를 이어 지켜나간 시단의 한 형태라는 중요한 의미가 있다.

한편 열운사가 모일 때마다 '용문소회(龍門小會)', '계정소회(溪亭小會)', '경재기회(景齋耆會)'라는 이름을 붙였는데, 당시 이이순은 관직

---

86 李敬儒, 『滄海詩眼』, "慕軒與菊圃, 同時互相推許, 其詩 蘊藉幽雅, 不及菊圃, 神彩颯爽, 殆過之. 如詩得瘦淸同我貌, 病將寒熱作人情, 風來颯颯西南樹, '月上遙遙上下村'等語, 極奇邁. 如'楓老秋陰欲化身'之句, 必有神鬼扶護之者矣. 其子警絃翁, 亦有能詩名, 其山寺作一聯, 萬木高低群鳥穩, 一燈明滅數淺深, 余所酷愛."

87 姜必愼, 『慕軒集』, 「慕軒集序」, "公之胤子上舍警弦齋公, 有隱德高標, 亦以文詞繼家, 緖之兩世遺集並若干卷, 我伯氏皓隣公之所删正也. 小子與公之孫鳳欽, 鳩若干財謀繡木, 而壽其傳事未就, 而鳳欽歸泉下 鄭斯文象履弦翁宅相也慨然擔其事與吾族孫胤永繼而拮据, 有年今則可爲以役矣. 遂與鄭君相對讎校釐, 爲慕軒集三冊, 弦齋集二冊…六年庚子(憲宗6年, 1840), 端陽節族, 姪原任兵部左侍郎世綸謹序."

을 그만둔 뒤 1811년 58세에 집 뒤의 시냇가에 두 칸 모옥(茅屋)을 지어 편명을 '후계서당(後溪書堂)'이라 하고, 실(室)에는 '긍재(兢齋)'라고 이름 지은 뒤 그곳에서 예서(禮書)와 경서(經書)를 독실하게 공부하였다. '긍재'라는 호는 여기서 연유한 것이며, 1831년 78세에는 청량산(淸凉山)에 정사(精舍)를 지었다. 청량산은 퇴계가 왕래하고 쉬던 발자취가 있었기에 선배들이 정사를 짓고자 했지만 미처 실천에 옮기지 못한 일이었다.[88] 이 정사의 상량문은 1832년 강세륜이 지었으며[89] 위의 긍재댁은 둘 중 한 곳으로 보인다.

이처럼 상주지역 남인들이 형성한 추수사, 죽우사, 열운사는 18~19세기의 지방의 시사의 모범과 향촌사회의 시모임의 전형을 보여주고 있다. 또한, 국포와 모헌, 식산의 자손들이 이어온 시사라는 점에서 그 의의가 적지 않다. 이들의 시사는 학문 연구와 시 짓기가 주목적이었지만 성리학의 실천으로 효제충신을 덕목으로 하였으며 서로의 희로애락을 함께하였다. 즉석에서 시를 짓고 품평까지 하게 되는 창작과 비평이 함께 존재하는 자리였으며, 고문의 격식을 따르지만 철저히 개인의 창작물인 문학형태를 탄생시켰다. 시사활동을 통해 앞선 문인들과 고문(古文)의 전범을 따랐지만 고향의 누정이나 자연물에 그들의 사상을 함축시켰으며 사실적 묘사와 진실된 표현으로 그들만의 개성을 드러내었다.

또한, 이들이 주목한 자연과 향토인식은 시세계와 연결되어 있는데, 이들이 주로 모인 장소였던 소리정(素履亭)의 팔경(八景)이 있었다. 웅

88 崔松熙, 「後溪 李頤淳의 漢詩 硏究」, 경상대학교 교육대학원 석사학위논문, 2005, 9~11면.

89 姜世綸, 『芝園集』 卷14, 「淸凉精舍上樑文」.

산만하(熊山晩霞), 이수야뢰(伊水夜瀨), 영헌장송(暎軒長松), 협안고류(挾岸古柳), 도지척촉(倒池躑躅), 출수부용(出水芙蓉), 평교농창(平郊農唱), 전로상가(前路商歌)의 여덟 곳의 승경으로 이재후(李載厚), 강필신(姜必愼), 김변광(金汴光) 등 여러 문인들이 쓴 것이 남아있다.[90] 또한, 강세륜의 「상산잡영(商山雜詠)」 25수, 「갑장암팔경(甲長菴八景)」, 「경차우복선생우산이십일경운(敬次愚伏先生愚山二十一景韻)」은 그 대표작이다.[91]

강세륜이 젊은 시절부터 많은 시인들과 더불어 상주라는 향촌사회에서 이루어진 결집과 문학 활동은 자연에 대한 관찰과 지역풍토의 관심으로 이어졌으며, 한양에서의 삶 동안에도 경관을 문학의 주요 소재로 삼는 계기로 이어졌다.

90 姜世白, 『晉宗成憲』 卷7, 「素履亭八景」 외에도 「松窩十詠」, 「雜詠十首」 등 향토정서를 담은 시들이 있다.

91 姜世綸, 『芝園集』 卷2, 「商山雜詠」 25首; 『芝園集』 卷4, 「甲長菴八景」; 『芝園集』 卷1, 「敬次愚伏先生愚山二十一景韻」.

제3부

한양

「한경잡영漢京雜詠」과 한양의 전도全圖

1. 18세기 한시사와 「한경잡영」의 창작배경

18세기의 한시사(漢詩史)는 시인 층의 다변화와 격식과 규범으로의 탈피, 개성의 추구와 진실한 표현, 사실적 묘사가 두드러지고 시사활동과 창작방법이 변화하는 등 여러 가지 변화가 다각적으로 시도되었다.[1] 활발한 문화적, 경제적 성장과 유흥문화의 발달로 인한 도시적 분위기는 각자의 개성을 추구하려는 것은 물론, 당시에 풍속세태의 다양한 양상이 반영될 수 있게 되었다. 이러한 서울의 도시적 분위기를 형상한 시들이 대거 등장하였다.

18세기 한양을 노래한 작품들 중에 가장 대표적으로는 1792년 정조의 하명에 의해 이덕무(李德懋), 박제가(朴齊家), 이만수(李晩秀) 등이 제작한 「성시전도시(城市全圖詩)」(7언 100운, 1,400자)가 있는데, 조선의 수도 한양의 독특한 문화공간과 사회상, 이미지를 생생하게 보여주는 작품이다. 정조는 말년에 입체적 구도의 도성도를 완성하고 규장각 검서관들에게 시를 짓도록 명하였는데, 13명의 작가가 지은 시가 현재 남아있어 한양의 도시적 분위기를 여실하게 전하고 있다.[2] 한양의 모습을 형상화한 이 작품들은 정조에 의해 수도 한양의 풍경을 전면적으로 해석하는 거창한 문화 사업이 벌어진 것이라 할 수 있다. 「성시전도시」를 위시한 이들 연작시와 장편가사는 한양의 풍속과 도시경관을 더 도드라지게 표현한 특징을 보인다.[3]

---

1 안대회, 『18세기 한국한시사 연구』, 소명출판, 1999.

2 현재까지 城市全圖詩를 썼다고 알려진 작가는 신광하, 박제가, 이만수, 이덕무, 유득공, 김희순, 이희갑, 이집두, 정동간, 서유구, 신택권, 이학규, 신관호 13명이다. 안대회(2009); 박현욱, 「성시전도시로 읽는 18세기 서울—13종 성시전도시 역주—」, 보고사, 2015.

비슷한 시기에 제작된 강이천(姜彛天)의 「한경사(漢京詞)」 106수(7언절구)[4]와 「게우사」의 본신인 「무숙이타령(왈자타령)」이 있으며, 이보다 시기적으로는 늦지만 1844년(헌종10)에 창작된 한산거사의 「한양가(漢陽歌)」가 있다. 「한양가」는 가사체로 주밀(周密) 섬세(纖細)하여 정채(精彩) 생동(生動)한 표현을 보여주는 작품이다. 또한, 인물위주로 한양조 오백년의 역사를 읊은 「한양오백년가(漢陽五百年歌)」가 있는데, 7언 절구로 된 600여 수의 장편이다. 1860년 이후 조선후기 죽지사(竹枝詞)를 마감한 최영년(崔永年)의 「속악유희(俗樂遊戲)」가 있는데, 역시 7언 절구로 된 600여 수로 된 거질의 연작시이다.[5]

이러한 분위기 속에서 1817년경 저술된 강세륜의 「한경잡영(漢京雜詠)」은 시대의 조류와 흐름을 같이하고 있다. 「한경잡영」은 홍의호·강준흠·강세륜이 동일하게 남기고 있는 연작시로, 19세기 초 한양의 40곳의 장소를 선정해 도시의 다양한 모습을 묘사하였다. 이 작품은 한양팔경(漢陽八景)의 맥을 잇고 있지만, 팔경(八景)으로 한정짓기에는 부족한 확장된 도시의 모습을 잡영(雜詠)의 형식으로 표현하여 다양한 공간의 한양의 위모를 그리고 있다. 「성시전도시」나 「한경사」가 보여주는 서민들의 유흥(遊興), 기악(妓樂), 연희(演戲) 등과 유랑민, 무속 등 하층민의 모습까지 다양하게 언급되지는 않았지만, 지리

---

3 안대회, 「새로 찾은 「城市全圖詩」 세 편과 「平壤全圖詩」 한 편」, 『문헌과 해석』 62, 2013, 148~155면; 「城市全圖詩와 18세기 서울의 풍경」, 『고전문학연구』 제35호, 한국고전문학회, 2009.

4 방현아, 『重菴 姜彛天의 漢京詞 硏究－18世紀 서울의 都市的 樣相의 形象化』, 성균관대학교 대학원 석사학위논문, 1993; 「姜彛天과 漢京詞」, 『민족문학사연구』 5, 민족문학사연구소, 1994; 정우봉, 「姜彛天의 『漢京詞』에 대하여 : 18세기 서울의 시적 형상화」, 『한국학보』 20권 2호, 일지사, 1994.

5 방현아(1993), 26~29면 참조.

적으로 유리한 배산임수의 터전 속에서 왕조의 번영과 도읍의 찬양을 근간으로, 승경지 곳곳에 여민동락할 수 있는 도심의 활기를 묘사하여 공간과 장소성에 의미를 더하였다.

이 작품이 18~19세기에 출현한 한양을 노래한 작품들과 대별되는 특징은 첫째, 분명한 창작 동기가 있으며, '팔경시(八景詩)'와 '삼도부(三都賦)'에 그 뿌리를 두고 있다는 것이다. 「성시전도시」가 정조의 하명아래 성시전도(城市全圖)라는 그림을 보고 그린 것이라면, 「한경잡영」은 작자의 개인적 의도와 동기에 의해서 저작된 창작물이다. 남인을 비호했던 정조에 대한 추억을 되살리는 강세륜 개인의 정서가 담겼다는 면에서 좀 더 성정(性情)의 유로(流露)가 두드러진 특징을 가지고 있다. 둘째, 삼각산, 백악산, 목멱산, 한강 등의 장소는 승경(勝景)과 명소(名所) 외에 기우제, 명산대천제(名山大川祭)등 산천에 기양(祈禳)하는 유교적 제향문화와도 깊이 연관되어있다는 특징이 있다.[6]

조선 초부터 서울은 신도(新都)로서 송축의 대상이었으며, 후기에 이르면서 승지(勝地)가 재발견되거나 개발되고, 그곳에서 유상(遊賞)과 문화활동(文化活動)이 활발하게 이루어졌다. 조선 초에는 정도전(鄭道傳)·권근(權近)·권우(權遇)의 「신도팔경(新都八景)」, 월산대군(月山大君)·강희맹(姜希孟)·서거정(徐居正)·이승소(李承召)·성임(成任)의 「한양십영(漢陽十詠)」, 정이오(鄭以吾)의 「남산팔영(南山八詠)」, 권람(權擥)의 「현석강정십영(玄石江亭十詠)」, 이승소(李承召)·강희맹(姜希孟)의 「담담정십이영(淡淡亭十二詠)」, 하륜(河崙)의 「도지형승지곡(都地形勝之曲)」, 성현(成俔)의 「한도십영(漢都十詠)」, 이식

6 姜世綸, 『芝園集』 卷15, 「山川祈禳祭文－三角山, 白嶽山, 木覔山, 漢江」.

(李湜)의 「차달성상공한도십영(次達成相公漢都十詠)」 등 서울을 대상으로 한 제영(題詠)이 많이 나왔다. 기실 이 작품들은 우선적으로 승경을 통해 새 왕조를 송축하려는 의도가 더 강하였다. 이것은 조선후기의 명승 유람시와는 성격이 달랐다.[7] 물론 이러한 '팔경(八景)'과 '한양(漢陽)'의 재발견이 조선에 와서 새로이 등장한 것은 아니다.

본래 팔경시(八景詩)의 기원은 오래전 위진남북조시대 인물인 심약(沈約, 441~513)에서 시작된다. 494년 태수로 있던 절강성 현창루(玄暢樓)에서 「팔영시(八詠詩)」를 지었는데 이것이 이후 소식(蘇軾)의 「건주팔경도시(虔州八景圖詩)」와 송적(宋迪)의 「소상팔경도(瀟湘八景圖)」로 이어졌다. 이를 계기로 동아시아 문예 공간에서 '팔경(八景)'은 문예의 중요한 양식으로 정착되었다. 고려 때부터 중국의 '소상팔경(瀟湘八景)'을 수용하여 이미 이인로(李仁老)와 진화(陳澕) 등이 한시로 포착하고 있으며, 조선조에 와서는 개국부터 조선 후기까지 다양한 방식으로 호출된다. 일본의 경우도 가마쿠라막부[-鎌倉幕府]와 도쿠가와막부[-德川幕府]의 작가들이 다양한 양식으로 이를 문예로 표출하였다.[8] 그런데, 19세기 초부터 왕도의 찬양 외에 승경을 위주로 하는 작품들이 대거 등장한다.

이러한 팔경시의 시맥이 이어지고 있었기 때문에 강세륜 등은 형식적인 면에서 볼 때, 팔경시의 맥을 잇고자 하는 의도가 있었으며 다만 '잡영(雜詠)'의 형식으로 표현한 것이다. 그 이유는 다양한 공간을 자유롭게 묘사하는 데에는 잡영의 형식이 적합하였을 것이기 때문이다.

---

7 심경호(1998), 전게논문, 100면.

8 진재교, 「瀟湘八景의 轉變과 서울의 八景詩」, 『고전문학연구』 56권, 한국고전문학회, 2019, 166~167면.

팔경시(八景詩)·십경시(十景詩)·구곡가(九曲歌)·사시사(四時詞) 등으로 형성된 초기의 경관(景觀) 공식화(公式化)가 후기로 오며 자유로운 형태를 추구한다. 본래 경승을 수(數)로 세어 드는 일은 한위(漢魏) 때에 '갈석십경(碣石十景)'까지 소급된다. 이후 당나라 때에 '제연구점(齊烟九點)'이 있고, 북송 때에 '소상팔경(瀟湘八景)', 남송 때에는 '서호십경(西湖十景)', 금원 때에 '연경팔경(燕京八景)'이 있었다.[9] 이보다 훨씬 늘어난 40곳의 장소를 기술한 '잡영(雜詠)'의 형식은 도시의 변화와 함께 작가의 자유로운 개성을 표현하기에 더 설득력을 가진다. 정조와의 추억을 되새기며 감상을 적어내기에는 장편 고시체가 훨씬 적합하였을 것이며, 이는 강세륜의 시작품 중에 장편시가 많다는 특징을 두드러지게 보여준다.

최근 강준흠의 「한경잡영」에 대한 연구가 있었으며, 홍의호, 강준흠, 강세륜의 「한경잡영」을 소개하고 강세륜의 「한경잡영」을 분석한 연구가 있었다.[10] 총 40제의 주제들은 몇 곳을 제외하고는 거의 흡사한데, 강세륜의 「한경잡영」 서두에 이를 저술한 목적과 이유를 명확하게 규정하고 있다.

> 하루는 담녕대감(-洪義浩, 필자주)와 더불어 시를 이야기하다가 내가 "한양8경은 이미 숙종께서 지은 시가 있으니, 참람스러워 감히 따라 잇지 못하겠소. 그대가 만약 잡영으로써 삼도부를 본떠 짓는다면 나도 응당

---

9 심경호, 「국토산하를 노래한 한국한시의 미학적 전통에 대하여」, 『한국한문학연구』 18집, 한국한문학회, 1995, 78면.

10 방현아, 「芝園 姜世綸의 「漢京雜詠」 硏究」, 『한문학보』 41집, 우리한문학회, 2019; 강수진, 「姜浚欽의 「漢京雜詠」에 대하여」, 『한문학보』 41집, 우리한문학회, 2019; 최상근, 「삼명 강준흠의 「한경잡영」 연구-자신의 추억과 세태의 변화를 다룬 시를 중심으로-」, 『韓國漢詩硏究』 27호, 한국한시학회, 2019.

> 따라서 지어 보리다."라 하니, 담녕어르신(-洪義浩, 필자주)께서 시원스레 허락하였다. 몇 날 되지 않아 40수를 지어 큰 두루마리를 이루어 나에게 보여주기에, 드디어 나도 기수(畸愁)를 펴서 제목을 따라 화답하였다.[11]

위 언급은 강세륜과 홍의호의 수창 장면과 「한경잡영」의 뚜렷한 저작동기를 보여준다. 「한경잡영」을 지은 동기는 '한양팔경' 이후 끊어진 시류(詩類)의 맥을 유지해야 한다는 것, 그리고 내용은 「삼도부(三都賦)」의 정신을 담을 것이었다. 유본예(柳本藝)의 『한경지략(漢京識略)』 서(序)에도 "서울 도성(都城)의 사적(事蹟)을 기록한 것은 대개 한(漢)나라의 『삼보황도(三輔黃圖)』와 「양도부(兩京賦)」에서 시작하였다."[12]라고 하여 『삼보황도』와 「양도부」를 기저로 삼았다. 좌사(左思)의 「삼도부」와 반고(班固)의 「양도부」, 장형(張衡)의 「양경부(兩京賦)」등의 서적이 이들의 저서에 일정한 영향력을 미친 것으로 보인다. 홍의호의 『담녕부록(澹寧瓿錄)』에 다음과 같이 기록되었다.

> 지원이 함께 「한경잡영」을 짓자고 약속을 해서 얻은 바를 따라 기록을 했으니 오언, 칠언의 고시와 절구로 40수를 지었다.[13]

---

11 姜世綸, 『芝園集』 卷3, 「漢京雜詠」, "日與澹台言詩, 不佞曰 漢陽八景, 已有肅廟宸章, 僭不敢追賡, 子盍以雜詠倣三都賦賦之, 不佞當躡塵焉. 澹翁犁然而諾, 不日得四十首, 成一大軸投示, 遂撥畸愁, 逐題和之."

12 柳本藝 著, 權泰益 譯, 『漢京識略』, 探求堂, 1980.

13 洪義浩, 『澹寧瓿錄』 卷20, 「芝園, 約與賦漢京雜咏, 隨得隨記, 五七言古詩絶句, 四十首」, 홍의호의 제목은 길지만 편의상 「漢京雜咏」이라 한다. 다른 시들에서도 이런 형식의 제목이 많이 보인다. 형식에 구애되지 않은 긴 제목은 문집에 많이 보인다. 咏과 詠은 통해 쓰나 원문을 살렸다.

홍의호는 이 시를 짓게 된 이유로 강세륜과의 약속을 들었으며, 시의 형식적 특징을 언급하였다. 형식은 오언과 칠언의 고시와 절구를 사용하였다. 홍의호가 1816년 남산 아래 주자동[鑄洞][14]에 있는 이이의 옛집으로 이사했다는 기록이 있어[15] 그곳에서 강세륜, 강준흠과 잦은 왕래를 하며 문학적 교유를 한 것으로 보인다. 초계문신 시절부터의 친분으로 자주 모여 지기(知己)의 기쁨을 느끼기도 하였으며, 두시(杜詩)에 차운하여 함께 글을 짓곤 했다.[16] 홍의호와 강준흠은 공서파(攻西派)로서 천주교에 대해 매우 적대적이었다. 이들처럼 강한 표출이 기록에는 보이지 않지만 강세륜 역시 이들과 정치노선이나 천주교에 대해 같은 입장이었다.

담녕(澹寧)은 강세륜보다 세 살 많고 강준흠보다는 열 살이 많다. 담녕은 16세에 향시에 급제, 23세 사마시에 합격하고, 1784년에 문과에 급제하였다. 강세륜이 급제한 바로 다음해이다. 김인규는 『담녕부록』에 담녕과 교유한 인물로 신위(申緯), 심상규(沈象奎), 김노경(金魯敬), 이헌경(李獻慶), 이지영(李祉永), 이시수(李時秀), 윤동수(尹東壽), 이만수(李晩秀), 김노응(金魯應), 채홍운(蔡弘韻), 이조원(李肇源), 홍

14 중구 남학동, 예장동, 주자동, 충무로2가, 3가, 필동1가에 걸쳐 있던 마을로, 활자를 만들어 책을 찍어 내던 鑄字所가 있어서 '주잣골'이라 하였는데, 한자명은 鑄字洞이며 줄여서 鑄洞이라 하였다.

15 姜浚欽, 『三溟詩集』 6編, 「擔園昨年移去鑄洞石潭相公舊宅 而先尙書貞翼公嘗自號松磵 名其堂曰含翠 偶得眉翁手篆含翠堂三字揭額矣 今其新居有松有磵 遂揭是扁 有紫閣洞府二十詠見示 含翠堂卽其一也 爲記其事 却寄擔園」.

16 姜浚欽, 『三溟詩集』 6編, 「三疊 兼呈澹翁 芝園族叔 世綸時帶司成」 "當世無知己, 輪囷未攄胸. 摠愛先容木, 誰齊後凋松. 二老相逢地, 秋雲宿翠峯. 淸晨扈仙蹕, 何夜直儒宮. 坐若靈峯峙, 情應二澤重. 况復聯床夜, 悲歌及孝宗. 喬陵餘涕淚, 奎府昔遭逢. 誰知華國手, 天地已衰容. 「芝園自澹園至 共賦杜韻 復寄澹翁」, 「寄芝園」, 「疊贈芝園」 등.

희준(洪羲俊), 김조순(金祖淳), 강준흠(姜浚欽), 조종영(趙鐘永), 홍경모(洪敬謨), 조석정(曺錫正) 등 여러 문신들을 들었는데,[17] 유독 강세륜이 빠져있다. 그러나 홍의호의 『담녕부록』에는 지원(芝園)을 언급한 시들이 많고[18] 『지원집』에도 담녕에게 쓴 시들이 많이 남아있는 것으로 보아[19] 그들 간의 깊은 교유는 의심의 여지가 없다. 강세륜은

17 김인규, 『澹寧 洪義浩 「丹邱雜詠」 연구』, 성균관대학교 일반대학원 석사학위논문, 2007, 12~23면.

18 洪義浩, 『澹寧瓿錄』 卷7, 「商山姜正言淸之世白號皓隣有詩社和韻一鉅軸投示者其季芝園文學將還以一律寄謝」, 「送芝園還嶺鄕用休吉韻」, 卷19, 「芝園姜學士文擧來訪在坐拈杜秋興韻共賦」, 卷20, 「芝園來誦遊南山詩二律依韻走次」, 「芝園夕到用杜韻共賦」, 「芝園學士南歸索別語吾輩俱老矣臨岐惜兮軗歲益深而君居雒水上有對床讀經之樂殊今人流神馳艷潦承日一短律兼奉皓隣先生輿居」, 「端陽夕用杜韻復與芝園叙別」, 「芝園在泮直雨中披示二律立伻走次」, 「又次芝園見寄二律」, 「次芝園六言六首」, 「芝園見訪又拈杜韻共賦」, 「芝園在三溟所有酬唱詩軸見寄次五七律各一首以謝之」, 「苦雨簡寄芝園」, 「次芝園古詩十二韻」, 「芝園以古詩六篇見寄各有所屬依韻和之」, 「崔杜令用芝園往復韻見寄古詩十二句走和以謝」, 「芝園夕訪拈杜共賦」, 「芝園到與塘西拈韻」, 「詩成而芝園見差 健陵大祝將進去疊前韻叙懷」, 「芝園從 健寢駿奔還用前寄塘西君字韻六絶句錄寄」, 「芝園示沿途所得詩軸用其五律」, 「喜芝園到共塘西拈杜韻叙別」, 「三溟疊前古詩並寄余與芝園卽和以謝」, 卷21, 「芝園呈拈杜南隣韻轉示三溟」, 「次芝園三溟見寄韻」, 「漫占寄芝園」, 「次芝園三律」, 「拈杜韻與芝園敍別」 卷22, 「芝園姜學士以述思五律見贈和韻却寄」 6首, 卷27, 「商山姜彝仲秉欽袖其翁芝園學士二詩來和韻却寄」, 卷29, 「芝園姜文擧在玉署直中有書言因 宮官漏傳恭聞我 春宮邸…(後略)」 20首, 卷31, 「商山姜彝仲將趨覲鍾城口號贈別盆奉芝園使君」.

19 姜世綸, 『芝園集』 卷1, 「訪半蒼洪孟儒醇浩於澹園洪養仲義浩宅瘠菴李休吉基慶適至拈韻共賦」, 「次澹翁寄來韻示諸友」, 「澹寧洪尙書宅拈老杜秋興韻」, 「仲會澹園宅拈老杜宣政殿退朝韻恭賦志慶」, 「和澹台」, 「次唐人韻簡寄澹園」, 卷2, 「澹寧洪尙書宅拈老社秋興韻」, 「王世子入學陳 賀班退夜與水樓洪學士剛仲會澹園宅拈老社宣政殿退朝韻共賦志慶」, 「和澹台」, 「雨中滯直簡寄澹園」, 「苦雨步社韻寄澹園」, 「六言六首寄澹園」, 「聽蟬有懷寄崔儒瑞廷鎭太社直廬兼傳澹翁詩」, 「到澹翁宅拈杜韻」, 「轉到伯源所疊前韻寄澹園」, 「到澹園宅得心

홍의호의 고향인 단구(丹邱)를 다녀오기도 하였다.[20] 홍의호가 초계문신 시절부터 뛰어난 문재(文才)를 자랑하였고, 국토와 지리에 대해 관심이 많아 평소에도 연작시를 즐겨 써 「단구이십영(丹邱二十詠)」과 「단구잡영(丹邱雜詠)」 100수와 「청구시지(靑丘詩誌)」 뿐 아니라 국토의 지역을 제목으로 한 무수한 시작품을 썼던 생애를 보면[21] 그가 「한경잡영」 40수를 단숨에 써 내려갔음은 가히 짐작할만하다.

다음으로는 「한경잡영」의 저작연대를 추정하였는데, 이 작품은 1817년경에 지어진 것으로 보인다. 「한경잡영」이 수록되어 있는 『담녕부록』 권20은 홍의호의 나이 60세(1817년)에 쓴 작품들이며, 강세륜의 「한경잡영」 '주교(舟橋)'(36제)에는 "정축년(丁丑年－1817) 2월에 임금께서 일찍 능원에 거둥하시리라 명하셨네. 내가 이 때 책을 싣고 따라갔는데 궁성대로의 새벽녘에 무관의 복장을 입었네. 궁궐에서부터 의장대가 '숭례문'을 휘감아 돌아 남쪽으로 노량나루에 이르니 물결소리 활발하네."[22]라 하여 1817년 화성 행차에 참석하여 건릉(健陵)에 동행한 사실을 근거로 들 수 있다. 화성행차 다음날 강세륜은 정조

字」, 「到澹園宅與塘西拈深字」, 「將赴 健陵享役與澹園叙別疊前韻」, 卷3, 「四疊和澹園」, 「七疊和澹園」, 「十二疊和澹園」, 「次謝澹園惠韻」, 「訪澹園拈詩字」, 「訪澹園拈杜韻」, 「塘西將東還澹園宅拈韻敍別」, 卷4, 「寄澹園兼簡塘西」, 「澹園回甲壽言」, 卷6, 「澹翁自東峽寄詩未及答相逕於洛下步前韻謝之」, 卷7, 「澹翁寄詩出重陽節閱三月至次謝付撥路」, 卷8, 「澹園洪尙書養仲輓」.

20 姜世綸, 『芝園集』 卷1, 「發丹邱行」.

21 김영진, 「澹寧 洪義浩의 燕行에 관한 연구」, 『漢文學論集』 제55집, 근역한문학회, 2020; 김인규, 전게논문; 김동건, 「澹寧 洪義浩의 燕行錄 연구」, 『한국한문학연구』 73호, 한국한문학회, 2019.

22 姜世綸, 『芝園集』 卷3, 「漢京雜詠」 36題, '舟橋', "彊圉赤奮春二月, 我后夙戒陵園蹕. 賤臣于時載書從, 天衢曉日戎裝拂. 圜衙逶迤崇禮門, 南至露梁濤聲活…(後略)."

를 추억하며 그리워하고 홍의호와 부둥켜안고 슬퍼하였다.[23] 초계문신 시절부터 정조의 비호아래 신유박해 이후까지도 이들이 건재할 수 있었던 것은 근본적으로 남인을 배려했던 정조의 은혜로 인한 것이었으며 강세륜은 정조에게 받은 각별한 총애와 보호를 생각하면서 눈물이 앞을 가릴 정도로 감격했다.

강준흠의 경우 「한경잡영」에 대해 이들과 수창한 구체적 언급은 없지만, 강세륜의 「한경잡영」 바로 뒤에 나오는 시가 강준흠과의 차운시이고, 『삼명시집』 6편의 순서로 보아, 늦어도 1818년에는 완성한 것으로 보인다. 최상근도 강준흠의 「한경잡영」 '조양루(朝陽樓)'에 "육례를 내년에 이 궁에서 다시 거행하리니"라는 구절을 들어 효명세자의 가례가 1819년에 있었으니 1818년에 저작한 것으로 추정하였다.[24]

강세륜이 서론에 '한양팔경(漢陽八景)' 이후 끊어진 시맥을 유지해야 한다고 주장한 것은 조선왕실의 팔경문학에 팔경시, 십경시 라는 이름으로 작품이 지속적으로 지어졌기 때문이다.[25] 또한, 삼도부의 정신을 담을 것이라는 분명한 창작 동기는 건국의 정당성과 왕조의 찬양, 태평성대의 구가 등의 내용에 초점을 두고 있다. 「한경잡영」에는 형식과 내용이 건국초의 작품과 많이 달라진 것에 대해 왕조초기에 읊었던 정신을 이어받자는 의도가 있다. 팔경문학에 대해서는 정

23 姜世綸, 『芝園集』 卷2, 「華城」, 「行健陵忌辰祭志感」, 「祭罷曉發馬上口號」; 『芝園集』 卷3, 「再疊」, "昨日拜健陵, 寃鬱塡臆胸. 如何我寧考, 壽不齊喬松. 歸與澹翁泣, 梧雲鎖翠峯."

24 최상근(2019), 전게논문, 108면.

25 안장리, 『조선왕실의 팔경문학』, 세창출판사, 2017. 팔경문학에 대해서는 이 책에 자세한 분석이 되어있다. 또한, 1772년 정조가 지은 「國都八詠」은 '弼雲花柳, 狎鷗泛舟, 三清綠陰, 紫閣觀燈, 清溪看風, 盤池賞蓮, 洗劍水瀑, 通橋霽月' 로 조금 다른데, 이에 대해서는 진재교(2019), 170~173면에 자세하다.

도전의 '신도팔경시'에 대해 한정하여 언급하고자 한다. 정도전이 도성의 모습을 8경으로 나타낸 것은 고려시대부터 이어져 온 소상팔경의 영향에서 비롯된 것이다.

소상팔경은 소상강의 풍경을 산시청람(山市晴嵐), 어촌석조(漁村夕照), 원포귀범(遠浦歸帆), 소상야우(瀟湘夜雨), 연사만종(煙寺晩鍾), 동정추월(洞庭秋月), 평사낙안(平沙落雁), 강천모설(江天暮雪)의 8개 이미지로 나누어 형상화한 것으로,[26] 북송 때 형성되었으며 고려 때 우리나라로 유입되어 조선 후기까지 향유되었다. 조선 태조는 수도를 옮긴 당위성을 내세우기 위해 다양한 홍보를 수행하였는데, 신도팔경시 역시 도읍지로서의 입지를 굳히고 왕도를 찬양하기 위한 목적이었으며, 탈속적 공간이 아닌 문명의 중심으로서의 도성을 노래한 것이다.[27] 팔경은 다음과 같다.

제1경 기전산하(畿甸山河) : 한양지역의 견고한 지형
제2경 도성궁원(都城宮苑) : 도성에 있는 궁궐, 원유 등이 웅장하고 아름다움
제3경 열서성공(列署星拱) : 도성에 있는 문직, 무직공서가 궁궐을 향함
제4경 제방기시(諸坊碁布) : 도성에 있는 49방이 질서정연하게 배열됨
제5경 동문교장(東門敎場) : 훈련원에서 이뤄지는 군사훈련의 위용
제6경 서강조박(西江漕泊) : 한강의 서강에서 조운 선박이 즐비함
제7경 남도행인(南渡行人) : 한강 노량진을 건너는 서민들이 장유유서를 따름
제8경 북교목마(北郊牧馬) : 국가의 말을 기르는 살곶이의 활기참

26 강수진, 『조선 초기 漢陽의 문학적 형상 연구』, 이화여자대학교 대학원 박사학위논문, 2019, 66면; 조은심, 『소상팔경도와 소상팔경시의 비교 연구』, 건국대학교 대학원 석사학위논문, 2001.

27 전수연, 「신도팔경의 서경시적 특징」, 『민족문화』 16, 1993.

팔경을 기본으로 숙종은 소상팔경(瀟湘八景),[28] 서호십경(西湖十景), 영관동팔경(詠關東八景), 삼림십경(上林十景), 한도팔영(漢都八詠) 등 다수의 작품을 남겼다. 안장리는 이 중에서 한도팔영만 태조대 신도팔경을 모방하여 쓴 것이며, 다른 작품들은 중국의 경관뿐 아니라 우리나라의 대표적 승경을 대상으로 삼거나 궁궐의 정원이나 누정을 대상으로 하고 있어 유흥을 주로 표현하려 했던 것으로 보았다.[29] 즉, 주로 승경 위주의 팔경시가 지어졌다는 것이다. 우헌(寓軒) 강석(姜樨, 1669~1718)은 「한도팔경」으로 기전산하(畿甸山河), 도성궁원(都城宮苑), 종가관등(鐘街觀燈), 전교목마(箭郊牧馬), 서강조박(西江漕泊), 동문교장(東門教場), 제천완월(濟川翫月), 반송송객(盤松送客)을 들었다. 강준흠은 이 시편들이 월과(月課)의 시를 대신하여 지은 것이라 하여, 자못 과체(科體)의 느낌이 있고 충담한 맛이 있으며 규모가 활달해서 은근히 정시지음(正始之音)이 있다고 평하였다.[30]

「한경잡영」에서 선정한 40곳은 시제 자체가 산, 강, 누정, 궁궐, 등 자연물과 장소라는 고유명사로 되어 단순한 느낌이며, 외관적으로는 장소자체를 더 고무시킨 느낌이다. 예를 들어 팔경시들의 시제처럼 '알맞게 내리는 비에 배를 띄우고[喜雨泛舟]'나 '한강의 서강에서 조운선박이 즐비하고[西江漕泊]'처럼 연상되는 서경을 읊지 않았으며, '삼각산', '경희궁', '동묘'처럼 장소 자체를 투박하게 드러내고 있다. 그러

28 숙종의 상림십경은 天香看花, 魚水觀燈, 深秋賞蓮, 逍遙觀泉, 喜雨泛舟, 淸心翫月, 觀德楓林, 觀豐刈稻, 暎花萃試, 淩虛雪霽, 궁궐의 十景을 시화한 작품으로 정조의 상림십경에 영향을 주었다.

29 안장리(2017), 36, 77면.

30 姜浚欽 著(2006), 민족문학사연구소 한문분과 옮김, 『삼명시화』, 소명출판, 199~207면.

나 이 투박함은 그 장소를 두드러지게 하며 장소자체를 드러낸 것은 자연물과 국토의 승경을 꾸밈없이 그대로 드러내고자 한 의도로 보인다. 그러나 내용면에서는 상세하게 그 지역의 특징적 승경이나 활기에 대한 표현을 유감없이 발휘하고 있다. 또한, 강세륜의 작품은 정조에 대한 그의 추억과 성정을 많이 드러내고 있다. 그들이 드러낸 40곳의 시제는 다음과 같다.

〈표3-1〉 홍의호(洪義浩)의 「한경잡영(漢京雜咏)」 시제(詩題) 일람

1	三角山	2	木覓山	3	仁王山	4	駝駱山	5	昌德宮
6	慶熙宮	7	南殿	8	繫馬樹	9	慶會樓	10	春塘臺
11	大報壇	12	泮宮	13	鐘閣	14	廣通橋	15	水標橋
16	圓覺塔	17	朝陽樓	18	夕陽樓	19	宣武祠	20	夢踏亭
21	泉雨閣	22	掌苑松	23	三清洞	24	青鶴洞	25	燕子樓
26	南廟	27	東廟	28	西池	29	南池	30	慕華館
31	蕩春臺	32	北渚洞	33	箭郊牧場	34	讀書堂	35	南壇
36	舟橋	37	五江	38	三倉	39	六臣祠	40	至德祠

〈표3-2〉 강세륜(姜世綸)의 「한경잡영(漢京雜詠)」 시제(詩題) 일람

1	三角山	2	木覓山	3	仁王山	4	駝駱山	5	昌德宮
6	慶熙宮	7	南殿	8	繫馬樹	9	慶會樓	10	春塘臺
11	大報壇	12	泮宮	13	鐘閣	14	廣通橋	15	水標橋
16	圓覺塔	17	朝陽樓	18	夕陽樓	19	宣武祠	20	夢踏亭
21	泉雨閣	22	掌苑松	23	三清洞	24	青鶴洞	25	燕子樓
26	南廟	27	東廟	28	西池	29	南池	30	慕華館
31	蕩春臺	32	北渚洞	33	箭郊牧場	34	讀書堂	35	南壇
36	舟橋	37	五江	38	三倉	39	六臣祠	40	至德祠

〈표3-3〉 강준흠(姜浚欽)의 「한경잡영(漢京雜詠)」 시제(詩題) 일람

1	三角山	2	白嶽	3	木覓山	4	仁王山	5	酡酪山
6	昌德宮	7	慶熙宮	8	永禧殿	9	景福宮	10	春塘臺
11	泮宮	12	大報壇	13	鍾樓	14	廣通橋	15	水標橋
16	朝陽樓	17	夕陽樓	18	圓覺寺古塔	19	夢踏亭	20	掌苑署古松
21	泉雨閣	22	三淸洞	23	靑鶴洞	24	燕子樓	25	關王廟
26	南池	27	西池	28	慕華館	29	宣武祠	30	歧峴
31	蕩春臺	32	北渚洞	33	箭郊牧場	34	讀書堂	35	至德祠
36	舟橋	37	五江	38	仙遊峯	39	三倉	40	楮子島

위의 표를 보면 홍의호와 강세륜의 「한경잡영」은 그 순서와 제목이 완전하게 동일하다. 다만 차이가 있다면 시의 형식과 길이인데, 예를 들면, '오강(五江)'(37제)[31]의 경우 홍의호는 7언절구의 한 수로 표현한 반면, 강세륜은 오강을 각각 노량(露梁), 한강(漢江), 서빙고(西氷庫), 동작(銅雀), 송파(松坡) 나루의 다섯 수로 표현하였다. 내용에서는 경물을 읊은 내용이 많은 홍의호의 작품들과는 달리, 강세륜의 경우에는 내용도 길고 정조와의 추억을 그리워하며 성정(性情)을 드러낸 구절들이 곳곳에 보인다. '독서당(讀書堂)'(34제)에서 "보잘 것 없는 재주로 여러 영재 사이에 끼어 특별한 은총이 두루 흘러 넘쳤네. 시험지 모은 축에는 성상의 비평이 있어 보배로운 글씨가 어찌나 찬란히 빛나는지 때때로 먼지 낀 상자에서 꺼내서 어루만질 때마다 눈물이 저절로 퍼붓네."[32]라 한 것이 그 예이다.

31 五江은 『正祖實錄』에 漢江, 龍山, 麻浦, 玄湖, 西江이라 하였고, 강세륜은 露梁, 漢江, 西氷庫, 銅雀, 松坡의 다섯 나루로 구분하였으며, 강준흠은 두모포, 한강도, 노량진, 용산강, 서강이라 하였다.

32 姜世綸, 『芝園集』 卷3, 「漢京雜詠」 34題, '讀書堂', "菲質厠群英, 殊渥沾流旁.

'반궁(泮宮)'(12제)에서는 성균관에서의 추억과 임금에 대한 연군의 심정을 읊어, 객관적 장소에 그치지 않고 개인의 경험과 주관으로 더욱 의미가 심화된다.

繩直觀旂路　먹줄처럼 곧음은 어가의 거둥길에 보이고
弓環半璧水　활처럼 굽은 반궁의 물이 둘러 있네.
肅肅奉先師　엄숙하고 공경스레 공자를 받들고자
藹藹來吉士　많고 많은 어진 선비들 오네.
逶迤集春門　집춘문(集春門)을 구비 돌아
我后時戾止　우리 임금님 철따라 거둥하시네.
丕闡崇文教　비천당(丕闡堂)에서 문교를 숭상하고
明倫植人紀　명륜당에서 사람의 윤리를 넓히네.
攀杏挹遺徽　행단에서 학문을 닦아 공자께서 남긴 아름다움 받들어
采芹遵芳沚　유생들은 도를 같이하는 친구를 좇네.
穹碑煥雲章　둥근 비석에 임금의 문장이 빛나니
英考戒周比　영조께서 주이불비(周而不比) 하라 경계하셨네.
流風迄未息　남기신 유풍이 지금까지 그치지 않으니
明命盍顧諟　밝으신 명을 어찌 이에 돌아보지 않으리오.
爲官忝賢舘　벼슬하며 성균관의 관리가 되어선
耿耿抱綾被　그리운 심정으로 비단 이불 안고 숙직하였네.

1, 2구에서는 집춘문(集春門), 비천당(丕闡堂), 명륜당(明倫堂) 등 구체적인 성균관의 명칭을 들어 반궁(泮宮)을 설명하였다. 공자의 가르침을 따라 부지런히 학문을 닦으며 문교를 숭상하던 시절 임금에게 특별히 사랑받았음을 간접적으로 표현하였다. 6구의 '영고계주비(英

宸評在課軸, 寶墨何煌煌. 有時發塵篋, 摩挲涕自滂."

考戒周比)'는 탕평비에 대한 언급이며[33] 9구에서 '반행읍유휘(攀杏挹遺徽)'의 구절은 공자가 행단(杏壇)에서 제자를 가르친 고사를 말하는 것으로 학문을 닦는다는 것이다. 10구의 '채근(采芹)'은 유생(儒生)들을 이르는 말로 성균관에서 공부하는 것을 말한다. '방지(芳沚)'는 뜻이 같고 도가 합한 친구를 비유하는 말이다. 마지막 두 구에 성균관의 관리가 되어 숙직하였다는 것은 강세륜이 순조 17년 5월 7일 성균관 사성(成均館司成)에 임명되어 유생들의 교육을 담당하였는데 성균관에서 정조와의 일을 추억한 것으로 볼 수 있다.[34] 마지막 구절에서 자신을 아껴주던 정조에 대한 그리움을 표현하였다.

강준흠의 40제도 제목은 거의 같으나 내용이 독특한 작품들이 있다. 소재에 있어서 한양의 산세에 '백악(白嶽)'을 추가하였으며, '기현(岐峴)'(30제), '선유봉(仙遊峯)'(38제), '저자도(楮子島)'(40제)등 두 사람의 작품에는 없는 장소를 선택하였다. 내용은 "장소 + 在～"의 형식을 사용하여 먼저 장소에 대한 간단한 설명을 부기하거나 역사적 사실을 서술한 뒤에 시를 썼다. 예를 들어 "일명 화산(華山)으로 신라 때는 부아악(負兒岳)이라 칭하였다. 세 봉우리가 깎아지는 듯 서있어 실로 도성의 진산이다. 북한산성이 있으며…(후략)."[35]라는 설명을 간략히

---

33 영조가 성균관에 세운 蕩平碑를 말한다. 영조는 1742년에 관학의 최고학부인 성균관의 반수교 곁에 탕평비를 세워 유생들에게 서로 편을 나누지 않고 당을 나누지 않아야 한다는 내용을 알리게 했다. 『論語』, 「爲政篇」14장에 "군자는 두루 원만하고 편향되지 않으며, 소인은 편향되고 두루 원만하지 못하다[君子周而不比 小人比而不周]."를 활용하여 "두루 원만하고 편향되지 않음이 군자의 마음이고, 편향되고 원만하지 못함이 소인의 사사로운 마음이다[周而不比, 乃君子之公心. 比而不周, 寔小人之私意.]."라 재구성하여 친히 글씨를 써서 세웠다. 현재 이 碑는 성균관대학교 내에 있다.

34 『承政院日記』, 純祖 17年 5月 7日, "姜世綸爲司成"

35 姜浚欽, 『三溟詩集』 6編, 「漢京雜詠」 1題, '三角山', "一名華山 新羅稱負兒嶽

서술하였다. '목멱산(木覓山)'(3제)의 옛 이름이 인경산(引慶山)이라고 설명하거나, 현재는 볼 수 없는 '선유봉(仙遊峯)'[36]이나 '저자도(楮子島)'라는 특이한 소재로 선택하였다. 저자도의 위치는 삼전도(三田渡) 서쪽에 있는데, 고려 한종유(韓宗愈)의 별장이 있었으며, 세종이 이 섬을 정의공주(貞懿公主)에게 주었고, 정인지의 서(序)가 있다는 역사적 사실을 단 55자안에 기록하고 있다.[37]

그는 경물을 읊은 시에서 한 단계 더 나아가 실록과 지리지의 내용을 간단하게나마 서술하고자하였다. 요컨대 승경이나 성정을 읊는 것보다 역사성을 더 제고시킨 느낌이며, 형식적으로는 장소의 위치를 먼저 기술한 『한경지략』의 서술방법과 일면 유사하다. '기현(岐峴)'(30제)을 선정해 한양을 점령했던 '이괄의 난'을 다루었고, 같은 소재를 선택했더라도 '연자루(燕子樓)'(24제)에서는 숙종 때 검계의 무뢰배를 다루는 내용으로 읊고 있어, 대체적으로 두 작가와는 서술방식에 차이가 있다. 이밖에 현실에 대한 관심이 고조된 작품도 있다.

農人愛米如愛玉	농부는 쌀을 옥처럼 아끼니
終歲辛勤養此穀	한해를 마치도록 애쓰고 힘써 이 곡식을 길렀다네.

三峯削立 實都城之鎭山 有北漢山城…(後略)."

36 仙遊峯은 양평동 한강 변에 위치했던 봉우리로, 53m높이로 고양이 같이 생겼다고 하여 일명 고양이 산, 굉이 산, 저주 봉, 괭이 산으로도 불렸다. 풍경이 빼어나 뱃놀이를 하던 곳이었으며 아름다운 경치를 자랑하였다. 일제에 의한 김포비행장 건설과 도로 개설을 위한 채석장이 되었고 1962년 양화대교를 건설할 때 깎아 허물어뜨렸다. 『서울지명사전』, 서울특별시사편찬위원회, 2009.

37 姜浚欽『三溟詩集』6編, 「漢京雜詠」 40題, '楮子島', "在三田渡西, 高麗韓上黨宗愈置別墅, 我朝世宗以島賜貞懿公主, 公主之子安貧世繼修棟宇圖畫, 以求題詠, 有鄭河東麟趾序, 今其亭亡矣.", 『漢京識略』의 楮子島의 설명과 거의 같다.

倉庭莫使農人覩	삼창의 마당을 농부가 보게 하지 말지니
米入倉庭賤如土	쌀이 삼창의 마당에 들어가면 흙처럼 천해진다네.
三南漕船駕層濤	삼남의 조운선 겹겹이 파도 타고 몰려오니
逢雨逢風苦復苦	비바람 맞고 고생하고 또 고생했다네.
倉庭莫使船人過	삼창의 마당을 뱃사람들 지나게 하지 말지니
米入倉庭散作沙	쌀이 삼창의 마당에 들어가면 모래 되어 흩어진다네.
倉中積米與山埒	삼창에 쌓인 쌀들은 산과 같은데
不是神輸鬼運忽	귀신들이 갑자기 옮긴 것이 아니라네.
寄言多少食祿者	녹을 먹는 자들에게 약간 말을 전하노니
哀我東南民力竭	우리 동남의 백성들 힘을 다하고 있음을 슬퍼한다네.[38]

1, 2구는 농부가 곡식을 애지중지 가꾸고 옥처럼 키우기를 애쓰고 힘쓴다고 하여 백성의 수고를 묘사하였고, 5, 6구는 곡식을 배에 싣고 고생하여 파도타고 비바람 맞으며 운반하는 사람들의 힘든 과정을 말하였다. 홍의호와 강세륜의 '삼창(三倉)'(38제)이 활기찬 외경과 경물을 읊은 것과 달리 강준흠의 '삼창(三倉)'(39제)은 오강의 수많은 배들을 보며 시선이 농민으로 향한다. 조운선의 수많은 쌀들이 백성의 땀과 수고로 이루어져 고생하여 올라온 것이니 헛되이 사용되지 않아야 한다고 관리들에게 직접 전달하고 있다. 이러한 면은 강준흠이 현실을 적극 반영하였다면 강세륜은 일면 소극적으로 보일 수 있다.

강세륜은 경치가 아름답고 경관이 뛰어난 곳 외에도 국가의 주요 제향(祭享)을 주관하던 곳이나 역사·문화적으로 정립된 곳을 중심으로 선정하였다. 특히 기우제나 한강을 통해 곡식을 운반할 때나 국가의 주요 행사가 있을 때에도 늘 왕명에 의한 제축문을 짓게 되는데,

---

38 姜浚欽, 『三溟詩集』 6編, 「漢京雜詠」 39題, '三倉'

이 장소는 국가의 제례, 백성을 위한 기우제, 중국에 보은(報恩)하는 제향(祭享)들과 밀접하게 연관되어 있다. 강세륜은 1812~1821년에 제진제축문(製進祭祝文)을 29편 남겼는데, 왕명에 의해 삼각산, 백악산, 목멱산, 한강 등의 산천에 기양(祈禳)하는 제문들이 있다.[39] 「한경잡영」의 장소들은 산천기양과 제향 등과 연관이 있다.

「한경잡영」의 발문(跋文)은 김기서(金箕書)가 지었다. 「서지원한경잡시후(書芝園漢京雜詩後)」[40]에 김기서의 시관(詩觀)과 강세륜 시에 대한 평론을 볼 수 있는데, 강세륜 문학에 대한 전반적인 평가이기도 하고 시세계를 객관적으로 알 수 있는 글이므로 전문을 인용한다.[41]

> 시(詩)는 세교(世敎)를 돕는 역할을 한다. 도시와 시골·산천·유람·여항·시물·풍요로부터 기려·뇌소·감개의 작품에 이르기까지, 옛날에 시를 모으는 관리들은 혹시라도 빠뜨린 바가 없이 모두 취했다. 무릇 요즘의 작자들에 이르러서는 공허하기 짝이 없어 누구나 앞사람들을 답습하기에 몰두하여 비루하고도 천박하여 한마디 말도 자기에게서 나온바가 없으니 성정을 발로하고 풍유를 의탁함을 어디서 나올 수 있겠는가. 또 시대의 현안을 서술하는 것으로 말하자면, 흐리멍덩하게 더욱 경계하

---

39 姜世綸, 『芝園集』 卷15, 「嶺南湖西, 穀移運時, 平海郡揮, 羅浦及東海廟海瀆祭祝文」, 「社稷神室, 改移還芝, 安告由祝文」, 「社稷祈晴祭」, 「橋梁祭」, 「名山大川祭」, 「城隍發告祭, 祭文(八月十九日, 時有輪行, 怪疾自關西大熾蔓延, 及京中五部之內, 一日夜死亡, 殆屢萬計, 自上命行祈禳, 祭於厲壇山川)」, 「山川祈禳祭文」.

40 金箕書, 『和蕉謾稿』 卷5, 「書芝園漢京雜詩後」, 당시에는 「漢京雜詩」라는 이름으로 따로 시축이 있었던 것으로 보이며, 필자는 「漢京雜詠」과 같은 것으로 판단하였다. 跋文에서 언급한 내용과 시구들이 「漢京雜詠」과 동일하다.

41 안대회, 「城市全圖詩와 18세기 서울의 풍경」, 『고전문학연구』 35집, 한국고전문학회, 2009. 210~211면에 원문의 일부가 소개되어 있다.

고 깨우치는 말이 없어서 소리의 병폐에 구애된 탓이 아니고 이는 다름 아니라, 식견이 사실을 두루 관통하기에 부족하고 말이 심정과 뜻을 표현해 내기에 부족하며, 시를 보는 자들 또한 습상에 익숙하여 끝까지 파헤치지 못하기 때문이다. 아! 시가 이와 같다면 오히려 다른 사람을 감동시키기를 어찌 바라겠는가?

지원학사가 궁궐에 출입하였고, 시단에서 이름이 높다. 그가 시를 지을 때면 반드시 마음에 감발된 바가 있은 연후에 지어냈으므로 심정과 사실에 절실하여 다듬고 꾸미기를 힘쓰지 않았다. 요컨대 가히 후세에 전해 보일 수 있을 만하니, 이 책에서 읊은 여러 시를 보면 알 수 있다.

지난날 정조께서 화공들에게 '성시전도'를 그리게 명하시고 이 그림으로써 대궐의 여러 신하들에게 과제를 주어 고시, 칠언, 장편을 짓게 하였으니, 지금까지 태평시대의 훌륭한 일로 전해 온다. 그런데 오직 그 고사를 끌어 모아 성시를 읊는 데서 그쳤으므로 옛날 『삼보황도』에 보이는 크고 아름답고 굉장하며 위대한 유적들이 오히려 혹 수록되지 못한 것이 있었다. 지금 학사께서 대편장구 외에 또 율시와 절구 각 시체로 뜻이 가는 데 따라 시를 이루니, 자잘한 것까지 두루 섬세하게 빠짐없이 묘사하여 겉과 속이 모두 드러났다. 고금을 회상하며 절절하게 느끼고 사방을 바장이다 길게 탄식하며, 마치 갔다가 돌아오는 듯하고 흩어졌다 합해지는 듯하니, 여러 성시전도시들과 비교해보니 더욱 자세하고 구비되었다.

저 주교(舟橋)의 저녁에는 울면서 창오산[42]의 구름을 쳐다보았고, 호당(湖堂－독서당)의 옛터에서는 특별한 은총을 회상하며 감회에 젖었으며, 서지(西池)의 연꽃을 바라보면서 완연히 미인에 대한 생각을 일으켰고, 그리고 반궁(泮宮)의 비단 이불에서는 오히려 북원(北苑－창덕궁 후원)을 회상하는 심정을 표하였다. 그 말은 처연하면서 아름다우며 그 뜻은 간절하면서 유장하니, 이 시를 읽어보면 사람으로 하여금 스스로 탄식하여

42 蒼梧山은 湖南省 寧遠縣 경계에 있는 산으로 산기슭에 舜 임금을 장사지냈다 한다. 여기서는 돌아가신 정조임금을 그리워하는 마음을 뜻한다.

눈물을 흘리지 않을 수 없게 한다. 이는 다만 기술을 잘해서 만이 아니라, 사람의 참된 뜻을 감발시킨 것이 이와 같으니, 어찌 위대하지 않겠는가.

예전에(1802~1804년－필자주) 학사께서 결기(結己－충청남도 結城, 潔城－필자주)의 현감으로 있을 때, 유교의 감화가 매우 성대하여 백성들이 지금까지 찬송하고 흠모하기가 쇠하지 않았다. 내가 생각하건대, 결기의 백성들이 공이 횡당(글을 배우는 곳)에서 선비를 시험보이고 여제(儷題)로 글을 짓도록 한 것을 기억하여 '어정아송'[43]을 요청하여 학궁에 진열하였고, 가만히 학사의 뜻에 감동하여 늘 성상의 교화를 널리 펴서 백성의 윤리를 널리 길러서 어진 이를 어질게 하시고 이익 되는 일을 이롭게 하면서 공의 은혜를 잊지 않는다고 한다. 지금 이 시편을 읽어보매, 더욱 학사의 시가 그 유래한 곳이 있음을 알겠다.[44]

---

43 『弘齋全書』 제36권 敎7에 "주자는 내가 존경하여 스승으로 삼는 분이다. 그 도를 높이려면 그 책을 읽는 것만 한 것이 없고 그 책을 읽노라면 우리나라의 선비들과 함께하고 싶은 생각이 든다. 갑인년에 새로 간인한 「御定朱書百選」과 기미년에 새로 간인한 「御定雅頌」을 四都와 팔도의 300여 고을에 각각 1건씩 나누어 주어 校宮에 보관하기를 太學의 존경각과 같이 하도록 하라. 〈아송〉은 이미 活印本을 번각하여 오래도록 전해지게 하였지만…(후략)."이라는 기록이 있다.

44 金箕書, 『和樵謾稿』 卷5, 「書芝園漢京雜詩後」, "詩所以裨世敎也. 自都鄙山川遊覽閭巷時物風謠, 以至羈旅牢騷感慨之作, 古者採詩之官, 無或遺焉. 暨夫近世作者, 廖廖率多摹擬前人, 闒茸膚淺, 如無一言之由乎己, 則情性之發, 諷諭之寄, 何從以得之. 且也記述時事, 忞忞肰尤無警省, 非獨聲病之爲拘者, 無他識不足淹貫事宲, 言未能導宣情志, 觀者亦狃於習尙, 不得究竟, 嗟乎! 詩如是, 而尙何望有所感人也歟! 芝園學士, 出入金閨, 名重詞林, 其爲詩, 必心有所感, 然後出之, 故切於情事, 不騖雕繪, 要之可以傳示後來, 如此編所詠諸作可見也已, 昔我先王命工爲城市全圖, 以是課閣中諸臣古詩七言長篇, 至今傳爲昭代盛事, 惟其檃括故事, 止於城市, 故三輔黃圖鉅麗宏偉之蹟, 猶或有所未載者, 今學士於大篇長句之外, 又以律絶各體, 隨意成章, 該貫纖悉, 表裏俱著, 俯仰激切, 徘徊詠歎, 如往而復, 可散可合, 較諸全圖之詩, 尤有所詳備焉. 若夫舟橋之夕, 泣瞻梧雲, 湖堂舊址, 感念殊渥, 西池菡萏, 宛爾榛苓之思, 而泮廬綾衾尙幸依近於北苑, 其辭悽而婉, 其旨窃而長, 讀之令人自不禁咨嗟涕洟, 是不但善於記述, 其感發人之誠志者如此, 豈不偉歟! 往在學士宰潔己, 儒化甚盛, 民至今頌慕不

위 인용문은 김기서(金箕書)가 지원의 「한경잡시(漢京雜詩)」를 보고 쓴 발문으로 다음과 같은 몇 가지 사실을 알 수 있다.

우선, 당시에 시를 짓는 태도에 대한 김기서의 비판적 시각과 강세륜의 문학에 대한 언급을 볼 수 있다. 시는 '성정(性情)의 발(發)함'과 '풍유(諷諭)의 기이(奇異)함'이 있어야 하는데, 요즈음의 시인들은 앞사람들의 천하고 어리석고 천박함을 본뜨기만 하고 자기의 성정에서 나온 풍유의 기이함이 없음을 비판하고 있다. 모방과 답습만 할 뿐, 본인의 창작과 마음에서 우러남이 부족함을 지적하였다. 그런데 지원이 시 짓는 것을 보니, 반드시 마음에 감동된 연후에야 글로 써낸다고 하여 그가 마음[性情]에서 우러나 사람을 감동시키는 시를 썼다는 것이다.

두 번째로 강세륜의 뚜렷한 시관(詩觀)이 확인된다. 시는 단지 경물만 읊는 시가 아닌 성정에서 우러나오는 시여야 한다는 그의 평소 시관과도 통한다. "시를 말함에 어찌 쉽게 설명하겠는가, 내 마음 깊은 곳의 더러움과 찌꺼기를 씻어버리는 것이라네. 그것을 발하면 거울 속의 꽃이 되고, 높이두면 벽 위에 소나무가 된다네."[45]라고 하여 시는 자신의 마음속의 성정을 발하여 마음 속 깊은 곳의 더러움과 한(恨)도 씻어낼 수도 있으며, 마음속의 진정한 생각을 발하면 거울속의 꽃처럼 오묘하여 말로 표현할 수 없는 시문의 경지가 되기도 하며 벽 위의 소나무가 되기도 한다는 것이다. 강세륜의 시풍(詩風)을 정리하면 다음과 같다.

衰, 余惟潔民尙記黌舍課士擬製儷題, 請以御定雅誦, 列之學宮, 竊感學士之志, 常拳拳於奉揚聖化, 扶植民彝, 利利賢賢, 於戱不忘, 今於讀是編 而益知學士之詩, 其學有所自也."

45 姜世綸, 『芝園集』 卷3, 「八疊」, "言詩豈可易, 滓穢滌吾胸, 發爲鏡中花, 峙爲壁上松."

① 시 안에 성정(性情)의 발로함과 풍유의 기탁함이 있다.
② 시를 지을 때 반드시 마음에 감동된 바가 있은 연후에야 쓴다.
③ 정사에 간절히 할 뿐, 다듬고 꾸미고 하는 데 힘쓰지 않는다.

이어서 1792년 정조의 하명(下命)하에 화공들에게 '성시전도(城市全圖)'를 그리게 하였음과 여러 신하들에게 「성시전도시(城市全圖詩)」를 짓게 하였다는 당시의 사실을 언급하고, 그보다 지원(芝園)의 「한경잡시(漢京雜詩)」가 『삼보황도(三輔黃圖)』[46]의 전례를 따라 문학적으로는 훨씬 뛰어났음도 함께 거론하고 있다. 1792년 4월 24일 기사에 "대궐에 입직한 신하들의 응제(應製)시권과 초계문신의 과시(課試)시권을 채점하여 내리고, 이어 초계문신과 검서관(檢書官)을 다시 시취하고 대궐에 입직하는 신하들도 응제하게 하라고 명하였다."라는 항목을 보면 현재 알려진 성시전도시의 작자 13명 외에도 여러 작가들이 있을 가능성을 추측할 수 있다. 강세륜도 그 중 한 명이다.

「성시전도시」는 7언의 일백운(一百韻)으로 당시 한양의 지세와 시정의 활기 뿐 아니라 서민들의 생동하는 모습과 유흥 등 제법 자세히 묘사되고 있다. 문학적 묘사와 소재의 다양성 등 당시 성시전도시를 따라올 작품이 없다. 또한, 일백운이면 1,400자에 해당하여 결코 적은

46 『三輔黃圖』란 궁전·거리·학교·정원·능묘·다리·연못 등 수도(장안)의 풍속도를 적은 책이다. 저자·연대 미상이나 東漢 末 이전이라는 견해가 유력하다. 『隋書經籍志』에서 처음 존재를 드러내니 이때는 1卷本 『三輔黃圖』였다. 그 뒤 南宋 晁公武의 『讀書志』에서 3卷으로 바꾸기 시작했으며 陳振孫 『直齋書錄題解』에는 2卷이라 했다. 『四庫全書總目』은 勵守謙이 收藏한 6卷本을 저록하면서 佳本으로 간주했다. 6권본은 漢代 三輔지역의 古跡을 주로 삼으니 특히 長安을 가장 충실이 기술했다. 그 외 秦漢의 三輔의 風俗도 덧붙였다. 三輔란 漢武帝 때 京兆尹, 右扶風, 左馮翊을 지칭하는 것으로 西安과 咸陽 및 부근 지역으로 요즘의 서울과 수도권이다.

양이 아니다. 다만 구체적인 장소에 대한 설명이나 시제가 따로 설정되어 있지는 않다. 반면, 40제의 제목으로 구체적인 장소를 언급한 강세륜의 「한경잡영」의 경우 훨씬 더 장소를 부각시켰다.[47] 글자 수도 총 3,538자로 두 배가 훨씬 넘는 분량이다. 제목으로 설정한 장소에 대해 자세한 설명과 묘사에 대해서 김기서가 "더욱 자세하고 갖춘 바가 있다."는 것은 이를 두고 말한 것이다. 「한경잡영」과 「성시전도시」는 공통적인 부분이 있다.

「성시전도시」의 모든 시에는 한양의 지세와 연혁, 궁궐과 관서, 그리고 종로를 비롯한 시정이 거의 빠짐없이 등장한다. 「한경잡영」 역시 공간적인 부분에서는 공통적인 내용이 있다. 그러나 「한경잡영」은 서울의 제 경물을 읊었지만 그 장소들을 노래하는 것에서 그치는 것이 아니고 감정으로 전이되어 결구부분에 가서는 임금과 관련된 감정과 성정이 유로되어 표현되었다. 정조를 그리워하고 추억하는 심사는 일면 '연군지정(戀君之情)'과 '유교적(儒教的)'이거나 '충의적(忠義的)' 사고의 발현이며, 한양의 제 경물로 일어난 성정의 감흥(感興)이 작품 속에 스며들어있다.

다음 시는 1817년(순조17년) '주교(舟橋)'(36제)를 건너는 왕의 행차를 적은 것인데, 7언 70구로 글자 수가 494자로 된 장편고시이다. 1817년 2월 강세륜은 화성에 있는 건릉(健陵)[48]을 동행하여 따라갔

---

47 「漢京雜詠」 40題는 ①三角山 ②木覓山 ③仁王山 ④駱駝山 ⑤昌德宮 ⑥慶熙宮(2수) ⑦南殿 ⑧繫馬樹 ⑨慶會樓 ⑩春塘臺 ⑪大報壇 ⑫泮宮 ⑬鍾閣 ⑭廣通橋 ⑮水標橋 ⑯圓覺塔(2수) ⑰朝陽樓 ⑱夕陽樓(2수) ⑲宣武祠(2수) ⑳夢踏亭 ㉑泉雨閣(2수) ㉒掌苑松 ㉓三清洞(2수) ㉔青鶴洞 ㉕燕子樓(2수) ㉖南廟 ㉗東廟(2수) ㉘西池 ㉙南池 ㉚慕華館 ㉛蕩春臺 ㉜北渚洞 ㉝箭郊牧場 ㉞讀書堂 ㉟南壇 ㊱舟橋 ㊲五江(5수) ㊳三倉(3수) ㊴六臣祠 ㊵至德祠으로 모두 54首이다. 목차에는 53首로 나오나 착오이다.

다.[49] 화성행차 다음날 쓴 시를 보면 정조와의 추억과 그리움으로 인해 홍의호와 부둥켜안고 슬퍼하였다는 기록도 있다.[50] 주교(舟橋)를 보며 과거 정조와의 기억이 호출되어 시의 내용은 오래전 일이지만 바로 어제의 일처럼 실감나며 생생하게 묘사되었다. 또한, 내용을 통해 당시의 상황과 정조의 부친에 대한 효심, 그리고 정조를 그리워하는 강세륜의 성정(性情)의 유로(流露)를 확인할 수 있다.

彊圉赤奮春二月	정축년(丁丑年－1817년) 봄 2월에
我后夙戒陵園蹕	임금께서 일찍이 능원에 거둥하시리라 명하셨네.
賤臣于時載書從	미천한 신이 이 때 책을 싣고 시종하여
天衢曉日戎裝拂	궁성대로의 새벽녘에 무관의 복장을 입었네.
圜衛逶迤崇禮門	의장대가 '숭례문'을 휘감아 돌아
南至露梁濤聲活	남쪽으로 '노량'에 이르니 물결소리도 활발하네.
遙見水腰晴虹直	멀리 강 허리를 바라보니 맑은 무지개가 곧아
浮橋一道平而豁	배다리로 만든 큰 길은 평평하고도 넓네.
彩仗疑行九街陌	화려한 의장이 흡사 도성의 대로를 걷는 듯하고
輜車不碍雙轉轍	짐수레 두 대가 나란히 가도 아무 장애가 없네.
莫是長鯨擴海否	긴 고래가 바다를 가로지른 것이 아니라면
定知巨鰲戴山必	큰 자라가 산을 이고 있음이 틀림없으리.
江靄蔥瓏新雨霽	강 아지랑이가 자욱한데 비가 막 개이니
淸道旗前塵影滅	청도기 앞에 나서자 먼지의 자취 사라지네.
坦坦康莊羽儀煌	넓고 평평한 길 위에 의장대 위용이 빛나고
蹌蹌玉鑾其鳴八	짤랑짤랑 어가의 방울소리는 여덟 준마로다.

48 健陵은 正祖와 孝懿王后 金氏의 陵號이다. 경기도 화성시 花山에 있다.

49 姜世綸, 『芝園集』 卷2, 「華城」 「行 健陵忌辰祭志感」 「祭罷曉發馬上口號」.

50 姜世綸, 『芝園集』 卷3, 「再疊」, "昨日, 拜健陵, 寃鬱塡臆胸, 如何我, 寧考 壽不齊喬松, 歸與澹翁泣, 梧雲鎖翠峯."

駕前駕後軍容肅	어가의 앞과 뒤로 군대의 위용이 엄숙하고
五馬隊隊平步越	오마작대 행진하니 경쾌한 걸음이 활발하네.
士女欣欣馮夷舞	부녀자들 기뻐하며 풍이(하백)의 춤을 추니
江波如鏡耀紅日	강 물결은 거울처럼 붉은 해를 비추네.
暫御龍驤鳳翥亭	잠시 '용양봉저정'에 어거하니
夾橋鉦角淸音戛	다리 좌우의 징과 나팔이 맑은소리로 울리네.
檀箕以來四千載	단군 기자 이래로 4천년동안
初見偉功造化奪	처음 보는 큰 공적이 조화를 빼앗았네.
借問誰能爲此橋	묻노니 누가 능히 이 다리를 만들었는가?
我欲歌之歌聲咽	내가 노래하려 하지만 노래 소리에 목이 메이네.
憶我正考移灤寢	우리 정조임금께서 부친을 이장하고자[51]
玄冬十月厥衛發	시월에 의장대 행렬을 출발시켰네.
發向花山遵彼漢	화산을 향해 발인하여 저 한강을 따르니
時維北風波盪潏	때마침 북풍이 불어 물결이 세차게 휘몰아쳤네.
方泳不可氷且泮	헤엄도 칠 수 없고 얼음 또한 녹으니
有司憂之轝夫怵	유사는 근심하고 수레군은 두려워했네.
宮漏沈沈孝思長	궁궐 물시계는 깊어가고 효성스런 생각만 오래니
睿知如神以剏物	임금의 지혜는 신과 같아 새 제도를 창시하셨네.
若曰古有舟梁制	이르시기를 옛날에 배다리 제도가 있었으니
詩人歌頌何其菀	시인이 노래하고 칭송함이 저리도 많지 않은가.
命汝冬官掌是役	너 동관에게 명하노니 이 공사를 담당하여
寫材不須荊蜀兀	재목을 옮기기를 형과 촉처럼 많이 하지 말라.

51 사도세자는 1762년(영조38)에 경기도 楊州郡 拜峯山에 장사 지낸 뒤 묘 이름을 垂恩墓라고 하였다. 1776년(정조 즉위)에 사도세자를 莊獻世子로, 수은묘를 永祐園으로 고쳤고, 1789년에 경기도 華城으로 옮긴 뒤 顯隆園으로 고쳤으며, 1899년(광무3)에 莊祖로 추존하면서 隆陵으로 승격시켰다. 정조의 陵號는 健陵이다. 정조의 葬地를 평소유언에 따라 思悼世子의 능침과 가까운 곳에 잡았으며, 發引 길 역시 생전에 참배하던 것처럼 鷺江에 설치한 배다리[舟橋]를 통해서 한강을 건넜다.

五江公船集如鷁	오강의 나라 배는 익새처럼 모이고
三道戰艦來如鶻	삼도의 전함은 송골매처럼 오네.
四角旛龍飄拍拍	네 모퉁이 용의 깃발은 펄럭펄럭 나부끼고
兩頭檣烏噪聒聒	양쪽 돛대의 까마귀는 시끄럽게 지저귀네.
……(中略)……	
至尊攀擗隨其後	지존(-정조)께서 가슴을 부여잡고 그 뒤를 따르시니
皇皇孺慕淚成血	황황한 사모의 심정 눈물이 피가 되었네.
猗歟聖孝光千億	아름답도다! 성스런 효심이 영원히 빛나고
禮成珠邱邦籙茀	주구의 예가 이루어지니 나라의 운세가 장구하리.
拜園年年以春正	능원에 배알하기는 해마다 춘정월에 하시니
艅艎一望長楸濶	아름다운 배들 늘어선 모습 장추[52]처럼 넓어라.
歸路遲遲不忍涉	돌아오는 길 더디기만 하여 차마 건너지 못하시니
龍旗鳳傘風勃窣	용의 깃발, 봉황 일산만 바람에 펄럭이네.
江橋依舊梧雲暮	배다리는 예전과 같은데 창오산의 구름이 저무니
水靈河伯也應怛	물의 영령이며 강의 신령도 응당 애달파하리.
新陵亦奉花山岡	새 능침 또한 화산의 언덕에 조성하였으니[53]
我后承孝善繼述	우리 임금께서 선왕의 효심을 잘 계승하셨네.
陪扈恭瞻渡江儀	모시고 따르며 삼가 강 건너는 위용 원하오니
往事歷歷悲喜迭	옛일이 역력하여 슬픔과 기쁨이 교차하네.
但願千歲萬歲由此橋	다만 바라보니, 천년 만년토록 이 다리를 건너서
歲歲省陵拜園王無疾	해마다 능침 성묘하며 임금께서 질병 없으시기를.

52 장추는 큰 가래나무로 曺植의 『名都篇』에 "동교 길에서 닭싸움하고, 장추 사이에서 말 달리네[鬪鷄東郊道走馬長楸間]" 하였다.

53 정조의 묘인 健陵을 현륭원 곁에 조성한 것을 말한다. 1800년 6월 28일에 정조가 창경궁 정침에서 붕어하여 11월 6일에 수원의 현륭원 동쪽 健陵에 장례를 지냈다. 1821년 3월 9일에 효의왕후가 승하하여 장례를 치르는데, 3월 22일에 김조순이 건릉의 위치가 풍수에 적합하지 않고 지나치게 습하다고 상소를 올렸다. 이에 건릉을 9월 13일에 현륭원 서쪽으로 옮기면서 효의왕후와 합장하였다.

첫 구의 강어적분(彊圉赤奮)은 고갑자로 정(丁)은 강어(彊圉)라고 불렀고 축(丑)은 적분약(赤奮若)이라고 불렀다. 따라서 정축년인 1817년을 말한다. 순조 17년(1817년) 2월 27일 기사에 "건릉과 현륭원 및 새 원소에 나아가 전알하고 제사를 지내다."라 기록되어 있다. 3구에 미천한 신(臣)이 책을 싣고 시종하였다는 것은 강세륜이 당시 홍문관 부수찬의 신분이었기에 함께 동행 한 사실을 말한다. 4~6구는 새벽부터 무관 복장을 한 의장대가 숭례문을 지나 노량까지 행차하는 모습을 묘사했다. 8구에 '부교(浮橋)'는 한강에 떠 있는 배다리를 말한다. 배로 만들었지만 마치 도성의 큰 길을 걷는 듯 넓은 모습과 짐수레 두 대가 같이 지나가도 장애가 없을 만큼 넓은 모습을 읊었다.

정조와 관련된 '주교'를 건너며 직접 수원행차에 참가하면서 보이는 광경을 자세히 읊었으며, 경물과 사실만 읊은 것이 아니고 행차광경, 과거의 기억 등을 자세하게 묘사하였다. 짤랑짤랑 어가의 방울소리와 오마작대의 행진모습, 부녀자들의 춤추는 모습 등이 상상이 되도록 사실적으로 현장감 있게 표현하였다.

'억아정고이란침(憶我正考移灤寢)'의 구절부터는 옛 정조가 사도세자를 추모하던 일을 추억하고 있다. 슬픔이 극에 달해 아버지를 그리워하던 정조의 효성과 정이 피가 되어 흐른다고 표현하면서 당시의 상황을 생생하게 언급하였다. 또한, 시인의 마음속의 성정을 묘사하여 마지막 부분에 주교를 영원토록 추억할 것과 이 능원에 성묘하는 동안 임금이 강건하고 세세토록 무탈하기를 구가하였다.

'주교(舟橋)' 시는 「한경잡영」에서 가장 길이가 긴 시이다. 7언 70구로 글자 수가 494자로 된 장편고시이다. 특히 측성운(仄聲韻)을 사용하여 일운도저(一韻到底)로 된 시이다. 주교(舟橋)와 관련된 역사적인 사실과 현재의 주교다리의 모습, 임금의 추억, 사도세자에 대한 정조의 효심 정조를 향한 작자의 충심 등 여러 가지 주제가 혼합되어 있다. 김기서가 말한 '주교지석(舟橋之夕)'과 '읍첨오운(泣瞻梧雲)'의 두 구는 위 시의 '강교의구오운모(江橋依舊梧雲暮)'의 구절과 의미가 통하며 시 전체에 흐르는 정조의 사도세자에 대한 애끓는 효심과 그리워하는 마음이 담겨있다. '창오산(蒼梧山)'은 순임금을 장사지낸 곳으로 '창오산의 구름'은 '임금을 그리는 정'을 나타낸 강세륜의 충심을 말한다. 주교 행사에 직접 참가하며 눈물을 흘리고 울면서 정조의 은의에 감사하며 그를 그리워한 것을 말한 것이 주요 내용인데, 자신의 감정을 표출하는 데는 이처럼 긴 장편고시가 적합하였던 것이다.

이상에서 살펴본 바와 같이 「한경잡영」의 창작배경에는 다양한 요인이 있다. 「한경잡영」은 18세기 활발한 도시의 변화와 정조의 문예부흥으로 인한 「성시전도시」를 경험한 작자의 개성적 창작품이다. 19세기 '한양의 재발견'이지만 이는 새로이 등장한 문예가 아닌 고문의 전통을 이어 삼도부의 정신을 담고자 하였고, 내용은 벗어나지 않으면서 형식적으로는 팔경이라는 제한된 형식을 벗어나 잡영이라는 개성을 발휘할 수 있는 자유로운 형식을 취하였다. 그는 승경과 향토정서를 통해 경물을 노래하고 성정을 표현하며 모방하지 않는 개성적인 문학을 추구하였다. 왕도의 송축, 여민동락하는 태평성대의 구가라는 주제의식과 동시에 정조를 회상하며 추억하고 남인을 배려하던 은의에 감사하는 성정이 유발되는 감상이 한껏 드러난다. 이처럼 「한경잡영」은 18~19세기 초 한양의 다양한 모습과 감흥을 여실히 보여주는 작품이며, 한양을 노래한 경도시(京都詩)의 시맥을 여실히 잇고 있다.

2. 한양도성의 입지-산세山勢와 오강五江의 승경勝景

조선왕조 한양의 도시공간은 유교이념과 풍수지리사상의 영향 아래 건설되었다. 이 중 풍수 지리적 이념에 크게 의존했다.[54] 한양은 통일 신라 경덕왕 16년(757)에 한양군(漢陽郡)이라 하였고, 고려 태조 23년(940)에는 양주(楊州)로 그 이름이 개칭되었고, 조선에 와서 다시 한양(漢陽)·한성(漢城)으로 불리었다. 풍수지리학적으로 한양의 도시공간은 명당의 형국을 지녀 조종산(祖宗山)인 백두산으로부터 내려온 지맥이 조산(祖山)인 북한산으로 이어지고, 주산(主山)인 북악산으로 연결되었다.

「한경잡영」에서는 우선적으로 사방을 둘러싼 한양의 산세와 지세를 읊었는데, 삼각산, 목멱산, 인왕산, 타락산의 큰 공간을 제목으로 설정하여 사방경계를 설정하였다. 「한경잡영」 1제에서 4제까지 첫 구절이 모두 차례로 '삼각지산재한북(三角之山在漢北)', '목멱지산재한남(木覓之山在漢南)', '산왈인왕한지서(山曰仁王漢之西)', '산왈타락한지동(山曰駝駱漢之東)'이라 하여 북·남·서·동을 둘러싼 산세(山勢)로 경계하였다. 강준흠은 여기에 백악산(白嶽山-北岳山)을 추가하였다. 이 산들은 이중환(李重煥)이 『택리지(擇里志)』에서 "성 안에 있는 백악산과 인왕산은 돌의 형세가 사람을 두렵게 한다."라고 할 정도의 위세를 지닌 바위산으로 한양을 호위하기에 굳건하였다.

'삼각산(三角山)'(1제)은 한양을 상징하는 존재로 지금의 북한산을 말한다. 백운대(836m), 인수봉(810m), 만경대(779m) 세 봉우리로 이루

54 고동환, 「조선시대 한양의 수도성-도시의 위계와 공간표현을 중심으로」, 『역사학보』 제209집, 역사학회, 2011, 53면.

어졌기에 삼각산이라 불렀다.

三角之山在漢北	삼각산은 한양 북쪽에 있으니
嶄巖崒拔天所作	우뚝한 바위 높이 솟음은 하늘이 지은 바라네.
帝座咫尺通呼吸	상제의 옥좌와 지척간이라 호흡이 통하고
景雲祥靄繞撲撲	상서로운 구름과 안개가 무성히 감싸고 있네.
一支南馳龍蜿蜒	한 지맥이 남쪽으로 달려 용처럼 꿈틀거리니
聖祖開基此維宅	성스런 조상이 나라를 열며 이곳에 자리를 잡으셨네.
大榦直壓麗王宮	큰 줄기가 곧바로 고려의 왕궁을 누르니
鐵狗遙吠竟何力	철구들이 멀리서 짖어댄들 끝내 무슨 힘이 있으랴.
半山屹屹崇其墉	산의 절반까지 가파르게 그 성벽을 높이 쌓아
高廩陳陳腐厥積	높은 곳집 늘어서서 그 쌓은 곡식이 썩을 정도라네.
山映之樓白雲臺	'산영루'와 '백운대'는
公子王孫恣行樂	공자왕손이 마음대로 즐거이 노니는 곳.
但願蒼蒼不騫崩	다만 원하노니 푸른 하늘이 무너지지 않아서
千秋萬歲鎭京國	천년만년토록 나라의 수도를 보호해주소서.

우뚝한 바위가 보이는 삼각산은 황제의 기운을 가지고 조선을 건국하는 기반이 되었다. '천(天)', '제(帝)', '성(聖)'으로 상징되는 하늘을 내세우며 영험함이 건국의 기조임을 말하였다. '박박(撲撲)', '흘흘(屹屹)', '창창(蒼蒼)'은 시어의 반복으로 강조의 표현기법을 사용했다. '산영루'와 '백운대'는 당시에 많은 왕손들과 공자들이 유람하던 승경이었으며, 삼각산은 오래도록 서울을 보호해주는 가장 훌륭한 산악으로 꼽혔다. 장소가 제목이 되며 그 장소의 경물과 특징을 진솔하게 서술하는 방식을 취하고 있다.

7, 8구에 조선이 고려의 왕궁을 누르고 천기(天氣)를 받은 나라임을

강조하며 건국의 정당성을 부여하고 있다. 이는 '용비어천가(龍飛御天歌)' 제2장의 '해동육룡(海東六龍)'을 연상케 하며 마지막 구에도 태평성대를 구가하여 천년만년 서울을 보호해주길 기원하고 삼각산의 위세를 확장시켰다. 8구의 '철구(鐵狗)'는 도선 국사가 예언한 일로, 12마리 철구를 만들어 개성에서 북한산 쪽을 바라보게 했다고 한다. 다음은 홍의호의 '삼각산'(1제)이다.

海內名山祖崑邱	세상의 이름난 산은 곤륜산을 으뜸으로 치는데
太行巫閭鎭幷幽	태항산과 의무려산이 병주와 유주를 진무하네.
一幹蜿蜒截漠來	한 줄기 굽이굽이 사막을 끊으며 내려와
大角天池鬱蟠虯	대각성 아래 천지가 용처럼 서려 있네.
帝眷維宅東方聖	상제가 돌보시어 동방의 성왕이 터를 잡으니
神皐福地基千秋	신령스럽고 복된 땅에 천년의 나라 기틀 세웠네.
三峯嵂屼薄太淸	세 봉우리 우뚝 솟아 태청궁까지 닿으니
祥雯瑞靄其巓浮	상서로운 구름과 아지랑이가 꼭대기에 떠있네.
鸞笙羽盖白雲臺	난새가 울고 신선이 강림하는 '백운대'
石澗桃花山映樓	계곡물과 복사꽃이 아름다운 '산영루'
萬杵崇墉十二寺	일만 절구와 높은 담장의 열두 절을 지어
儲胥干戈壯遠猷	방패와 창을 보관함은 앞날을 위한 방비라네.
嶽靈呵護億斯籙	산악의 신령께서 나라의 운수를 억만년 보호하여
殷景周嵩永匹休	성대했던 은나라 주나라에 영원히 아름다움 짝하리라.[55]

1~6구는 중국의 명산을 들어 그 기운이 상제의 도움으로 동방의 성왕에 도달하였고 삼각산에 이르렀음을 예찬하였다. 삼각산의 위세

55 洪義浩, 『澹寧瓿錄』 卷20, 「漢京雜咏」 1題, '三角山'

와 장엄함을 노래하며 중국의 유명한 명산들과 비견하고 신령스러운 봉우리인 '백운대', 아름답기로 유명했다는 '산영루(山映樓)'와 '열두 절'을 노래하였다. 우리나라의 땅을 '신고복지(神皐福地)'라 하였고, 백두산 천지에서 내려온 지맥임을 강조하였다.

강세륜의 시와 비교하여 표현기법에는 차이가 있지만 주제 면에서는 크게 다르지 않다. 두 사람 모두 백운대와 산영루를 동시에 노래하여 빼어난 정경을 묘사하였다. 경기도 기념물 제223호인 산영루는 북한산의 절경(絶景) 중 한 곳으로, '아름다운 북한산의 모습이 물가에 비친다.'라 하여 붙여진 이름이다. 물에 비친 해와 산의 푸름을 묘사한 시가 있으니 "흰 구름은 깊은 돌을 안고, 산 아지랑이는 옷자락을 적시는데, 찬 샘물은 바위틈에서 솟아, 십리를 구슬 되어 달리네. 지는 해는 물결 한가운데로 내려오고, 산의 푸름이 잔물결에 비취네."[56] 라 하였다. 11구의 '십이사(十二寺)'는 당시에는 12개의 사찰(寺刹)이 있었으며, 북한산성 문화재청 누리집에도 "성내에는 중흥사를 비롯한 12개의 사찰과 99개의 우물"이라 하였다.[57]

당시에 사찰의 본래 목적은 산성의 방위였는데 이러한 산성승군의 활약상은 강준흠의 '삼각산'에서도 나타난다. 강준흠은 먼저 지명에 대한 간단한 소개를 하였다. 그는 "삼각산은 일명 화산이다. 신라 때는 부아악(負兒嶽)이라 칭하였다. 세 개의 봉우리가 깎아지른 듯 서있

56 李簉, 『再思堂先生逸集』 卷1, 「山映樓」, "白雲抱幽石, 嵐氣濕人衣, 寒泉出石竇, 十里跳珠璣. 落日下波心, 山翠映漣漪."

57 윤기엽, 「북한산성의 승영사찰－사찰의 역할과 운영을 중심으로」, 『국학연구』 25집, 한국국학진흥원, 2014, 493~533면. 『備邊司謄錄』을 전거로 하여 본영인 중흥사와 숙종 37년 새로 건립된 승영사찰로 상운사, 서암사, 진국사, 보국사, 보광사, 용암사, 태고사, 국녕사, 원각사, 부왕사의 10寺를 말하였다. 중흥사와 노적사를 추가하면 12寺이다. 이들은 각기 훈련도감, 금위영, 어영청 소속이었다.

으니 실로 도성의 진산(鎭山)이다. 북한산성이 있다.[一名華山, 新羅稱負兒嶽, 三峯削立, 實都城之鎭山, 有北漢山城.]"라고 하였다.

鴨東一域盡青山　압록강 동쪽 한 구역이 온통 푸른 산인데
國在千峯萬壑間　나라는 천 봉우리 만 골짜기 사이에 있네.
太祖曾開萬世基　태조가 일찍이 나라를 열어 만세의 터를 잡으시니
南山北嶽當重寶　남산과 북악이 마땅히 중요한 지역이라네.
最後三峯勢更傑　가장 뒤쪽 세 봉우리가 형세가 더욱 뛰어나
削成全石如積鐵　바위 하나를 깎아 만들어 쇠를 쌓아놓은 듯하네.
萬戶長看四時雲　일만 가호에선 늘 사계절의 구름을 볼 수 있고
淸秋已宿三冬雪　맑은 가을이면 벌써 한겨울의 눈이 쌓이네.
少小擔簦向此間　젊은이들 우산을 메고 이 사이를 향하니
東寺西寮度寒熱　동쪽 절 서쪽 암자에서 추위와 더위를 피한다네.
崔瑩祠前落日捿　최영의 사당 앞에 지는 해가 깃들고
李濡城邊北斗低　이유의 성 가에는 북두성이 나직하네.
踏石穿林恣冥搜　바위와 숲을 돌아다니며 마음대로 승경을 찾으나
白雲仁壽天無梯　'백운대', '인수봉' 만은 사다리가 없는 하늘과 같네.
僧軍五百學砲射　승군 오백 명이 포와 활쏘기를 배우니
廟謨綢繆備東西　조정의 계책 주밀하여 사방을 방비하네.
豈獨關防衛聖主　어찌 방어의 시설만이 성스런 임금을 호위하랴
能爲生民致靈雨　능히 백성을 위하여 신령한 비를 내리게 하거늘.
遮莫人才關國運　인재가 국운에 관계되었다 말하지 말라
降神世世生申甫　강림한 신령이 대대로 신백(申伯), 중산보(仲山甫)를 낳으시리니.[58]

앞부분에 산세와 봉우리의 뛰어남과 백운대, 인수봉을 읊은 것은

58 姜浚欽, 『三溟詩集』 6編, 「漢京雜詠」 1題, '三角山'

강세륜, 홍의호의 시와 비슷하다. 다만 뒤에서는 독특한 역사적 인물과 사건을 들었다. 최영장군의 사당이라 함은 고양향교 뒤쪽 북한산에 있는 최영장군의 묘와 사당을 말한다. 승군은 1378년 3월 대마도의 왜구와 강화도의 외군이 침략하였을 때 500명이 활약하였던 일이 있는데, 이후에도 성곽의 방어와 관리를 하며 승군이 주둔한 승영사찰은 도성의 방어에 중요한 역할을 담당하였다. 이유(李濡, 1645~1721)의 성(城)이라는 것은 북한산성은 백제 때부터 있던 것인데 숙종조(肅宗朝) 말기에 상신(相臣) 이유(李濡)가 건의하여 증축한 일을 말한다. 이처럼 삼각산은 국도를 호위하는 지세의 역할과 더불어 매우 중요한 수도방위의 역할을 했으며, 제향을 위한 장소이기도 했다. 수도를 보호하고 호위하는 굳건한 산세, 선조와 궁궐, 풍년의 기원 등 승경이 중요한 소재가 되었다.

세 사람의 시 중에서 강준흠의 시가 가장 영사성(詠史性)이 강하다. 강세륜의 시도 영사적(詠史的)인 면이 없지는 않지만 경치를 읊고 태평을 구가하고 왕도를 찬양하는 성격이 짙다. 이는 '목멱산(木覓山)'(작품2)에서 두드러지게 나타난다. 백악산과 목멱산에는 나라의 제향을 받들던 단(壇)이 있었다. 목멱산은 태조 이성계가 한양에 정도할 때 풍수지리상 안산(案山)노릇을 하는 산으로 시에서 호랑이가 웅크리고 용이 오르는 듯한 웅대한 모습을 읊고 있지만, 후반부에는 '승평백년(昇平百年)'이라 하여 태평성대를 읊고 '국태민안(國泰民安)'을 노래하고 있다.[59] 다음은 서쪽의 '인왕산(仁王山)'이다.

---

59 姜世綸, 『芝園集』 卷3, 「漢京雜詠」 2題, '木覓山', "木覓之山在漢南, 元氣蒼蒼與天涵. 虎踞龍騰厥像大, 周岐魯蒙其名叅. 江頭一望桑千株, 夸娥養得山頭蠶. 雙闕六宮對子午, 瑞霞樣雯互吐含. 昇平百年邊塵宿, 如例烽烟雜晴嵐. 花辰燈夕繁華盛, 宰相筍輿公子驂. 士女如狂爭登覽, 絃管嘈轟歌正酣. 更願吾王長與

山曰仁王漢之西　산의 이름은 '인왕'이라하니 한양의 서쪽
飛如舞鳳蹲如猊　춤추는 봉황이 나는 듯 사자가 웅크린 듯.
社壇深邃蔭喬木　사직단 깊고 깊은 곳 교목들이 그늘지고
曲城上下連層梯　굽은 성 위 아래로 층계와 계단이 이어졌네.
俯瞰長安春正爛　장안을 굽어보니 봄이 정히 무르익고
御柳垂垂草萋萋　버드나무 늘어진 곳에 풀은 우거져있네.
遊人日夕歌鍾起　노는 사람 밤낮으로 노래하며 종소리 들려오니
弼雲之臺玉流溪　필운대와 옥류천에서라네.
東皇增飾昇平像　봄의 신이 태평성대 형상을 더하고 꾸몄으니
瑞花不落祥禽啼　풍년을 부르는 꽃 지지 않고 상서로운 새들 지저귀네.

한양의 서쪽은 인왕산이며, 사직단, 필운대, 옥류계가 있다. 1, 2구에서 산세의 모양과 영험함을 드러내었고, 5, 6구는 무르익는 봄에 버드나무의 푸른빛 가득한 정경으로 화류(花柳)를 그렸으며, 7, 8구는 인왕산 자락의 필운대와 옥류계 근방에서는 봄이 되면 놀이하는 사람들이 끊이지 않았음을 말해준다. 이곳은 꽃구경 오는 사람들로 가득하고 새들 소리로 정겨운 곳이며, 봄이 무르익어 '유인(遊人)'이 하루 종일 붐비는 곳이다. 조수삼(趙秀三, 1762~1849)은 "봄추위가 있는 지역이 많아서 3월초에 이르러서야 비로소 꽃봉오리가 맺히고 열흘 뒤쯤 이에 활짝 핀다. 서울 내외 꽃을 심은 110여 곳이 있는데, 필운대, 육각정, 도화동, 성북둔이 갑을을 다투니 백성들이 구름떼처럼 몰려 술을 마시고 하루 종일 벌떼와 화살촉처럼 몰려드니 이를 '화류(花柳)'라 했다. 꽃이 질 때까지 대개 열흘정도 했다."[60]라고 하였다. 성현(成

玆山壽, 國泰民安多子男."

60 趙秀三, 『秋齋集』 卷8, 「歲時記」, '賞花', "地多春寒, 至三月初始作蓓蕾, 旬後乃爛漫, 京城內外種花百十區而弼雲臺六角亭桃花洞城北屯, 爭擅甲乙, 士女紛

俔, 1439~1504)은 "한성(漢城) 도성 안에는 경치 좋은 곳이 적지만 그 중 놀만한 곳으로는 삼청동(三淸洞)이 제일이고, 인왕동(仁王洞)이 다음이요, 쌍계동(雙溪洞), 백운동(白雲洞), 청학동(靑鶴洞)이 그 다음이다."[61]라고 하였다. 북악, 인왕산 지역에서 승경이 셋이나 손꼽혀 유명한 승경지로 인식되고 있었음을 알 수 있다.

『신증동국여지승람』 제3권 「한성부(漢城府)」의 '산천조(山川條)'에서 북악, 인왕산 일대의 명승으로 백운동(白雲洞)과 대은암(大隱巖), 만리뢰(萬里瀨)를 싣고 있는데 모두 고관(高官)의 저택이 들어선 곳이었다. 효령대군(孝寧大君)의 집도 인왕산 기슭에 있었으며 안평대군의 옛 집터도 그 부근이었다고 한다. 9구의 '동황(東皇)'은 봄의 신을 말하며, '서화(瑞花)'는 풍년이 들게 하는 꽃이라는 뜻이다. 이 시어들은 평화와 안녕과 풍년을 상징하고 있으며, 모두 '승평(昇平)'을 노래하고 있다. 큰 장소(인왕산) 안에 작은 장소(사직단, 필운대, 옥류계)가 있고 그 안에 유인(遊人)들이 드러나 태평성대는 승경(勝景) 안에 백성과 더불어 존재하고 있음을 보여준다.

山曰駝駱漢之東	산 이름은 '타락(낙타)' 한양의 동쪽
委蛇軟麓環如弓	굽은 뱀처럼 부드러운 기슭은 활처럼 둘렀구나.
右與白嶽爲兩翼	오른쪽에 백악산과 더불어 양쪽 날개가 되어
龍蒼虎白衛王宮	푸른 용, 흰 호랑이 되어 왕궁을 호위한다네.
繁華舊稱東村盛	번화한 옛날에는 동촌이 성하다고 칭했으니
卿相第宅何穹崇	재상들 집들은 어찌 크고 융숭한지!
二月三月花正發	2월 3월 꽃이 한창 필 때면

集, 壺觴流行, 終日如屯蜂簇, 曰花柳, 以至花落, 大率常十日."

61 成俔, 『慵齋叢話』 卷1.

環山桃李錦帳紅　산 둘레 복숭아 오얏꽃이 비단처럼 붉게 펼쳐진다네.
紅衣掖隷來習射　붉은 옷 별감들 와서 활쏘기 익히니
帿掛平岡箭出筒　과녁을 평강에 걸면 화살이 전통에서 나오네.
頭白泮官無一事　머리 허연 성균관 관리는 아무 할일 없이
太平歌頌翠微中　비취빛 희미한 가운데 태평가로 송축하네.

청룡백호가 호위하는 도성은 동쪽으로는 타락산(駝駱山)이 둘러져 있고, 5구의 표현처럼 당시에 부촌이라 일컬었던 동촌(東村)이 있다. 봄에 꽃놀이 할 때에는 복숭아꽃, 오얏꽃이 비단휘장처럼 붉게 물들고 별감들은 활쏘기하며 시간을 보내고, 머리 허연 관리는 별일 없이 태평성대를 송축한다. 6구에 재상들의 으리으리한 집들이 묘사되었는데 건덕방(建德坊) 타락산 아래에 인평대군(麟坪大君)의 집이 있었고 넓은 규모와 화려함이 여러 제택(第宅)중에 제일이었다고 한다. 별감들은 활쏘기하며 한가로운 모습을 보이니 가히 태평성대를 구가하며 왕조를 송축한다.

강이천의 「상사일유도화동병소서(上巳日遊桃花洞并小序)」에 보면 3월 삼짇날 왕희지의 난정지유(蘭亭之遊)를 흠모하여 성균관에서 함께 하던 소인묵객(騷人墨客)들과 승경의 도화동(桃花洞)에서 유상(遊賞)하며 시주회(詩酒會)를 가졌다는 기록이 있다.[62] 도화동의 꽃놀이

62 姜彝天, 『重菴稿』 元, 「上巳日遊桃花洞并小序」, "遊曷貴乎, 癸丑(1793) 三月巳日也, 慕右軍蘭亭之遊也, 三月巳日之禊, 前乎右軍已有之, 右軍之遊, 適在癸丑, 於是, 後人, 必以癸丑三月巳日之遊爲貴, 後乎右軍, 癸丑三月巳日屢矣. 騷人墨客, 臨水觴咏, 如右軍之爲者, 何限而今皆不知, 儘乎, 其貴, 在於文 在於書, 在於人, 而不在時也. 吾輩在太學, 値癸丑三月巳日, 相携出泮水之西, 小岡地, 有溪有山, 有幽花, 有老石, 有芳草, 有明沙, 遂以一詩侑一飮詩成卷…(後略)."

는 성북동의 북둔(北屯) 도화(桃花)구경을 말한다. 북둔은 총융청의 한 주둔지가 성북동천 상류에 있어 부른 이름이며, 북둔 일대에는 복숭아나무가 많아서 홍도동, 도화동, 복사동이라 불렀다. 이처럼 한양은 동서남북 여러 산자락으로 둘러싸여있고, 승경을 누리는 평화로운 정경들로 그려져 있다.

이러한 주산을 배경으로 궁궐의 여러 장소와 성균관을 지나 작자는 청계천 일대로 시선을 옮겨가고 있다. 산세의 명당에 배산임수의 물줄기인 한강을 묘사하였으니 당시에 오강(五江)이 있었다. 『정조실록』에는 오강(五江)을 한강(漢江), 용산(龍山), 마포(麻浦), 현호(玄湖), 서강(西江)이라 하였고, 강세륜은 오강을 노량(露梁), 한강(漢江), 서빙고(西氷庫), 동작(銅雀), 송파(松坡)의 다섯 나루로 구분하였다. 한강은 최고의 유상지(遊賞地)로 각광을 받았으며, 사대부들은 한강변의 구역을 차지해 누정을 건립하고 풍류를 누리며 한강의 풍광을 만끽했다. 강준흠은 오강에 대해 "한강물은 강릉 오대산에서 발원하여 서쪽으로 오백 리 흘러 한양의 동남쪽에 이르러 두모포, 한강도가 되고 더 서쪽으로 노량진, 용산강, 서강이 되며 행주에 이르러 바다로 들어가니, 실로 한경의 동쪽 서쪽 남쪽 3면을 포괄한다. 배들이 모여드는 곳에 이 오강이 있는데, 다른 나루는 여기에 끼지 못한다."[63]라고 하여, 두모포, 한강도, 노량진, 용산강, 서강이라 하였다.

강세륜은 먼저 노량(露梁)에서 "겨우 주교의 노래를 마치니, 또 노량의 노래를 진행하네. 용양봉저정 위에 상서로운 구름이 아름답구

---

63 姜浚欽, 『三溟詩集』 6編, "漢水發源於江陵五臺山, 西流五百里, 至漢陽之東南爲豆毛浦, 爲漢江渡. 又西爲露梁津, 爲龍山江, 爲西江, 至幸州入海, 實抱漢京之東西南三面, 其舟船都會之所, 有此五江, 而他津渡不與焉."

나."[64]라고 하여 첫 구절을 통해 1817년 화성행차에 동행하며 노래한 '주교(舟橋)'(36제)에 바로 이어서 쓴 시임을 알 수 있다. 주교[65]는 용양봉저정(龍驤鳳翥亭)이 있는 노량에 놓았는데, 용양봉저정은 1789년 이후에 지어진 누정으로 정조가 현륭원을 거둥할 때마다 이 나루를 건너며 잠시 점심을 먹고 쉬어가기 위해 지은 주정소(晝停所)였다. "40년을 다니며, 한강의 배로 왕래하였네. 종남산을 매번 바라보니, 마주한 곳마다 옥 같은 누각이네."[66]라 하여 40년 동안 상주와 서울을 다니며 이 나루를 통해 한강을 건넌 경험을 노래하였다. 한강은 지금의 한강전체를 이르는 말이 아니고 한강진과 한강나루를 말한다. 조선시대 제1의 도선장(渡船場)으로 한강도(漢江渡)라 하였다. 『신증동국여지승람』에는 더 자세하다.

> 한강은 목멱산 남쪽에 있는데, 옛날에는 한산하(漢山河)라 했다. 신라 때 북독(北瀆)이라 하여 사전(祀典)에서 중사(中祀)에 실려 있었으며, 고려 시대에는 사평도(沙平渡)라 하고, 사리진(沙里津)이라고도 했다. 그 근원이 강릉부(江陵府) 오대산(五臺山)에서 나와 충주(忠州) 서북쪽에 달천(達川)과 합하고, 원주(原州) 서쪽으로 안창수(安昌水)와 합하며, 양근(楊根) 서쪽에 이르러 용진(龍津)과 합한다. 광주(廣州) 땅에 이르러 도미진(度迷津)이 되고, 광나루[廣津]가 되며, 삼전도(三田渡)가 되고, 두모포가 되며, 경성 남쪽에 이르러 한강나루가 된다. 여기서 서쪽으로 흘러 露梁

---

64 姜世綸, 『芝園集』 卷3, 「漢京雜詠」 37題, '五江', "纔罷舟橋歌, 且進露江詞. 龍驤鳳亦翥, 亭上瑞雲麗. (右露梁)"

65 李圭景, 『五洲衍文長箋散稿』 人事篇, 「器用類」 '舟車', "舡以舟爲橋也. 周赧王始作浮橋. 化舟爲梁 加板於上. 水急不可爲橋. 故以浮舟渡. 我東則正廟中葉. 舟橋創設於鷺梁津. 以爲謁顯隆園之木道焉."

66 姜世綸, 『芝園集』 卷3, 「漢京雜詠」 37題, '五江', "行將四十秋, 來往漢江舟. 終南每入望, 對處是瓊樓. (右漢江)"

[노들]이 되고, 용산강(龍山江)이 되며, 또 서쪽으로 나가 서강(西江)이 되고, 금천(衿川) 북쪽으로는 양화도(楊花渡)가 되며, 양천(陽川) 북쪽에서 공암진(孔巖津)이 되고, 교하(交河) 서쪽에 이르러는 임진강과 합하며, 통진(通津) 북쪽에 이르러 조강(祖江)이 되어 바다로 들어간다.[67]

한강나루는 중요한 나루터로 지목되었으며, 서울에서 용산, 충주로 통하는 큰 길의 요충지였다. 그래서 국초부터 이곳은 별감이 파견되어 인마의 통행을 기찰하고 통행의 편의를 도모하였다. 다음 시는 서빙고에서 바라본 잠두봉의 정경이다.

隔岸桑千樹　　물 건너편의 천 그루 뽕나무
青青對蠶頭　　푸릇푸릇 잠두를 마주했네.
蠶生萬軸絲　　누에가 일만 축의 실을 뽑아내듯
綿我宗祊休　　우리나라의 아름다움도 이어지리.(右 西氷庫)

서빙고 나루터는 한양과 충청, 전라, 경상 지역을 이어주던 나루터로 현재 반포대교가 있는 곳이다. 이 시는 서빙고에서 바라본 잠두의 모습을 형용한 것이다. 승(承)구의 잠두는 남산근처에 있던 잠두봉을 이르는 말로,[68] 고지도에는 잠두라 하였다. 뽕나무를 많이 심었다고 하며 결구에 누에가 만든 실로 종방의 아름다움을 이어가길 송축하고 있어 서빙고 주변의 승경은 실이 이어지듯 길이길이 승평의 기원으로 귀결된다. 기(起)구의 뽕나무 천 그루와 승(承)구의 잠두봉, 전(轉)구의 누에, 결(結)구의 실은 하나로 이어지고 있다. 서빙고나루터는 주

---

67 『新增東國輿地勝覽』 제3권, 「漢城府」.

68 李圭景, 『五洲衍文長箋散稿』天地篇, 「鬼神說」, “京城木覓山蠶頭峯之國師堂淫祠.”

변에 얼음을 보관하던 창고가 있었기에 불린 이름이며, 남한강의 세곡선이 정박하기도 했다.

明沙浩無際	맑은 모래가 넓게 끝이 없으니
蒼壁掛層屛	푸른 벽은 층층이 병풍처럼 걸렸다네.
遇灘船去疾	여울을 만나 배가 빠르게 지나가니
回首狎鷗亭	머리를 돌리면 압구정이라네.(右 銅雀)

기(起)구는 강 옆에 모래가 끝없이 펼쳐진 동작나루터의 모습을, 승(承)구는 층층이 병풍같이 얕은 산으로 둘러싸인 정경을 병풍으로 둘러싸인 것으로 비유하였다. 일명 동작진(銅雀津), 동작도(銅雀渡)라 한 것은 강변 일대에 검붉은 구릿빛[銅] 색을 띤 돌들이 많이 분포되어 이름이 유래한 것이다. 전(轉)구에 여울을 만나면 배가 빠르게 지나간다고 하였는데, 조희일(趙希逸, 1575~1638)은 1616년 지은 「퇴우정기(退憂亭記)」에서 "한강의 물은 동에서 남으로 꺾어져 구불구불 흐르다가 서쪽으로 달려가는데, 물살이 느려지는 곳을 만나 걸음을 멈추게 되는 곳이 동작나루다. 강의 남안(南岸)이 일어났다 엎드렸다 하여 언덕이 되고 깎아지른 듯 서서 암벽이 되어 천 길 우뚝하게 강바닥에 꽂혀 있으니 강물에 부딪혀도 떠다니지 않는 것은 바위의 힘이다."라 하였다.[69] 느린 물을 따라가다 굽은 곳의 여울을 만나 빠르게 회전하는 것을 표현한 것이다.

69 趙希逸, 『竹陰先生集』 卷15, 「退憂亭記」, "漢之水, 自東而迤南, 曲轉而西走, 得水勢之, 舒緩而爲泊步者, 曰銅雀渡也. 江之南岸, 起伏爲堆阜, 削立爲巖壁, 千尋突兀, 揷入江底, 乃捍江流而不汎, 巖之力也."; 이종묵, 「정선의 그림 속에 살던 사람들-〈廣津〉, 〈鴨鷗亭〉, 〈銅雀津〉을 중심으로」, 『국문학연구』 32권, 국문학회, 2015 참조.

이보다 앞선 시기이긴 하지만 겸재 정선(1676~1759)이 1741년 그린 「경교명승첩(京郊名勝帖)」의 동작진(銅雀津)과 압구정(狎鷗亭) 그림이 있어 당시의 모습을 상상해볼 수 있다. 3구의 '우탄선거질(遇灘船去疾)'에서는 배가 빠르게 흐르듯 돌아가는 속도감이 느껴지며, 고개를 돌리면 4구의 한명회의 압구정이 등장한다. 18세기 중반 한강변은 조선 최고의 명소로 칭송되었으며 그중 압구정은 한강 최고의 승경을 자랑하였다. 중국의 사신이 오면 꼭 방문할 정도로 유명한 곳이었으며, 19세기 초까지도 모습이 건재했던 것으로 보인다.

송파나루에서는 삼전도의 역사적 사건과 병자호란이 끝나고 1637년 인조가 삼전도에서 굴복함으로 세워진 삼전도비각을 읊어 굴욕의 역사를 상기시켰다.[70] 삼전도는 1439년(세종21)에 신설되었던 나루터로 주로 상인들이 이용하였던 교통의 요지였다. 이곳은 서울의 외곽을 지키는 송파진이 있어 별장이 다스렸는데, 별장은 송파나루 외에도 삼전도(三田渡), 동잠실(東蠶室), 광진(廣津), 독음(禿音) 등의 나루터를 함께 관할하였다. 서울과 광주를 잇는 중요한 나루터로, 땔나무와 담배 등을 서울에 공급하였기에 송파는 나루터보다 시장으로서의 기능이 컸다고 한다. 이렇게 강세륜이 오강을 다섯 수의 시로 그 특징을 묘사한 반면, 홍의호의 '오강'은 7언 절구의 한 수로 압축되어 있다.

五江佳勝畫圖開	오강의 아름다운 경치는 그림처럼 펼쳐져
沙鳥煙雲滿目來	모래와 새 안개와 구름이 눈에 가득 들어오네.
欲掉扁舟三十里	조각배 저어 30리를 가면서
醉吟看盡好亭臺	취해 읊조리며 좋은 누정들을 다 보고 싶네.[71]

70 姜世綸, 『芝園集』 卷3, 「漢京雜詠」 37題, '五江'. "落日三田渡, 江山滿目愁. 靑瓦有碑閣, 何處讀春秋. (右松坡)"

오강의 아름다운 승경이 그림처럼 아름답고, 한강변의 모래와 새들, 안개와 구름이 달빛아래 아름다운 저녁 무렵 조각배를 타고 어디론가 가고 있는 작자의 개인적 체험이 담긴 시이다. 정자와 누대가 그림처럼 풍경이 좋게 느껴진다. 객관적인 경치와 공간은 작자의 주관적 체험의 공간이 되고 있다. 지금도 정자와 누대가 멋들어진 한강을 관람하는 유람선이 옛날엔 조각배로 그려졌다. 전, 결구에 30리 배를 저어 정자들을 모두 보고 싶다고 하여, 당시 한강변의 수많은 정자들이 있었음을 알 수 있으니, 18세기 한강변의 누정을 기록한 엄경수(嚴慶遂, 1672~1718)의 「연강정사기(沿江亭榭記)」에 모두 29개의 누정이 있다고 하였다.[72] 조희일(趙希逸)도 "무릇 한강의 동서남북의 아름다운 경치의 빼어난 형상은 맑고도 수려하니 기이하고 묘한 것이 한 눈에 다 볼 수 있네."[73]라고 하여 빼어난 경치를 말하였다.

이러한 한강은 당시에 중요한 운반의 수단으로 조운(漕運)의 역할을 했다. 곡식과 비단 등을 운반하는 조운선(漕運船)이 다녔으며, 상선(商船)들이 오강으로 몰려오기도 했으며, 지방의 곡물을 운송하기도 했다. 이를 위해 한강 주변에는 여러 정자를 지어 관리들이 그 일을 담당했다. "오강에 바람이 고요하니 물이 비단결 같은데, 배에 실은 생황노래가 저녁놀을 띠고 있네. 성안의 현달한 관리의 정자가 좋으니, 버들 안개 깊은 곳에 처마가 드러났네."[74]라고 하여 오강의 평

---

71 洪義浩, 『澹寧瓿錄』 卷20, 「漢京雜咏」 37題, '五江'

72 안대회, 박진욱, 김세호, 「18세기 한강의 누정 조사 연구－엄경수의 연강정사기를 중심으로－」, 『한국전통조경학회지』 제35권 제3호, 2017.

73 趙希逸, 『竹陰先生集』 卷15, 「退憂亭記」, "凡漢之東西南, 佳境異狀, 淸而秀, 奇而妙者, 可一目而收之盡也."

74 姜彝天, 『重菴稿』 元, 「漢京詞」, "五江風靜水如紗, 船載笙歌帶晚霞. 城裡達

화로운 정경과 생황노래와 저녁노을이 어우러진 가운데 관리들의 정자가 우뚝한 모습을 형용하였으며, 한 폭의 그림처럼 시각적 표현으로 한강을 묘사하였다.

한강을 통해 운반된 곡식을 위해 삼창이 있었으니, 광흥창(廣興倉), 군자감창(軍資監倉), 별영창(別營倉)을 말한다. 광흥창은 백관 등의 녹봉을 관장하는 창고로 서강 북쪽에 있다. 군자감창은 용산에 있어 군수의 비축을 관장한다. 별영창도 용산에 있는데, 훈련도감 군병의 급료 지급을 관장한다.[75] 당시에 각 군현의 관할 창고에 공세미를 모아 매년 한성으로 수송하는 일은 호조에서 담당하였는데, 강세륜의 '삼창'(38제)에서는 호조에서 무미확충을 위해 쌀을 사들이려고 전국의 상선들이 올라오는 장면을 묘사하였다.[76] 「한양가」에 "조운(漕運)배 강에 대고 각색(各色) 색리(色吏) 호위(護衛)하여, 말게 싣고 쇠게 싣고 큰 수레에 잠뿍 실어, 선(先)머리를 들어오나 끝머리는 강에 있다."라고 하였고, 이덕무의 「성시전도시」에서는 "숭례문 밖에 무엇을 보겠는가, 강가의 창고에는 곡식이 억만 섬인데, 연파에 끝없는 삼남의 선박, 대발같이 들어선 돛대 만 척이나 정박하고"[77]라 하여 그 풍부한 수송 장면과 도심의 경제적 풍요를 알 수 있다. 다음 시에서는 대숲처럼 빽빽한 선박들의 조운장면의 활발함을 묘사하였다. '삼창'

官亭子好, 柳烟深處露詹牙."

75 姜浚欽, 『三溟詩集』 6編, 「漢京雜詠」 38題, '三倉', "廣興倉在西江北, 掌百官俸廩, 軍資監倉在龍山, 掌軍需儲蓄, 別營倉亦在龍山, 掌訓局軍兵放料."

76 姜世綸, 『芝園集』 卷3, 「漢京雜詠」 38題, '三倉', "倉官無事臥江阿, 倉實如今問若何. 見說嶺湖秋不稔, 明年支用又無涯.(1수), 邇來國計轉堪哀, 公賦那能出入裁. 聞道度支新貿廣, 四方商船五江來.(2수)"

77 李德懋, 『城市全圖詩』, "崇禮門外何所見, 十里江廠粟億稊. 烟波極望三南船, 簇簇帆竿萬艘艤."

의 세 번째 시인데, 앞 두 시에서는 현실적인 문제를 간접적으로 드러내었다.

傍岸臨江一洞天	옆 언덕에 올라 강을 굽어보면 골짜기와 다름없어
別營亭榭畵中懸	별영창의 정자는 그림 속에 걸린 듯하네.
三浦帆檣森似竹	세 포구에 모인 돛대들이 대숲처럼 빽빽하여
漕歌聽慣嶺南船	영남에서 온 조운하는 뱃노래 익숙히 들었네.[78]

기(起), 승(承)구에서 화자는 언덕에 올라 강을 조망하고 있는데, 내려다 본 별영창의 정자는 한강물과 조화를 이루어 한 폭의 그림 같다. 전(轉)구의 삼포(三浦)는 한강하구의 강녕포, 조강포, 마근포를 말하며, 한강하구는 충청·전라·황해·경상도의 조공무역 중심 물류길로, 각 포구들은 위치와 특성에 따라 역할을 했다. 삼포의 돛배들이 대숲처럼 빽빽하게 올라와 정박하며 세곡을 운반하던 모습으로 결(結)구에서는 영남의 선박이 올라와 뱃노래와 함께 강을 따라 움직이는 풍경을 묘사하였다.

이처럼 한양의 지세는 그야말로 산세와 오강으로 둘러싸인 요새였다. 한양의 산세와 도심을 한눈에 볼 수 있는 '한양도성도(漢陽都城圖)', '경조도(京兆圖)', '도성대지도(都城大地圖)' 등의 고지도(古地圖)를 보면 한양은 사방이 산으로 감싸이며 남쪽으로 큰 강을 끼고 있는 배산임수의 최고의 요지이었음을 알 수 있다. 작자는 이러한 도심의 태평성대를 묘사하여 왕도의 굳건함과 세세 무궁함을 축원하고 있다.

78 姜世綸, 『芝園集』 卷3, 「漢京雜詠」 38題, '三倉' (제3수).

3. 왕도의 번영–궁궐宮闕과 누각樓閣의 사적史蹟

사방으로 영험한 산세(山勢)를 둘러싼 성곽을 중심으로 그 안의 궁궐(宮闕)과 누각(樓閣)을 묘사한 시들에서는 왕조의 찬양은 물론, 작자가 당시의 사적(事跡)과 영사(詠史), 역사적 인물을 상기한 내용이 많다. 제목으로 드러난 장소인식은 그 장소와 연관된 사실(史實)과 인물(人物)의 기억으로 나타나 과거의 사실이 상기되고 영회(詠懷)한다. '창덕궁(昌德宮)'(5제)에서는 궁궐의 위엄과 '돈화문', '인정전'에 있는 화려한 임금과 왕세자를 보여준다.

門從敦化入　돈화문으로 들어가면
殿以仁政開　인정전이 열린다네.
聖人穆垂旒　성상께서 근엄하게 면류관 드리우시고
千官振佩來　모든 관리는 패옥을 울리며 나아온다네.
明堂文物盛　밝은 궁전에 문물이 성대하여
昭代氣像恢　태평시대의 기상이 넓구나.
回廊復複道　회랑과 복도가 이어지니
六宮是蓬萊　육궁이 바로 봉래로구나.
瑞鳥矜毛羽　상서로운 새는 털과 깃을 자랑하고
祥花燦瓊瓌　예쁜 꽃은 옥구슬처럼 찬란하다네.
煌煌建陽東　밝고 밝은 건양문 동쪽에
講肆闢洊雷　학문을 익히는 세자궁을 열었네.
銅龍漏纔罷　구리용의 물시계가 끝나자마자
鶴駕問寢廻　왕세자가 성상께 문안 올리고 돌아오네.

위 시는 왕궁의 모습으로 조선시대 궁궐안의 전형을 보여주며, 화려하고 상서로운 왕과 왕세자의 모습을 그리고 있다. 1구의 돈화문(敦化門)은 보물 제383호인 창덕궁의 정문으로, 시에서는 돈화문을 지나 진선문(進善門), 인정문(仁政門)을 거쳐 인정전(仁政殿)으로 이어지는 동선을 그리고 있다. 인정전은 순조3년(1803)의 화재로 불탄 것을 이듬해 12월에 중건한 것이라 한다. 회랑과 복도를 지나 보이는 육궁(六宮)은 명혜궁·육상궁·어의궁·용동궁·명례궁·수진궁의 여섯 궁으로, 동문 안쪽에 있는 내수사(內需司)를 기준으로 여러 방향에 위치해있다. 명혜궁은 내수사 동쪽에 있었으며, 뒤에는 육상궁(毓祥宮)[79]이다. 어의궁(於義宮)은 내수사 북쪽에 있었으며, 용동궁(龍洞宮)은 내수사 남쪽 건너편에 있었다. 명례궁(明禮宮)은 용동궁 남쪽에 있었으며, 수진궁(壽進宮)은 군기고 서쪽에 있었다. 마지막 구에는 왕세자가 수레를 타고 저녁 문안을 도는 평화로운 정경이 잘 그려져 있다.

'경희궁(慶熙宮)'(6제)에서는 광해군이 이 궁을 건립하였으나 이 궁에 들지 못한 채 인조반정으로 왕위에서 물러나고, 인조 즉위 후 인조반정과 이괄의 난으로 이 궁에서 정사를 보게 된 일들, 이궁(離宮)과 별원(別院), 이곳에서 승하하신 영조의 일들을 영회(詠懷)하고 있다.[80] 왕조와 국왕에 대한 기억과 찬양은 태조·세조·숙종·영조·순조의 영정을 모시고 봉안(奉安)하여 제를 거행하던 '남전(南殿)'(7제)[81]에서

79 毓祥宮은 숙종의 후궁이자 영조의 사친인 淑嬪 崔氏의 신판을 봉안한 궁으로 백악산 아래에 있었다. 춘분, 추분, 하지, 동지와 절일마다 제사지냈다. 〈六典條例 禮典 禮曹 典享司 祭祀〉, 궁궐과 누각 등 40곳의 장소선정은 제사와 봉안을 중심으로 묘사되고 설정된 경우가 많다.

80 姜世綸, 『芝園集』 卷3, 「漢京雜詠」 6題, '慶熙宮', "憲文虹渚卽玆宮, 誰壓當時御氣紅. 懿信妖言徒弊國, 經營土木竟何功. 離宮別院九門重, 北苑烟花特地濃. 衛武詩箴常在御, 昭容頭白說英宗."

81 『銀臺條例』 註에 南殿은 永禧殿을 가리키는 것으로, 영희전은 처음에 奉慈殿이

두드러진다. 칠분단청(七分丹青)의 다섯 성왕의 얼굴을 언급하는 것으로 시작하여, 사시(四時)에 그들에게 제사하여 향기를 받듦과 해동천년(海東千年)이 창성할 것으로 마무리하며 역사를 환기시킨다.[82]

그가 선택한 장소는 주로 나라의 제사와 봉안에 집중하였음을 알 수 있는데,[83] 이러한 궁궐과 왕조를 모신 상징적인 건물 외에, 한 그루의 나무지만 국왕에 대한 일화를 되살려 시제로 삼은 경우도 있다. 정조와 얽힌 일화로 남겨진 '계마수(繫馬樹)'(8제)를 통해서 왕조의 영험함과 만세천년 그 뜻을 받들 것을 각인하고 있다.

慶熙宮中大棗樹	경희궁 가운데 큰 대추나무
不啻田家老棠須晴雨	농가의 오랜 팥배나무 맑기를 바라면 맑고 비를 바라면 비오고
聖祖栽植昔何年	성스런 조상이 심은 것이 옛날 어느 해인가
其始尋常玉墀前	그 처음은 평범히 옥섬돌 앞에 서 있었네.
厮人仍作繫馬柱	하인들이 이에 말 매는 기둥으로 삼아
牽出宛駒梳刷鮮	준마를 끌고 나와 깨끗이 빗질했다네.
歲久駸駸枝榦老	세월이 점차 오래되어 줄기와 가지가 늙어
一株齵然枯影倒	한 그루만 우뚝하게 마른 그림자 드리웠네.

나 南別殿으로 불리다, 숙종 때 영희전으로 명칭이 정해졌다 하였다. 『銀臺條例』, 禮攷 16動駕에 南殿의 註)참고.

82 姜世綸, 『芝園集』 卷3, 「漢京雜詠」 7題, '南殿', "七分丹青五聖王, 端臨袞冕何煌煌. 中天赫日留寰宇, 次第紅雲捧御床. 神孫聖子瞻依在, 孝思奚啻寓羹墻. 三元展謁戎儀衛, 四時烝嘗奉芬芳. 恭知海東千千歲, 陰騭洋洋本支昌."

83 『新增東國輿地勝覽』 第2卷 비고편, 「東國輿地備考」 第1卷, '京都', "오래도록 비가 오면 숭례문 · 홍인문 · 돈의문 · 숙정문 네 문에 나가서 禜祭(개기를 비는 제사)를 거행하였다. 영제는 堂下 3품관이 연 3일간 설행하는데, 그래도 오래도록 개지 않으면 3차에 한하여 또 設行한다."

天王手澤樹亦靈	천왕께서 사랑하셨기에 나무 또한 영험하니
邦有慶會其葉青	나라에 경사스런 일이 생기면 그 잎이 푸르렀네.
幸敎宮人勤愛護	바라건대 궁인으로 하여금 힘써 애호하여
萬世千秋爲國楨	만세 천년동안 나라의 기둥이 되게 하라.

1구의 내용처럼 계마수(繫馬樹)는 경희궁에 있었다. 정조는 매일 정사가 끝나면 존현각(尊賢閣)에서 독서를 했는데, 1777년 7월 9일 존현각에 나아가 뜰 앞의 대추나무를 가리키며 "이 궁은 곧 원종(元宗－인조의 아버지)의 잠저(潛邸)였는데, 일찍이 이 나무에다 말을 매며 계마수라 이름 했다. 세월이 오래되자 나무가 말랐었는데 요사이에 어느새 곁가지에서 싹이 나와 길이가 담장을 벗어나게 되었으니, 상서로운 나무라 해야 하겠다."라고 하였다.[84] 정조 6년에는 초계문신들에게 과제로 내어 시험할 때 송(頌)으로 출제하기도 하였으며 대추를 나누어 주기도 하였다.[85]

2구에 '팥배나무가 맑고 흐린 날을 빈다.'는 것은 비 내리는 것과 맑은 날을 기원하는 신령한 존재로서의 나무라는 의미이다. 왕건의 「신수사(神樹詞)」 첫 구에 "우리 집 서쪽에 오랜 팥배나무, 맑기를 바라면 맑고 비를 바라면 비오고[我家家西老棠樹, 須晴卽晴雨卽雨.]"라고 하였다. 경희궁의 대추나무는 그보다 더한 기원의 신령스런 나무라는 의미이다. 팥배나무는 '감당(甘棠)'으로 『시경』, 「소남」, '감당(甘棠)'에 주(周)나라 소공(召公) 석(奭)이 남국(南國)을 순시하다가 팥배나무의 밑에서 민원을 처리해 주었는데, 백성들이 "무성한 저 감당나무,

84 『正祖實錄』 4권, 정조 1년(1777) 7월 9일 첫 번째 기사.
85 『日省錄』, 정조 6년(1782) 9월 14일 기사.

행여 베지 말지니, 우리 소백(召伯)께서 쉬시던 곳이니라.[蔽芾甘棠, 勿剪勿伐, 召伯所茇]"라는 시를 지어 그의 공덕을 기렸다. 후세사람들이 그를 사모하여 그 팥배나무를 차마 베지 못하였으니 이는 옛날 현인을 사모한 나머지 그가 머물던 곳이나 사용한 물건을 사랑한다는 의미이다.

『가어(家語)』에 "나는 감당(甘棠)의 시편(詩篇)을 통해서 종묘(宗廟)의 경건함에 대하여 다시 더 확실하게 인식하게끔 되었다. 그분을 사모하게 되다 보니 그분이 잠시 쉬었던 나무까지도 사랑하게 되고, 그분을 존경하게 되다 보니 그분이 걸었던 길을 노래로 부르면서 기필코 기념하려 한 것이다.[吾於甘棠, 識宗廟之敬也. 甚矣, 思其人, 猶愛其樹, 尊其人, 必歌其道.]"라고 하였다. 정조의 일을 추억함과 동시에 아버지를 그리는 정조의 효성스런 마음을 그려내고 천왕의 흔적의 영험함이 나라를 위한 근본임을 반추하고 있다. 이처럼 「한경잡영」에는 정조에 대한 추억과 관련된 주제가 많이 나타난다.

「한경잡영」은 건국의 정당성, 왕조의 찬양, 태평성대의 구가, 봉안(奉安)과 제향(祭享)에 주안점을 두고 있으며, 이러한 내용은 시의 곳곳에 보인다. '경회루(慶會樓)'(9제)에서도 성조(聖祖)의 찬양은 누각과 승경의 묘사를 통해 부각되고 제사와 송축으로 귀결된다. 또한, 작자는 자신의 개인적 경험과 성정을 직접적으로 연결시켜 더욱 심화된 작품성에 이른다. '춘당대(春塘臺)'(10제)에서는 정조에 대한 추억과 그리움으로 성정(性情)이 드러난다.

宜春門外接蓬瀛　　의춘문 밖에 봉래산 영장산을 접하니
別是仚區御路亭　　특별히 신선의 구역이라 임금의 길이 통한다네.
花映瑤軒祥靄覆　　꽃이 옥 수레 비추자 상서로운 아지랑이 덮이고

荷爭玉潋異香呈　연꽃은 옥 물결과 다투며 기이한 향기 풍기네.
鳴朝好羽棲梧鳳　아침을 알리는 좋은 새는 오동나무에 깃든 봉황이고
囀曉新聲選樹鶯　새벽 울음 새로운 소리는 나무를 고르는 꾀꼬리네.
漢帝擴汾徒逸豫　한 무제가 분수에서 노닌 것은 한갓 놀이에 불과하고
周王幸洛是昇平　주왕이 낙읍에 행차하여 바로 태평성대 이루었네.
修庭發策齊襟佩　문제를 내건 긴 뜨락에서 옷깃과 패옥을 정제하고
小閣觀豐驗稻秔　작은 누각에서 풍년을 바라며 벼농사를 징험하네.
靉靆紅雲高一朶　흐릿한 붉은 구름은 높이 한 조각 떠있고
逶迤彩仗下三淸　줄지은 채색 의장대는 삼청에서 내려오네.
賢愚鼓舞歡無極　어질거나 어리석거나 고무되어 기쁨이 그지없고
文武弛張聖有程　문왕과 무왕은 조이고 펴는 총명예지의 법도 있네.
菲質不爲明主棄　자질이 없는 내가 밝은 임금의 버림을 받지 않아
袞褒偏若賤臣榮　성상의 칭찬이 치우치니 미천한 신하의 영화였네.
華池泛泛移僊棹　화려한 연못에 둥실둥실 신선의 배가 움직이고
恩露湛湛酌大觥　은혜로운 술 찰랑찰랑 큰 술잔에 따르네.
咫尺官居依北苑　가까이 관리들의 거처가 북원에 이어져 있으니
回想當日淚霑纓　당일을 회상함에 눈물이 갓끈을 적시네.

위 시는 춘당대에 얽힌 일을 추억하고 있다. 1구의 의춘문(宜春門)은 경희궁의 숭정전(崇政殿)을 중심으로 서쪽에 위치한 문 이름이다. 1~6구는 의춘문 안의 춘당대 근처가 마치 신선(神仙)이 살던 봉래산, 영장산과 같은 영험함이 깃들어있음을 표현하였다. 이는 아무나 들어갈 수 없는 곳임을 말한다. 꽃, 아지랑이, 연꽃, 옥 물결, 새소리, 봉황, 꾀꼬리 등 아름다운 시어들이 사용되었다. 7구의 '광분(擴汾)'은 한 무제가 분수(汾水)의 뱃놀이에서 추풍사(秋風辭)를 지은 일을 말하며, 8구에 주왕이 낙읍에 행차한 태평성대에 비유하여 정조대의 태평성대

를 찬양하였다. 9, 10구는 춘당대시(春塘臺試)를 보는 광경인 듯하다. 14구의 '문무이장(文武弛張)'은 『예기』에 '일장일이, 문무지도야(一張一弛, 文武之道也),'라 하여 활줄을 당기듯 한번 긴장을 시키고, 활줄을 풀어 놓듯 한 번 이완을 시켜주는 것이 바로 문왕과 무왕의 도라는 뜻으로 쓰였다. 또한, 중국의 고사를 끌어와 그와 비견되는 우리의 승평(昇平)과 승경(勝景)을 찬양하여 시의 내용을 화려하게 한다.

자신의 체험이 드러난 '비질불위명주기(非質不爲明主棄), 곤포편약천신영(袞褒偏若賤臣榮)'부터는 부족한 재주로 훌륭한 임금의 버림을 받지 않아 칭찬을 받았다고 하며 성은(聖恩)에 감사하고 있다. 춘당대에서 포상을 받은 일을 말한 듯하다.[86] 마지막 구절에 "당일을 회상하니 눈물이 주룩주룩 갓끈을 적시네.[回想當日淚霑纓]"라 하여 임금과의 일을 추억하여 정조에게 칭찬받던 일을 회상하며 감상이 일어나고 감회에 젖어든 것을 볼 수 있다. 이러한 감정이 드러난 '성정(性情)의 유로(流露)'는 그의 시의 특징적인 부분이며 「한경잡영」을 지은 목적 내지 동기와 연관되어 있다.

유교적 충의와 더불어 사대부의 사대적(事大的) 태도를 보여주는 시들도 있다. 임진왜란 때 일본의 침략을 저지하고자 조선에 군대를 파견했던 명나라 신종(神宗)과 의종(毅宗)의 은의(恩義)를 추모하기 위해 쌓은 '대보단(大報壇)'(11제)[87]은 중국에 대한 보은을 역설(力說)

---

86 『日省錄』 정조 8년(1784) 9월 20일 기사에 春塘臺에 나아가 九日製의 大輪次를 행하고, 이어서 科次를 행하였다; 정조 9년(1785) 11월 28일에 春塘臺에서 抄啓文臣의 親試 및 宣傳官의 試射와 試講이 있었는데, 居首에 三下一은 李崑秀, 之次에 三中은 金啓洛·金熙朝·李翼晉, 三下에 沈晉賢·成種仁·洪義浩, 草三下에는 趙濟魯·李書九, 次上은 李顯道·申馥·李勉兢·姜世綸·李亨達·韓商新, 次中은 鄭東觀·韓致應 등이었다.

87 姜世綸, 『芝園集』 卷3, 「漢京雜詠」 11題, '大報壇', "風泉悲咽咽, 香燭霧肅肅.

하고 있으며, '선무사(宣武祠)'(19제)[88] 역시 임진왜란 때 군사를 거느리고 와서 우리나라를 도운 명나라의 병부상서(兵部尙書) 형개(邢玠)와 경리조선군무도찰원우첨도어사(經理朝鮮軍務都察院右僉都御史) 양호(楊鎬)에 대한 재조지은(再造之恩)을 높이 사고 있다. 임진왜란과 관련된 사실(史實)은 '원각탑(圓覺塔)'(16제)[89]에서도 드러난다.

① 層層石面羃苔花　층층이 포개진 돌 표면은 이끼로 덮여
留在閭閻百尺峩　여염 사이에 남아 백 척의 높이라네.
何物妖僧籠一世　어떤 놈의 요승이 일세를 농락했는지
龜頭檀越貴人多　귀두에 적힌 시주한 사람에 귀인도 많아라.

② 幻刦曇雲足一噱　속세라느니 부처라느니 족히 한번 웃을 만한데
上層圖刻事堪疑　상층의 그림 조각은 사실 자체가 의심스럽네.
歷歷前期如目擊　역력한 지난 사적을 눈으로 본 듯하니
當時驚嚇日東兒　당시에 일본 놈들 놀래 켰네.

壇仍九級陛, 義起一間屋. 幄殿黃雲覆, 陟降何穆穆. 龍蛇昔有事, 欲報天無極. 滄桑漭宇內, 痛哭紅荳曲. 皇靈其曷歸, 文物海東陝. 於焉奉明豆, 庶幾顧泂酌. 星日猶能照, 春秋此可讀. 至今燕南肆, 秋歌悲釖筑."

88 姜世綸, 『芝園集』 卷3, 「漢京雜詠」 19題, '宣武祠', "龍蛇往事欲無言, 曷報諸賢再造恩. 北壝南祠同一體, 霆鞭風駕倘源源. 西陲千里寄鑾輿, 淚憶天兵渡鴨初. 周旋廊廟知誰力, 萬古寃深石尙書."

89 원각탑은 1467년(세조13)에 세워진 석탑으로 탑골공원 안에 있는 국보 제2호 '원각사지 10층 석탑'이며, '白塔'이라고도 불린 곳이다. 원래 이곳에 圓覺寺가 있었는데, 1464년(세조10) 석가모니의 사리가 분신하였다고 하여 이를 계기로 1465년 옛 興福寺의 터에 창건한 사찰이다. 조선의 崇儒抑佛 정책 속에서도 도성 내 3대 사찰로 보호되었는데, 1504년(연산군10) 연산군이 승려들을 내보내고 이 절을 '聯芳院'이라는 기생집으로 만들면서 절은 없어지고 석탑과 비석만 전해지고 있다.

시 ①은 원각탑(圓覺塔)의 역사가 흘러 이제 이끼만 남아 여염집 사이에 높이 남아있음을 말해 세월의 무상함을 느끼게 한다. 시 ②는 탑에 새겨진 그림조각에 얽힌 일화로 "임진왜란 때 왜구들이 줄로 상층의 돌을 끌어내렸는데 돌 표면에 그날 줄로 끌어내리는 모습이 새겨져 있었다. 왜구들이 크게 놀라 도망가고 다시는 건들지 못했다네. [壬辰, 倭寇, 縋下上層石, 石面刻畫當日縋下狀, 倭大驚而走, 不復犯手.]"라는 추가 설명이 시 뒤에 부기되어 있다. 『오주연문장전산고』에 의하면 임진왜란 때 왜구들이 쳐들어 올 것을 미리 예견하여 탑에 새겨 놓은 것이었다는 전설이 있다고 한다.[90]

이밖에 '남묘(南廟)'(26제)[91]와 '동묘(東廟)'(27제)를 주제로 하여 관우의 도원결의와 영험함과 우리나라를 도운 것에 대해 제사로 보은(報恩)할 것을 재삼 강조하여 노래하고 있다.

남묘(南廟)는 남관왕묘(南關王廟)의 준말로, 조선시대 중국의 관우(關羽)를 제사지내기 위해 숭례문 밖 도저동(桃楮洞) 산기슭에 있는 관우를 향사(享祀)하는 사당이다. 1592년(선조25)과 1597년의 난리에

---

90 『五洲衍文長箋散稿』, 「經史篇」, '釋典類' 釋典總說, '釋敎凡書佛經辨證說'에 "我東京師圓覺寺塔, 在漢城府大寺洞, 卽麗朝曹溪宗圓覺寺遺趾, 傳說, 元時, 公主東來, 自燕雕琢, 以至施捨此寺, 凡十許層, 四稜石, 是次玉者, 逐層刻佛像, 雲氣, 虯龍及靈山會相, 極爲精工, 壬辰倭虜縱火燒燬, 以鐵索毁下數層 今在塔旁. 余嘗與仲弟及數友往塔下, 玩其古蹟, 塔下第一層東向面刻一塔, 與本塔狀同, 火焰方熾, 旁又刻數人, 以鐵兜冒索, 兜塔頂作縋墜狀, 蓋刻塔時, 預知此塔竟爲倭虜所燬, 而刻其形狀, 若圖讖一一符驗 亦塔之可異者也."

91 姜世綸, 『芝園集』 卷3, 「漢京雜詠」 26題, '南廟', "莫飮荊江酒, 莫聽荊江唱. 拔劒舞秋月, 烈士心惻愴. 嗚乎萬高壽亭侯, 震霆凌霄英魄壯. 托夢曾拜乾淸宮, 胡僧竹籠隨灰颺. 眷焉東顧禮義邦, 漆齒小酋恣搶掠. 候迺赫怒降神威, 雲旗風馬來滃盪. 陰隲實自桃花村, 却憶當時結義園. 東人稽首以崇報, 碧瓦丹楹繞雕垣. 靈颷肅肅靈像儼, 永言於玆享蘋蘩. 毅績千秋垂不朽, 穹石煌煌二聖言."

관우의 신령이 나타나 싸움을 도왔다는 이유로 1598년에 명나라 장수 진인(陳寅)이 창건하였다. 1746년(영조22)에 친히 '현령소덕왕묘(顯靈昭德王廟)'라고 써서 현판을 달라고 명하였고, 묘기(廟記)도 지었다. 명나라 통판(通判) 도량성(陶良性)이 비기(碑記)를 지었으며, 허균(許筠)이 비문을 지었다.[92] 그 후 1602년(선조35)에는 동묘(東廟)가 세워졌고, 고종 때에 북묘(北廟)와 서묘(西廟)가 각각 건립되었다. 이후 한국전쟁 중인 1952년에 불타 없어진 것을 1957년에 다시 지었다가 1979년 재개발로 동작구 서달산 기슭으로 옮겼다.

동묘(東廟)는 동관왕묘(東關王廟)로 관왕묘 가운데 서울 동대문 밖에 있는 사당이다. 종로구 숭인동(崇仁洞-난계로 27길)에 있는데 보물 제142호로 지정되어 관우를 봉사(奉祀)한 묘사(廟祠)로 1601년(선조34)에 준공되었다. 동관왕묘의 관심은 숙종, 영조, 정조로 이어져 관왕묘 참배를 체계화하였다. 특히 정조는 역대 임금들이 동관왕묘에 쓴 어필을 비석으로 세워 관왕묘의 위상을 높이고 관묘악장(關廟樂章)을 따로 지을 정도로 숭상하였다. 제사와 봉안이라는 주제에 집중되어 중국에 대한 보은과 사대를 표현하고 있다. 동묘를 노래한 다음 시는 관우의 신령한 공적을 찬양하고 그 외관을 묘사하였다.

① 龍蛇神績有光輝	임진왜란 때 관우의 신령한 공적이 빛나고부터
是以東方有袞衣	이로써 동방에서 관우를 모시고 칭송하게 되었네.
却怪當時諸葛意	도리어 괴이해라, 당시에 제갈량의 뜻이
任他籠入呂蒙機	관우가 여몽의 계책에 빠지도록 내버려 두었던가.

92 『宣祖實錄』 31年 4月 25日, 『英祖實錄』 22年 8月 22日, 『국역 신증동국여지승람』 권2, 비고편 「경도」.

② 興仁門外綠楊皐　흥인문 밖 푸른 버들 언덕에
望裏巋然廟貌高　바라보니 우뚝하게 사당의 모습 드높아라.
東南來去靈如水　동쪽 남쪽으로 오고 가니 영혼이 물과 같아
一體春秋蕆牲牢　모두 봄가을로 희생 제사 드린다네.

위의 시 ①의 결구에는 관우에 얽힌 일들을 고사로 들어 그의 신령한 공적을 칭송하였다. 촉한(蜀漢)의 무장인 관우는 원래 중국에서 신봉하였는데 임진왜란 때 명나라 군대가 왜군을 격퇴시킨 것이 관우의 음덕(陰德)이라 하여 관우묘를 세운 것이 시초이다. 1년에 두 번 장신(將臣)이 갑주를 갖추고 예를 올렸으며 임금이 친림하기도 했다. 현재 성주(星州), 안동(安東)에도 남아 있으며 서울에는 동묘(東廟)와 남묘(南廟)가 남아 있다. 시 ②의 전(轉)구에 '영혼이 물과 같다[靈如水]'라 함은 영험함이 어디에든 다 있어 통하지 않음이 없다는 뜻이다.

이와 더불어 중국 사신과의 이별을 읊은 '모화관(慕華館)'(30제)등 일련의 작품에서는 중국에 대한 소중화(小中華)로서의 사대적 태도가 기저에 깔려있다. 이처럼 장소와 연관된 역사적 사실을 불러와 그 보은(報恩)과 은의(恩義)에 제향(祭享)하라는 주제를 강조하고 있다. 이는 효종이 세자 때 머물던 '조양루(朝陽樓)'(17제)에도 나타난다.

孝廟潛龍邸　효종이 세자 시절 머물던 곳
高樓對駱峯　높은 누각이 낙산을 마주했네.
朝日上扶桑　아침 해가 부상에서 떠오르니
明欄瑞彩彤　밝은 난간에 상서로운 채색이 붉네.
餘暉照花蕚　남은 빛이 꽃송이에 비치니
鶺鴒鳴雝雝　할미새 웅웅 우네.
寤寐風泉思　자나 깨나 돌아가신 효종을 생각하며

瞻言江漢宗　우러러 강한이 바다로 흐르듯 인사드리네.
天意邈難知　하늘의 뜻은 아득하여 알기 어려우니
梧山重復重　창오산이 중첩되고 또 중첩되도다.
丹檻留春旭　붉은 난간에 봄빛이 남으니
棣花何其穠　아가위 꽃은 어찌 저리 짙은지
我獻舟梁頌　나는 주량의 송축을 바치노니
麟慶自玆鍾　기린의 경사가 이로부터 모이리.

1, 2구는 조양루(朝陽樓)의 공간적 위치를 설명하였는데, 『한경지략』에는 '하어의궁(下於義宮)'은 동부 숭교방에 있는데 효종이 즉위하기 전에 살던 집으로, '용흥궁(龍興宮)'이라고도 불렸으며 아침에 햇볕이 잘 든다고 조양루라고도 한다고 되어있다. 3, 4구는 "아침 해 부상에서 떠오르고, 밝은 난간에 상서로운 채색이 붉다네."라고 하여 빛이 잘 드는 것을 표현하였다. 3구의 '조일상부상(朝日上扶桑)'는 아침 해가 부상에서 떠오르는 것을, 4구의 '명란서채동(明欄瑞彩彤)'은 밝은 난간에 상서로운 햇빛이 채색으로 붉게 비침을 표현하였다. 7구의 '오매풍천사(寤寐風泉思)'에서 '풍천(風泉)'은 『시경』의 편명인 「비풍(匪風)」과 「하천(下泉)」을 지칭하는 것으로, 현인(賢人)이 자나 깨나 나라를 걱정한다는 뜻이다. 8구의 '첨언(瞻言)'은 『시경』, 「대아」 '상유(桑柔)'에 "이 성스러운 사람은 멀리 백리 밖을 내다보고 말을 한다.[維此聖人, 瞻言百里.]"라는 말에 나온다.

13구의 '주량(舟梁)'은 왕비를 맞는 예를 말하는데, 하어의궁(下於義宮-龍興宮)이 대대로 임금의 혼례를 행하던 곳이기에 한 말이다. '주량송(舟梁頌)'은 『시경』, 「대명(大明)」에 "큰 나라가 딸을 두니 하늘에 견줄 처녀라네, 납폐의 예로 그 길상 정하시고 위수에서 맞아오네.

배 만들어 다리 놓으니 그 영광 아니 드러나리.[大邦有子, 俔天之妹, 文定厥祥, 親迎于渭, 造舟爲梁, 不顯其光.]"라고 하였다. 마지막 구의 '인경(麟慶)'은 『시경』, 「주남」의 편명인 '녹지지(麟之趾)'의 준말로 '자손의 번창'을 말한다. 강세륜은 전체적으로 『시경』을 많이 원용하였는데, 이는 그가 고문과 경전 특히 『시경』을 전범으로 삼았음을 알 수 있다. 조양루는 『동국여지비고(東國輿地備考)』, 「제택(第宅)」에 "인평대군의 집이 건덕방 낙산 아래에 있다. 용흥궁(龍興宮)과 더불어 동서로 마주하고 있어서 석양루(夕陽樓)라 한다."라고 하였으니 종로구 효제동 22번지 부근으로 대학로 이화사거리 근처이다.

'석양루(夕陽樓)'(18제)에서는 인조의 아들인 인평대군의 사제로 이름난 누각임을 설명하며, "난새 노래와 봉황 음악은 구름 끝에서 나오고, 공자의 풍류는 비단 두루마기 넓게 이어지네. 사람은 가고 누각은 텅 비어 꽃다운 나무만 늦은 저녁, 넘어가는 저녁 해만 서쪽 난간에 걸려있네."[93]라 하여 석양루의 석양을 떠올리며 서경(敍景)을 아름답게 노래하였다.[94]

'연자루(燕子樓)'(25제)는 훈련원 동쪽에 있었던 곳으로, 언제 세워졌는지 알 수 없고 남아있는 기록이 많지 않지만 40제의 소재로 꼽힌 것을 보면 당시에는 매우 이름난 곳이었음을 알 수 있다. 그런데 『동국여지비고』에서도 훈련원을 설명하면서 부가적으로 그 동쪽에 연자루가 있다고 언급한 것[在南部明哲坊訓鍊院傍]이 전부이다. '연자루'(25제)는 두 수로 나뉘어져 있다.

---

93 姜世綸, 『芝園集』 卷3, 「漢京雜詠」 18題, '夕陽樓' 第2首, "鸞歌鳳吹出雲端, 公子風流錦襖寬. 人去樓空芳樹晩, 謾留斜照掛西欄."

94 김종태, 「왕실 우애의 표상, 夕陽樓의 성쇠」, 『문헌과 해석』, 문헌과 해석사, 2015; 김하라, 「夕陽樓라는 공간」, 『국문학연구』 27권, 국문학회, 2013.

訓局東頭逈一樓　훈련도감 동쪽 편에 한 누각이 멀찍한데
雲甍石柱半天浮　구름 용마루 돌기둥이 절반은 하늘에 떠있네.
左海百年無戰伐　우리나라에 백 년 동안 전쟁이 없어
將軍戎事半春遊　장군의 군대일이란 태반이 봄놀이라네.

樓前地濶演戎場　누각 앞에 땅이 넓어 군사훈련장인데
樓下居民作菜坊　누각 아래 사는 백성들에겐 채소 캐는 밭이 되네.
於玆亦寓兵農制　이곳에도 병농일치의 제도를 시행할 만하니
襏襫櫜鞬兩不妨　도롱이를 입고 활집을 참이 서로 방해되지 않으리.

연자루는 누각의 지붕이 제비꼬리를 닮았다고 하여 붙여진 이름으로, 위의 시를 통해 원래는 군사 훈련장이었는데 당시에 농터로 변해가고 있었음을 짐작할 수 있다. 또한, 임진왜란 이후에 큰 전쟁이 없었고 태평성대와 더불어 훈련도감과 병사의 일은 거의 드물었으며 봄놀이와 농사일이 더 많아졌음을 알 수 있다. 4구의 '발석(襏襫)'은 도롱이 비옷을 말하며, 농사를 열심히 하여 더럽혀 낡게 된 옷을 말한다. '탁건(櫜鞬)'은 활통과 전동으로 군사의 일을 말한다. 전쟁이 없어 봄놀이를 할 뿐, 우병(寓兵)과 농제(農制)가 함께 있어 방해되지 않는다는 표현이 세월의 변화와 무상함을 알게 한다. 이 시는 숙종 때의 '검계'에 대해 언급한 강준흠의 연자루(燕子樓)와는 전혀 다른 내용으로, 작가에 따른 작품간 차이를 보여준다.

'몽답정(夢踏亭)'(20제)은 창덕궁 북쪽 북영에 위치하였는데 지금은 몽답정이라는 석각으로 새겨진 돌만 남아있다.

將軍觀德地　장군이 활쏘기 하는 곳으로
山水敞高軒　산수는 통창하고 누각은 높다랗네.

碧芰丹霞纈　푸른 마름에 붉은 노을 아롱지고
蒼藤白日昏　푸른 등나무 얽혀 대낮에도 어둑하네.
宸遊曾入夢　임금께서 일찍이 꿈속에서 유람하시고
雲物復盈樽　풍광을 구경하며 다시 술잔을 채웠네.
聊樂昇平世　애오라지 태평세상의 즐거움이라
風流耿不諼　그 풍류 또렷하여 잊지 못하네.

수련(首聯)에서는 활쏘기하며 경치가 아름다운 곳에 정자가 있었음을 알 수 있으며, 함련(頷聯)에는 벽(碧)과 단(丹), 창(蒼)과 백(白)의 색채대비로 승경을 아름답게 표현하였다. 경련(頸聯)의 5구에서 말한 임금은 숙종인지, 영조인지 분명치 않은데, 『신증동국여지승람』에 숙종이 일찍이 꿈에 이 정자에 행차한 일이 있었기 때문이라 하였고,[95] 「영조실록」에는 "훈장(訓將) 김성응(金聖應)이 북영(北營)에 작은 정자를 한 채 지었는데 내가 대보단(大報壇)에서 바라보고 이름을 몽답정(夢踏亭)이라고 내려주었으니 이를 걸게 하라."[96]라 하였기 때문이다. 『일성록』에는 정조가 몽답정이 어느 해에 창건되었는가 하는 질문에 서명선이 선조(先祖)께서 이곳을 밟는 꿈을 꾸시고, 이어 정자를 세워 명명하였다 하였으며, 구선복은 정자의 이름은 고 상신 이후가 하교를 받들어 쓴 것이라 하였다.[97]

미련(尾聯)에는 '낙승평세(樂昇平世)'의 태평성대와 몽답정에서의

---

95 『新增東國輿地勝覽』 제3권, 「東國輿地備考」 제2편, "夢踏亭은 訓局北營 안에 있는데, 泉石의 勝景이 있다. 숙종이 일찍이 꿈에 이 정자에 행차한 일이 있었기 때문에 지금 이름을 하사한 것이다. 또 射亭이 있는데 掛弓亭이라 하며, 연꽃 구경하는 정자를 君子亭이라 한다."

96 『朝鮮王朝實錄』, 「英祖實錄」 영조 35년 기묘 2월 3일 기사.

97 『日省錄』, 정조 5년 신축 6월 23일 기사.

‘풍류(風流)’를 추억하고 있다. 윤기(尹愭, 1741~1826)는 “모처럼 한가한 날 몽답정에 잠시 올라, 한평생의 회포 품고 바람 부는 난간에 기대네. 이름이 전해오는 완대가 한가로운 군막에 남아있고, 현판 글자 완연한 괘궁정이 푸른 벼랑에 섰구나. 보루의 북소리와 깃발은 장한 기상 넘치고, 궁원의 꽃과 버들은 울긋불긋 그림이라네, 좋구나! 섬돌 따라 졸졸대는 물소리, 돌아갈 줄 모르고 귀 기울여 듣게 하네.”[98]라 하여 몽답정에서의 아름다운 봄날 승경과 주변정경을 노래하였다.

사육신을 추모한 시들이 있는데 성삼문(成三問, 1418~1456)이 심은 장원송(掌苑松)을 소재로 소나무, 매화, 대나무를 시어로 하여 선생의 절개와 굳센 의지를 나타냈다.[99] 반대로 서리, 눈, 겨울 추위는 충혼을 방해하는 사물들이며 귀촉도(歸蜀道)는 충혼을 조문하는 존재로 그려졌다. ‘육신사(六臣祠)’(39제)에서는 여섯 충혼을 함께 추모하며 제향(祭享)하였다.

嗟乎萬古節	아아! 만고의 절개여!
六人同一代	여섯 분이 동시대에 나왔네.
遺廟以俎豆	남은 사당에 제사를 지내니
明禋肅襟珮	정결한 제사에 옷깃과 패옥이 엄숙하네.

98 尹愭, 『無名子集』 冊1, 「春日遊北營登夢踏亭次人韻 己丑」, “暇日聊登夢踏亭, 百年幽抱倚風欞. 名傳緩帶留閑幕, 字宛挂弓立翠屛. 中壘鼓旗多氣象, 上林花柳自丹青. 最憐瀌瀌循除響, 使我忘歸側耳聽.”

99 姜世綸, 『芝園集』 卷3, 「漢京雜詠」 22題, ‘掌苑松’, “掌苑官家負大嶽, 舊是謹甫先生宅. 先生種松龍鱗老, 枝枝盡向莊陵北. 貞若先生閣中梅, 勁若先生階上竹. 霜雪不能摧其節, 匠石不敢度以尺. 覽物思人起余敬, 其下有來風肅肅. 怵焉如見先生靈, 南望露梁蒼翠積. 我聞莊陵, 陵畔冬青樹三月, 東風夜夜啼蜀魄. 曷不飛來此樹下, 弔得忠魂盡意哭.”

在天星斗炳　하늘에 있으면서 북두성처럼 빛나고
入門聲容曖　문에 들어가면 음성과 용모가 아른거리네.
江流猶可竭　강물은 오히려 마를 날 있어도
烈氣無時晦　매서운 기개는 어두워질 때 없으리.
背祠堂斧屹　사당 뒤에 무덤이 높다란데
爐香雜翠黛　향로의 향기가 푸른 숲에 스미네.
蘭楸過路直　난곡리 성묘길이 이곳을 바로 지나므로
吾祖酒以酹　할아버지께서 술잔 갖춰 제향 올렸네.
神交付冥漠　정신의 사귐을 아득한 고인에게 부치며
慷慨懷百載　강개한 심정으로 백 년 전을 회상하네.

위 시의 육신사(六臣祠)는 사육신인 박팽년, 성삼문, 하위지, 이개, 유성원, 유응부의 위패를 봉안한 곳으로, 노량강가에 봉분이 있다. 1구에 만고의 절개를 찬양하며 그들의 정신을 기리고 그들을 존숭할 것을 말하고 있다. 6구에 문에 들어가면 목소리가 들리는 듯하다하여 작자가 직접 배향했음을 알 수 있고, 7구에 강물이 마르더라도 열사의 기운은 절대로 끊이지 않을 것이라고 하여 그들의 충의을 높이고 있다.

특히 "우리가문 선영이 시흥 난곡리에 있는데, 길이 육신묘 아래를 경유한다. 할아버지 국포께서 매번 성묘하러 오갈 때 반드시 술과 과일을 가져와서 제향을 올렸다."[100]라 하여 국포가 늘 난곡을 다니며 제사하였음을 부기하였다. 이곳은 이들 진주강씨 대사간공파(大司諫公派)의 조상선영이 있는 난곡선영[101]을 말한다. 객관적 장소가 자신

100 姜世綸, 『芝園集』 卷3, 「漢京雜詠」 39題, '六臣祠', "吾家先壟, 在始興蘭谷里, 路由六臣廟下, 王考菊圃府君, 每於省楸來往, 必齎酒果致侑焉."

의 조상과 관련되어 주관적인 자신의 체험과 경험이 담긴 공간으로 전이되어 사육신의 절개와 자신의 조상인 강형(姜詗)의 절개를 강조하고 기리며 동일시하여 그 주제의 의미가 심화된다.

「한경잡영」의 마지막 시는 '지덕사(至德祠)'(40제)[102]로, 현재 동작구 상도동에 있는 조선 태종의 장남이자 세종의 큰형인 양녕대군(讓寧大君) 이제(李禔)의 사당과 묘소로 정식 명칭은 '지덕사부묘소(至德祠附墓所)'이다.

泰伯其至德　　태백은 지극한 덕을 지녔으니
讓寧寔同調　　양녕대군이 실로 지향이 똑같았네.
倡狂以自放　　거짓 미치광이로 스스로 내쳐지고
披髮或大吽　　머리털 풀고서 간혹 크게 부르짖었네.
有時拜佛歸　　때로 부처에 절하고 돌아왔고
千乘我頭掉　　천승 자리 싫다고 머리를 흔들었네.
豈其甘暴棄　　이 어찌 자포자기를 달게 여겨서랴
天命已熟料　　천명을 이미 헤아린 때문이라네.
遂作聖人兄　　드디어 성인의 형이 되어

101 서울 관악구 소재의 진주 강씨 대사간공 종중의 난곡선영은 대사간공(姜詗)과 정정공(姜士尙), 승지공(姜緖), 진흥군(姜紳), 진창군(姜絪), 진령군(姜弘立) 등의 묘소와 서울시 유형문화재 제 104-1호, 104-2호로 지정된 정정공(姜士尙)의 신도비와 晉寧君(姜弘立) 도원수의 석물 등이 있다.

102 至德祠는 태종의 元子 讓寧大君 李禔의 사당이다. 양녕대군이 世子에 冊封되었는데 아우 충녕대군이 聖德이 있음을 보고는 미친척하고 주색에 빠져 부왕의 노여움으로 세자자리에서 쫓겨났다. 세자 자리가 忠寧에게 내려가자 양녕대군의 이같은 행실이 周나라 泰伯의 행실과 같다 하여 지덕사라 칭하였다. 1675년(숙종1) 양녕대군의 외손인 우의정 허목의 건의로 남대문 밖 桃渚洞에 세워졌다. 1757년(영조33)에 양녕의 후손 李趾光을 불러 퇴락한 사당을 보수하고 제문을 지어 치제하였다.

嬉嬉樂漁釣　　희희낙락 낚시질 즐겼네.
所以我英考　　그 때문에 우리 영조 임금께서는
華額宣其廟　　그 사당에 편액을 내리셨네.
遺孫守廟傍　　남은 자손이 사당 곁을 지키며
寂寞殘香燒　　적막히 향불을 피워 올리네.
南有淸權祠　　남쪽에는 '청권사'가 있으니
乃弟虞仲肖　　바로 우중을 빼닮은 아우를 모셨네.
淸風振百代　　맑은 풍모는 백대에 떨치고
令名靑史耀　　아름다운 이름 청사에 빛나리.

1구의 태백(泰伯)은 중국 주(周)나라 태왕(太王)의 첫째 아들이고 우중(虞仲)은 둘째 아들이다.[103] 후에 문왕(文王)이 된 창(昌)은 셋째 아들인 계력(季歷)의 아들인데, 태왕의 뜻이 계력에게 전위하여 문왕에게 미치도록 하는 데에 있었다. 이를 알아차린 태백과 우중이 피하여 형만(荊蠻)으로 달아나 문신단발(文身斷髮)하고 살았다.[104] '지덕(至德)'이란 『논어』, 「태백편(太白篇)」에서 "태백은 지덕이다."라고 칭한 공자의 말에서 유래되었다. 양녕대군이 태백의 지극한 덕이 있었음을 말하였다.

1~4구는 양녕대군의 자유분방하고 왕세자로서 잘 적응하지 못한 것들이 거짓 미치광이 행세를 했던 것이며, 5~8구에서는 이것이 천명(天命)을 헤아리고 했던 행동이라 하였다. 7, 8구에서 왕위를 양보한 것은 자포자기가 아닌 천명을 따르기 위한 결정이었음을 말하였

103 『論語』, 「微子」에 나오는 7인의 일민은 伯夷・叔齊・虞仲・夷逸・朱張・柳下惠・少連인데, 공자는 虞仲과 夷逸을 들어 "숨어 살면서 내키는 대로 말을 하였으나 행실은 깨끗함의 기준에 맞았고 그만둔 것은 권도에 맞았다."라 평하였다.
104 『史記』 卷4, 「周本紀」.

다. 9구의 성인(聖人)은 세종을 말하며, 희희낙락하며 낚시질 한다는 것은 양녕의 자유로운 성격을 표현한 것이다. 15구의 '청권사(淸權祠)'는 효령대군의 사당이며, 16구에 '우중'을 닮았다는 것은 효령대군이 형인 양녕대군의 뜻을 닮아 세속을 버린 일을 말한다.

역사적인 사실을 바탕으로 시의 내용을 구성하였지만 전체적인 내용은 왕위를 양보한 아름다운 이름이 영원히 역사에 빛나기를 바라고 있다. 영회(詠懷)와 회고(懷古)를 내용으로 구성된 시들은 궁궐과 누각, 사당을 중심 제재로 하였다. 제향과 봉안이 주가 되어 충신과 절의를 기억하였고, 중국에 보은하는 것과 충신을 높이는 것이 왕도 번영과 국가의 안녕에 중요한 사항임을 드러내고 있다.

4. 시정문화의 면모-도심都心과 유원遊園의 활기

18세기 도시의 가장 큰 변화는 경제적인 성장이었다. 도시 경제의 발달과 상업화는 당시의 도시에 큰 변화를 불러 일으켰으며, 시정문화를 배태시키는 기본적 요인이 되었다. 당시 한양의 중심가는 운종가(雲從街)로, 이는 오랫동안 생선전(生鮮廛)으로 불리어오던 거리가 1760년(영조36)에 이조초의 옛 이름을 다시 찾은 것이다.[105] 이러한 운종가 좌우로 육조(六曹)의 관아가 배포되어 정치의 중심가를 이루는 한편, 종루(鐘樓)를 중심으로 저자거리가 마련되어 상업의 중심가를 이루었다. 다음은 '종각(鍾閣)'(13제)의 모습이다.

九街中間萬石鍾	아홉 거리 중간에 만석의 종을
大筳高閣晨昏舂	높은 누각에서 큰 공이로 아침저녁으로 두드리네.
晨以待罷金壺漏	새벽엔 구리항아리 물시계가 마치길 기다리고
昏以待熄南山烽	저녁이면 남산의 봉화불이 식기를 기다리네.
三十三天廿八宿	파루(罷漏)에 33번을 치고 인정(人定)에 28번을 치면
監軍巡將出入從	순라를 도는 병졸과 장수가 종소리 따라 출입하네.
七門開閉時不忒	일곱 문의 개폐 시각이 조금도 틀리지 않아
兵曹內司掌其鑰	병조와 내수사에서 그 자물쇠를 관장한다네.
朱樓甲第春酒濃	붉은 누각 고대광실에 봄 술자리 무르익어
五更歌吹猶未息	오경이 되어도 노래와 풍악은 오히려 그치지 않네.
	(후략)

위 시의 종각은 종루(鐘樓)를 말한다. 새벽과 어둠을 알려주는 것이

105 『東國輿志備考』 卷2, 「市街」, "卽鐘樓西街, 俗稱生鮮廛, 英宗庚辰, 復國初舊名, 改以雲從街."

만석종(萬石鍾)의 기본 역할이다. 종각의 형상과 종각의 역할, 위치, 그 안에서 일어나고 있는 도시의 정경(情景)을 사실적으로 잘 표현하였다. 1구의 '구가(九街)'는 '구규(九逵)'와 같은 말로, 크고 번화한 도심의 거리 한 가운데 크고 묵중한 종의 형상을 읊었으며, 2구에서는 새벽과 밤을 알리는 종의 역할을 말하였다.

강이천의 「한경사」[106]의 첫 시를 보면 "사방으로 통한 여러 갈래 길은 서소문과 접하여 높다란 종각 아래로 사람들 구름처럼 많이 모여드네."[107]라고 한 바 있는데, 활발한 도심의 정경을 적절하게 포착하고 있다. 3, 4구의 종각는 당시 시각을 알렸다. 종각의 종소리로 새벽과 어두워짐을 알렸는데, 이만수의 「성시전도시」를 보면 "광통교 북쪽 운종가에, 큰 종이 새벽과 어둠 알려주네."[108]라 하여 운종가의 장면을 묘사한 것처럼, 상오 4시에 인경종이 33번 파루를 알리면 도성문이 열렸고, 하오 7시에 28번 인정을 알리면 성문이 닫혔으며, 그 열쇠는 병조와 내수사에서 관리를 했다고 한다.

「한경사」에도 "새벽 4시, 33번 파루에 사대문이 열리니 말에 싣고 수레로 운반하며 떼 지어 오네."라 하여 그 시작시간과 광경을 말한다. 9~11구에서는 낮 시간의 복잡한 시장 풍경과 달리 종각에서 밤새도록 노래와 풍악이 끊이지 않는 술자리 연회가 이루어졌음을 읊었다. 모두들 나와 밤을 새는 대보름 날의 정경이었는지 또 다른 특별한 날이었는지는 구체적이지 않지만 종각 주변의 인파를 짐작할 수 있다.

---

106 姜彝天, 『重菴稿』 元, 「漢京詞」, 규장각한국학연구원 소장본.

107 姜彝天, 『重菴稿』 元, 「漢京詞」, "四達交街接白門, 懸鐘閣下漸雲屯. 重樓日午垂簾子, 梨峴南頭鬧一番."

108 李晩秀, 『屐園遺稿』, 「城市全圖詩」, "通橋北上雲從街, 蓋有大鐘晨昏以…(後略)."

이에 반해 홍의호는 7언절구로 "높은 누각 큰 종이 밤 순라 시각을 알리면, 성안 가득 시끄럽게 어둠과 새벽을 구별하네. 주부자가 동안현을 다스린 뜻을 가져다가, 저 시끄럽게 명리를 추구하는 자들을 경계시키고 싶네."[109]라고 간략히 표현하였다. 홍의호의 시는 주로 주제의 핵심을 말하는 방식으로 시를 창작하고 있다. 이 점이 강세륜의 창작과 다른 점이기도 하다.

다음은 광통교의 대보름날 밤 풍경이다. 당시 광통교의 대보름달 구경은 큰 구경거리로 한양 사람들이 관심을 가졌다.

大道城南第二橋	성 남쪽으로 뻗은 큰 길의 두 번째 다리로
雕欄削柱石岧嶢	난간 새기고 기둥 깎은 돌다리가 우뚝하네.
牋花萬朶連筒插	종이 꽃 일만 송이가 연달아 통에 꽂혀있고
溝柳雙行軟縷飄	도랑의 버들은 두 줄로 하늘하늘 나부끼네.
物貨都輸中處市	물자는 모두 중심가 시장으로 모여들고
繁華爭說上元宵	번화함은 누구나 대보름날 밤을 제일로 치네.
熙熙穰穰皆從此	즐겁고 풍요함도 모두 이곳을 따르니
畢竟經營勝敗饒	마침내 승패를 풍요롭게 경영하네.[110]

광통교는 『세종실록지리지』에는 '북광통교(北廣通橋)'로, 『승정원일기』에는 '광충교(廣沖橋)'로도 기록되었다.[111] 도성 내의 가장 큰 다

---

109 洪義浩, 『澹寧瓿錄』 卷20, 「漢京雜咏」 13題, '鐘閣', "高閣洪鐘報夜巡, 滿城雷磤辨昏晨. 欲將夫子同安意, 警彼熙穰名利人.", 同安縣은 중국 泉州에 있는 현으로, 주자가 일찍이 이곳의 主簿로 있으면서 백성들의 자제를 뽑아 날마다 성현의 修己治人의 도를 강설하고 여자들이 僧侶나 道士가 되는 것을 금하면서 교화를 폈다. 『宋史』 卷429, 「朱熹傳」.

110 姜世綸, 『芝園集』 卷3, 「漢京雜詠」 14題, '廣通橋'.

리로 길이는 약 12m이고 폭은 15m로 길이보다 폭이 넓은 다리였기에 당시 대보름이 되면 답교(踏橋)를 하기 위해 많은 사람들이 운집하였다. 이때가 오면 화려한 장치와 번화한 거리, 온갖 멋을 내고 찾아드는 부녀자들과 사람들, 음주가무가 밤새 지속되던 장소로 변하였다.

수련(首聯)에서는 광통교의 위치와 그 모습을 간단하게 묘사하고 있다. 함련(頷聯)에서는 대보름날을 위해 마련한 연등과 이것과 함께 연이어져 있는 버드나무를 어울리게 형상화하고 있다. 경련(頸聯)에서 모든 물건과 사람들이 모여드는 중심가 시장의 번잡함을 그렸다. 평소에도 늘 붐비던 곳이지만, 대보름날에는 더욱 화려하게 변신하고 있는 장소임을 보여주고 있다.

5구에 언급한 시장의 번성함은 강이천의 「일출한양시(日出漢陽市)」에 "해 뜨자 한양의 시장에는, 온갖 물건이 산더미처럼 쌓였네. 귀속에는 무슨 소리가 들리나, 시끄럽게 서로 교역하는 소리라네. 파는 자는 그 물건 가격 높이고, 사는 자는 그 값을 깎네."[112]라 하여 생생하게 표현한 바 있다. 강이천은 여기서 가격을 흥정하는 모습과 물화의 풍성함을 생동하게 표현하였다. 이에 반해 강세륜은 역서 정월 대보름의 광통교를 포착한 점에서 그 시선이 사뭇 다르다.

미련(尾聯)의 '희희양양(熙熙穰穰)'은 『사기』 권129, 「화식열전(貨殖列傳)」에 "천하가 희희함은 모두 이익을 위해 오는 것이요, 천하가 양양함은 모두 이익을 위해 가는 것이다.[天下熙熙, 皆爲利來, 天下壤壤, 皆爲利往.]"라고 한 것에서 그 의미를 알 수 있다. 양(穰)과 양(壤)은

111 『世宗地理志』, 「京都漢城府」; 『承政院日記』, 영조4년 무신(1728) 4월 19일 기사.

112 姜彝天, 『重菴稿』 元, 「日出漢陽市」, "日出漢陽市, 百物如山積. 耳中聞何聲, 聒聒相交易. 賣者擡其售, 買者低其直."; 졸고(1993), 32면.

통용되는 말이다. 8구에 도심의 경제력과 물화의 풍요로움에서 도심의 승패가 온다고 하여 도심의 활기, 경제의 중요성을 말하였다. 대보름날의 화려함은 '다리 밟기'의 정경이 그려진 다음 시를 통해 확인할 수 있다.

燭龍火山何煌煌	촉룡의 화산인가 어찌 저리 화려한지
士女遊觀走城郭	사녀들 구경 다니며 성곽을 내달리네.
踏橋不知昉何代	'다리 밟기'가 어느 시대에 시작되었는지 모르나
東人是夜紛履屩	우리나라에선 이날 밤이면 발자국소리 시끄럽다네.
七街遊人矜玳瑁	칠가에 노는 사람들 대모장식 자랑하고
五陵公子耀瓔珞	오릉의 공자들은 갓끈 장식이 화려하다네.
第一繁華廣通橋	제일 번화하기로는 광통교요
三營將臣張翠幕	세 군영의 장군들이 푸른 장막을 펼치네.
玉漏傳更鬧絲竹	물시계가 시간을 알리고 관현 음악 시끄럽고
金爐煖酒恣飮醲	구리화로의 따뜻한 술을 마음대로 마신다네.[113]

부녀자들, 동인(東人)들, 칠가(七街)에서 놀고 있는 사람들, 부잣집 자제들, 삼영의 장군·신하 모두 다리밟기하며 떠들썩하게 놀며 풍류를 즐기고 있다. 이날은 대모장식, 갓끈, 보석 등 값비싼 것으로 치장하고 자랑하는 때이다. 예로부터 장안에는 호유(豪遊)하는 사람이 많기로 유명하였는데, 오릉(五陵)은 장안(長安)에 있는 한제(漢帝)의 능으로, 곧 고조(高祖)의 장릉(長陵), 혜제(惠帝)의 안릉(安陵), 경제(景帝)의 양릉(陽陵), 무제(武帝)의 무릉(茂陵), 소제(昭帝)의 평릉(平陵)을 말하는데, 전하여 오릉이 있는 장안(長安)을 가리킨다. 따라서 오릉공

113 姜世綸, 『芝園集』 卷2, 「上元社飮賦踏橋以玉漏莫相催分韻得莫字」.

자란 여기서는 한양의 부유한 집 자제들을 가리키며 그들의 풍류를 말한다. 음주가무가 허가되는 밤, 모두 다리밟기하는 풍속에 젖어 밤이 깊어가는 줄 모른다. 15일 밤 열두 다리를 밟으면 열두 달 내내 다리 병이 없게 한다 하여 답교(踏橋)하였는데 대소광통교와 수표교가 가장 성하였으며 이날은 통금을 풀어 인산인해를 이루었으며 악기 소리로 시끄럽고 우렁찼다.[114]

이를 두고 홍의호도 "흰 돌로 된 난간에 푸른 버들이 비껴있고, 하나의 다리로 길을 나누니 만인의 집이 있네. 정월 대보름 밤에 거니니 태평성대 즐겁고, 화려한 금오를 부러워하니 옥처럼 화려하네."라 하여 그 화려한 밤 풍경을 노래하였다.[115] 강이천도 「한경사」에서 "정월 대보름 맑게 갠 조용한 밤, 달은 충만하고 병조에서는 어명으로 통행금지를 풀었네. 미리 올해 다리 아픈 것 없도록 하려하니 긴 다리 열둘이 일찍이 남을 것이 없다네."[116]라고 하여 그날의 풍속을 읊고, 통행금지가 해제되는 밤임을 알렸다. 이 광경을 두고 『동국세시기』에서는 "순라군(巡邏軍)의 군문(軍門)에서 야금(夜禁)을 완화한다."라고 하여 밤새 놀 수 있도록 공인된 날이었다. 3구의 다리 병이 없어진다는 속설은 김려(金鑢, 1766~1822)의 「상원리곡(上元俚曲)」에 "구름처럼 떼 지어 모여드는 부녀자들, 다시 한 번 밟으면 만병이 고쳐져서 없어진다나."[117]라고 하였다.

114 『京都雜誌』, "月出後, 都人悉出鐘街聽鐘, 散踏諸橋云, 已脚病, 大小廣通橋及水標橋最盛, 是夕例弛夜禁, 人海人城, 簫鼓喧轟."

115 洪義浩, 『澹寧瓿錄』 卷20, 「漢京雜咏」 14題, '廣通橋', "白石欄干碧柳斜, 一橋分路萬人家. 元宵踏月昇平樂, 休羨金鰲玉蝀奢."

116 姜彝天, 『重菴稿』 元, 「漢京詞」, "上元淸夜月盈規, 騎省無禁御勅持. 預卜今年無脚虫恙 , 長橋十二不曾遺."

대보름날은 아니지만 관등행사와 시정의 활발함을 묘사한 시도 있다. "서울 성중 백만 집에 밤새껏 켜놓은 등불이 노을처럼 환하구나. 삼천세계가 산호수요 21교가 연꽃이라. 동쪽거리, 서쪽저자가 대낮같이 환하니, 아이들 놀란 듯 뛰노는 것이 잔나비보다 더 빠르네. 북두성 기울도록 등을 아니 거두니 황금 누각 앞에 새벽누수 재촉하네."[118]라 하여 밤새 켜놓은 등불로 환한 도심을 말하였다. 이러한 대보름 밤의 화려한 답교의 정경은 단순한 행사가 아니라, 백성의 평안과 안녕을 기원하며 국가의 승평을 징험할 수 있는 지표가 되는 행사이다.

또한, 국가의 근본인 농사를 중시하는 민치(民治)에 있어서 기본은 홍수와 가뭄을 예견하는 것이므로, 그런 의미에서 '수표교(水標橋)'(15제)는 '다리' 이상의 의미를 가진다.

風有相風竿	바람에는 상풍간이 있다면
雨有測雨器	비에는 측우기가 있다네.
測之驗多寡	빗물의 양을 재어 많은지 적은지를 증험하고
相之知所自	깃대를 관찰하여 바람이 오는 곳 알 수 있네.
亦有水標橋	또한 수표교가 있으니
英廟運聖智	영조께서 성스런 지혜를 운영하신 것이라네.
濬川舜功大	청계천 준천은 순의 공적보다 크고
塡河漢績愧	강을 매운 한의 치적이 부끄러울 정도라네.
疏自仁王下	물길을 인왕산으로부터 파내려 와서

117 사회과학원 민족고전연구소역, 『漢詩集』 3, 「上元俚曲」, "如雲士女成群隊, 百病消磨走一回.", 문예출판사, 1985.

118 徐居正, 『四佳集』詩集 補遺1, 「漢都十詠」, '鐘街觀燈', "長安城中百萬家, 一夜燃燈明似霞. 三千世界珊瑚樹, 二十四橋芙蓉花. 東家西市白如晝, 兒童驚走疾於狖. 星斗闌干爛不收, 黃金樓前催曉考."

東注大江暨	동으로 큰 강에 흘러들게 했네.
橋成不憂雨	다리를 이루니 비가 내려도 근심되지 않고
濱水民安肆	물가에서도 백성들 편안하게 살 수 있네.
中流屹有柱	흐르는 물 가운데 우뚝이 기둥이 있으니
石刻庚辰字	돌에는 '경진'이라는 글자를 새겼네.

첫 구에 상풍간, 측우기, 수표교(水標橋)는 모두 바람과 비의 양을 재는 것으로 농사에 있어 기본적인 것이다. 이를 잘 다스려 치산치수(治山治水)하는 것이 왕의 기본이며 6구에서는 그러한 영조의 성스런 지혜와 업적을 높이고 있다. 수표교는 세종 때 세운 것인데, 영조 대라 한 것은 1760년(영조36)에 수표교가 수리되어 다리 앞쪽 하천 바닥에 눈금을 새긴 돌기둥을 세운 일을 말한다. 당시 이 기둥에는 10척까지 눈금을 그어 불어나는 물의 양을 측정하게 했으며, 교각(橋脚)에도 '경진지평(庚辰地平)'이라는 글씨를 새겨 수준(水準)으로 삼았다. 9구에 '소자인왕하(疏自仁王下)'에서 청계천 물이 인왕산에서부터 내려옴을 알 수 있는데, 지금도 윤동주기념관 건너편 창의문 계단 밑 한양도성이 시작되는 청계천 발원지 비석에 "이곳에서 북동쪽 북악산 정상쪽으로 약 150m지점에 항상 물이 흘러나오고 있는 약수터가 있으므로 이를 청계천 발원지로 정하였다."라고 새겨져있다.

홍의호는 영조의 은택으로 개천을 준설한 것은 백성이 홍수로 인해 물에 잠기는 일이 없도록 한 성왕의 배려라 하였다. 수표교는 단순히 비의 높이를 재는 것에 그치는 것이 아니라 민가에서 홍수로 고통 받는 일이 없길 바라는 치자(治者)의 마음이 담겨 있다.[119]

119 洪義浩, 『澹寧瓿錄』 卷20, 「漢京雜咏」 14題, '水標橋', "元陵厚澤濬川功, 石刻庚辰宛水中. (標刻庚辰地平四字) 無復民家沈墊苦, 夾橋烟樹長新叢."

민가의 활기는 도심의 중심가 뿐 아니라 주변 산세 좋은 동리에서도 볼 수 있으니 '삼청동(三淸洞)'(23제)은 당시 도성 안의 제일 가경(佳景)으로 손꼽았다. 이는 소격서(昭格署)가 있었던 곳으로 임진왜란 이후 완전히 없어지고 승경만 남아있었다. 그러나 이러한 승경과 명승은 좋은 경치 이상의 의미를 지니고 있다.

醮星舊署祇留名	별에 초례 지내던 옛 '소격서'는 이름만 남았는데
洞裏林泉特地淸	골짜기 속 숲과 시내가 특별히 맑다네.
聖代今無非禮祀	성스러운 지금 예에 맞는 제사가 아님이 없으니
且將雲物賁昇平	우선 풍경이나 즐기면서 태평 시대를 빛내세.

첫 구에 '초성구서(醮星舊署)'는 '소격서(昭格署)'를 말하는 것으로, 소격서는 조선 시대에 도교의 의례를 거행하기 위해 설치한 관청이다. 1396년(태조5)에 설치되었지만 연산군 이후 여러 차례 설치와 폐지를 반복하다가 임진왜란 이후 완전히 없어져서 승(承)구에 말한 골짜기 속 숲과 냇물의 맑고 깨끗함만 남아있다. 즉, 소격서는 없어졌지만 승경은 그대로라는 의미로, 현재는 삼청동에 표석만 남아있다. 삼청동이라는 지명은 도교의 태청(太淸)·상청(上淸)·옥청(玉淸)의 삼위(三位)를 모신 삼청전(三淸殿)이 있었던 데서 유래하였다는 설도 있다. 삼청전의 제사를 소격서에서 맡았으며 이 역시 '제례'라는 주제와 연관된 장소이다.

이곳은 수많은 사람들이 놀러오는 승경으로 유명한 곳이었다. "공후들 거하는 집은 모두 복숭아핀 곳, 물을 곁에 두고 산을 의지해 굽이굽이 마을이라네. 3월 꽃피면 노래하고 악기불고 야단스러우니, 놀러오는 사람들은 모두 이곳이 낙유원(樂遊原)이라 하네."[120]라는 구절을 통해 삼청동 시냇가는 3월이 되어 복숭아 꽃 피면 많은 사람들이 꽃놀이하고 노래하며 악기불고 풍악을 즐기던 유원지였음을 알 수 있다. 이곳은 시내와 계곡을 끼고 여러 마을이 있었고 공후들이 사는 좋은 곳이었다.

도교에 제사를 지내던 소격서가 있었던 것처럼, 삼청동은 자연경관이 신선이 살만한 곳이라 할 정도로 빼어났으며 『동국세시기』에 의하면 장안의 부녀자들이 정초에 삼청동 뒷산에 올라 숙정문(肅靖門)에 세 번 놀다 노는 것을 액막이로 여겼다는 기록이 있을 정도로 유상지(遊賞地)로 꼽혔다. 『용재총화(慵齋叢話)』에도 "서울 성 안에 비록 아름다운 곳이 적다고 하나 그런 중에서 놀만한 곳으로 삼청동이 가장 으뜸이고 인왕동(仁王洞)이 다음이며, 쌍계동(雙溪洞)·백운동(白雲洞)·청학동(青鶴洞)이 그 다음 간다."라고 하였다. '청학동(青鶴洞)'(24제) 역시 손꼽힐만한 비경(祕境)으로 유명하였다.

白鹿仙人去	백록선인은 떠나가고
青牛老子歸	청우노자는 돌아갔네.
高風邈難攀	높은 풍모 아득하여 붙잡기 어려워
悵望爲一唏	아득히 바라보며 한번 탄식하네.
窈窕青鶴洞	깊숙한 청학동은
南山山四圍	남산의 산으로 사방 에워쌌다네.
白雲興巖側	흰 구름은 바위 옆에서 일어나고
丹霞間翠微	붉은 노을은 푸른 숲 사이로 비치네.
昔人所棲息	옛사람이 깃들어 산 곳에

120 姜世綸, 『芝園集』 卷3, 「漢京雜詠」 23題, '三清洞', "公侯居第摠桃源, 傍水依山曲曲村. 三月花開歌吹鬧, 遊人道是樂遊原."

青鶴自來飛　　푸른 학이 스스로 날아왔네.
昔人今已去　　옛사람은 지금 이미 떠나
遼柱杳丁威　　요동의 화표주에 정령위가 아득하네.
泉流聞琮琤　　샘물이 흘러 옥구슬 소리가 들리고
花落留芳菲　　꽃이 떨어져도 남은 향기가 감도네.
隔江有仙契　　강을 사이에 두고 신선 친구가 있어
臥雲息塵機　　구름에 누워 속세의 사념을 쉬고 있네.
而我從之遊　　내가 그를 따라서 노닐다가
乘風拂羽衣　　바람을 타고 날개옷을 떨치고 싶네.

5, 6구에서는 청학동이 남산의 산으로 둘러싸인 깊숙이 처한 장소임을 말하였는데, 신선들이 푸른 학을 타고 온다고 전해지는데서 마을이름이 유래하였으며 서울 남산의 북쪽 자락아래 있었던 곳이다. 지금의 남산근처 한옥마을이 들어선 남산동 2가, 3가 일대이다. 청학(青鶴)은 태평시절과 태평한 땅에서만 나타난다는 전설의 새로, 옛 사람들은 태평성대의 이상향을 청학동이라 불렀다. 8구부터 '붉은 노을 산기운이 아득하고 샘물에는 옥 소리요 꽃향기 진동하는 그곳은 강을 사이에 두고 신선들의 모임이 있다.'라 하여 그곳에 있으면 구름을 타고 있는 듯 '우화이등선(羽化而登仙)' 하는듯한 착각이 일어날 정도였다. 15구의 '선계(仙契)'는 아마도 홍의호의 집이 그 근처였기에 그들의 모임을 우회적으로 표현한 것이 아닌가한다. 16구의 '와운식진기(臥雲息塵機)'에서는 속세를 떠나 이곳에서 신선의 진미를 느끼는 듯하다. 또한, 당시에 성곽을 걸으며 도성 안팎의 풍경을 감상하고 봄가을로 꽃과 단풍을 음미하던 순성(巡城)놀이가 있던 곳인데, 이러한 시들을 통해 그 정경을 엿볼 수 있다.[121]

'탕춘대(蕩春臺)'(31제)[122]는 돈대 이름으로 1505년(연산군11)에 창의

문 밖 경치 좋은 곳에 돈대를 쌓고 미희들과 놀았던 데서 유래된 것인데, 다음 시를 읽어보면 아름다운 표현미로 그 경치가 얼마나 빼어난 곳이었는지 느낄 수 있다.

逶迤彰義路　구불구불 창의문 길에
所遇怡心目　만나는 풍경마다 마음과 눈이 흡족하네.
山水屢曲折　산과 물을 여러 번 꺾어 도니
幽曠洞天闢　그윽하고 넓은 골짜기가 펼쳐지네.
凉籟爽余襟　맑은 바람소리가 내 가슴을 상쾌하게 하고
蒼翠饒雲木　푸른빛이 구름 낀 나무를 둘러싸고 있네.
遂登洗劒亭　드디어 세검정에 오르니
檐桷輝丹碧　처마에 붉고 푸른 단청이 빛나네.
巖頭吹烟霞　바위 머리에선 안개 노을이 뿜어지고
石脉散璚玉　돌 줄기에서는 옥돌이 흩뿌려져 있네.
將軍開別營　장군은 이곳에 별영을 열고
裘帶偸閑隙　고관대작은 한가한 틈을 엿보네.
貴遊簇鞍馬　귀족의 나들이에 치장한 말이 가득하고

121 柳得恭의 『京都雜誌』에는 이 순성을 '도성을 한 바퀴 빙 돌며 도성 안팎의 풍경을 구경하는 멋있는 놀이'라고 했고, 『漢京識略』에는 "봄과 여름이 되면 한양 사람들이 짝을 지어 도성을 한 바퀴 돌면서 주변의 경치를 구경했는데 해가 떠서 질 때까지 시간이 걸린다."라고 하였다. 이는 '순성놀이'를 말하는 것으로 1916년 5월 14일 매일신보에 '금일은 순성하세'라는 제목으로 실린 적이 있다.

122 『朝鮮王朝實錄』, 영조 30년 갑술(1754) 9월 2일, "1751년(영조27) 가을, 영조는 탕춘대에 거동하여 활쏘기로 무사를 뽑고, 1753년(영조29)에 蕩春中城을 새로 쌓았다. 1754년 9월에 "孔子가 '반드시 이름을 바룬다.' 하였는데, 蕩春臺의 이름은 바르지 않다. 이미 京營을 설치하고 때때로 나아가기도 하니, 바로잡지 않을 수 없다. 이름을 다시 鍊戎臺라고 고치도록 하라."라고 하여 洪尙書를 시켜 세검정 위 길가에 있는 바위에 '鍊戎臺' 석자를 새겼다 한다.

名士交履屐　이름난 선비는 서로 나막신 신고 오르네.
姸花間綠樹　고운 꽃은 푸른 나무 사이에 폈고
曲曲鬧笙笛　굽이마다 생황과 피리소리 떠들썩하네.
松間映白衲　소나무 사이에 흰 옷 입은 중이 비치니
小刹隱深壁　작은 절이 깊은 암벽 속에 숨어있네.
日晏歸城市　해 저물어 도성으로 돌아오니
都人何役役　도성 사람들은 어찌 저리도 수고로운지.

1구에 창의문은 한양도성이 시작되는 곳으로 지금도 창의문까지 오르는 길은 굽은 상태 그대로이다. 산과 물이 있는 곳으로 올라가면 그윽한 풍광으로 마음과 눈이 모두 흡족하다. 세검정에 오르면 장군의 별영과 고관대작, 선비들이 많이들 모여 있으며, 생황소리와 피리소리로 떠들썩하다.

『동국여지비고』에도 "창의문(彰義門) 밖 삼각(三角)·백운(白雲) 두 산 사이에 있어, 수석(水石)의 좋은 경치가 있으며 장의사(藏義寺) 옛 터가 있다. 연산군 때에 이궁(離宮)을 설치하고 놀며 잔치하였다. 그 후에 이궁은 헐리고 조지소(造紙所)를 개천 동쪽에 설치하였다."라 하였다.[123] 산수의 굽이굽이 아름다운 모습과 도심과 떨어져 있는 절을 연상케 하며, 하늘과 맞닿아 있는 호탕한 경치를 보여준다. 시 안의 절이 있는 탕춘대에서 나와 도성 안으로 들어가면 도성의 시끌벅적함과 바삐 움직이는 사람들의 모습이 보인다.

성현의 『용재총화』에는 "흐르는 물소리가 맑은 하늘 아래 천둥 번개가 치는 듯해 귀가 따갑다. 물이 맑고 돌이 희어서 선경(仙境)이 완연하다."라 하였다. 정선의 '세검정도(洗劍亭圖)'와 '선면(扇面) 세검정

123 『東國輿地備考』 제2편, 「名勝」.

도(洗劍亭圖)'는 그 비경을 잘 묘사하였다. 그만큼 세검정은 경치가 좋은 곳이었다. 정약용이 1796년에 채홍원(蔡弘遠)의 세검정시에 화운한 「화채이숙홍원세검정지작(和蔡邇叔弘遠洗劍亭之作)」에도 "풀들은 봄을 지나 길을 온통 묻고 있고, 비에 불은 시냇물에 다리가 반쯤 잠겼구나. 외로운 절 연기에 묻혀 산색은 담담하고, 키 큰 숲에 바람 일면 난간도 한들한들…(중략)… 기암괴석 감돌아 물 흐르고, 샘 눈에서 솟아나는 물방울들, 나무 끝에 부는 산들바람"이라 하여 정조 연간의 세검정 상화 광경을 엿볼 수 있다.[124]

홍의호는 탕춘대의 그윽한 경지를 금강산보다 더 훌륭하게 평가하였다. 홍의호가 포착한 탕춘대를 보자.

彰義西北出	'창의문' 서북으로 나가면
奇勝冠京城	기이한 승경 서울의 으뜸이라네.
石立齒齒白	돌이 삐죽삐죽 하얗게 서있고
泉走粼粼淸	샘물은 졸졸졸 맑게 흐른다네.
縹緲洗劍亭	아득한 '세검정'에
摠戎開行營	'총융청'이 행영을 열었네.
仰觀獅子嶺	우러러 '사자령'을 바라보니
華岳天半橫	북한산이 하늘에 반쯤 비껴있구나.
遊屐日交織	놀며 걸으며 날마다 서로 어울려
笙簫賁時平	생황소리 아득히 태평성대를 알리네.
如令處奧境	만약 그윽한 지경에 처해본다면

124 丁若鏞, 『茶山詩文集』 第3卷, 「和蔡邇叔弘遠洗劍亭之作」, "冠佩委蛇自退朝, 北郊泉石晩逍遙. 經春草色全埋經, 宿雨溪痕半浸橋. 孤寺煙沈山淡淡, 高林風度檻搖搖. 諸君恰受瞢騰醉, 歸騎翩翩趁夕樵.", "鑾輿舊經幸, 奇石枕回流. 暗溜通泉眼, 微涼在樹頭. 淸時多黑髮, 白日坐朱樓. 莫謾思歌管, 林丘有栗留."

肯讓怳怛名　　기꺼이 금강산의 이름을 양보할 것이네.
離俗貴得地　　세속과 떨어져 귀한 곳에서
使我發幽情　　나로 하여금 그윽한 뜻을 발하게 하네.[125]

1, 2구에는 창의문 근처의 경치가 서울에서는 으뜸이라 하였다. 3, 4구에는 돌의 모양과 물의 흐름을 첩어(疊語)를 사용하여 실감나게 묘사하였고, 흰색[白]과 푸른색[靑]의 색채대비로 돌과 물의 반대되는 속성을 시각적으로 표현하였다. 세검정, 총융청, 사자령, 북한산이 시안에 등장하고 그곳은 금강산보다 더 빼어난 곳이라 하였다. 세속과 떨어진 곳에서 들리는 생황소리는 태평성대를 알리는 듯 승평을 기원하고 있다.

성북동에 있던 '북저동(北渚洞)'(32제)[126]도 무릉도원이라 할 정도로 유명하여 부녀자들과 백마 탄 공손들이 자주 찾던 승경지(勝景地)였다. 남산 북쪽 기슭의 '천우각(泉雨閣)'(21제)도 무사들이 활쏘기 하던 곳으로 승경으로 유명하고 여름철 유명한 '피서지' 중의 하나였다.

銀鞍白馬垂楊湄　　은 안장 흰 말 수양버들 물가에 매어 있으니
金翅黃鸝選樹時　　금 날개 노란 꾀꼬리 나무를 가려 앉았을 때로다.
貴客名官來避暑　　귀한 객과 이름난 관리가 와서 더위를 피하니
三庚不熱九秋疑　　삼복더위에도 덥지 않으니 가을인가 싶네.

위의 시를 통해 천우각[127]이 귀한 객과 이름난 관리들이 자주 와

---

125 洪義浩, 『澹寧瓿錄』 卷20, 「漢京雜咏」 31題, '蕩春臺'.

126 姜世綸, 『芝園集』 卷3, 「漢京雜詠」 32題, '北渚洞', "流水桃花曲曲溪, 千家雲樹爛盈睇. 青蛾少婦粧紅頰, 白馬公孫碎碧蹄. 仙子應逢劉氏洞, 遊人摠識武陵蹊. 名區盡屬三營管, 畫鵠高張細柳西."

여름에 더위를 피하며 놀던 피서지였음을 알 수 있다. 천우각은 금위영(禁衛營) 안에 위치하고 있어서 높은 관리들이 이곳에 와서 직무도 보고, 승경으로 인해 시도 짓곤 했다. 홍의호가 종사관(從事官)으로 금위영의 전최(殿最)를 위해 왔을 때, 이복원(李福源, 1719~1792)과 함께 시를 짓기도 했다.[128] 4구에 삼복더위인데도 가을인 듯 시원함이 느껴진다 하였다. 은색, 흰색, 푸른 수양버들, 금빛, 노란빛의 시각적 심상을 도드라지게 표현하여 승경의 화려함을 더하였다.

『한양가』에도 "노리쳐 어드멘고 누대강산(樓臺江山) 죠흘시고 조양루(朝陽樓) 석양루(夕陽樓)며 명선루(明宣樓) 춘수루(春水樓)와 홍엽정(紅葉亭) 노인정(老人亭)과 송석원(松石園) 생화정(生花亭)과 영파정(映波亭) 춘초정(春草亭)과 장유헌(壯猷軒) 몽답정(夢踏亭)과 필운대(弼雲臺) 상선대(上仙臺)와 옥류동(玉流洞) 도화동(桃花洞)과 창의문(彰義門)밧 내다라셔 탕춘대(蕩春臺) 세검정(洗劍亭)과…(후략)."라고 하여 당시의 대표적 승경지를 소개하였다.

이러한 도심의 승경을 둘러싼 활기와 자연풍광은 도심과 동떨어진 자연친화적이 아니라 백성의 생활과 활기가 어우러진 것이었다. 자신이 살았던 한양에 대한 자부심과 애정이 발현되어 차분한 감회로 왕도의 송축과 제향, 나라의 태평과 여민동락하며 백성의 안녕을 기원하는 치자의 마음을 드러내었다.

---

127 泉雨閣은 지금의 墨井洞의 남산 자락을 흐르는 丫溪에 지어진 누각으로, 『新增東國輿地勝覽』 제3권 「漢城府」에 "禁衛營의 南別營 안에 있는데, 시내에 걸쳐 집을 지어서 여름철 피서에 좋다. 석벽에 '丫溪' 두 글자를 새겼다."라고 되어있다.

128 洪義浩, 『澹寧瓿錄』 卷20, 「漢京雜咏」 21題, '泉雨閣', "淸湍激石綠陰移, 泉雨亭深避暑宜. 前輩風流吾及見, 相公呼韻幕僚詩.", 주)에 "記丁未夏, 以從事官, 赴殿最, 坐于禁衛營, 都相李公福源, 邀余登亭呼韻賦詩故也."라 하여 1787년 李福源과 泉雨閣에서 시 짓던 기억을 상기시켰다.

이상 산세와 오강의 승경을 묘사한 시들, 궁궐과 누각으로 역사를 반추하고 영회한 시, 시정의 활기찬 모습과 유원에서 어울리는 사람들의 모습을 노래한 시, 세 부분으로 나누어 살펴보았다.

「한경잡영」은 기본적으로 강세륜 개인의 창작동기가 작용한 것이므로, 「성시전도시」와 달리 작가의 시적 경향과 함께 그 개성을 십분 드러내고 있다. 더욱이 「한경잡영」은 왕명에 의해 저작된 「성시전도시」와는 사뭇 다르다. 우선 창작배경과 동기가 홍의호와의 개인 수창이라는 점이다. 창작과정도 '성시전도'가 '전도(全圖)'라는 정해진 공간과 제한된 시간 내에 창작한 것이 비해 훨씬 주제도 내용도 자유롭다. 선초 이후 서울을 팔경으로 읊조린 팔경시와도 그 형식면에서 다르다. 이는 제한된 형식을 통해 서울을 포착한 것보다 잡영의 형식으로 살아 숨 쉬는 한양의 모습은 물론, 국가 제례와 승평의 장소를 자유롭게 드러내는 것이 한양의 묘사에 더 적합하였을 것이다.

게다가 서울의 특정 장소를 제목으로 설정하여 시인이 제시하고자 하는 주제를 드러내는 것은 당대의 현장을 시적 정서로 발현한 것을 의미하거니와, 이는 경물과 승경을 견문한 그대로 포착하여 형상화하려는 강세륜의 작시 태도와 관련되어있다.

하지만 강세륜의 「한경잡영」은 서울의 이면까지 속속들이 파헤쳐 포착하지는 않았다. 이를테면 민의 고달픈 삶의 모습이나 서울 뒷골목의 음지까지 시선을 두지 않았다. 이는 강이천의 「한경사」가 보여주는 것과는 길을 달리하는 분기점이다. 강이천이 「한경사」에서 노비와 거지, 유랑민 등 하층민의 생활까지 포착하여 드러낸 것과 다른 점이기도 하다.

그러나 오히려 강세륜은 국태민안에 입각하여 서울의 밝은 모습을 포착하여 창작하였고, 국가의 번영과 중국의 재조지은(再造之恩)과 같은 사대를 드러내고 있기도 하다. 또한, 정조의 은혜를 회상하며 정조와 함께한 추억을 끄집어내었다. 이는 성균관과 규장각에서 정조와 함께 경연에 참여한 사실과 임금의 신임을 받던 성군의 은혜에 감사하고 있다는 것에서 알 수 있다. 요컨대 이러한 전후 사정을 살피면 강세륜이 「한경잡영」을 창작한 동기가 홍의호와의 수창이 계기가 되었고, 정조의 은혜를 상기하는 과정에서 나온 것으로 추측할 수 있다. 강세륜은 이러한 창작동기를 바탕으로 연군지정의 심정을 「한경잡영」에 담아내고 있음을 알 수 있다.

한편, 「한경잡영」이 정도전의 「신도팔경」의 정신을 잇고 있지만, 단순히 한양의 형상을 통해 건국의 정당성을 보여주거나 단순히 태평성대를 구가한 시와는 다소 그 결을 달리한다. 오히려 당대의 서울 풍경과 서울의 각지에 살고 있는 살아있는 인간의 살아가는 모습과 그 풍경을 흥미롭게 읊조리고 있다는 점에서 시로 엿보는 당대 한양의 진경(眞景)이라 할 수 있다.

제4부

북관

『북정록北征錄』과 북관北關의 인문지리人文地理

북관(北關)은 함경도 지역을 가리키는 말이다. 서쪽의 낭림산맥은 평안도와 경계를 이루며, 마천령산맥이 남북을 구분하여 남쪽을 남관(南關), 북쪽을 북관(北關)이라 하였다. 이계(耳溪) 홍양호(洪良浩)는 "마천령(磨天嶺)이 단천(端川)과 길주(吉州) 사이에 버티고 있어 남북으로 도(道)를 나누니, 남쪽은 남관(南關), 북쪽은 북관(北關)이라고 한다. 북관에는 10개의 군(郡)이 있으니, 길주(吉州), 명천(明川), 경성(鏡城), 부령(富寧), 회령(會寧), 종성(鍾城), 무산(茂山), 온성(穩城), 경원(慶源), 경흥(慶興)이다."[1]라 구분하였다. 북관은 교통이 불편하고 자연환경이 극히 열악하여 전국에서 가장 살기 어려운 곳으로 꼽혔다.

특히 종성은 예로부터 '수주(愁州)'라 하여 귀양지로 알려져 있다. 그 지역을 배경으로 남겨진 유배문학으로는 박제가의 「수주객사(愁州客詞)」79수가 있는데, 종성을 포함한 북관 지역의 다채로운 풍속과 생활상, 종성에서 본 지리, 역사, 풍속과 삼정의 문란, 횡포, 행정 무능과 곤핍한 민중생활, 문화와 민속까지 다양하게 그렸다.[2] 이 지역을 기행하며 쓴 대표작가로 이계 홍양호와 진택 신광하를 들 수 있다. 주로 소론이나 노론계 문인이 북관에 대한 관심을 문학으로 표출하였다. 그들은 북관을 체험하면서 북관에서 견문한 국토산하의 아름다움과 기경을 읊었는데, 특히 신광하는 직접 백두산을 기행한 경험을 시로 포착한 바도 있다.

---

1 洪良浩, 『北塞記略』, 「孔州風土記」, "磨天嶺盤據, 端川吉州之間, 南北道分焉. 南謂之南關, 北謂之北關, 北關列郡有十, 吉州, 明川, 鏡城, 富寧, 會寧, 鍾城, 茂山, 穩城, 慶源, 慶興也."

2 안대회, 「朴齊家의 竟信堂夾袋와 北關風情」, 『한국한시연구』 12권, 한국한시학회, 2004, 71~102면; 이승수, 「박제가의 北關 風俗誌, 愁州客詞」, 『한국언어문화』 제29집, 2006; 박종훈, 「楚亭 朴齊家의 「愁州客詞」 一考」, 『東洋學』 제42집, 단국대학교 동양학연구소, 2007.

또한, 갑산(甲山)과 종성(鍾城)의 유배기록인 이광명(李匡明, 1701~1778)의 『이주풍속통(夷州風俗通)』, 유의양(柳義養, 1718~?)의 『북관노정록(北關路程錄)』의 국문기행록이 있으며, 백두산 정계와 관련된 체험을 일기형식으로 기록한 박권(朴權, 1658~1715)의 『북정일기(北征日記)』, 1729년 종성부사로 부임하면서 이듬해 귀향까지의 여정과 관직 생활을 읊고 수주(愁州)를 노래한 유승현(柳升鉉, 1680~1746)의 『북관일기(北關日記)』와 박래겸(朴來謙, 1780~1842)의 『북막일기(北幕日記)』, 윤치수(尹致秀, 1797~1866)의 『북정기술(北征記述)』 등 다채로운 체험을 토대로 한 글들이 많아졌으며, 이 지역의 문인집단도 적지 않았다.[3] 강세륜의 『북정록』과 가장 배경이 유사한 기록으로 중희(仲熙) 이정운(李貞運, 1747~1812)이 1802년(순조2) 4월에 1년 반 동안 종성부사로 순력하며 견문한 『기헌북정록』[4]이 있다.

주지하듯이 조선후기는 백두산정계비 사건 이후 북방지역에 대한 관심이 증폭되던 시기이다. 이 사건을 계기로 많은 지식인들은 북방의 변경지역을 민족의 고토(古土)로 재인식하거나, 변경을 둘러싼 지역을 새롭게 바라보게 되었다. 북관에 실제 기행하거나 체험한 인사들은 이러한 인식을 보다 선명하게 하였다. 특히 정계 이후 정계한 지역 너머에 있는 만주 지역과 백두산 지역을 둘러싼 영토는 갈수록

3 이승복, 2018 「柳義養의 유배체험과 그 제시 방식」, 『고전문학과 교육』 37, 한국고전문학교육학회, 75~109면; 장유승, 2010 『朝鮮後期 西北地域 文人研究』, 서울대학교 박사학위 논문; 2006 「조선 후기 서북 지역 문인 집단의 성격: 평안도와 함경도의 지역 정체성 차이를 중심으로」, 『진단학보』 제101호, 진단학회, 391~425; 안대회, 2004 「朴齊家의 竟信堂夾袋와 北關風情」, 『한국한시연구』 12권, 한국한시학회, 71~102면; 윤병석, 1977 「이광명(李匡明)의 생애와 '이쥬픙쇽통'에 대하여」, 『어문연구』 5권, 한국어문교육연구회, 75~101면.

4 李貞運, 『寄軒北征錄』, 국립중앙도서관 소장본.

이슈로 부상한 바 있다. 이는 조선과 청나라 사이의 정계 문제의 부당함과 변경지역의 개발과 활성화, 옛 강역에 대한 역사의식의 고취 등과 관련해 나타난 양상이었다.

이러한 영토인식과 국경 문제의 관심은 홍양호의 『북새기략(北塞記略)』, 홍의영(洪儀泳, 1750~1815)의 『북관기사(北關記事)』, 정원용(鄭元容, 1783~1873)의 『북행수록(北行隨錄)』, 정윤용(鄭允容, 1792~1865)의 『북로기략(北路紀略)』 등 북방지리서의 편찬으로 드러난다.[5] 특히 『북행수록』은 1830년경의 저작으로 국방 수비와 변경지역 관리·개발을 염두에 두고 북방정책 참고서로 저술하였다는 점에서 특별한 북방 관련 지리서이다. 『북정록』의 저술시기와 가장 근접하여 당시의 함경도의 풍속과 삶을 함께 비교해 보기가 용이하다.

또한, 이 시기 지역개발과 경제력 성장, 정부의 관심 제고 등으로 인하여 사회풍속이 변하고 지역민에 대한 인식이 달라지기 시작했다. '상무지향(尙武之鄕)'으로 인정되던 함경도는 18세기 말 정조가 무사층뿐 아니라 문학 지사들까지 적극 포용하는 정책을 시행하여 문무(文武)를 병렬적으로 진작시키려 하였으며 『풍패빈흥록(豐沛賓興錄)』, 『함경도내공령생녹명성책(咸鏡道內功令生錄名成冊)』을 간행하기도 했다.[6] 이러한 변화와 시대조류는 순조 대에도 이어졌다.

강세륜은 1821년 61세에 함경북도 종성지방의 부사(府使)로 임명을 받아 39일간의 북행여정을 하며 여정의 기록은 『북정록』에 자세히

---

5 최영화, 「『北行隨錄』을 통해 본 鄭元容의 북방인식」, 『동아인문학』 31호, 동아인문학회, 2015, 217면; 손성필, 「『북새기략』의 편찬 경위와 편찬자 문제」, 『민족문화』 제43집, 2014.

6 강석화, 「함경도지역의 개발과 士族(조선후기 확대된 영토의식과 북방지역 18세기)」, 『역사비평』, 역사비평사, 1996.

기술되어 있다.[7]

『북정록』은 저자가 서울에서 종성에 이르는 경유지마다 지역의 지리적 특징과 명소, 이름난 전고들, 그리고 뛰어난 절경과 감상을 읊은 내용들이다. 위에 서술한 지리서들과는 성격이 다른 시작품이 주를 이룬다. 매일 한두 편씩 지은 시를 모은 것이며 여정의 견문과 자연의 풍광, 지역특색, 애달픈 심사, 임금에 대한 충정과 향수의 정서 등이 상세하다. 시의 형식은 율시와 장편고시가 많고, 연시(聯詩)와 악부시(樂府詩), 잡언체(雜言體)의 형식도 눈에 띈다. 태조와 관련된 지역이나 역사적 인물을 설명할 때는 각 작품의 서두에 지명이나, 지역의 연고 등 역사적 사실에 대한 부연설명을 곁들인 경우가 많다. 조선왕조의 찬양과 굳건함을 드러내고 있는 작가의 사상적 배경을 기본으로 경물을 생동감 있게 표현하였으며, 국토의 기관(奇觀)은 작가의 향토정서가 호연(浩然)한 기상으로 바뀌게 되는 촉발제의 역할을 한다.

『북정록』이 '여정(旅程)의 기록'이라면, 「종산잡록」은 '일상(日常)의 기록'이다. 「종산잡록」으로 종산의 명소와 절경, 사적(史蹟)과 역사적 인물에 대한 회고, 종산지방의 독특한 풍속이나 주민들의 생활을 읊은 내용이 많다. 북관민의 현실적인 삶과 질고(疾苦)를 묘사하여 우회적으로 현실을 고발하고 삶의 어려움을 풍속(風俗)과 독특한 기질(氣質)을 통해 극복하고 수문연무(修文鍊武)하며 삶을 이끌어가는 정서가 드러난다. 「종산잡록」 뒤에 「남귀록(南歸錄)」과 「귀전록(歸田錄)」으로 묶인 시들은 모두 시간적 순서에 따라 지은 것이다.

---

7 규장각본 『北征錄』은 『北征錄』과 「鍾山雜錄」의 합본이다. 『北征錄』은 문집에 없으며, 「鍾山雜錄」은 문집에 「鍾山錄」이라는 이름으로 『芝園集』 卷7에 넣었다. 본고는 규장각본을 주 텍스트로 삼고 필요에 따라 문집을 참고하였다.

1. 여정旅程의 정감情感과 국토산하國土山河

『북정록』은 시로 표현한 일종의 북관 여행기이다. 1821년 9월 6일 강세륜이 나이 61세에 왕명으로 임명을 받아 상주에서 서울로 오고, 다시 서울에서 10월 2일에 출발하여 그해 11월 10일에 종성에 도착하였다. 총 39일의 여정으로 날짜의 기록은 없지만 거의 일기의 성격과 흡사하여 그 날 그 날의 정감을 시로 남겼다. 여행지에서 본 느낌, 유적지마다의 전고 등을 기록하고 있는 바, 교술 갈래와 서정 갈래를 넘나들면서 여행체험을 표출하고 있다. 시의 배경을 서술한 부분과 역사적 사실을 설명한 부분은 서사성이 마치 조선후기 유기류(遊記類)의 작품을 연상케 한다.

강세륜이 거쳐 간 지역은 40주(州)였으며, 서울에서 종산까지 2,025리, 상주 집에서 서울까지의 480리를 합하여 총 2,505리의 여정이었다.[8] 그가 임명을 받아 떠나는 출발부터 종성에 도착하는 순간까지의 여정이 자세히 기록되어 있어 강세륜의 꼼꼼한 성격과 국토에 대한 애정, 뛰어난 문학적 형상과 재능을 엿볼 수 있다. 그는 40주의 주요 지역을 경유했음을 밝히고 있어 경기도를 거쳐 강원도를 지나 함경도로 향하는 당시 교통경로를 알 수 있다.

京都 → 楊州 → 永平 → 鐵原 → 金城 → 淮陽 → 安邊 → 德源 → 文川 → 高原 → 永興 → 定平 → 咸興 → 洪原 → 北靑 → 利原 → 端川 → 吉州 → 明川 → 鏡城 → 富寧 → 會寧 → 鍾城

---

8 姜世綸, 『北征錄』 작품139, 「下馬以上官有日姑寓將廳」, "自京至鍾, 二千二十五里, 去月二日離發, 今月十日抵府在途, 凡三十九日, 自鍾距尙州本第, 加四百八十里, 合二千五百五里."

강세륜이 거친 주요지역은 양주(楊州), 영평(永平), 철원(鐵原), 금성(金城), 회양(淮陽), 철령(鐵嶺), 안변(安邊), 원산(元山－德源), 문평(門坪), 용주리(湧珠里), 문천(文川), 고원(高原), 화주(和州), 정평(定平), 함흥(咸興), 주수(愁州－鍾城), 함관령(咸關嶺), 홍원(洪原), 북청(北青), 이원(利原), 단천(端川), 명천(明川), 경성(鏡城), 부령(富寧), 무산령(茂山嶺), 회령(會寧) 등이다.

작자는 가는 지역마다 전고와 내력을 들어 주요명소와 그와 관련된 인물들을 적고 있다.[9] 강세륜은 북관에 오기 이전부터 향토정서와 경물, 사적(史蹟)에 대해 많은 관심을 보였으며, 꼼꼼하고 세밀한 시선에서 시작된 관찰은 시 안에서 국토와 지역에 대한 묘사, 왕조와 임금에 대한 감회를 표현하였다. 이는 관리로서의 직무와 애민의식을 바탕으로 하며 경물로 인해 감발되어 일어난 성정이 드러난 것이다.

『북정록』에서는 한 달 넘게 국토의 기관(奇觀)을 체험하며 느끼는 작가의 정감 변화를 볼 수 있다. 개인의 정감이 국토의 승경과 풍광을 맞이하여 국토자연을 체험하면서 호연한 기상으로 변모하는 변화상을 엿볼 수 있다. 다음은 1821년 9월 6일에 종산(鍾山)으로 가라는 명

9 그가 북관여정의 경로로 거친 지역과 역·명소들을 제시하면 楊州, 西月廊店, 場街驛, 龍淵書院, 陽門驛, 鐵原, 豐田驛, 生青驛, 眞木驛, 金城, 昌道驛, 新安驛, 淮陽, 銀溪驛, 鐵嶺, 高山驛, 安邊, 龍珠院, 釋王寺, 原山, 門坪, 湧珠里, 銘石院, 射臺 安養寺, 文川, 高原郡, 和州, 君子樓, 本宮, 龍江祠, 定平, 草原驛, 王愁洞, 王樂峙, 咸興, 萬歲橋, 豊沛館, 澄淸閣, 樂民樓, 玉簫亭, 知樂亭, 七寶亭, 慶興殿, 讀書堂, 馳馬臺, 愁州, 德山驛, 咸關嶺, 洪原, 穿島, 海月亭, 節婦巖, 平浦驛, 北青, 運籌軒, 老德書院, 青海, 千里堠, 居山驛, 侍中臺, 觀音窟, 利原, 月波亭, 摩雲嶺, 遊仙臺, 端川, 瞻雲樓, 麻谷驛, 摩天嶺, 交龜亭, 城津鎭, 望洋亭, 洗劍亭, 朝日軒, 雄城舘, 百勝樓, 湯泉, 明川, 七寶山, 鬼門關, 朱村, 鏡城, 本營, 輸城驛, 富寧, 武陵巖, 兄弟巖, 茂山嶺, 古豐山堡, 會寧, 東岡書院, 顯忠祠, 防垣鎭, 立巖 등이다.

(命)을 받고[10] 그달 21일에 급히 임금의 교지를 받들고 여정을 출발하는 『북정록』의 첫 번째 작품이다.

雙瞻寶座立多時	두 눈으로 어좌를 바라보며 한참을 서 있다가
晩步遲遲下玉墀	늦은 걸음으로 천천히 옥 계단을 내려오네.
來日愁州千里去	내일이면 수주로 천리 길 떠나니
若爲京國杳天涯	임금 계신 서울이 하늘 끝에 아득함을 어이 하리오.[11]

위의 시는 왕명을 받고 임지로 떠나는 작자의 아쉬움을 토로한 심사를 보여준다. 쉽지 않은 여정에 대한 갑갑한 마음과 임금에 대한 충정심이 드러나 있다. 일면 「관동별곡」을 쓴 정철이 강원도 관찰사로 떠나며 "어와 셩은(聖恩)이야 가디록 망극(罔極)ᄒᆞ다. 연츄문(延秋門) 드리ᄃᆞ라 경회(慶會) 남문(南門) ᄇᆞ라보며, 하직(下直)고 믈너나니 옥졀(玉節)이 알패셧다…(중략)…삼각산(三角山) 뎨일봉(第一峰)이 ᄒᆞ마면 뵈리로다."라 하여 임금계신 서울을 떠나는 작자의 심정을 떠올리게 한다.

승(承)구의 만보(晩步), 지지(遲遲)는 작자의 아쉬운 심사를 드러내며, 전(轉), 결(結)구의 천리 길과 천애(天涯)는 임금이 계신 곳과의 물리적 거리를 말해준다. 제목의 '종산(鍾山)'은 함경북도 종성(鍾城)의 옛 이름이며, 전(轉)구의 '수주(愁州)'도 같은 곳이다. 수주는 함경북도

10 『承政院日記』, 純祖 21년 9월 6일 기사, "再政, 南履懋爲兼文學, 鄭晉錫爲景慕宮令, 金在源爲景慕宮令, 李正紳爲永禧殿令, 金弘柱爲典獄主簿, 柳信儉爲軍器主簿, 洪義瑜爲監察, 金學義爲司圃別提, 吳顯甲爲南部都事, 鍾城府使姜世綸, 今加通政, 加資事承傳."

11 姜世綸, 『北征錄』 작품1, 「九月六日承鍾山除命二十一日因促敎辭陛」.

종성의 옛 이름이기 때문이다. 종성지역은 원래 고려 땅이었으나 여진족이 들어와서 수주라 하였다.[12] 강세륜이 종성부사로 임명을 받게 되자 황인로가 그를 보내는 마음을 읊었다.[13]

강세륜은 큰아들과 동행들과 함께 그해 10월 2일에 출발하였다. 떠나는 말 위에서 두보 시에 차운하며 시를 짓는다.[14] 여정을 시작할 때는 아쉬움, 답답한 심사로 시작하였다. 그러나 모든 상황을 긍정적으로 받아들이는 여유로운 성격은 경기도 양주(楊州) 가는 길에 장난으로 지은 시에서 낙천적인 모습으로 드러난다.

人言騎鶴上楊州	사람들 말에, 학을 타고 양주를 날며
十萬腰錢勝五侯	십만 냥 허리춤 돈이 다섯 제후보다 낫다고 하더니
瘦駿懶向楊州道	수척한 말이 느릿느릿 양주로 향하는 길에
無鶴無錢一白頭	학도 없고 돈도 없는 흰머리뿐이네.[15]

나이 60이 넘어 생면부지의 장소와 낯선 곳에서 생활하는 사람들을 향해 떠나는 그의 심사는 마냥 좋지만은 않았으나, 임금의 하명에 임

12 『朝鮮王朝實錄』, 「世宗實錄」, 「世宗 地理志」, 함길도, 종성 도호부. 본래 高麗의 땅이었는데, 野人들이 비어 있는 것을 틈타서 들어와 살면서 愁州라 하였다. 세종 17년에 寧北에 鍾城郡을 설치하였는데 胡人이 鍾을 童巾이라 하였고, 府에 童巾山이 있으므로 이렇게 이름 지었다 한다.

13 黃麟老, 『雨坪遺稿』, 「呈芝園令丈宰鍾城」 "千里盤回長白根, 使君華秩列卿尊. 北關最號鍾城府, 南國重光菊圃門. 衾風幾處無衣詠, 古月何山刁斗喧. 却是兮牀成契濶, 白頭愁殺淚眸昏."

14 姜世綸, 『北征錄』 작품4, 「十月二日發行馬上次杜韻」, "平生弧矢志, 方事四方遊. 久是離鄕客, 那堪去國愁. 汀花悲落日, 山木悵經秋. 漸見終南遠, 征驂爲暫遲."

15 姜世綸, 『北征錄』 작품5, 「楊州途中戲占」.

지로 떠나는 상황을 받아들이는 낙천적인 성격과 담담함도 보여주고 있다. 기(起)구의 양주(楊州)는 '기학양주(騎鶴揚州)'라는 고사를 말한다. 학을 타고 양주를 간다는 뜻으로,[16] 이를 통해 현실을 희화하여 긍정적으로 받아들이는 해학적 정서를 보여주고 있다.

양주를 지나 누원(樓院-현, 경기도 의정부시 누원로)을 거쳐 녹양역(綠楊驛), 녹양촌(綠楊村) 근처 서월랑점(西月廊店)에서 하룻밤을 묵는다. 경기도 지역에서는 작자의 아쉬운 감정이 주로 나타난다. 시의 일부다.

客意依秋遠　나그네의 마음은 가을에 의지해 멀어지고
征愁又夕曛　나그네의 수심에 석양이 어두워짐에랴.
樵歌山路下　산길 아래 나무꾼의 노랫소리 들리니
炊飯急廚裙　밥을 짓느라 부엌의 아낙네 부산하네.[17]

나그네의 우울한 심사는 가을, 석양, 수심, 어두움으로 표현되었다. 그런데 저물녘 나무하는 아이들의 노랫소리 들리고 부엌에서는 급히 밥 짓는 냄새와 연기가 눈에 그려지는 정경을 읊어 이제 조금씩 자연의 경관과 풍경이 그의 마음에 들어온다. 1, 2구에서는 본인의 우울한 감정을 서정적으로, 3, 4구에서는 나무꾼의 노랫소리와 부엌에서 밥을 짓는 아낙네의 모습을 서경적으로 표현한다. 지극히 일상적이면서

---

16 南朝 梁나라 殷藝의 「小說」 6권, "나그네들이 모여 각자 소원을 말했다. 혹자는 양주자사가 되기를 원하고, 혹자는 재물을 갖기를 원하고, 혹자는 학을 타고 승천하고 싶다고 하자, 한 사람이 말하기를 '허리에 십만 꿰미의 돈을 차고, 학을 타고 양주로 가는 세 가지를 겸하고 싶다.'"라 하였다.

17 姜世綸, 『北征錄』 작품7, 「宿西月廊店」.

도 운치 있는 장면을 포착하여 자신의 우울한 심정을 완화시켜준다. 녹양역과 장가역(場街驛)을 거쳐 낮에 용연서원(龍淵書院)[18]을 지나며 만세교(萬世橋)라는 마을[19]에 사는 정언벼슬 조상기(趙象基)를 방문하였다. 이어 백로주(白鷺洲)를 거쳐 양문역(陽門驛)에서 숙박하였다. 현재는 포천 양문역(梁文驛)으로 나오는데, 아마도 같은 지명을 두고 달리 쓴 듯하다.

京畿行且盡	경기도 여정이 다 끝나 가는데
嶠嶺路何長	산길과 고갯길이 어찌 이리도 긴가.
戀闕心如病	궁궐을 사랑하는 마음은 병이 든 것 같고
思家意欲狂	집을 생각하는 마음은 미칠 것 같다네.
驛夫團曉騎	역사의 군졸은 새벽의 역말을 단속하고
村幕警宵防	촌 막사는 밤의 방비를 경계하네.
似夢還非夢	꿈인가 싶었는데 도리어 꿈이 아니니
孤燈耿壁光	외로운 등불은 벽에 밝게 비추네.[20]

경기(京畿)에서의 여정은 끝나가지만 아직도 남은 길은 멀다. 북관으로 가는 길이 어찌 이다지도 긴 것인지 험난한 여정을 상상한다. 임금을 생각하면 마음에 병이 생길 정도로 간절하지만, 집과 고향을 생각하면 한편으로는 미칠 것만 같다고 앞으로의 고단함에 자신의 심사를 그대로 표현한다. 특히 '광(狂)'은 작자의 처지와 감정에 몰두

18 龍淵書院은 경기도 포천시 신북면 신평리에 있는 서원으로 龍洲 趙絅(1586~1669)과 漢陰 李德馨(1561~1613)을 모시고 있다.

19 姜世綸, 『北征錄』 작품10, "萬世橋, 趙友所居村名."라는 주가 첨가되어 있다.

20 姜世綸, 『北征錄』 작품14, 「宿陽門驛」, 陽門은 梁文과 통한다.

하여 자연의 경관은 크게 마음에 들어오지 않은 채 힘든 여정을 지나간다.

강원도 동관(東關)의 초입인 철원(鐵原)으로 들어가서는 길과 밭은 산골이라 주민들의 생활상황이 녹록치 않음이 시의 곳곳에 나타난다. 강세륜은 풍전역(豊田驛)에 오르는 길에서도 "골짜기 밭은 모두 돌과 불이요, 산길은 다 바위와 얼음이요."[21]라 하여 농사짓기에는 역부족인 상황이 보이고 생청역(生靑驛)에서는 밤 10시가 넘어 세금을 거두는 관리의 횡포를 직접 목격하였다.

그리고 낮 무렵 진목역(眞木驛)[22]에서 쉬는데 멀리 산에서 금강산의 기운을 느끼며 밝은 정감을 느끼기도 하였다. 금성(金城)에서 피금정(披襟亭)을 지나며 풍악산을 보니, 여정으로 인한 피로가 덜해지며 마음도 좋아진다. 떠날 때는 긴 여정에다 국토의 변방이라는 낯선 지역이라, 쉽게 적응하며 고을살이를 할 수 있을지 여부를 확신하기 어려워 답답한 심정을 가졌지만, 경기도를 지나면서 체험하는 국토 산하의 승경처를 보면서 우울하고 답답한 심사를 달랜다.

그러다가 강세륜은 강원도 지역에 들어서면서 기관(奇觀)과 거대한 풍광으로 펼쳐진 국토미(國土美)에 점차 익숙해지며 앞으로의 고단한 여정도 잊고 만다.

臨風振玉珮　　바람에 임해 옥패를 떨치며
溯日過金城　　해를 거슬러 금성을 지나가네.
水割東南里　　물은 동쪽과 남쪽마을을 나누고

---

21 姜世綸, 『北征錄』 작품16, 「豊田驛午憩」, "峽田皆石火, 山路盡巖氷."
22 眞木驛은 황해도 安岳에 위치한 驛으로, 麒麟道의 屬驛 중 하나이다.

山圍錦繡屏　산은 비단으로 수놓은 병풍으로 두른듯하네.
眠鷗臥自穩　잠자는 갈매기는 누워서 스스로 안온한데
征馬去何停　가는 말은 가야만 하니 어찌 머무를쏜가.
行役寬心事　행역에 마음이 좀 편해지는 건
披襟爲有亭　피금정이 있어서라네.[23]

이제는 힘든 여정의 고된 몸과 피로는 뒤로하고 변방으로의 행역(行役)은 오히려 마음을 넓히는 일이 된다. 작자는 자연이 주는 장엄함과 편안함과 화려한 경치 속에서 여로의 피로와 변방으로 가는 답답한 심사는 잊은듯하다. 가을 산은 비단으로 수놓은 병풍을 두른 듯 아름답고 갈매기가 누워 잠자는 평화로움이 감돈다. 미구(尾聯)의 8구에서의 피금(披襟)은 정자의 이름이라는 주가 부기되어있다. '피금정'은 금강산 가는 길목에 위치한 곳으로, 겸재 정선(1676~1759)과 표암 강세황(1713~1791)이 그린 아름답고 유명한 곳이다.

새벽에는 창도역(昌道驛)을 출발하는데, 서쪽이 금강산으로 들어가는 길이다. 금강만이천봉(金剛萬二千峰)을 그리며 신안역(新安驛)에서 낮에 쉬고 맥천(麥遷), 연성포(連城浦)를 지나니 강 왼쪽이 회양(淮陽)땅이다. 다음 시는 회양 땅이 강 왼쪽에 있으며 회양 땅을 가는 길이 몹시 험준함을 말해주고 있다. 생동감과 사실적 묘사가 두드러지며, 이제껏 자신의 감정에 치중하였던 것은 보이지 않고 자연의 묘사와 생생한 표현만이 돋보인다.

산길이 아주 높거나 험준하지는 않았는데, 갑자기 깎아지른 언덕이 험

---

23 姜世綸, 『北征錄』 작품19, 「金城」.

하게 끊어져 굽어보니 천 길 낭떠러지로 이른바 '보니 낭떠러지[見而遷]'라 한 것인데, 방언으로 잘못 전해지기를 '보리 낭떠러지[麥遷]'라 하였다네. 낭떠러지가 끝나면 강이 있어 '연성포'라 하는데, 두 산 사이를 가르며 흐르는 물의 세력이 매우 빠르다. 강 왼쪽이 바로 회양 땅이다.[24]

'맥천(麥遷)'이라는 지명이 생긴 유래는 '보니 낭떠러지'라는 데서 '보리 낭떠러지'라는 방언이 되었는데, 이를 한자로 표기하여 맥천이 되었다는 것이다. 지명의 유래와 주변 풍경을 자세히 묘사하였다.

駸駸事鞍馬　가고 가며 말안장에만 앉아 있자니
峽行多曲折　골짜기 길이 굽이가 많기도 해라.
夷險苦不齊　평평함과 험난함이 고달프고 가지런하지 않아
驛人言說聒　역졸들의 말소리가 시끄럽기도 하네.
半日踏平地　반나절 동안 평지를 밟다가
忽見層崖截　문득 층층 절벽을 만나기도 하네.
籃輿懸岌嶪　가마수레가 높디높은 곳에 매달리니
擔夫戒足失　가마꾼이 발밑을 조심하라고 경계하네.
蛇盤去回回　서린 뱀인 양, 돌고 돌며 나아가니
鶻棲鳴揭揭　깃든 송골매는 빙빙 돌며 우네.
前者與後者　앞사람과 뒷사람이 줄지어
五里頂踵戞　오리 길을 정수리와 발꿈치가 마주치네.
下輿卽江浦　남여에서 내리니 바로 강포라
兩山中坼裂　양쪽 산 가운데에서 가르고 흐르네.

24 姜世綸, 『北征錄』 작품22, 「麥遷」, "山行不甚高峻, 忽見懸崖陡絶, 俯瞰千尋, 所謂見而遷, 以方音而訛號曰麥遷, 遷盡有江曰連城浦, 坼兩山而流, 水勢甚駛 江左卽淮陽地."

灘流何迅急　여울 물살이 어찌 이리도 빠르고 급한지
篙師費力掣　뱃사공이 힘을 다해 끌어당기네.
登陸整人馬　육지에 올라 사람과 말을 정돈하고
回首心猶怵　머리를 돌려 바라보니 마음은 아직도 겁이 나네.[25]

이 시는 맥천을 지나는 여정이 얼마나 험난한지 보여준다. 천 길 낭떠러지를 가마꾼이 가마를 메고, 한 발만 잘못 디뎌도 천 길 아래로 떨어지는 위기의 순간을 사실적으로 풀어내었다. 마지막 구절에서는 간신히 물을 건너 평지에 왔으나 아직도 심장이 떨리고 두근두근 겁이 난다. 그의 문학의 생생한 표현과 생동감이 두드러지며, 세밀한 정서를 표출하는 작자의 감각적 정서를 엿볼 수 있다.

또한, 회양 길에서 멀리 금강산을 바라보면서 "산골짜기 길에 우뚝 솟아오르기 싫지 않은데, 개골산을 바라보니 옥이 층층이 있는 것 같네. 모든 신령이 천봉우리의 흰 눈을 길이길이 보호하여, 10월인데도 응당 모든 골짜기는 얼음이라네."라고 하며 눈 덮인 겨울 금강산의 황홀한 감흥을 읊었다.[26] 상황에 따라 느끼는 작자의 심정과 흥취, 긴박한 상황, 감흥 등이 시를 읽는 독자에게 잘 전달되고 있다.

여행의 긴 과정과 자신의 감상이나 느낌을 고스란히 담아내기에는 근체시보다는 아마도 비교적 긴 분량의 고시가 적합하였을 것이다. 따라서 여행과정을 읊은 시들은 장편의 고시형식이 대부분이다. 회양에 도착하여 조종진[27]을 방문하였는데, 그가 마침 병이 들어 있어 저

25 姜世綸, 『北征錄』 작품22, 「麥遷」.

26 姜世綸, 『北征錄』 작품23, 「淮陽途中悵望金剛」, "峽逕嵒嶢不厭登, 望中皆骨玉層層, 百靈長護千峯雪, 十月應爲萬壑氷."

27 趙琮鎭(1767~1845)의 字는 章之, 號는 藝垣·玄溪·東海, 本貫은 豊壤. (원문

물어 은계역(銀溪驛)으로 향하였다.[28]

다음 시 역시 철령의 산세와 회양 땅의 여울 등 그 기관을 세밀하게 묘사하고 있다. 철령에서 당나라 시인 가주(嘉州) 잠삼(岑參, 715~770)의 「천산설가(天山雪歌)」에 차운하며 지은 서(序)와 시(詩)이다.

> 철령의 좌우는 회양과 안변의 경계로 나뉜다. 산세는 우람하면서도 수려한데, 회양에서부터 그러하였다. 굽이굽이 7, 8리쯤 가는데 그 험준함을 깨닫지 못하지만 돌길이 구불구불하고 나무들이 울창한 사이에 여울이 콸콸 흐른다. 꼭대기에 올라가서 내려다보면 고개의 아래가 깎아지른 듯 가팔라 몇 천 몇 만 길인지도 모르는데, 큰 들판이 넓고 여러 산들이 개밋둑처럼 펼쳐졌다. 남북의 바다색은 깊은 푸른색으로 쪽빛 같은데, 역졸들이 가리키며 '원산'이라고 말해주었다. 남여에서 내려 두루 바라보다가 한참 뒤에 또 고갯길을 7, 8리쯤 내려가는데, 전날 밤에 내린 눈에 길이 더욱 미끄러워 가마꾼이 앞에서 버티고 뒤에서 당기면서 서로 경계하며 행차를 호위하였다.[29]

서(序) 부분은 여정을 개괄하고 있는 하나의 서사작품과 같고, 상세한 묘사로 구성하고 있다. 그야말로 철령을 넘으면서 맛보는 국토산

에 華之는 誤記)

28 姜世綸, 『北征錄』 작품24, 「抵淮陽, 訪知府趙華之, 華之方有病深臥, 暮向銀溪驛」, 華之는 章之의 오류이다. 趙琮鎭은 1820년 淮陽縣監에 부임되었다. 윤지훈, 『동해 조종진의 산문에 대한 일고찰』, 성균관대학교 대학원 한문학과 석사논문, 2003. 9면.

29 姜世綸, 『北征錄』 작품26, 「鐵嶺次岑嘉州天山雪歌」, "嶺之左右, 分淮陽安邊界, 山勢磅礴巨麗, 自淮陽而然, 委迤行七八里, 不覺其極峻, 但石路盤陀雜樹蔥鬱中, 灘流瀄瀄, 登絶頂俯瞰, 嶺之下斗截戍削 不知爲幾千萬丈, 大野廣漠羣山若邱垤然, 南北海色深靑如藍, 驛人指認謂元山云, 下輿流眺久之, 又下嶺行七八里, 前夜有雪, 雪路尤滑, 輿夫前撑後掣, 相戒護行."

하의 미감이다. 구불구불한 돌길, 울창한 나무, 콸콸콸 흐르는 여울을 묘사하여 경관을 하나의 화폭처럼 상상케 하는 표현미가 두드러진다. '개밋둑 같다'는 부분 역시 비유법과 원근감을 절묘하게 묘사한 곳이다. 바다색 역시 '쪽빛 같다' 하여 색채로 시각적 묘사를 두드러지게 하였다. 사물의 정교하고 정치(精緻)한 묘사는 자연히 직접적인 감정을 토로한 부분을 감소시켰지만, 산수의 묘사 속에 감정을 농축하고 있어 오히려 독자가 느끼는 감동은 극대화될 수 있다.

잠삼(岑參)은 형주(荊州) 강릉(江陵)출신이다. 그는 고적과 곧잘 '고잠(高岑)'으로 병칭되는 변새시파의 대표적 시인이다. 초기에는 기려한 시풍을 지녔다. 두 번에 걸쳐 변방에 다녀오면서 시의 풍격이 크게 변하여, 전과 달리 적극적이고 낙관적인 정서로 공명을 추구하는 정신을 노래하였다. 그의 「천산설가(天山雪歌)」 역시 그러한 풍격이 넘치는 시이다.

강세륜의 다음 작품은 그의 시에 차운한 것이다.

東北中間洞天開　동북쪽 중간으로 별천지가 열리니
大嶺盤礴而崔嵬　큰 고개는 넓게 뻗어 높이 솟았네.
灖灖水灘鳴谷口　콸콸 여울물소리가 골짜기 입구에서 울리고
前夜雨雪盈尺厚　전날 밤에 눈이 내려 한 자 두께로 쌓였네.
登臨極層更無山　가장 높은 곳에 올라가보니 더 산이 없어
天設龍興第一關　하늘이 용흥을 제1관문으로 베풀었네.
危壁慳松護頂絶　위험한 절벽의 굳센 소나무는 절정을 호위하고
懸磴鑿石戒足滑　가파른 비탈은 돌을 깎아 발 미끄러질까 경계하네.
廣野漭蒼朔氛凝　넓고 푸르른 광야엔 북방의 기운이 엉기고
俯瞰崚嶒千丈氷　험준한 산을 굽어보니 천 길이 얼음이라네.
日漾青藍海氣暖　해가 푸른 쪽빛에 일렁이니 바다 기운은 따스하고

長風吹捲雲片斷　긴 바람 불어 거두어 가니 구름 조각 끊어지네.
金華仙侶阻多時　금화산의 신선들은 소식 막힌 지 오래이니
高處回頭望京師　높은 곳에서 고개 돌려 서울을 바라보네.
爲停肩輿悄悵久　견여를 멈추고 오래도록 서글퍼하자니
凍鵲喳喳繞樹枝　겨울 까치가 짹짹거리며 나뭇가지를 맴도네.

시어들을 살펴보면 산천, 큰 고개, 여울물, 골짜기, 밤, 비, 눈, 하늘, 절벽, 소나무, 돌 비탈길, 넓은 광야, 험준한 산, 얼음 길, 해, 푸른 쪽빛 바다, 바람, 구름 조각, 가마, 까치, 나뭇가지 등 온갖 자연물을 나타내는 단어들이다. 사방이 온통 자연물뿐이고, 시인도 물(物)의 일부에 불과하여 자연과의 교감을 잘 드러내었다. 시인은 자신도 모르는 사이에 국토산하의 속살을 체험하고 거기에 새로운 정감을 표출한다. 어찌 보면 물아일체라는 단어를 사용하지 않았을 뿐, 시인의 경지는 장자의 호접지몽(胡蝶之夢)의 경지를 보여주는 듯하다. 그러나 마지막 부분에 시인은 다시 '망경사(望京師)'라고 하며 서울을 그리워한다. 자연 속에 완전히 동화된듯하나 마치 꿈을 깨듯 현실을 자각한다.

강세륜의 문집을 보면 평소에도 두보와 잠삼의 시를 자주 차운하였다. 잠삼은 젊었을 때 경험한 이국적인 중앙아시아를 주로 시의 소재로 삼아 '변경시인'으로 이름을 널리 알렸다. 아마도 변방시인의 시는 작자의 심사를 대변하기에 충분했을 것이다. 위 시를 읽고 있으면 위기의 순간들이 잘 전해져서 마치 독자가 경험하고 있는 것 같은 착각이 일어난다. 험한 산길을 지나며 보이는 푸른 쪽빛 햇살, 따스한 바다의 기운, 구름 조각들, 부는 바람이 느껴진다.

13구의 '금화선려조다시(金華仙侶阻多時)'에서 금화산(金華山)은 중국 절강성(浙江省) 금화시(金華市) 북쪽에 있는 산을 말하는데, 이 산

위에 신선이 생활하던 석굴(石窟)이 있었다고 전한다. 포박자(抱朴子)라 불렸던 진(晉)나라 갈홍(葛洪, 284~363)이 지은 『신선전(神仙傳)』에는 "양치기인 황초평(黃初平)이 도사를 따라서 금화산 석실로 가 40여 년 동안 집 생각을 잊고 신선술(神仙術)을 익혔다."라 하였다. 금화산의 친구들 소식이 막혔다 하였으니 상주에서 함께하던 친구들을 비유한 말로 보인다.[30] 임지로 향하는 동안 간간이 경사(京師)를 바라보며 임금을 그리워한다. 차가운 나뭇가지에 언 까치 소리는 작가의 심사를 대변해준다. 이러한 심경 속에 철령을 지나 고산역(高山驛)에서 다리를 쉬고 안장을 풀었다.

이제 남관(南關)의 초입으로 들어가니 함경남도다. 안변(安邊)을 지나는 길에 석왕사(釋王寺)가 보이고 황폐한 성을 보니 여진족이 살던 마을임을 알 수 있다. 원산(元山)은 덕원(德源)땅으로 해포(海浦)의 큰 도읍이며 사람과 물건이 모이는 복잡 화려한 곳으로 북로에서는 으뜸이다.[31] 다음으로 문평(門坪)은 덕원부(德源府)와 15리 떨어져있다. 여진, 말갈족이 살던 곳임을 추억하며 덕원부 남쪽 10리를 가니 용주리(湧珠里)이다.

용주리에서 남쪽 2리쯤에 있는 명석원(銘石院)을 지나는데 일찍 문천(文川)을 출발하여 두역(杜驛)을 지나 멀리 옥녀봉(玉女峯), 아미산(蛾眉山)을 바라보니 수려하고 사랑스러웠다. 옥녀봉은 강원도 문천시 옥평동 소재지의 봉우리로 해발 147m의 얕은 봉우리인데, 옥녀라

---

30 金華는 金華殿, 內庭으로 조정을 가리키는 말로 본다면 "금화전의 친구들"이라 해석하여 한양의 조정에서 함께하던 친구들로 볼 수도 있다.

31 姜世綸, 『北征錄』 작품32, 「元山」, "德源地, 海浦之大都, 會民物繁華, 甲於北路, 南北流通衆貨泉, 大堤形勝此堪肩, 閭閻摶地三條直, 海浪連天萬帆懸…(後略)."

는 처녀가 빠져 죽었다는 전설이 깃들어 있다. 아미산은 '아미산(峨眉山)'이라고도 표기하며 여자의 눈썹같이 아름답게 생겼다 하여 그렇게 불렀다고 한다. 『북행수록(北行隨錄)』에는 "아미산은 문천 동쪽 1리에 있고 옥녀봉은 동쪽 5리에 있다. 봉우리와 뫼가 수려하여 아름다워 유인(遊人)이나 지나가는 나그네들이 올라가보는 곳이라 하더라."[32]라고 하였다.

낮에는 고원군(高原郡)에서 쉬고 밤에는 화주(和州)에서 묵었다. 화주는 영흥(永興)의 옛 이름으로 북관의 승경지이다. 당시 화주의 부백(府伯)은 시랑(侍郎) 박시수(朴蓍壽, 1767~1834)였다. 그와는 약관(弱冠)의 나이에 알게 된 사이인데, 40년이 지난 지금 다시 만나게 된 것이다. 군자루(君子樓), 준원전(濬源殿), 본궁(本宮), 용강사(龍江祠)를 지났다. 용강사는 태조의 친구인 충민공(忠愍公) 박순(朴淳, ?~1402)을 배향한 곳으로, '반재강중반재선(半在江中半在船)'라는 유명한 일화와 시를 자세하게 기술하였다. 정평(定平), 초원역(草原驛)을 지나는데 정평 땅에는 왕수동과 왕락치가 있었다.

> 왕수동은 부의 남쪽 30리에 있다. 왕락치는 부의 북쪽 15리에 있다. 태조가 북행할 때 이 마을에 와서 함흥이 보이지 않아 근심하는 얼굴빛이어서 이름 하였다. 이 언덕에 이르렀을 때 함흥이 멀지 않다하여 웃으며 기뻐하였으므로 마을사람들이 드디어 그 마을을 '왕수'라 하였고 언덕을 '왕락'이라 하였다.[33]

---

32 鄭元容, 『北行隨錄』, 「鐵北拾錄」, '蛾眉山', "蛾眉山在文川東一里, 玉女峰在東五里, 峰巒秀麗可愛, 爲遊人過客所登覽云."

33 姜世綸, 『北征錄』 작품50, 「王愁洞王樂峙」, "洞在府南三十里, 峙在府北十五里, 太祖北幸時臨是洞曰 不見咸興有愁色, 臨是峙曰 咸興不遠笑而樂之, 土人

雲田路幾許	운전사(雲田社)로 가는 길이 얼마쯤인가
鼻白何岌嶪	비백산(鼻白山)은 어찌 이리도 높고 험준한가.
不見雲田社	운전사가 보이지 않으니
近臣知眉睫	근신들이 태조의 기색을 알았네.

운전사(雲田社)는 함흥에 있는 태조의 잠저(潛邸)를 말한다. 비백산(鼻白山)은 함경남도 정평군(定平郡) 정평면(定平面)에 있는 진산(鎭山)이다. 비백산을 넘어 가는데 태조의 잠저는 보이지 않고, 가는 길은 험하고 힘들다. 4구에 왕의 얼굴빛이 어두워져 신하들의 마음은 조급해지고 눈썹은 타들어 가듯 애가 타는 모습을 재미나게 표현하였다. 다분히 영사적인 서술이 가미되어 그 옛날 역사의 상념에 젖어든다. 왕수동과 왕락치를 지나면서 그 당시 태조를 떠올리며 영회(詠懷)하지만 그의 마음은 걸음 내내 고향생각으로 가득하다.

만세교(萬歲橋), 풍패관(豐沛館) 등 태조의 역사지역을 거쳐 징청각(澄淸閣)에서 순상(巡相) 이면승(李勉昇, 1766~1835)을 만났다. 낙민루(樂民樓), 옥소정(玉簫亭), 지락정(知樂亭), 칠보정(七寶亭), 반송(盤松), 경흥전(慶興殿), 독서당(讀書堂), 치마대(馳馬臺)를 차례로 구경하며 태조와 지난 왕조를 추억하였다. 덕산역에 묵었는데 큰아들이 병이 나서 심하게 아팠다. 함관령(咸關嶺)을 넘어 천도(穿島), 해월정(海月亭), 절부암(節婦巖)을 지나 평포역(平浦驛)에서 묵었다.

작자는 이제 자신에게서 타인으로 향한다. 함흥을 지나며 당시에 유명했던 가련(可憐, 1671~1759)을 추억하는가 하면, 홍원(洪原) 기생 조생(趙生)에 대해서도 협기로 인식하며 그녀의 부끄러울 것이 없는

遂號其洞曰王愁, 峙曰王樂."

의협(義俠)은 신분과 상관없이 높이 사야 한다고 주장하였다. 조생과 가련의 연구는 기왕에 많은 연구가 있었다.[34] 강세륜도 그 지역을 지나며 가련과 조생을 비중 있게 다루었다. 그가 이들 인물을 작품으로 포착한 동기 또한 분명하게 제시하고 있다.

이를테면 가련의 경우는 여러 기생들이 그 일화를 모르고 있다 하여 일부러 차운하여 시를 짓고 시화로 남긴다는 저술목적을 분명히 하였다. 조생의 경우, 그녀는 실존 인물로 그곳에 살고 있는 후손들이 기생의 후예임을 부끄러워 한다는 말을 듣고 자신의 생각을 피력하였다. 이것은 부끄러워할 일이 아니며 오히려 그의 의리는 높이 평가되어야 한다는 주장을 펼쳐 작품의 창작 의도를 분명히 하고 있다.

> 가련은 작고한 함경도의 기생이다. 성품이 총명하고 지혜로워 책을 한 번 보면 곧장 암기하였고 말솜씨가 뛰어나 응대를 잘했다. 어려서 안찰사 권흠[35]을 섬겼는데, 그가 죽자 이내 수절하였다. 관양산인 문형 이광덕(1690~1748)이 사건으로 인하여 북으로 귀양 갔는데, 지나는 길에 가련을 방문했다. 가련은 나이 60여 세로 이광덕을 위해 제갈공명의 '출사표'를 암송하였는데, 그 소리가 오열하며 격앙되었다. 광덕이 그 소리를 듣고 눈물을 주체할 수가 없어 주룩주룩 흘렸다. 가련이 무릎을 모으고 말하기를 "혹시 영공께서 임금의 지우를 입음에 부족함이 있어서입니까?" 라고 하니, 이광덕이 멍하니 있다가 시를 지어 사례하기를 "남관의 여협이 귀밑머리가 흰 실과 같은데, 취한 뒤에 소리 높여 전후출사표를 노래

---

34 정우봉, 「18세기 함흥 기생 可憐의 문학적 형상화와 그 의미」, 『한문교육연구』 제34호, 한국한문교육학회, 2010; 李權熙, 「사대부와 기녀의 시조 수창에 대한 고찰 –옥소 권섭과 가련의 경우를 중심으로」, 『동방한문학』 64호, 동방한문학회, 2015.

35 權歆(1644~1695)의 字는 子馨, 本貫은 安東, 祖父는 權儆, 父는 大君師傅 權蹟이다.

하네, 노래 소리가 삼고초려 하는 대목에 이르니, 쫓겨 온 신하가 맑은 눈물 만 줄기를 흘리네."－① 하였다. 내가 낙민루에서 술자리를 벌이다가 여러 기생들에게 물으니, 그 일을 아는 자가 없었다. 순찰사와 더불어 이 일을 말하다가 이윽고 이광덕의 시에 차운하여 시화에 보탠다.[36]

泣玦行人淚若絲	결옥 받고 울며 떠나는 사람이 실처럼 눈물 흘리니
女娘微諷勝官師	여인의 은근한 풍자는 언관을 능가하네.
可憐芳躅今無問	가련의 꽃다운 자취를 지금은 물을 곳 없어
萬歲橋前老柳垂	만세교 앞의 오래된 버드나무만 늘어져있네－②

시 ①은 이광덕이 가련에게 준 시로, 남관은 마천령 이남의 함경남도를 가리킨다. 가련은 당시에도 여협(女俠)이라 할 만큼 유명하였고, 여러 작가들의 작품 속에서 볼 수 있다. 채제공은 "함흥의 노기(老妓) 가련은 나이가 84세로, 출사표를 노래로 부르고 고인의 시편을 외는데 한 글자도 틀리지 않는다. 간혹 담소를 나누어 보면 조리가 분명해서 사람으로 하여금 족히 자신을 경계하고 반성하게 하니, 사대부들이 여협(女俠)이라고 칭찬하는 것이 당연하다."라 하였다.[37]

삼명(三溟) 강준흠의 글에서도 같은 전고와 시가 있는데[38] 광덕의

36 姜世綸, 『北征錄』 작품65, 「可憐」, "憐故咸營妓也. 性聰慧, 於書一覽輒記, 長於辭令應對捷給, 少事權按使歆, 按使歿, 仍守貞. 冠陽山人李文衡匡德, 因事竄北, 過訪可憐, 憐年六十餘, 爲誦孔明出師表, 其聲嗚咽激昂, 山人聞之, 淚不禁簌簌下, 憐歛膝曰 令公無乃不足於際遇耶? 山人憮然, 謝贈詩曰 南關女俠鬢如絲, 醉後高歌兩出師. 唱到草廬三顧地, 逐臣淸淚萬行垂. 余於樂民樓酒席詢諸, 諸妓無知者, 與巡相語此事, 因次山人韻以備詩話."

37 蔡濟恭, 『樊巖集』 8卷, 「載筆錄」, "咸興老妓可憐, 年八十有四, 唱出師表, 誦古人詩什不錯字, 間以譚諧皆理勝, 足令人警省, 薦紳士以女俠稱之固也."

38 姜浚欽 著, 민족문학사연구소 한문학분과 역, 『三溟詩話』, 소명출판, 2006. 391면.

시가 동일하다. 강세륜은 실제로 그 지역을 지난 적이 있었고 함흥의 낙민루 술자리에서 다른 기생들에게 그 일을 아느냐고 묻기도 하며, 그 일을 남기기 위해 일부러 본인이 차운하여 시를 지었다.

②는 강세륜의 시로 가련의 자취가 남아있지 않음을 읊었고 관사(官師－언관)보다 뛰어난 지조를 가졌노라고 그를 높이 평가하고 있다. 1구에서는 '이별의 정한'이 잘 묘사되어 있다. '결옥(玦玉)'은 '이별'을 상징하는 이지러진 옥이다. 임금이 이 결옥을 내리면 등용하지 않는다는 의미였다.[39]

다음은 함경남도 홍원현을 지나며 쓴 기생 조생에 대한 기록이다.

> 조생은 옛날 홍원현의 기생이다. 해옹 윤선도(1587～1671)가 벼슬하지 않았을 때 적신 이이첨(李爾瞻, 1560～1623)을 상소하여 배척한 일 때문에 갑산으로 귀양을 갔다. 조생이 듣고 그를 의롭다고 여겨서 술 한 병을 보내어 자리를 깔고[40] 이야기나 나누자고 하면서 말하기를 "상사의 말씀이 진실로 곧습니다만 때가 아닙니다."라 하였다. 해옹이 시로써 사례하기를 "내 일이 진실로 때가 아니었다니, 너는 아는데 나는 몰랐구나, 독서가 너에 미치지 못하니, 가히 천생 바보라 할 만하구나."[41] 하였다. 이로부터 조생의 이름이 온 나라에 알려졌다.
>
> 후에 백사 상국 이항복(李恒福, 1556～1618)이 서궁(西宮)의 일을 간언하다가 북청으로 귀양 가서 조생의 집에 머물게 되었는데, 처음에 주인할머

39 玦玉은 고리가 완전히 이어지지 않은 옥으로서 絶緣의 뜻을 내포하고 있는데, 옛날에 임금에게서 결옥을 받으면 도성을 떠나가게 되어 있었다.

40 班荊은 가시풀을 깔고 옛 정을 나눈다는 뜻이다. 楚나라의 오거와 성자가 정의 교외에서 만나 초로 되돌아갈 것을 의논했는데, 이것을 班荊道故 (친구를 길에서 만나 풀을 깔고 앉아 옛 정을 나눔)라 한다. 〈左傳 襄公 26年〉

41 尹善道, 『孤山遺稿』 1卷, 「戲贈路傍人 丁巳(1617)」에 이 시가 있다.

니가 조생인줄을 모르다가 천천히 이에 알아보고는 시를 지어 주기를 "일찍이 서울에까지 유명한 이름 전하더니, 부평초처럼 떠다니다 서로 만나게 되니 이 또한 우연이라네, 매우 부끄러운 것은 숙예(叔譽)처럼 참된 안목이 없어 종멸(鬷蔑)이 술동이 앞에 있는 것을 몰라본 것이라네."[42]라 하였다.

내가 홍원을 지나다가 조생의 옛 시축(詩軸)을 물어보았더니 마을사람들이 아직도 그 일을 아는 자가 있어 말하기를 "조생의 자손이 지금 향족이 되었는데 그들이 기생의 후예임을 부끄러워하여 비밀로 한다."라고 하였다. 내가 조생의 의리를 높이 여겨 드디어 두 공의 시에 차운하여 기록하였다.[43]

위 기록에서는 조생의 일화를 소개하고 그의 이야기를 남기는 이유를 설명하였다. 하나의 서사성을 지닌 소품체와 유사할 정도로 자세히 기록하여 구성면에서 산문작품으로도 손색이 없다. 해옹 윤선도와 백사 이항복의 실화를 들고, 『좌전(左傳)』의 고사를 인용하여 글의 묘미를 더하였다. 이항복이 귀양을 가게 된 '서궁(西宮)의 일'은 1617년

42 鬷蔑은 鄭나라 大夫로 얼굴은 못생겼지만 지혜로웠다. 叔向(叔譽)이 鄭나라에 갔을 때, 숙향의 인품을 살피려고 아랫사람을 자신인 양 꾸며놓고 자신은 당 아래에 器物을 들고 서 있었다. 堂 아래에 서서 한 마디 훌륭한 말을 하자, 숙향이 마침 술을 마시려다가 종멸의 말소리를 듣고는 "반드시 종멸일 것이다."라 하고, 당 아래로 내려가서 그의 손을 잡고 자리로 올라가 서로 친밀하게 얘기를 나누었다 한다. 〈左傳 昭公 28년〉

43 姜世綸, 『北征錄』 작품71, 「趙生」, "生故洪原妓也. 海翁尹公以布衣, 疏斥賊臣李爾瞻謫甲山, 趙生聞而義之, 齎壺酒謁, 道左班荊話曰 '上舍言固直矣, 非其時也,' 海翁詩以謝曰 '吾事固非時, 爾知吾不知. 讀書不及汝, 可謂天生癡.' 由是趙生名聞國中, 後白沙相國, 諫西宮事, 竄北靑, 過宿趙生家, 初不知主嫗之爲趙生, 徐乃覺之, 贈詩曰 '曾於京口盛名傳, 萍水相逢亦偶然. 深愧叔譽非眞眼, 不知鬷蔑在樽前' 云云. 余過洪詢訪趙生故軸, 邑人尙有知其事者曰 '趙生子孫, 今爲鄕族, 恥其爲妓裔秘之'云, 余高趙生之義, 遂次二公韻識之."

(광해군9)에 인목대비(仁穆大妃)가 서궁(西宮)에 유폐되고, 이어 폐위해 평민으로 만들자는 주장이 일어났는데 이항복이 이에 맞서 싸우다가 광해군의 노여움을 사서 관작이 삭탈되고 함경도 북청으로 유배된 일을 말한다. 그는 그곳에서 세상을 떠났다. 종멸(鬷蔑)과 숙향(叔向-叔譽)의 고사로 인물됨을 알아보는 지혜를 우회적으로 언급하였다.

當言孰非時	마땅한 말 누가 때가 아니라 했나
女嬃爾何知	누이여 너는 어찌 알았나.
雖然言亦佳	비록 그러하나 말이 또한 아름다우니
公乃謝吾癡	공이 이에 나는 바보라 사례했다네.

〈해옹 시에 차운〉

芳名昔聞洛中傳	꽃다운 이름 예로부터 들려 낙중에 전하니
陳跡來尋一愴然	남겨진 자취 와서 찾으니 한번 슬픈 마음 드네.
從古南關多女俠	예로부터 남관에 여협이 많다 하더니
縣人猶說百年前	마을 사람들은 오히려 백년전일이라 말하네.

〈백사 시에 차운〉[44]

강세륜은 홍원(洪原)을 지나다가 조생이 살던 곳을 물어서 일부러 찾아가서 마을사람들에게 그 일에 대해 물어보았다. 실지로 그 일을 아는 자가 아직도 생존해 있었지만 기생의 후예임을 부끄러워하여 비밀에 붙인다는 말을 듣게 된다. 그러나 그는 이 사실을 안타까워하며 조생의 의리는 단순이 기생으로 치부해버릴 것이 아니라, 오히려 그의 의리를 높이 사고 기억해야 할 것이라 명시하고 있다.

44 姜世綸, 『北征錄』 작품71, 「趙生」 (右次海翁), (右次白沙).

일찍이 조경(趙絅, 1586~1669)은 「제홍헌의기조생첩후(題洪獻義妓趙生帖後)」[45]를 쓰고 조생을 의기(義妓)라고 평했다. 조경은 관북에 귀양 온 수많은 사람들 중에 기생 조생이 특별히 후대하여 전송한 사람은 이 두 사람뿐이라고 적었다. 박제가도 조생에 대해 "조생은 기생이지만 백발로도 시를 짓는 아름다움 있다네. 베를 짜는 것은 섬세함 견줄 데 없고 두보의 동곡가[46]로 화답한다오."라 하여 비록 기생이지만 시를 잘 짓고 베도 잘 짜는 재주 있는 여인이었음을 언급하였다.[47]

3구에 조생을 '여협(女俠)'이라 칭한 것은 비록 그의 신분이 기생이었지만 그의 행위는 충분히 의로운 행위임을 역설하였다. 이는 그들의 수청이나 행위가 그저 하나의 관행일 뿐 그들이 노비신분이라 해서 본성자체를 무시할 것은 아니라 하면서 그들의 인간성을 긍정하고 있다. 또한, 이미 고인이 되었지만 오래된 일이라 치부해 버리지 않고, 조상을 부끄러워할 일이 아니며 오히려 시를 지어 길이 남겨야 할 일이라 평가하여 그 일화와 시를 남겼다. 이러한 일련의 행동으로 그가 신분에 의해 사람을 평가하지 않고 마음과 행위로 인물됨을 평가하고 있음을 알 수 있다.

당시 기생은 관청에 소속된 노비신분으로서, 부임한 지방관에게 현지 기생이 수청 드는 제도는 관례처럼 행해지며 공식적으로 인정된 당시의 제도적 장치가 있었기 때문에 별다른 이의가 없었다. 실제로

---

45 尹善道, 『孤山遺稿』 제1권, 「題洪獻義妓趙生帖後」.

46 두보의 同谷歌의 원제는 「乾元中寓居同谷縣作歌」이다. 두보가 48세(759년)에 한 달간 同谷에 寓居하면서 읊은 것으로 모두 7首인데, 李白의 「蜀道難」과 함께 風騷의 極致로 꼽히는 작품이다.

47 朴齊家, 『貞蕤閣5集』, 「愁州客詞」 66수, "趙生淪落人, 白首伴詩娥. 織布細無比, 能和同谷歌."

북관에는 관리가 왔을 때 관기가 수종하는 것은 정해진 관례였다. 이는 당시의 북관 지역의 관기의 실상과 폐해를 말해주고 있다. 가련과 조생 외에도 『북정록』에는 추향(秋香)(작품45), 동기(童妓) 일점홍(一點紅)(작품78), 추월(秋月)(작품80), 동기(童妓) 온옥(蘊玉)(작품111) 등의 관기들의 이름이 등장하고 있으며, 「종산잡록」에도 13세의 소기(小妓) 옥산매(玉山梅)(작품107)에 대한 언급이 있다. 『북행수록(北行隨錄)』에는 다음과 같은 기록이 있다.

> 주, 군에는 모두 관기가 있어서 사객(使客)을 접대하였다. 처음에는 변방으로 가는 나그네들의 오락이나 유흥의 도구라고 생각하여, 수령들이 간혹 이 때문에 정사를 돌보지 않게 되는 경우가 있어 경계하지 않을 수 없었다. 또 육진(六鎭)에는 근래 원기(原妓)의 장부가 없고 양민 중에 가난한 자들은 모두 여자를 팔고 입역(立役)을 시켜 '대비(代婢)'라고 일컬었으며, 기예를 가르치고 음란을 가르쳐서 아름다운 풍속이라 할 수가 없다. 이 때문에 창기(娼妓)는 모두 거칠어서 그저 몸만 팔 줄 알았으며, 소인묵객(騷人墨客)이 차를 마시는데 다완(茶椀)을 받들거나 시를 쓰는데 벼루를 받드는 일을 하기에는 부족하였다.[48]

위 기록으로 보면 당시에 시를 쓰고 문인들을 응대할 수 있는 재주 있는 기생이 많지 않았음을 알 수 있다. 그래서 작자는 더욱 가련과 조생을 높이 샀는지도 모르겠다. 또한 '절부암(節婦巖)' 고사에 남겨진 북청의 사비 '우아'에 주목하였다. 절부암과 관련된 배경설화는 제주

48 鄭元容, 『北行隨錄』, 「鐵北拾錄」, '官妓', "州郡皆有官妓, 以待使客, 其初想爲出塞征客娛遊之具, 而守令或以此累政, 不可不戒, 且六鎭近無原妓之籍, 良民之貧者, 皆鬻女立役, 謂之代婢, 敎伎誨淫, 不可爲美風也. 是故娼妓皆麤, 但解倚市, 不足備騷人墨客, 捧茶椀供詩硯之役."

도 용수리 고사가 유명하며, 함경도의 북청, 홍원지역과 관련된 절부암 고사는 잘 알려져 있지 않아 귀중한 자료라 할 수 있다.

> 옛날에 북청의 사비 '우아'가 용모가 예뻤는데 일찍 과부가 되었다. 홍원의 관노 '억남'이 그 주인에게 뇌물을 주고 그녀를 욕보이려고 하였다. 우아가 거짓으로 허락하고는 그를 따라오다가 이 바위에 이르러 바다에 몸을 던져 죽었다.[49]

大提多好女　대제[50]엔 아리따운 여자들 많다 하고
南商誇錢緡　남쪽 장사치들은 돈꿰미를 자랑하네.
女好蕩人心　여자가 아리따우면 사람의 마음을 방탕하게 할 수 있고
錢多誤女身　돈이 많으면 여자의 몸을 그르칠 수 있다네.
儂年纔二八　"내 나이 겨우 16세
嫁與良家人　평범한 사람과 결혼하였는데
襏襫不厭賤　도롱이 비옷 입고도 천함을 싫어하지 않았고
糟糠不厭貧　좋은 음식이 아니어도 가난을 싫어하지 않았다네.
丁寧百年約　정녕 백년토록 해로하자 약속하고
生死矢蒼旻　살아도 죽어도 사랑하자 푸른 하늘에 맹세했건만
麻裳汚烟煤　삼베 치마는 연기에 그을려 더럽혀지고
蓬髮蒙垢塵　쑥대머리털은 때와 먼지를 뒤집어썼네.
彼來非吉士　저 사람은 좋은 선비 아니었으니

49 姜世綸, 『北征錄』 작품74, 「節婦巖」, "巖在海月亭前, 古有北青私婢牛娥, 有容色早寡, 洪原官奴億男 賂其主欲汚之, 娥佯諾隨至此巖, 投海而死."

50 大堤는 원래 중국의 湖北省 襄陽縣에 있는 큰 제방을 지칭하는 말로, 張柬之(625~706)의 樂府詩 「大堤曲」에 "남국에 가인이 많다지만, 대제의 여인들만은 못하다네.[南國多佳人, 莫若大堤女.]"라는 구절이 있다. ("南國多佳人, 莫若大堤女. 玉牀翠羽帳, 寶袜蓮花距. 魂處自目成, 色授開心許. 迢迢不可見, 日暮空愁予.")

白茅包野麕　흰 띠풀로 흰 노루를 감쌌네.”
女行不自由　여자의 행실은 자유롭지 못하니
機事雜假眞　교묘한 속임수에 진짜와 가짜가 뒤섞였네.
珠玉碎頃刻　아름다운 구슬은 짧은 시간에 깨져버렸고
魚龍爲顰呻　물고기와 용은 그녀를 위해 찡그리고 신음하네.
巖月長留白　바위의 달빛은 오래도록 환하게 비추지만
巖花非舊春　바위의 꽃은 지난날의 봄이 아니어라.

함경도의 이 이야기는 북청(北靑) 사비(私婢) '우아(牛娥)'와 홍원(洪原) 관기(官奴) '억남(億男)'이라는 실명으로 존재하는 고사로, 작자는 그 전고를 분명히 하였다. 절부암(節婦巖)은 해월정(海月亭) 앞에 있다고 하였으며, 바로 앞에 「해월정」[51]이라는 작품을 남긴 후 이 고사를 남겼다.

16세의 나이에 결혼했던 북청의 사노비 우아는 평범한 한 여인으로 넉넉지 않은 형편이었지만 불만 없이 행복하게 남편과 살았다. 그러나 남편은 일찍 죽었고 과부가 되자 홍원의 관노인 억남이 주인에게 뇌물을 주고 우아를 겁탈하려 하였다. 이에 거짓으로 허락한 우아는 자신의 몸을 지키기 위해 바닷가로 가서 몸을 던져 절개를 지켰다. 그의 억울한 죽음은 바다의 물고기와 용도 신음하며 슬퍼하였다. '돈'과 '욕망'이라는 연기에 더럽혀지고 먼지와 때로 뒤덮여 망가지게 되었음을 고발하며 한 여인의 억울한 죽음은 '절부암' 고사로 남겨진다.

1~4구는 화자가 서술자로 설정되어 이 시에서 말하고자 하는 주제와 교훈을 언급하고 그릇된 권력과 재물이 약자를 억압하고 지배하게 되는 그릇된 욕망을 말하였다. 5~14구는 화자가 여인인 우아로 설정

---

51 姜世綸, 『北征錄』 작품73, 「海月亭」, "亭在穿島南四五里鶴山下."

되어 직접 주인공이 되어 독백형식으로 자신의 삶의 이야기를 고백하였다. 15~20구에서는 다시 서술자가 이야기를 전개하며 자연은 그대로 존재하고 있지만 이미 억울한 죽음으로 이 세상을 떠나버린 여인에 대한 일을 돌이킬 수 없음을 안타까워하고 있다. 마지막 구에 '바위의 꽃은 지난날의 봄이 아니어라.'라고 하여 한탄과 애도의 마음으로 시를 마무리 지었다.

이러한 작가의 시선은 노비신분의 한 여성의 인격과 인간성에 대해 인정하였으며 그에게 가해졌던 더러운 욕망과 폭력으로 한 인간을 억울한 죽음으로 내몰았던 현실을 고발하고 위로하였다. 신위(申緯)의 「해월정(海月亭)」을 읊은 7언 율시에서도 절부암(節婦巖)에서 죽은 여인을 노래하였다.[52]

북청에 도착해서는 지부(知府) 이해청[53]을 만나고 밤에 학사 서유소(徐有素, 1775~1848)를 만났다. 북관에 오니 날씨는 몹시 추워 눈이 심하게 오고 바람이 몹시 불어 큰 아들을 간병하며 새벽까지 잠들지 못하는 날에는 고향 생각만이 간절했다. 청해(青海)에 7일간 있었는데 아들의 병이 비로소 차도가 있었다.

계속된 여정 속에서 월파정(月波亭), 마운령(摩雲嶺), 유선대(遊仙臺)를 지나는데, 가는 길에 거친 함경도 해안선의 어촌에서는 어업을 하며 살아가는 촌락과 동해일출 등의 경관을 묘사한 시들이 많으며 그 중 강세륜이 단천의 유선대에 눈을 돌려 고래들이 꼬리에 꼬리를

---

52 申緯, 『警修堂全藁』 冊二十五, 「北遊小草」, '海月亭' (亭在節婦巖), "畢竟地因名得勝, 行車到此爲停輪. 亭前月濺鮫人淚, 巖底珠沉節婦身. 海色潮聲如送恨, 山鴉水鶴共迎神. 憶曾姜女廟中見, 遠望凝眸含小嚬."

53 李海淸(1768~1831)의 字는 德汝(德如), 初名은 李海隣이다. 당시 北靑의 府使였다.

물고 왕래하는 광경을 묘사한 것은 특징적이다.

> 유선대는 단천부 남쪽 30리에 있는데, 바다 옆에 봉우리 하나가 불쑥 일어나 높고 수려하다. 봄과 여름 사이에 암수고래들이 봉우리 앞 바다를 오간다. 꼬리에 꼬리를 물고 하늘에 닿을 듯 물결을 내뿜는데, 그 또한 바다 위의 기이한 광경이다. 옛날에 홍문관의 학사 이승소가 이곳에서 놀았으므로 이 이름을 얻은 것이라 하더라.[54]

유선대는 단천의 남쪽에 있었으며, 이승소(李承召, 1422~1484)가 이곳에 놀러와 지어진 이름이다. 봄여름 사이에 고래들이 머리와 꼬리가 이어질 정도로 많은 모습을 묘사하였으며, 이어지는 시에서도 "푸른 난새가 이미 가고 검은 학이 오니, 고인의 남긴 자취 사람으로 하여금 웃게 하네.[青鸞已去玄鶴來, 古人遺跡令人咲]"라고 하며 이승소와 옛 역사를 상기하였다. 고래의 정경 역시 직접 본 것인지 들은 것을 쓴 것인지는 알 수 없으나 생생한 광경을 묘사하였다.

성진진(城津鎭)을 지나 망양정(望洋亭)에서는 일출(日出)을 바라보았다. 동해에서 볼 수 있는 최상의 자연경관은 일출이다. 강세륜은 홍원현 남쪽 바닷가 천도(穿島)의 자연경관과 그 주변일대를 보며 "천도는 홍원현 남쪽 4리에 있다. 돌을 쌓은 것이 해변에 우뚝하고 굴이 동서로 통한다. 바다물결이 여기로부터 드나들기 때문에 이름을 '천도'라 했으며, 섬 위에서 일출을 볼 수 있다."[55] 하였고, 이어지는 시에

54 姜世綸, 『北征錄』 95題, 「遊仙臺傚懷仙詞」, "臺在端川府南三十里, 傍海一峯突起, 峭峻秀麗, 春夏間鯨鯢多往來峯前, 首尾相連. 噴浪接天, 亦海上奇觀也. 舊有瀛館學士, 承召遊此, 故得是名云."

55 姜世綸, 『北征錄』 72題, 「穿島」, 〈小序〉, "島在洪原縣南四里, 積石聳海邊, 有穴通東西, 海波從此出入, 故名穿島, 島上觀日出."

"태양은 새벽빛 찬란하게 비추며 천길 용솟음치네.[金烏曉彩湧千尋]" 라고 하여 붉게 떠오르는 해가 솟아오르는 장면이 눈앞에 펼쳐지듯 묘사하였다. 일출의 장관과 어염 선박들의 모습은 성진진에서도 볼 수 있었다.

마천령 한 줄기가 굽이굽이 끊어질듯 이어지며 40여리를 내달려 큰 바다로 굽어 들어간 곳이 성진이다. 본조에서 진을 설치해 첨사를 두어 길주 방어영에 속하고 당상관의 이름난 무사를 진으로 보냈다. 삼면이 바다로 둘려 어염선박들이 충청도와 경상도로 통하였다. 포구사람이 멀리 서남쪽 바다 구름 아득하고 푸른 곳을 가리키며 "저곳은 영남 창원의 마포다."라고 했다. 진의 관아는 "조일헌"이라하며 헌의 왼쪽으로 산기슭을 따라 몇 궁쯤 가면 '망양정'이 있다. 망양정은 층벽을 마주하여 절벽 위에서 일출을 볼 수 있다. 정자로부터 약간 남쪽에 소나무 숲 사이로 백여 걸음가면 '관어대'가 있고, 대 아래로 푸른 벽이 둘러있는데, 어부들 몇 집이 벽에 의지해 살고 있다. 성중에 봉우리 하나가 우뚝 솟았고 봉우리 정상에 정자가 있는데 아득히 '세검'이라 편액 되었다. 올라가보니 더욱 눈이 쾌청해졌다.

내가 약간 일찍 진에 닿았는데, 진장 정택항이 나와 맞이하고 차를 주었다. 조금 있다 지팡이를 잡고 계속 걸어가 산 둘레와 성을 돌고는 여러 승경지를 두루 보았다. 다음날 새벽에 또 함께 걸으며 망양정에 올라가 일출을 기다렸다. 사방에 약간 안개가 끼어 엷게 가려 하늘빛과 바다색이 더욱 활짝 열리지 않았다. 점점 사발 같은 붉은 구름이 보이더니 금빛 파도가 일렁이고 붉은 해 바퀴 하나가 물에서 한 자쯤 떠오르다가 비로소 전체가 보였다. 진의 관리들이 축하하기를 "비록 갠 날이라도 바다에 구름과 안개가 많아서 나그네 중에 이런 일출을 볼 수 있는 것은 또한 쉽지 않습니다."라고 하였다.[56]

성진진 주변의 포구를 소서(小序)를 통해 자세히 설명하였다. 어염선박들이 보이고 조일헌(朝日軒)과 망양정(望洋亭), 관어대(觀漁臺), 세검정(洗劍亭)의 정경들이 차례로 이어져있다.[57] 진의 장수 정택항과 일출을 보기 위해 함께 성진진을 오르며 안개가 낀 주변의 모습부터 일출의 순간을 포착하여 묘사한 부분이 생동감 있게 그려졌다. "사발 같은 붉은 구름이 보이더니 금빛 파도가 일렁이고, 붉은 해 바퀴 하나가 물에서 한 자쯤 떠오르니"라고 하여 파도에 솟는 해를 둥근 그릇에 비유하며 금빛, 붉은 빛의 시각적 심상으로 표현하고 떠오르는 모습을 역동적으로 묘사하고 비유법으로 문학성을 극대화하였다.

망양정에서도 "바다 경계로 검푸른 구름에 처음엔 가려지더니, 황도(黃道)따라 승천하여 홀연히 우뚝하네. 골짝위에 뜨니 온갖 어둠 사라지고, 함지에서 나오자마자 온 나라를 밝히네."[58]라고 하여 동해에서 해가 떠오르며 날이 밝는 장면을 생생하게 묘사하였다.

我行大氐遵海北　　내 행차 대개 바다를 따라 북쪽으로 가니

---

56 姜世綸, 『北征錄』 102題, 「城津鎭」, 〈小序〉, "摩天一支逶迤斷, 績四十餘里, 斗入大洋爲城津, 本朝設鎭, 置僉使, 屬吉州防禦營, 以堂上名武差送鎭, 三面阻海, 魚鹽船舶, 通於湖嶺. 浦人遙指西南海雲漭蒼處曰 是嶺南昌原之馬浦云, 鎭衙曰 朝日軒, 從軒左循山麓數弓地, 有望洋亭. 前臨層壁, 壁上觀日出, 由亭稍南松林間百許武, 有觀漁臺, 臺下環以蒼壁, 漁夫若干戶, 依壁而居. 城中一峯, 聳起突亢, 峯顚有亭, 縹緲扁曰洗劒, 登臨尤快眼. 余差早抵鎭, 鎭將鄭宅恒, 出迎點茶, 小頃携筇聯步, 環山循堞, 歷覽諸勝, 翼曉又與之陟望洋候日出, 四面微靄薄翳, 天光海色, 殊未開豁然. 漸見彤雲如盂, 金波盪漾, 一輪紅日, 離水尺許, 始見全體, 鎭吏背賀曰 雖晴日海多氛霧, 過客之得是觀者, 亦自不易."

57 姜世綸, 『北征錄』 105題, 「洗劍亭」; 106題, 「朝日軒」,

58 姜世綸, 『北征錄』 103題, 「望洋亭觀日出」, "界海黝雲初掩翳, 昇天黃道忽崢嶸. 爰登暘谷羣陰伏, 纔出咸池化國明."

度嶺越阡皆水國　고개 넘어 길을 가면 모두 물의 나라.
城津形勝說金湯　성진의 형승이 금성탕지라고 말하니
初落摩天走大麓　마천령에서 처음 떨어져 내달린 큰 기슭이라네.
三面阻水設鎭寨　삼면은 물로 둘려 진채를 이루었고
一頭連山簇樓閣　한쪽은 산에 이어져 누각들이 빽빽하네.
閭屋四時魚蟹氣　마을은 사시사철 물고기와 게의 기운이요
瓊瑤萬里蛟龍宅　반짝이는 바다 만 리는 교룡의 집이라네.(후략)[59]

위의 시를 통해 군센 금성탕지의 형승으로 삼면은 바다로 둘러싸여 그 자체로 울짱을 이루었고, 산으로 이어진 나머지 한쪽엔 누각들이 즐비한 성진진의 모습이 그려진다. 이보다 앞서 함경도관찰사를 지낸 남구만(南九萬, 1629~1711)은 성진진을 10경의 하나로 꼽아 관방(關防)의 요해처다운 면모와 유람하는 기이한 경치를 모두 얻었다고 하였으며, 「함경내외십경도(咸興內外十景圖)」, 「북관수창록(北關酬唱錄)」 등 화첩의 제작에 「성진진도(城津鎭圖)」가 담길 정도로 뛰어난 곳이었다.[60] 7구를 통해서는 사시사철 어업으로 물고기, 게를 잡던 생활상도 알 수 있으니, 동해바다는 한류와 난류가 교차되어 어족이 매우 풍부한 황금어장을 이루었으며, 바닷새의 산란의 집산지이기도 하다.

해안의 성진(城津) 주변을 묘사한 「관어대(觀漁臺)」에서는 "어민들 집은 성 북쪽 언덕에 여기저기 흩어있고, 장삿배는 어기영차 소리하며 고개 남쪽으로 노저어가네."[61]라고 하여 누대에서 바라보는 어부

59 姜世綸, 『北征錄』 102題, 「城津鎭」.

60 南九萬, 『藥泉集』 第28, 「北關十景圖記」; 이수미, 2002 「《咸興內外十景圖》에 보이는 17세기 實景山水畵의 構圖」, 『美術史學硏究』 第233·234號, 한국미술사학회 미술사학연구, 37~62면.

61 姜世綸, 『北征錄』 104題, 「觀漁臺」, "漁戶參差城北岸, 商船咿軋嶺南橈."

들의 듬성듬성한 집과 어기영차 노를 저어가는 장삿배의 모습을 생동감 있게 묘사하였다. 단천에는 몇몇 민요가 남아있어 위 시의 분위기를 느낄 수 있다.[62]

세검정(洗劍亭), 조일헌(朝日軒), 문암(門巖)를 지나 임명역(臨溟驛)에 왔고, 웅성관(雄城館), 백승루(百勝樓), 탕천(湯泉)을 지나 명천(明川)에서 칠보산(七寶山)을 바라보았으며, 명천에서 묵었다. 귀문관(鬼門關), 주촌(朱村), 입석(立石) 와석(臥石)를 지나 경성(鏡城)에 도착했다. 새벽에 경성을 출발해 수성역(輸城驛)에서 묵었다. 부령(富寧), 무릉암(武陵巖), 형제암(兄弟巖), 무산령(茂山嶺), 고풍산보(古豐山堡), 회령(會寧)을 지나 동강서원(東岡書院)에 배향하였다. 현충사(顯忠祠)를 지날 즈음, 북쪽 변방의 11월 추위에 바람과 눈보라가 온 천지를 뒤엎어 사람과 말이 모두 얼어 떨었다. 방원진(方垣鎭)에서 묵고 다음날 새벽 박달령(朴達嶺)을 넘었다. 이처럼 국토의 지역명과 정자, 누대, 역, 산에 이르기까지 모두 작품의 제목으로 삼고, 관련된 전고들을 문학 속에 녹아들게 한 것은, 그가 지니고 있었던 국토지리와 우리 민족에 대한 자긍심의 강한 의식의 표출이라 할 수 있다.

드디어 39일의 긴 여정을 거쳐 임지에 도착하였다. 7언절구의 형식으로 8수의 연작시로 된 다음 시는 삼명이 죽지사(竹枝詞)라 평할 만큼 그 지역의 풍토와 외관, 변방의 삼엄한 장군들의 위용 등 지역풍토를 노래하여 종성의 특징을 표현하였다.

依山夾水路委遲　　산을 의지하고 물을 끼고 길은 굽이굽이

62 민요 '배 떠나는 소리'는 가사와 악보가 남아있다. 북한지역정보넷(www.cybernk.net) 참조.

五里鳴笳十里旗	5리 길에 피리소리 울리고 10리 길에 깃발을 세웠네.
謂是新官初上任	이것이 신관이 처음 부임하는 길이라고는 하더라도
厖裘繩笠異常時	두꺼운 갖옷에 승립 차림새가 평상시와 다르네.[63]

산을 지나 물을 끼고 굽이굽이 끝없이 지나 종성에 도착하였다. 멀리 떠나온 마을에서 5리쯤 떨어지자 피리소리가 들렸는데, 10리의 거리로 멀어지니 소리는 들리지 않고 멀리 깃발만 보인다. 원근감도 느껴지고 한 폭의 그림처럼 움직이는 정경을 잘 묘사하였다. 4구는 북관 사람들의 외양을 묘사하였다. '방구(厖裘)'는 본래 추위를 막는 어한(禦寒)을 위해 원시시대부터 입었다고 하는데 보통 길이가 무릎 밑까지 내려오는 짐승가죽으로 만든 옷을 말한다. 추운 함경도 사람들은 조선시대 말까지도 소가죽 두루마리 옷을 입었다고 한다.

'승립(繩笠)'은 삼끈을 꼬아서 만든 갓으로 『경국대전』, 「예전(禮典)」에 조선시대 선비 집안사람들은 50죽 초립(草笠)과 말총으로 짠 마미립(馬尾笠)이나 대나무 가지로 짠 부죽립(付竹笠)을 쓰며, 평민은 30죽 초립과 부죽립, 승결립(繩結笠)을 쓴다고 하였다. 두꺼운 개가죽으로 만든 옷을 입고 승결립을 쓴 그 지역 사람들의 특이한 모습으로 지역의 특색과 풍토가 독특하였음을 알 수 있다.

親騎領將馬頭迎	친기위 영장이 말머리에서 영접하니
翠甲玄兜耀日明	비취색 갑옷과 검은 투구가 햇빛을 받아 빛나네.
北路軍容稱衛隊	북관의 군대 위용으로 시위대를 일컫더니
鮮裝二百列前行	깔끔하게 무장한 이백 명이 앞에 줄지어 있네.[64]

63 姜世綸, 『北征錄』 작품139, 「上官途中」 제1수, 뒷부분에 "三溟評曰 篇篇可代竹枝詞.(三溟이 평하기를 편편이 竹枝詞를 대신할만하다.)"라는 평이 있다.

친기위(親騎衛)는 함경도에만 설치되었던 특수 병종의 기병부대로, 1684년 함경도 변방을 지키기 위해 궁재(弓才) 마재(馬才), 용력(勇力)이 있는 자 600인을 선발한 것이다. 홍양호의 『북새기략』에 "친기위(親騎衛)는 품관과 공천(公賤), 사천(私賤)을 막론하고 기사(騎射)에 능하여 합격한 자를 뽑으며, 군복, 안마(鞍馬)는 스스로 준비한다. 매월 두 번 거주지의 읍에 장령(將領)을 차정하여 활쏘기를 시험하고 병영(兵營)에 그 상벌을 보고하며, 매년 겨울에 도시(都試)에서 수석을 차지한 자는 출신(出身)한다."[65]라 하였다. 비취색 갑옷과 검은 투구를 한 기병부대 200명이 무장하고 서서 신임 관리를 맞이하고 있는 것은 이 지역만의 특징적 모습이다.

隨稟軍機進退豪	명하는 대로 군대 규율에 맞게 진퇴가 호방한데
馬前執事太勞勞	말 앞의 집사는 수고롭기 그지없네.
回岡處處砲聲發	언덕을 돌며 곳곳에는 포성소리 터지고
南北烽臺吶喊高	남북의 봉수대에선 고함소리 드높구나.[66]

이 시에서도 '군기(軍機)', '포성(砲聲)', '봉대(烽臺)', '눌함(吶喊)'의 단어들이 변방의 위용을 말해주어 국경지대임을 한눈에 알 수 있다. 어느 곳에서나 포성소리를 들을 수 있고 남북의 봉수대에서는 고함소리를 시끄러운 호방한 변방의 면모를 볼 수 있다.

---

64 姜世綸, 『北征錄』 작품139, 「上官途中」 제2수.

65 洪良浩, 『北塞記略』, 「孔州風土記」, "親騎衛, 毋論品官公私賤, 能騎射中格者入選, 自備軍服鞍馬, 每月二巡, 自所居邑, 定將領試射, 報兵營賞罰, 每年冬, 都試居首者出身."

66 姜世綸, 『北征錄』 작품139, 「上官途中」 제3수.

한편 이러한 군대의 위용과는 대비되는 백성들의 생활을 읊기도 했다. "강 따라 옆 기슭에는 모두 돌과 모래뿐인데, 백성들 전답이 저 속에 다 파묻혔다 하네, 금년 여름 물난리가 가장 혹독했던 것을 아노니, 전임 관장의 장첩 보고는 과연 어떠했는가."[67]라 하여 팍팍한 삶의 정경을 묘사하였다. 그 해 물난리로 수해가 심하여 밭이 모두 물에 잠기고 강기슭에는 돌과 모래뿐이어서 농사의 상황이 좋지 않았다. 1821년은 특히 전국에 콜레라가 심하게 퍼졌으며 수해가 심했던 때였다. 혹독한 수해로 인해 어려운 상황에 대해 관리의 소임을 생각하며 주변을 살펴본다.

方垣萬戶號中軍	사방 담으로 둘린 만호는 중군이라 불리니
鳥隼旌旂裊塞雲	새와 새매 그려진 깃발이 변방의 구름에 휘날리네.
郭外短亭元信地	성곽 밖 단정(短亭)마다 깃발 세우고
韃槖迎立向朝昕	동개자루 차림으로 영접하고서 아침 해를 향해 섰네.[68]

기(起)구의 만호(萬戶)는 조선 초기에 북방족 등을 무마하기 위해 야인들에게 수여한 명예직으로 3품관이었다, 만호직을 통해 각종 혜택을 주는 경우도 많았다.[69] 중군(中軍)은 조선시대 종2품 무관직으로, 각 군영(軍營)의 대장 또는 사(使)에 버금가는 장관(將官)이었다. 승(承)구에는 사방지역에 새와 매가 그려진 깃발들이 나부끼고 있는

67 姜世綸, 『北征錄』 작품139, 「上官途中」 제4수, "沿江傍麓捴石沙, 道是民田這裏多. 今夏水灾知最酷, 前官狀牒果如何."

68 姜世綸, 『北征錄』 작품139, 「上官途中」 제5수.

69 『太宗實錄』 卷26, 태종 13년 7월 9일, "定水軍萬戶千戶稱號, 議政府啓曰 三品以上稱萬戶, 四品至六品稱千戶, 似無差等, 今後三品稱萬戶, 四品稱副萬戶, 五品稱千戶, 六品稱副千戶, 從之."

모습이다. 삼엄한 변방지역의 지리적 풍속적 특징을 두드러지게 알 수 있다. 결(結)구에 갑옷과 활 따위를 넣어두는 큰 동개자루를 메고 아침을 맞이하는 장면도 이곳의 특징적 정경이다.

緇冠氈笠間雲鬟	검은 관, 전립(氈笠) 사이에 구름 같은 가체가 섞이니
夾道傾城士女圜	길 양옆으로 종성부의 모든 남녀들이 에워쌌네.
半擧幨帷低掩扇	반쯤 수레휘장을 들고 낮게 부채로 가리며
白頭爲吏自騂顏	흰머리에 관리되어 스스로 얼굴 붉히네.[70]

기(起), 승(承)구는 신임 부사를 보기위해 둘러싼 종성부의 사람들의 모습이다. '치관(緇冠)'[71]과 '전립(氈笠)'을 쓰고 있는 사람들인데, 여인들은 주로 구름같이 높고 풍성한 가체(加髢)를 하고 있다. '전립(氈笠)'은 조선조 무관(武官)의 제모(制帽)로써 '전립(戰笠)'이라고도 하는데 호족(胡族)계통의 입제(笠制)로써 조선 초 기록에 나타나지만 원(元)나라에도 동일한 형태가 존재한 것을 보아 원대(元代)에 전래된 제도로 보아진다. 조선 후기 『청장관전서(靑莊館全書)』에는 호란후(胡亂後)에 군민통용(軍民通用)의 입모(笠帽)가 되었으며, 첨(簷)이 넓어져 포립(布笠)과 유사한 것을 사시로 쓰고 다닌다고 한 것으로 보아 당시에 널리 유행되었음을 알 수 있다.[72]

평안도나 함경도 여인들은 삿갓이나 방립(方笠)을 썼다. 방갓은 삿갓 모양의 큰 갓으로 네 귀가 움푹 패고 다른 부분은 둥그스름한 모양

70 姜世綸, 『北征錄』 작품139, 「上官途中」 제8수.

71 緇冠에 대해서는 『芝山集』, 「家禮考證」 제2권 '深衣制度' 참조.

72 石宙善, 『冠帽와 首飾』, 단국대학교 출판부, 1993, 26면 氈笠사진(1750년대)과 202면 참조.

인데, 조선시대에 대개 상인(喪人)이 외출할 때 썼으나 평안도나 함경도에서는 큰 삿갓이나 방갓을 두 손으로 잡고 다니면서 길을 가다 사람을 마주칠 때 갓을 앞으로 약간 숙여 얼굴을 가렸다한다.[73] 구름처럼 풍성한 운환(雲鬟)은 가체(加髢)를 말하는 것으로 함경도 가체의 수요가 높았다. 영조 때 함경도 종성으로 유배 갔던 사헌부 집의 유의양(柳義養)은 함경도에서 머리 기르는 풍속이 유행하였음을 언급하며 가체수요의 폐단을 말하였다. 그러나 동시에 가체는 함경도민만의 독특한 풍습을 보여주고 있다.[74]

위의 여덟 편의 시는 조선후기 기속시(紀俗詩)의 뚜렷한 특징인 연작시 형태로 7언의 율격을 사용한 죽지사(竹枝詞)의 형식이다.[75] 지역의 풍속을 자세히 언급하여 임지에 도달해서 본 지역의 특징과 풍광을 민요적으로 읊었다. 북관임을 알 수 있는 봉수대와 포성소리, 군사들의 모습을 통해 여타지역과는 다른 위모를 볼 수 있다.

다음은 여정 중에 목도한 주민의 의식주를 구체적이고 정치하게 묘사한 것이다.

---

73 申光洙 저, 이은주 역해, 『關西樂府 – 평안감사가 보낸 평양에서의 1년』, 아카넷, 2018, 165면, "서울사람들이 육진서 나는 다리를 上品으로 아는 까닭에 이제 보니 북도사람들이 남녀상하 없이 대엿 살부터 머리 감기를 일삼으니, 매양 뜨물에 데워 머리를 감는데, 寒暑를 廢ㅎ지 아니하고 날마다 감고 혹간 일하여 감으니 이르므로 머리털이 갓 빗고 기름 바른 듯한 때문이다. 길이가 두 자쯤 되면 베어 파는 까닭에 서울사람이 다투어 구하므로 그곳 사람들이 기이한 보배로 알아, 細布보다 더 귀히 여기고, 혹 서울서 헐히 사다가 섞어 팔기도 한다니 다리 한 체에 白木 두, 세 동이나 들어야 모양이 있다면, 서울 부녀들이 다리치레하기의 폐단이 禮에서 더한가 싶으더라."

74 柳義養 저, 최강현 역주, 『北關路程錄』, 일지사, 1976, 82~83면; 고승희(2001), 28면.

75 金龍泰, 「玉垂 趙冕鎬의 '紀俗詩' 연구」, 『동방한문학』 24권, 동방한문학회, 2003. 기본적으로 竹枝詞에는 '민요정신'이 바탕에 깔려 있다.

環北皆山海	북에선 사방을 둘러봐도 모두 산과 바다뿐이라
漁樵又畎畝	고기 잡고 땔나무하다 또 농사일까지 하네.
一屋間二屋	한 집 지나 다음 집은
三里五里有	3리나 5리에 있어
聚落雖甚濶	마을을 이룬 것이 매우 드문드문해도
生理亦自厚	살림살이는 또한 그런대로 살아가네.
結宇均四隅	집은 모두 사방으로 둘러싸고
隔壁分蝸斗	벽을 사이에 두고 달팽이 집 나누듯 하네.
廐竈渾無別	마구간과 부엌이 섞여 구별이 없고
屎尿不言醜	똥오줌이 더럽단 말도 안하네.
籬笆繞尖木	울타리 가시로 뾰족한 나무를 둘렀으니
盜豈瞰前後	도둑이 어찌 앞뒤를 엿보겠는가.
曲曲開水道	굽이굽이 물길이 열려있고
野碓隣澗柳	들 방앗간은 시냇가 버들에 이웃해있네.
土人皆鞍馬	토박이 사람들 저마다 말을 타고
村夫盡衣狗	마을 사람들은 모두 개가죽 옷을 입었네.
長裳曳地去	긴 치마 땅에 끌리며 가는 것은
採女與汲婦	나물 캐는 아가씨와 물 긷는 아낙네라네.
行者見官客	행인은 부임하는 관리를 보고
貼伏路左右	엎드려 길 좌우에 붙어있네.
外貌若恭遜	외양은 마치 공손한 듯하지만
厥性强難揉	그 본성은 강하고 쉽게 굽히지 않는다네.
經歷二十州	스무 고을 거쳐 지나가보니
物色盖同臼	사는 모습 대체로 모두 비슷하네.[76]

위시는 함경도민의 의식주생활전반을 묘사한 것이다. 한 폭의 그림

76 姜世綸, 『北征錄』 120題, 「在途紀見」.

을 보는 듯한 자세한 묘사에는 함경도의 풍토와 주민들에 대한 작가의 꼼꼼한 관찰과 탐색이 보인다. 1~6구는 주변에 산과 바다로 평지가 적어 물고기를 잡거나 땔나무하고 틈틈이 밭일을 하며 살아가고 마을의 집들은 3리, 5리에 듬성듬성 떨어져있어 사는 형편은 그런대로 자급자족하며 살만하다고 언급하였다.

7~12구는 그들의 거주생활을 구체적으로 묘사한다. 부엌과 외양간을 한 공간에 두는 가옥구조로, 네모난 모양의 집을 지었지만 달팽이 집 나누듯이 좁게 벽으로 구분하였다. 마구간과 부엌이 함께 있어 몹시 비위생적이었으나 오물이 섞여있어도 더럽단 말도 하지 않을 만큼 그런 생활에 익숙해있던 것으로 보인다. 이 부분은 박제가가 "집은 반드시 네 칸을 지어 집안에 부뚜막이 마구간을 마주본다. 부뚜막에서 자기를 좋아하여 마구간의 악취를 싫어하지 않네."[77]라 한 것과 유사하다.

15~18구에서는 의생활을 언급하였다. 마을 남자들은 개가죽 옷을 입고, 여자들은 땅에 끌리는 길게 늘어진 치마를 입고 다닌다. 이어 관리의 행차가 지나가면 옆으로 비켜서는 행동이 부드러워 보이지만 실제 본성은 강하여 쉽게 굴하지 않는 성격이라 하였다. 스무 고을을 거치며 의식주가 대체로 비슷하다한 것은 주민의 삶에 대한 작자의 통찰이 엿보인다.

39일 동안의 여정을 따라가며, 국토의 승경과 기관을 읊은 시와 그 지역에 남겨진 기생과 협기 등 소외된 타인을 중심으로 쓴 시를 살펴보았다. 작자가 체험했던 국토의 승경과 국토산하는 역사를 되새겨

77 朴齊家, 『貞蕤閣五集』, 「愁州客詞」 79首, "爲屋必四桀, 屋中竈對廐. 愛從竈上眠, 不厭廐中臭."

보고, 개인의 정감에서 타인으로 관심이 변화되는 계기가 된다. 그가 접한 국토산하는 자연 그대로의 경관의 아름다움뿐 아니라 민족사의 줄기찬 흐름이 이루어낸 생활공간과 역사공간으로써 아름다움을 지니고 있다. 산하(山河)는 그 속에서 생활하는 인간 주체의 삶에 의해 부단히 변화하며 재구성된다. 이를 인지하며 국토산하의 자연미와 지역민의 삶을 노래하면서, 자신의 주체를 반성하고 삶을 바라보는 시각이 타인으로 향한다. 이것은 승경이 준 심정과 시각의 변화이며 경물과 타인을 통해 자신을 성찰하게 되는 것이다.

2. 국토의식國土意識의 자각自覺과 영사詠史

긴 여정을 통해 오랜 역사가 고스란히 담긴 삶의 터전을 지나며 지은 시들은 영사적(詠史的) 성격을 띤다. 그러한 성격의 대표작인 「백두산가(白頭山歌)」는 국토에 대한 감상과 역사가 집약된 작품이며, 「동해비가(東海碑歌)」는 남인의 영수 허목이 동해 비를 쓰게 된 내력과 감상을 읊고 그의 사적을 노래한 것이다.[78] 본 장에서는 이러한 시들을 통해 국토의식을 자각하고 역사를 반추하며 영회(詠懷)한 내용들을 언급한다.

조선 시대 함경도는 정치·경제·문화적으로 가장 소외되고 뒤떨어진 지역이었지만 태조 이성계와 선조들의 고향이었기 때문에 조선의 역사와 왕조의 발상지라는 의미에서는 큰 의의를 가지고 있어 흔히 '풍패지향(豐沛之鄕)'이라 불리었다. 『북정록』 전체에 흐르는 영사(詠史)의 내용들은 태조와 그 이전 조상을 서술하거나, 임진왜란의 격전지였던 역사적 사실을 기술하여 서사시의 성격을 띠고 있다. 여기서 역사적인 사실이란 지역의 특색을 가진 누각, 풍습, 인물을 둘러싼 과거의 이야기 모두를 포함한다. 그의 역사와 국토 인식은 시 한편 한편에 역사적 사실이 반추되어 형상화되었고, 이 형상화 안에는 그의 문인으로서의 소견과 민족·국토에 대한 의식이 반영되어있다. 강세륜이 거쳐 간 지역에 얽힌 역사적 사실과 그곳 인물의 업적

78 姜世綸, 『芝園集』 卷8, 「東海碑歌并序」, "吾黨之大老, 有眉叟許先生, 崇陵初服, 以掌憲上疏論邦禮, 見忤於黨人, 黜補三陟府, 府治近海門風濤常汎濫衝齧, 民不安堵, 先生爲作東海頌, 用古篆, 鑱石竪汀羅島上水患乃祛, 先生旣歸, 更寫一本, 授門人韓教官塾命藏之, 先生歿知府之醜正者, 禍于碑碎而沈之, 海已而水復大至, 府男婦遑遑荷擔立知府大恐求得副本於韓家治石復, 其舊水患又祛, 於戲! 先生其至誠前至者乎!…(後略)."

을 주로 포착하고 있는데, 태조와 그 이전 조상의 이야기를 특히 주목하고 있다.

북관으로 가는 길에 당시 제법 큰 도시인 원산(元山)을 지나 덕원부(德源府)에서 15리 떨어진 문평(門坪)에 도달했을 때이다. 덕원부 남쪽 10리쯤에 있는 용주리(湧珠里)[79]에서 태조의 고조부인 목조(穆祖)와 관련된 역사와 감상을 적었다.

> 용주리는 덕원부 남쪽 10리에 있다. 목조가 전주에서부터 삼척으로 옮기고 삼척으로부터 또 이곳까지 옮길 때 70가구 정도가 따라왔다. 이곳은 익조가 태어난 곳이다. 목조가 여기에서 또 경흥의 알동으로 옮겼다. 익조는 번호(藩胡)의 난리를 피하여 적도로 들어갔다가 적도로부터 다시 이곳으로 오자, 경흥 백성들이 또 따라오기를 마치 시장에 모이는 것처럼 했는데, 마을 이름을 고쳐 '적전(赤田)'이라 하니, 바로 이적(異蹟)을 잊지 않는다는 뜻이 있다. 정조 정미년(1787)에 친히 제문을 지어 이적을 기록하여 비석을 세웠다. 여기서 3리 떨어진 곳에 태조의 계비 신덕왕후 강씨의 아버지인 강윤성의 묘가 있으니 태조가 북쪽으로 행차할 때에 봉분을 세우고 친히 비석에 '경안 백강씨의 능' 이라고 썼다.[80]

---

79 용주리는 강원도 원산시 중평리 영역에 있던 폐리이다. 본래 함경남도 원산부 적전면의 지역으로 구슬 같은 샘물이 솟는 마을이라 하여 용주리라 했는데, 1914년 함경남도 덕원군 적전면 용주리로 되었다. 광복 후 강원도 원산시 용주리로 되면서 원산시 장덕리에 편입했으며, 1952년 군면리 대폐합으로 원산시 중평리에 편입되면서 폐지되었다.

80 姜世綸, 『北征錄』 작품34, 「湧珠里」, "里在德源府南十里, 穆祖自全州徙三陟, 自三陟又徙于此, 陟 民七十家從之, 寔翼祖華渚也. 穆祖自此又徙于慶興之斡東, 翼祖避藩胡, 亂入赤島, 自赤島復還于此, 慶民又從之如市, 改里名曰 赤田, 卽不忘異蹟之義也. 正廟丁未(1787), 親綴文紀蹟竪碑, 距三里, 有太祖繼妃神德王后康氏考允成墓, 太祖北幸時, 封樹, 親題碑, 曰慶安伯康氏陵."

목조(穆祖, ?~1274)는 이성계의 고조부 이안사(李安社)이며 전주와 삼척을 거쳐 용주리로 터를 잡았다. 그는 1274년에 사망하여 경흥남쪽에 장사 지냈다가 1410년 함흥 서북쪽으로 이장했으니 덕릉(德陵)이 그의 묘이다. 익조(翼祖)는 이성계의 증조부 이행리(李行里)로 용주리에서 태어났다고 하였다. 정미년(丁未年)에 정조가 제문을 지어 비석을 세운 사실은 『정조실록』 부록 정조 대왕 행장(行狀)에 왕이 선조들의 공렬을 천양하기 위해 경흥(慶興)의 적지(赤池)와 적도(赤島), 덕원(德源)의 용주리(湧珠里) 등지에다 모두 비를 세워 공적을 기록하였다는 기사가 있다. 태조의 계비인 신덕왕후(神德王后)는 강윤성(康允成)의 딸로, 강윤성은 태조의 국구(國舅)로 상산부원군(象山府院君)에 봉해지고 경안백(慶安伯)에 추봉되었다.

盤龍浮異彩　　'반룡산'에 기이한 광채 감돌고
息馬留聖蹟　　'식마령'에 임금의 자취를 남겼네,
逶迤湧珠里　　구불구불한 용주리는
穆王此陶復　　목조가 이곳에서 움집생활을 한 곳이네.
古渚餘虹氣　　옛 화저에는 무지개 기운이 남아있고
山川饒淸淑　　산천은 맑은 기운으로 넘치네.
回憶赤島事　　적도의 일을 추억해보니
天佑何其篤　　하늘의 도움이 어찌 그리 돈독한지.
亶父去邠日　　고공단보가 빈 땅을 떠나가던 날
千里兌松柏　　천리에서 송무백열(松茂栢悅) 하듯 모두 기뻐했네.
邦人尙言系　　나라사람들이 오히려 왕실 계보 말하기를
其先自慶陟　　선조가 경흥과 삼척에서 왔다 하네.
王迹實基玆　　왕의 자취는 실로 여기에 기반 하였으니
永世紹金尺　　세세토록 금척을 이어 왔네.

阿那呂公墳　무성한 여공의 무덤은
漢祖親書石　한 고조가 친히 비석에 썼네.
寧考綴雲章　선왕께서 제문을 지으시니
螭頭屹千億　교룡의 비석이 천억 년에 우뚝하네.

1구의 반룡산(盤龍山)은 319m높이의 함경남도 함흥시의 진산(鎭山)이다. 2구의 식마령(息馬嶺)은 태조 이성계가 말을 달리던 곳으로, 말을 쉬게 한다는 뜻에서 이름을 지은 듯하다. 시에 "반룡은 산 이름으로 용주 북쪽에 있다. 식마는 고개 이름인데 반룡서쪽에 있다. 식마령은 바로 태조가 말을 달리던 곳이라고 한다.[盤龍山名, 在湧珠北, 息馬嶺名, 在盤龍西, 嶺卽太祖馳馬處云.]"라는 주석을 첨부했다. '기이한 광채', '무지개 기운'과 '산천의 맑은 기운', '하늘의 도움'은 모두 왕조의 탄생을 미화하고 있는 구절들이다.

7구의 '적도(赤島)'의 일은 다음 시에서 설명된다. 9구에 '고공단보가 빈 땅을 떠나가던 날'은 주나라 태왕인 고공단보가 빈 땅에 거주했는데 적인들의 침입으로 빈 땅을 떠나 기산의 아래로 옮겨 거주한 사실을 말한다.[81] 금척(金尺)은 금척원 유래 전설과 관련이 있는데, 이 금척설화는 조선 창업 이후 이성계의 왕권 획득에 대한 정당성을 뒷받침하는 상징물로 금척이 제시된 것을 말한다.

태조 이성계가 아직 임금이 되기 전에 꿈에 선인(仙人)으로부터 금빛 자를 받았다고 한다. "우리 주상 전하께서 잠저(潛邸)에 계실 때에 꿈에 신인(神人)이 금척(金尺)을 주면서 '이것을 가지고 국가를 정제

81 『孟子』, 「梁惠王」 下, "滕文公問曰 齊人將築薛, 吾甚恐, 如之何則可, 孟子對曰 昔者大王居邠, 狄人侵之, 去之岐山之下居焉, 非擇而取之, 不得已也. 苟爲善, 後世子孫必有王者矣."

(整齊)하십시오.'라 한 것과, 또 어떤 사람이 이상한 글을 얻어 바치면서 말하기를, '이것을 숨기고 함부로 남에게 보이지 마십시오.'라고 한 것이 그 후 10여 년 만에 그 말이 과연 맞게 되었으니, 이것은 모두 하늘이 오늘날의 일을 미리 알려 준 것입니다. 전하께서는 넓으신 도량으로 여러 사람의 말을 용납해 받아들여서, 무릇 여항(閭巷) 사이의 미세(微細)한 백성들로서 그 안정된 처소를 얻지 못한 사람이 하나라도 있으면 반드시 이를 알게 되고, 이를 알게 되면 반드시 후하게 구휼하여, 오히려 사람들이 말하지 않을까 염려했으니, 언로(言路)를 열어 놓음이 넓었으며, 공신(功臣)을 대우하되 지성으로써 하여, 신서(信書)를 내려 주시고 금석(金石)에 새겼으니, 공신을 보전하심도 지극하였습니다."[82]라 하였다. 모두 왕조건국의 정당성을 부여한 말이다.

'아나여공분, 한조친서석(阿那呂公墳, 漢祖親書石)'은 『자치통감강목(資治通鑑綱目)』 3권에 나오는 말로, 한 고조가 여후(呂后)의 부친을 추존한 것을 가리키는 말로 여기서는 조선 태조와 강윤성의 일을 비유하기 위해 쓰였다. 마지막 두 구는 정조가 비석을 세운 일을 들어 나라의 조상을 추존하고 왕조가 영원할 것을 기원하고 있다. 이러한 건국의 정당성과 조선왕조의 찬양은 작자가 「한경잡영」에서 보여주

82 『朝鮮王朝實錄』, 「太祖實錄」, 태조1년 壬申, "上在潛邸, 夢有神人執金尺, 自天而降, 授之曰 慶侍中, 復興, 淸矣而已老, 崔都統瑩, 直矣而少戇, 持此正國, 非公而誰, 其後有人踵門獻異書云. 得之智異山巖石中, 書有, 木子乘猪下, 復正三韓境, 又有非衣走肖三奠三邑, 等語, 使人迎入則已去, 尋之不得."; 『燃藜室記述』 卷2, 태조2년 7월 26일 기사, 《夢金尺》 "主上殿下在潛邸, 夢見神人, 奉金尺自天而來, 若曰 慶侍中有淸德, 且耄矣. 崔三司有直名, 然戇也, 謂殿下資兼文武, 有德有識, 民望屬焉. 乃以金尺授之, 惟皇鑑之孔明兮, 吉夢協于金尺, 淸者耄矣兮直其戇, 繄有德焉是適, 帝用度吾心兮, 俾均齊于家國, 貞哉厥符兮受命之祥, 傳子及孫兮彌于千億."

었던 주제와 일맥상통한다.

단천에 도착하여 쓴 또다른 시에서도 목조 이안사(李安社)의 행적을 살펴 왕조를 찬양하고 태조의 잠덕(潛德)을 찬양하고 있다.

曾讀龍飛御天歌	일찍이 '용비어천가'를 읽어보니
藝祖潛德被羌河	태조의 숨겨진 덕이 오랑캐까지 미쳤다 하네.
境接豐沛符瑞彰	경계가 풍패와 인접해 상서로운 공에 부합하고
恩及犬羊仁義摩	은혜가 견양까지 미쳐 인과 의로 어루만지네.
摩雲以北諸千戶	마운령 이북으로 여러 천호들이
最先歸命自禿魯	가장 먼저 독로로부터 와서 믿고 따르네.
北征千里接輿圖	북으로 천릿길 와서 지도를 보니
禿魯實是端川府	독로는 실제로 단천부라네.
府治四面專海山	관아의 사면은 오로지 바다와 산뿐
樓臺綺錯雲樹間	누대는 비단처럼 구름과 나무 사이에 있네.
星土其洵寶藏興	그 땅의 성좌에는 참으로 보물이 그 속에서 나오니
白金黃玉何斑斑	백금과 황옥이 어찌도 화려하고 아름다운지.
爰有魯坰曜房躔	이에 독로의 지경이 방전을 비춰주어
驊騮驪駱鐵連錢	화류와 여락, 철련전 같은 천리마들이 있네.(후략)[83]

위 시는 「용비어천가」를 직접 읽은 체험을 근거로 태조가 왕이 되기 전에 야인의 추장이 그 덕을 듣고 태조에게로 귀속한 사실을 언급하였다. 4구의 견양(犬羊)은 태조의 인덕(仁德)을 듣고 귀속한 오랑캐를 말한다. 6구의 독로(禿魯)는 독로올(禿魯兀)로, 많은 천호들이 들어온 단천시를 말한다. 소서(小序)에서 "태조가 왕이 되기 전, 야인 추장

---

83 姜世綸, 『北征錄』 96題, 「宿端川. 主倅李勉大巡相近族也. 講戚叙誼, 懽如舊識」.

이 덕에 감동하여 귀순했으니 단천의 오랑캐 천호인 협온불화 등이다. 독로올은 지금의 단천이고, 맹안은 즉 천호이다. 협온불화(夾溫不花)[84]는 사람이름으로 일이 「용비어천가」에 보인다."[85]라고 기술하여 시의 내용이 역사적 사실에 부합함을 부연하고 객관성을 살렸다.

11구의 성토(星土)는 고대에 성위(星位)를 가지고 구주(九州)의 토지(土地) 및 제후의 봉역(封域)을 구분한 것 중 하나이다. 기순보장흥(其洵寶藏興)은 "지금 저 산은 한 자잘한 돌이 많이 쌓여서 이루어진 것인데 그 광대함에 미쳐서는 초목이 거기서 생겨나고 금수가 그곳에서 살며 보물이 그곳에서 나온다."[86]라고 한데서 온 말이다. 이어 백금(白金), 황옥(黃玉)과 더불어 단천이라는 곳이 상서로운 지역임을 강조한 것이다.

13구의 방전(房躔)은 남쪽의 별자리로, 화류(驊騮), 이락(驪駱), 철련전(鐵連錢) 같은 천리마들이 몰려오는 지역임을 찬미한 것이다. 철련전, 연전총을 언급한 것도 모두 왕조건국의 상서로움과 관련한다. 연전총의 연원은 "옛날에 전하기를 태조가 연전총마[87]를 거느려 부의

---

84 『朝鮮王朝實錄』, 「太祖實錄」, 태조4년 吾郎哈, 水吾狄介 등 4인이 투항한 사실과 당시 북방 야인들의 귀화실태에 "東北一道, 本肇基之地也, 畏威懷德久矣. 野人酋長遠至, 移闌豆漫皆來服事, 常佩弓劍, 入衛潛邸, 昵侍左右, 東征西伐, 靡不從焉."라 하여 女眞의 禿魯兀猛安 夾溫不花 등이 나온다.

85 姜世綸, 『北征錄』 96題, 「宿端川主倅李勉大巡相近族也講戚叙誼懽如舊識」, "太祖在潛邸時, 野人酋長懷德來歸, 禿魯兀胡猛按, 夾溫不花是也. 禿魯兀今端川, 猛按卽千戶, 夾溫不花人名, 事見龍飛御天歌."

86 『中庸章句』 第26章, "今夫山一卷石之多, 及其廣大, 草木生之, 禽獸居之, 寶藏興焉."

87 연전은 동전을 이어 놓은 것처럼 푸르고 검은 바탕에 얼룩진 무늬가 있는 말을 말한다. 李瀷, 『星湖僿說』, 「萬物門」, "青黑而色有淺深似魚鱗斑駁, 謂之連錢驄."; 李圭景. 『五洲衍文長箋散稿』, "青黑而色有淺深, 似魚鱗斑駁, 謂之連錢驄."

사초도에 풀어 놓고 길렀는데 이로부터 연전총이 있었다."[88]라고 한 데서 나온 것이다.

이어 목조와 태조의 고조모 공효왕후 이씨의 능이 처음의 형태를 잃어버려 다시 비석을 세운 일과 두 능이 알동의 팔지(八池)에서 함흥으로 이장하였던 사실을 언급하였다.

> 옛날 덕릉은 목조의 옛 능으로 남쪽으로 적도와의 거리가 25리이다. 옛날 안릉은 효비의 옛 능으로 덕릉의 북쪽에 있어 두 언덕이 서로 마주하고 있다. 태종10년에 모두 함흥으로 옮겨 받들었는데 경흥백성들이 "무덤과 비석이 풀과 나무 사이에 묻혀 있다는데 어딘지 모르겠다."라고 하였다. 숭정연간에 부사 최진립이 덕릉의 옛 비석을 赤池 옆 큰 둥근 봉우리 아래에서 찾았다. 영묘 을사년 부사 홍중일이 또 안릉의 옛 비석을 얻어 함께 각을 세워 안치하였다. 덕릉의 비석 앞에 목조라 새겼고, 뒤에는 '홍무28년(1395) 2월 일에 세운다.'라고 새겼다. 안릉 비석 앞에 '효비'라 새겼고, 뒤에는 덕릉의 글자와 같이 새겼으나 파손되고 퇴색되어 알아볼 수가 없다. 옛날부터 전해오기를 두 능은 알동의 팔지 가에서부터 옮겨 여기 두었다가 다시 함흥으로 옮겼다고 한다.[89]

위의 사실에 대해 홍양호는 "영조 기사년(1749)에 경흥부사 홍중일

88 姜世綸, 『北征錄』 96題, 「宿端川. 主倅李勉大巡相近族也. 講戚叙誼, 懽如舊識」, "舊傳. 太祖御乘連錢驄馬, 放牧於府之莎艸島, 自是有連錢驄."

89 姜世綸, 「鍾山錄」 90題, 「德安二陵舊碑閣」, "古德陵, 穆祖舊陵, 南距赤島二十五里. 古安陵, 孝妃舊陵, 在德陵之北. 兩岡相對. 太宗十年, 幷遷奉于咸興, 慶民謂之陵坪碑石, 埋沒艸樹間, 不知所在. 崇禎年間, 府使崔震立, 得德陵舊碑於赤池傍大圓峯下. 英廟乙巳, 府使 洪中一, 又得安陵舊碑, 幷建閣以安之, 德陵前刻曰 '穆祖', 德陵後刻曰 '洪武二十八年 二月 日立', 安陵前刻曰 '孝妃', 安陵後刻同德陵字, 漫漶不可認, 舊傳二陵 自斡東八池上, 移厝于此, 再移于咸云."

이 비각을 세워 호위하려고 널리 안릉의 비를 찾았으나 구하지 못하였는데, 일을 담당한 자의 꿈에 노옹이 나타나 그곳을 지적하여, 땅을 파서 비를 얻었다. 마침내 옮겨 세우고 아울러 비각을 덮었다."[90]라고 기술하였다. 이어지는 시에서도 "산의 기세는 알동으로부터 끌어왔고, 두 능의 아름다운 기운으로 석양은 붉네.[山勢拖來自斡東, 二陵佳氣夕陽紅]"라고 하여 원래의 무덤이 알동의 팔지에 있었음과 아름다운 기운을 내포하고 있음을 언급하였고, "왕의 기운이 길게 만억년에 남아있네.[王氣長留萬億年]", "꽃향기는 아직도 팔지의 연꽃에서 풍겨오네.[花香猶聞八池蓮]"라고 하여 목조와 효비를 찬미하고 있다.

이처럼 강세륜은 조선 후기 북방국경지역이자 외딴 곳을 역사와 연결하고 관련 사료를 들어 세밀하게 표현하며 우리국토를 아름답게 묘사하고 있다. 『북관기사』에서도 이 사실에 대해 상세하게 설명하였다.[91] 김창협도 무이보 연대에 올라 팔지를 바라보며 "성곽 두른 저 산맥 모두가 오랑캐 땅, 누대에 올라 바라볼 제 마음 서글퍼지네. 둥근 천막 드문드문 소와 양도 많지 않고, 흐릿한 가을빛만 팔지에 가득하네."[92]라고 하여 아쉬워하였으며, 강세륜 역시 무이보에서 팔지의 경관을 바라보며 비가(悲歌)를 읊어 옛 강역과 조선의 성지에 대한

---

90 洪良浩, 『耳溪集』 卷13, 「二陵記」, "英宗己巳, 府使洪重一將建閣以衛之, 遍求安陵碑不得. 掌事者夢, 有老翁指其處, 掘土而獲焉. 遂移豎而並覆以屋."

91 洪義榮, 『北關紀事』, 「興王事蹟」. "江以北八池疎疎如聯珠存大野中. 池皆近十里平湖, 自西第一池. 東至第八池, 摠計亦近百里. 六七月之間, 荷花盛開, 花皆五色. 全坪似是沃土而初無人影, 問于撫夷人則從古原無居人, 尋常獵胡未見一來. 八池亦無採取蓮子者, 亦是不可知之事. 全局中淑氣尙今旁礴, 似是北路中第一風水而尙傳翼祖定居于此, 德安二陵初奉于此地, 其後以其近於野人, 遷于慶興 赤池坪云."

92 金昌協, 『農巖集』 第2卷, 「登撫夷堡烟臺, 望見胡地八池」, "繞郭寒山盡北夷, 登臺一望壯心悲, 穹廬寥落牛羊小, 秋色蒼然滿八池."

실지(失地)의 아픔을 토로하였다.[93]

용주리와 덕원부, 원산(元山), 문평(門坪) 일대를 지나며 태조와 조상들이 살던 고향 근처에서 왕조의 내력과 그들의 터전을 읊고 다시금 조선왕조의 정당성을 부여하며 왕조의 내력을 찬양하는 작품은 '적도행(赤島行)'에서도 이어진다.

> 섬은 경흥부 남쪽 50리 바다 속에 있다. 둘레가 10리로 모양은 마치 엎드린 거북모양이다. 사면이 암석인데 모두 붉은 색이기 때문에 '붉은 섬' 이라 이름 하였다. 동남 사이에 바위 구멍이 있어 샘물이 솟아오르는데 사계절 마르지 않았다. 남쪽 언덕이 약간 넓어 도혈(움집)의 터가 13곳이 있는데, 부추 같은 채소가 저절로 자라나 우거졌고, 수목이 무성하여 지금까지 아름다운 기운이 빽빽하였다. 그 섬에서 나무를 베면 반드시 비바람이 쳐서 백성들이 감히 베지 못한다고 한다.
>
> 목조가 알동에 있을 때 자주, 천호와 어울려 돌아가 연회를 하였는데, 익왕에 이르러서도 폐하지 않았다. 왕의 위엄과 덕이 점점 퍼져 국경의 오랑캐들이 귀의하고자하는 마음이 많아지자, 여러 천호들이 그것을 꺼려하여 장차 크게 원병을 끌어다 힘을 합해 왕을 제거하고자 도모하였다. 이에 거짓으로 왕에게 말하기를 "우리가 바야흐로 북쪽 사막으로 사냥을 가려는데 20일이 지나서 돌아오겠습니다."라고 하니 왕이 허락하였다. 기한이 되어도 오지 않자, 왕이 무언가 잘못되었음을 괴이하게 여겨서 해관성(奚關城)을 향해 나아갔다. 길에서 한 노파를 만났는데, 머리에 물동이를 이고 손에는 사발을 들고 오고 있었다. 왕이 몹시 목이 말라서 물을 달라하니 노파가 즉시 사발을 씻어서 물을 드렸다. 인하여 말하기

93 姜世綸, 「鍾山錄」 79題, 「午站撫夷堡登煙臺望彼境八池」, "四月邊門朔氣寒, 祟臺流眺杳人寰. 煙波錯落藏珠澤, 雲樹迷花勒石山. 天地無端成白髮, 男兒所事自騂顔. 腰間謾有青萍匣, 落日悲歌下玉關."

를 "공은 천호의 간 곳을 아시오?"라고 하니, 왕이 말하기를 "모른다." 하였다.

노파는 천호들이 구원병을 청하러 간 상황을 자세하게 말하고는, "공은 어진 사람이라서 애석하기에 말해 주는 것이오."라고 하였다. 왕이 급히 말을 달려 돌아가서 집안 식구들을 배에 싣고 강을 따라 적도에 들어가게 하고는 홀로 손기(孫妃)와 함께 말을 달려 경흥의 뒤쪽 고개로 나가서 멀리 알동을 바라보니, 도적의 기병들이 이미 들판을 가리고 선봉대가 달려와 뒤를 쫓고 있었다.

왕이 드디어 빠르게 말을 달려 적도의 맞은편 언덕에 닿았으나 배가 없었다. 언덕으로부터 섬까지는 물의 넓이가 600걸음 되는데 바다에 밀물과 썰물의 진퇴가 없었다. 그런데 갑자기 물이 줄어들어 마치 끊어진 나루처럼 되자, 이에 말을 몰아 섬으로 들어갔다. 따르는 자들까지 모두 물을 건너자, 물이 다시 크게 몰려들어 적의 추격이 마침내 미칠 수 없었다. 드디어 움집을 파서 거처하니, 원근에서 소문을 들은 자들이 그 일을 신이하게 여겨 더욱 스스로 와서 복종하였다. 정조 11년(1787)에 친히 임금이 글을 지어 사적을 기록하고서 비석과 비각을 세웠다.[94]

---

94 姜世綸, 「鍾山雜錄」 작품89, 「赤島行」, "島在慶興府南五十里海中, 周十里狀如伏龜, 四面嵒石皆赤故名, 東南間嵒竇有湧泉, 四時不竭, 南岸稍寬, 有陶穴遺址十三處, 韮菜之屬, 自生自茁, 樹木暢茂, 至今佳氣鬱葱, 犯樵採必風雨, 民不敢剪伐云. 穆祖在斡東, 數與諸千戶還往宴會, 至翼王不廢, 王威德漸被 蕃胡多歸心, 諸千戶忌之, 將大乞援兵, 併力謀除, 佯言于王曰 吾方北獵窮漠, 約二十日復會, 王諾, 至期不來, 怪其愆爲, 向奚關城去, 途遇一老嫗, 首瓮手椀而來, 王渴甚呼水, 嫗卽洗椀進水, 因言曰公知千戶之所之乎, 王曰不知, 嫗具道其乞援狀頗詳曰 公仁人也, 不敢不愛惜, 王急馳還, 悉家衆載舟沿江入赤島 獨與孫妃走馬, 出慶興之, 後峴, 遙望斡東, 賊騎已蔽野, 前驅躡後, 遂疾馳及赤島之對岸無船矣. 自岸而島, 水廣六百步, 海無潮汐進退而忽見水退若絶津然, 乃策馬入島, 從者畢渡, 水復大至, 賊追竟不能及, 遂陶穴而居, 遠近聞者神其事, 益歸附焉. 正廟丁未, 親綴雲章紀蹟竪碑建閣."

이 이야기는 「태조실록」 총서에 자세히 기록되어 있고, 『신증동국여지승람』에도 비슷한 내용이 채록되어 있으며, 홍양호의 「적도가(赤島歌)」, 「적도기(赤島記)」 등의 작품과도 유사하다. 윗글에는 정조11년에 비석과 비각을 세운 내용이 추가되었다.

『국조보감(國朝寶鑑)』에는 "12월 덕원(德源)의 용주리(湧珠里), 경흥(慶興)의 적도(赤島)와 적지(赤池), 함흥(咸興)의 귀주동(歸州洞)에 기적비(紀蹟碑)를 세웠다. 용주리는 목조(穆祖)가 집터를 잡았던 곳이고, 적도는 익조(翼祖)가 오랑캐를 피해 숨어 지냈던 곳이고, 적지는 도조(度祖)가 왕업을 일으킨 곳이고, 귀주동은 환조(桓祖)와 태조가 옛날에 살던 곳이자 정종(定宗)과 태종(太宗)이 탄생한 곳이었다. 상이 모두 직접 비문을 지었다. 하교하기를, '선조(先朝) 을해년에 태조께서 탄생하신 회갑년을 맞아 친필 어제(御製)로 영흥(永興)의 흑석리(黑石里)에 비석을 세웠었다. 올해는 태종께서 탄생하신 회갑년인데 귀주의 옛 마을에 비석을 세우게 되었으니, 계술(繼述)하는 일에 꼭 들어맞는다고 하겠다.' 하였다."라고 비석에 얽힌 일이 기록되었다.[95] 『홍재전서』에도 1787년에 어제기적비(御製紀蹟碑)를 세운일이 기록되었다.[96]

이어지는 「적도행(赤島行)」 역시 방대한 분량의 악부시이다. 작자는 긴 서사를 통해 되도록 역사적 사실과 전고를 확실하고 자세하게 기술하고자 하였다. 이를 통해 강세륜은 국토에 대한 감흥과 현장감을 생동하게 표출하고자 하였다.

다음은 「적지사(赤池詞)」의 소서(小序)이다.

---

95 국역 『國朝寶鑑』 제72권, 「正祖朝 4」, 11年(丁未, 1787), 12月.

96 『弘齋全書』 卷15, 「慶興府赤島紀蹟碑銘 幷序」.

적지는 경흥부 남쪽 10리에 있는데, 동북쪽으로 두만강과 통하며 둘레는 10여리다. 도조가 일찍이 망덕산 아래에 살았는데, 꿈에 한 신이한 노인이 나타나 "나는 남쪽 연못의 용이다. 한 객용이 장차 나의 잠굴의 빼앗으려 하니 그대가 활을 잘 쏜다고 들었으니 청컨대 화살 한발로 쏘아 나의 처소를 편안하게 해 준다면 좋은 일이 공의 후손에 미칠 것이다."라 하였다. 도조가 허락하고 다음날 아침 활과 화살을 가지고 남쪽 봉우리에 올라가 바라보니 바람과 비가 몰아치고 천지가 어두워지더니 한 흑룡이 동북쪽으로부터 일어나서 백룡과 더불어 싸우는데 꿈틀거리다가 번갈아 서로 공방전을 벌이더라. 도조가 어떤 용이 객룡(客龍)이고 주룡(主龍)인지 분별할 수 없어 쏘지 못하고 돌아왔다.

이날 밤 신이한 노인이 다시 나타나 "그대가 어찌하여 화살 한발을 아꼈는가?"하니 도조가 그에게 이유를 아뢰었다. 노인이 "흰 것이 나이고, 검은 것이 객이다."라고 하였다. 도조가 다시 연못가에 가니 두 마리 용이 또 어제와 같이 싸우니 이에 화살 한발을 쏘아 흑룡의 허리를 맞추니 피가 줄줄 흘러 물을 온통 붉게 했다. 이에 흑룡이 꼬리를 끌고 침을 흘리며 도망쳤다. 강 언덕에 아직도 종횡으로 굴절하던 자취가 있다. 토인들이 그 연못을 '적지'라 하였고, 그 개울을 '굴신포'라 하였다. 어제 기적비가 연못가에 있으니 또한 정조대왕 정미년에 세운 것이다.[97]

1787년 정조의 하명으로 덕원(德源)의 용주리(湧珠里), 경흥(慶興)

97 姜世綸, 「鍾山錄」 91題, 「赤池詞」, "池在慶興府南十里, 東北通豆滿江周十餘里, 度祖嘗居望德山下, 夢一神翁來言, 我南池龍也. 有客龍將奪我潛窟, 聞公善射, 請以一矢殪敵, 俾安我宅所, 則餘慶及公後矣. 度祖諾, 翼朝持弓矢, 登南峯望見風雨驟至, 天地晦冥, 有黑龍自東北起, 與白龍鬪, 蕩擊糾蟠, 迭相進退, 度祖不能辨客主, 未果射而還. 是夜神翁復見曰公何惜一矢. 度祖告之, 故翁曰白者我黑者客. 度祖復至池上, 二龍又合戰如昨日, 乃發一箭中黑龍之腰, 血淋漓水盡赤. 於是黑龍曳尾垂涎而走. 江岸尙有縱橫屈折之迹, 土人謂其池曰赤池, 謂其浦曰屈伸浦, 有禦製紀蹟碑在池上. 亦正廟丁未, 竪而閣之."

의 적도(赤島)와 적지(赤池), 함흥(咸興)의 귀주동(歸州洞)에 기적비(紀蹟碑)를 세운 사실을 거듭 언급하였다.

다음은 종성군 종성면에 있는 '동관진(潼關鎭)'[98]에 얽힌 역사를 읊은 작품이다.

樓臨沙漠北風來	성루가 사막을 굽어보니 북풍이 불어오는데
宇宙高歌漭自哀	우주에 소리 높여 노래하니 아득히 스스로 슬퍼지네.
蟲鶴空悲全壯士	병사들은 하염없이 전백옥을 슬퍼하고
龍蛇猶憶鄭評臺	용사들도 오히려 정문부를 추억하네.
百年過劫山河跡	백년의 오랜 세월에 산하의 자취가 남아
萬里征人懷慨盃	만 리 길 가는 사람들 개탄하며 술잔 기울이네.
堪笑書生邊策少	우스워라, 서생이라서 변방을 방어할 계책이 적어
唯將木石築江隈	그저 나무와 돌을 가져다 강둑을 쌓을 뿐이네.[99]

동관진은 종성부 북쪽 18리에 있다. 누각에 올라 사막을 굽어보니 성루에서 전백옥(全伯玉)과 정문부(鄭文孚)에 얽힌 역사적 사실이 반추된다. 수련(首聯)은 성루의 위치와 슬픈 역사를 지니고 있음을 말하였다. 함련(頷聯)은 전백옥과 정문부와 관련한 역사적 사실을 말하였다. 3구의 충학(蟲鶴)은 죽은 병사들을 말한다. 『포박자(抱朴子)』에 "주 목왕이 남쪽으로 정벌을 나가 일군(一軍)이 모두 변화하였는데, 군자는 원숭이와 학이 되고 소인은 벌레와 모래가 되었다.[周穆王南

98 潼關鎭은 1435년(세종17)에 여진을 물리치고 여기에 진을 두어 관북지방의 오랑캐를 막던 국방의 요새였으며, 潼關小川이 있어서 두만강으로 흘러 들어가는데 이 강나루를 '潼關渡'라 하였다. 동관진은 성 주위가 2,982척, 높이가 9척이며, 병마첨절제사영이 있어 첨절제사 1인이 주둔하였다.

99 姜世綸, 「鍾山雜錄」 작품111, 「暫憩潼關鎭登城樓」.

征, 一軍皆化, 君子爲猨爲鶴, 小人爲蟲爲沙.]"라고 하였다. 마지막 구는 전해에 홍수가 나서 토사가 많이 무너졌기에 직접 사람을 시켜 축대를 막았던 일을 말하였다. 전백옥과 정문부를 위로하고 슬퍼하는 내용과 그에 대한 역사적 사실을 소주(小註)를 통해 상세히 기록하였다.

> 만력 을사년(1605)에 홀라온의 오랑캐가 쳐들어와 성을 함락시켰는데 첨사 전백옥이 힘써 싸우다 굴복하지 않고 죽었다. 임진년에 회령의 역적 국경인이 배반하여 가등청정(기요사마)에게 붙었다. 고을사람 김사주, 오경헌, 최경수, 남계강 등이 평사 정문부를 따라 의병을 일으켜 길주 장평의 들에서 왜적을 크게 섬멸시켰다. 왜적 중에 북으로 들어온 자들이 거의 전멸되어 여러 고을이 마침내 평화롭게 되었다. ◎작년에 홍수가 나서, 두만강 위아래의 강토가 나뉘어 저쪽 땅으로 많이 들어갔다. 금년 봄에 장정을 크게 징발하여 축대를 쌓았다.[100]

위의 사실에 대해 실록에는 1605년(선조38) 3월 1일 홀라온(忽剌溫) 야인이 쳐들어와 동관보(潼關堡)를 함락시킨 뒤 첨사 전백옥을 죽이고 물러갔는데, 북우후(北虞候) 성우길(成佑吉)이 이를 추격해서 잡혀가던 우리나라 백성을 수습하여 돌아왔다고 기록되어 있다. 홀라온은 북방 오랑캐의 부족 이름으로, 홀온(忽溫)이라고도 한다. 홀라온 부락은 본보에서 멀지 않은데, 이항(伊項), 우허(牛虛) 등 부락 및 경원(慶源) 근처의 몇 개 부락이 홀라온과 서로 통하여 끌어들여 우익(羽翼)

---

100 姜世綸, 「鍾山雜錄」 작품111, 「暫憩潼關鎭登城樓」, "小註) 萬曆乙巳, 忽胡攻陷城, 僉使全伯玉, 力戰不屈死之, 壬辰, 會寧賊, 鞠景仁, 叛附, 淸正邑人, 金嗣朱, 吳慶獻, 崔敬守, 南繼江等, 從評事, 鄭文孚, 倡擧義兵, 大殲倭於吉州長平之野, 賊入北者, 殆盡列郡底平. ◎昨年大水, 豆江上下疆土, 多割入彼界, 今春, 大發丁, 防築."

이 되도록 하였다.[101]

위에 열거된 읍 사람들 김사주, 오경헌, 최경수, 남계강은 잘 알려지지 않은 인물들이지만 실록에 이들이 각기 1개의 수급을 베었고, 호복(胡服)으로 변장하여 몰래 길을 안내하였다는 일과 포상기록이 있다. 당시 참급(斬級)이 80여에 이르렀으므로 이들의 군공(軍功)에 대해 다음과 같이 말하였다.

> 김사주(金嗣朱), 최경수(崔敬守), 고경민(高敬民)은 병조에서 참작하여 시행하라. 단 북도(北道)에서 전쟁이 막 발발하였으니 반드시 권면하고 북돋우는 방안이 선 다음이라야 군사들이 자신을 돌보지 않고 역전할 것이다. 이번 논상(論賞)중에 한번 대가(代加)하는 것은 무관할 듯하며 승직(陞職)시키기도 하고 혹 면포(綿布)를 지급하기도 하라. 사변을 치른 뒤로 가설직(加設職)을 혁파하였으나 영직(影職)은 평소에도 있어 왔으니, 혹 영직을 제수할 것인가도 다시 참작하여 시행토록 하라. 병법(兵法)에 '좋은 미끼를 달면 반드시 물고기가 물게 마련이고, 중한 상을 내리면 반드시 죽음을 무릅쓰는 사졸이 있다.'라고 하였다.[102]

정원용의 『북행수록』에도 이들 네 명의 기록이 있는데, 두 명은 정

101 『宣祖修正實錄』 39卷, 선조 38년 3월 1일 乙亥 기사.

102 『宣祖實錄』, 선조 38년(1605) 5월 8일 기사, "以北兵使金宗得軍功狀啓, 備邊司粘連啓, 伊項部落胡人與忽賊相通, 助惡肆毒, 擧兵勦殺, 勢所難已, 斬馘至過八十, 不可不酬報軍功, 各人等令該曹, 斟酌論賞, 何如, 啓依允, 兵曹計開軍功, 成佑吉以下入啓, 啓依允, 成佑吉加資, 金嗣朱, 崔敬守, 高敬民, 自曹參酌施行, 但北道戰爭方始, 必有勸勵之方然後, 士可以忘身力戰, 今次論賞中, 如一張代加, 似爲不關 或陞職, 或以綿布給之, 事變以後, 加設職, 雖已革罷, 如影職, 平日亦有之, 或以影職除授, 更爲參酌施行, 法曰: '香餌之下, 必有死魚, 重賞之下, 必有死士.【虞候成佑吉以領將, 斬二級, 鍾城土兵金嗣朱, 崔敬守, 各斬一, 且變着胡服, 潛爲指路, 鍾城府使高敬民斬十一級.】"

견룡(鄭見龍)을 따라 의병을 일으켰다 기록하였고, 최경수와 남계강은 관노(官奴)의 신분이라 하였다.[103] 이처럼 우리나라의 역사적 인물을 읊었을 뿐 아니라 중국 송나라 황제 휘종과 흠종의 무덤과 사적을 읊은 시도 있다.

무덤은 회령부 북쪽 25리 화풍산 아래에 있다. 예부터 전하기를 송나라 휘종과 흠종의 무덤이 마치 조산(造山)처럼 생겼다 하는데 두 황제가 같은 무덤에 묻힌 것인지는 모르겠다. 옆에 연달아 여러 무덤이 있으니 곧 당시에 모시던 신하들의 무덤이다. 뒤쪽 산기슭에 '송장암(宋葬巖)'이라 부르는 곳이 있다. 금나라 오랑캐들이 황제의 시체를 바위에 여러 날 내놓았는데 까마귀 솔개 벌레 개미들이 감히 가까이 가지 않자 이를 기이히 여겨 드디어 거두어 장사지냈다고 한다. 대개 북관은 옛날에 여진, 요, 금의 땅이었기에 휘종과 흠종의 무덤이 여기에 있는 것이 진실로 의심스러울 것이 없다. 오국성은 황제가 포로가 되어 술을 따르던 곳으로[104] 본부의 볼하진에 있는데, 무덤까지의 거리가 50리다. 영조 을미(1775)에 특별히 본부에 명을 내려 무덤을 수리하게 하고, 좌수의 우두머리에게 한 그릇의 술을 가지고 여러 무덤에 붓도록 했다.[105]

---

103 鄭元容, 『北行隨錄』, 「北略擬議」下, '人物', "金嗣朱, 壬辰倭亂時, 杖釰從府使鄭見龍倡, 擧義兵, 大破倭賊於吉州長平, 吳景獻, 亦從鄭見龍, 討倭而戰, 亡于長平之役, 崔敬守, 南繼江, 官奴也, 從鄭文孚倡義, 討倭而有功."

104 『晉書』, 「孝懷帝紀」, 靑衣는 송나라 흠종 때 금나라의 공격을 받아 開封이 함락되고 휘종과 흠종 두 황제가 포로로 잡혀 억류되었던 상황을 말한다. 前漢의 劉聰이 포로로 잡은 西晉 懷帝에게 청의를 입혀 연회 자리에서 술을 따라 돌리게 하였다는 고사가 있어, 이후 포로가 된 황제를 상징하는 의미로 쓰였다. 懷帝가 平陽으로 蒙塵했을 때, 劉聰을 위하여 푸른 옷을 입고 술시중을 들었다.

105 姜世綸, 「鍾山雜錄」 작품121, 「皇帝塚」, "塚在會寧府北二十五里花豊山下, 舊傳宋徽欽陵, 狀如造山 未知二帝之同一塚耶. 傍有纍纍衆塚, 卽當時侍臣塚, 後麓有曰宋葬巖, 金虜露帝屍於巖屢日, 烏鳶蟲蟻, 不敢近, 異之. 遂收葬云. 盖

巖角雲歸夕照紅	바위 모퉁이 구름이 돌아가니 붉은 석양이 비추는데
二皇遺蹟問樵童	두 황제의 남은 자취를 나무하는 아이에게 묻네.
山河忍說滄桑際	산하는 차마 상전벽해의 즈음을 말하랴
弓舃空委艸樹中	황제의 활과 신발만 공연히 수풀 속에 남겨졌네.
花石繁華終有事	꽃과 돌이 번화하더니[106] 끝내 사건이 터져서
酒衣風色愧無窮	포로 되어 술 따른 정경은 부끄러움이 끝이 없네.
千秋庶慰英靈恨	천추에 영령의 한을 위로할 수 있으려나
陵土如今屬我東	무덤이 있는 땅이 지금 우리나라에 속해있으니.

회령을 지나며 송나라 황제 휘종과 흠종의 무덤을 보고 읊은 시이다. 이들은 함경북도에 여진족이 살 때, 금나라에서 잡혀와 죽어서 여기(회령부)에 묻혔다. 산하는 세월이 흘러 많이 변했지만 그 옛날 두 임금의 무덤은 여전히 역사 속에 남아있다. 『해동역사(海東繹史)』 속집, 「지리고(地理考)」에 "회령부의 볼하진[甫乙下鎭] 서쪽에 큰 무덤[大塚]이 있는데, 예로부터 이곳을 황제총이라고 칭하였다. 그리고 여러 개의 작은 무덤[小塚]이 대총의 주위를 둘러싸고 있는데, 이를 시신총(侍臣塚)이라 부른다. 지금 밭을 가는 자들이 가끔씩 숭녕전(崇寧錢)을 발견하고 있으니, 이곳이 어찌 휘종을 장사 지낸 곳이 아니겠는

關北舊是女眞遼金之地, 徽欽塚之在此, 固無可疑, 五國城, 卽青衣行酒之所, 而在本府甫乙下鎭, 距塚五十里, 英廟乙未, 特教令本府修塚, 使首鄕持一器酒, 洒酹諸塚."

106 『宋史』, 「朱勔傳」, 花石은 아름다운 꽃과 돌을 말한다. 宋徽宗이 화석을 좋아하였는데 재상 채경이 휘종의 뜻을 맞추기 위해 朱沖과 朱勔을 시켜 각지에서 모아 궁으로 운반하게 하였다. 나중에는 민가의 것까지 빼앗고 만약 조금이라도 불응하는 자가 있으면 不恭罪로 다스려 피해가 많았다. 이 꽃나무와 돌을 운반하는 배가 淮水에 잇따르므로 이를 花石綱이라 했는데, 이에 견디지 못하여 方臘의 난이 일어나고, 이 내란을 틈타 대거 침입하여 휘종을 잡아간 변란을 말한다.

가."라는 기록이 있다.

채제공도 "간악의 일은 누구를 허물하랴, 황량한 벌판이 비로소 처량해졌네. 신주는 부질없이 스스로 크기만 했지, 작은 무덤조차도 깃들기 어려웠어라. 황천에는 진나라 닭 울음소리 끊기고, 인간 세상에는 두견이 슬피 우누나. 청구는 청정한 땅에 속하거니, 혼을 기탁한 걸 경하할 만하여라."[107]라 하였다.

앞서 영조17년 5월에는 영조가 황제총에 대한 관심으로 인해 오수채에게 도신(道臣)으로 하여금 무덤근처에서 나무하는 일과 짐승 치는 일을 금지시키도록 하라고 명한 일이 있다.[108] 1750년에도 영조는 북도에서 돌아온 남태기(南泰耆)에게 황제총을 보았는지 물어보며 지속적인 관심을 표명하였다.[109] 작자는 오국성, 황제총을 읊으며 우리나라 영토에 대한 주체적인 자각으로 이어갔으며, 이러한 작자의 역사와 인물에 대한 집중적인 관심은 이충무공에 대한 사적의 기록으로 이어진다. 낮에는 조산보(造山堡)에 머물러 이충무공의 승전비를 읽으며 영토에 대한 생각을 한다.

> 만력 정해년(1587)에 충무공 이순신이 본보[造山堡]만호로서 녹둔도[110]

---

107 蔡濟恭, 『樊巖集』 第8卷, 「載筆錄」, '皇帝塚', "艮嶽曾誰咎, 荒原始欲凄. 神州空自大, 抔土亦難棲. 地下秦鷄斷, 人間蜀魄啼. 青丘屬乾淨, 堪賀托魂兮."

108 「英祖實錄」, 영조17년 辛酉 5월 21일 기사.

109 「英祖實錄」, 영조26년 庚午 2월 4일 기사.

110 鹿屯島는 함경북도 선봉군 조산리에서 약 4km거리에 있는 섬으로 약 8km둘레이다. 세종 때 6진을 개척한 이래 여진족의 약탈을 막기 위해 섬 안에 길이 1246척의 토성을 쌓고 높이 6척의 목책을 둘러 병사들이 방비하는 가운데 농민들이 배를 타고 섬을 오가며 농사를 지었다. 농민들은 춘경추수기에만 출입하였다. 1587년(선조20) 여진족의 습격을 받고 큰 피해를 당해 다시 녹둔도를 관할하던 함경도 경흥부

둔전관을 겸직하였다. 가을 추수기가 되어 오랑캐가 크게 일어나 들어와 노략질하였다. 충무공이 기병(奇兵)을 나누어 적이 오는 길목에 매복시켜서 전승을 거두었다. 적이 크게 두려워하며 감히 다시는 접근하지 못하였다. 임진왜란에 조정에서 충무공을 발탁한 것은 모두 이 때문이었다. 승전비가 진성 밖에 있다.[111]

閑山偉績此權輿	한산대첩의 위대한 공적은 여기에서 시작되었고
腥血猶看鹿島瀦	피비린내는 오히려 녹둔도의 웅덩이에서 보았네.
周道穹碑留舊蹟	너른 길가의 둥근 비석에 옛 자취가 남았으나
千秋事與水雲虛	천추의 사적은 물과 구름처럼 흘러가 버렸네.
男兒壯蹟海東涯	남아의 장한 사적이 동쪽 바닷가에 남으니
擧目山河漭自悲	눈을 들어 산하를 보며 아득히 스스로 슬퍼하네.
倘使當時忠武在	가령 당시에 충무공이 계셨더라면
先春不失侍中碑	선춘령에 세웠던 시중의 비석을 잃지 않았으리.[112]

수련(首聯)에 '한산(閑山)'의 시작이 이곳에서 비롯되었다고 한 것은 1587년 녹둔도(鹿屯島)에서 첫 번째 백의종군하였고 1592년에 있었던

부사 李庚祿과 造山萬戶 이순신이 책임을 지고 백의종군하여 여진족을 정벌하자고 하였다. 1800년대 후 두만강 상류의 모래가 流速에 밀려와 퇴적하여 육지와 연결되었다.

111 姜世綸, 「鍾山雜錄」 작품83, 「午站造山堡讀李忠武勝戰碑」, "萬曆丁亥, 李忠武舜臣, 以本堡萬戶兼鹿屯島屯田官, 及秋熟, 蕃胡大擧入寇, 忠武分伏奇兵於賊路, 獲全勝, 賊大慴不敢更近, 龍蛇之亂, 朝廷之所擢用忠武者以此也. 有勝戰碑, 在鎭城外."

112 『新增東國輿地勝覽』 卷50, 「會寧都護府」, "先春嶺은 회령의 두만강 북쪽 700리에 있다. 시중은 고려의 장수 尹瓘을 가리킨다. 윤관이 땅을 개척하여 여기에 이르러 공험진에 성을 쌓고 선춘령 위에 비석을 세워 '고려의 경계[高麗之境]'라고 새겼다."

한산대첩보다 먼저 녹둔도의 승리가 있었음을 말한 것이다. 피비린내는 전쟁의 격전지였음을 신랄하게 표현하였으며 그의 공적을 슬퍼하고 있다.[113] 이순신은 1586년 1월부터 1588년 6월까지 조산보의 만호였고, 1587년 8월부터 1588년 6월까지 녹둔도의 둔전관이었다. 둔전관은 임진왜란 때 둔전의 관리를 위해 파견한 관리로, 농량(農糧)과 농군(農軍)의 징발과 관리를 담당했었다.

『난중잡록(亂中雜錄)』정해년(丁亥年－1587)에 "가을 9월, 함경도의 시전(時錢) 번호(藩胡)가 도적 오랑캐들을 모아 경흥(慶興) 경내에 있는 녹둔도에 들어와 사람과 가축을 죽이고 약탈하곤 했는데, 육진(六鎭)의 장수들이 막아내지 못하다 작년에 육진에서 이 섬에 둔전(屯田)을 마련하고 수백 호의 백성을 옮겨다 놓았었는데, 이때에 도민(島民)이 다 함몰된 것이다."[114]라 하였다.

녹둔도는 우리의 영토였지만 지금은 러시아의 영토가 된 곳으로, '해동지도'나 '대동여지도' 등에서 쉽게 찾을 수 있다. 정조 5년 12월 기사에 홍양호는 녹둔도가 오랑캐지역으로 편입되어 매번 장마가 한창일 때면 번번이 붕괴할 우려가 있으니 강토가 줄어드는 것을 염려하여 둑을 쌓고 옛 물길을 회복할 것을 신칙한 일이 있다.[115] 이곳은

---

113 姜世綸, 「鍾山雜錄」 작품83, 「午站造山堡讀李忠武勝戰碑」, "男兒壯蹟海東涯, 擧目山河漭自悲. 倘使當時忠武在, 先春不失侍中碑."

114 『大東野乘』, 「亂中雜錄」, "秋九月, 咸慶道時錢藩胡, 嘯聚賊胡, 入慶興境鹿屯島, 殺掠人畜, 而六鎭將不能救, 上年, 六鎭設屯田于本島, 徙民數百戶, 島民, 至是盡爲敗沒."

115 『日省錄』, 정조5년 辛丑 기사, "大司諫, 洪良浩, 啓言…(中略)…輿覽所載鹿屯島, 卽古忠武公李舜臣設屯田擊野人之地, 而今已移入彼地, 每當潦盛之時, 輒致崩嚙之患, 生民之失業, 猶屬細故, 疆土之日縮, 豈非大患耶, 誠宜守土之臣, 緣江植木, 着意長養, 至於水道之衝決處, 極力防築, 俾復故道, 亦令道帥臣, 考察勤慢, 俾有成效, 則庶爲嚴邊禁固疆域之一助矣…(後略)."

1800년대 이후 퇴적층이 쌓이면서 연해주 쪽으로 완전히 붙어 버렸다. 분명 우리의 땅임이 증명되나 청나라와 러시아 간 베이징 조약(1860년, 철종11)으로 연해주가 러시아 땅으로 귀속될 때 녹둔도 역시 러시아의 영토가 되었다. 이는 타국이 마음대로 우리 영토를 줘버린 사례로 몹시 억울한 일이다.

〈그림 4-1〉「東輿圖」의 鹿屯島

〈그림 4-2〉「海東地圖」의 鹿屯島

(규장각 한국학연구원 / 서울대학교 중앙도서관 소장)

작자는 조산보(造山堡)에서 이충무공의 승전비를 보며 나라를 위해 싸웠던 격전지를 떠올렸고 역사적 사실까지 자세히 기록하여 국토에 대한 관심과 아쉬움을 표출하였다. 마지막 구의 선춘령(先春嶺)은 고려 예종 때 윤관 등이 동북여진을 축출하고 새로 개척한 지역의 동북쪽 경계에 있었던 고개로, 선춘현(先春峴)이라고도 표기하였다. 공험진(公嶮鎭)관할 구역 내에 있었는데, 조선 초 세종 때까지도 함길도 경원도호부의 동북쪽 700리에 위치해 경계를 이루었다. 본래 선춘령에 윤관이 9성을 쌓고, 9성의 하나인 공험진의 선춘령에 비를 세웠다고 한다. 비석 4면에 글이 있었던 것을 호인(胡人)이 뭉개 버려 뒷날 어떤 사람이 그 밑동을 파보았더니 '고려지경(高麗之境)' 4자만 있었다고 한다. 작자는 이 사실을 참고하여 고려의 영토를 잃어버린 것에 대한 아쉬움과 열망을 서술하였다.

서수라진(西水羅鎭)에 이르러서는 해망대(海望臺)를 오르고 슬해(瑟海)를 바라보았다. 두만강 변을 중심으로 한 북관의 슬해와 서수라 일대는 자연 경관이 빼어날 뿐 아니라 동해의 일출 등 멋진 절경을 이룬다. 이계의 「서수라기(西水羅記)」에 서수라의 기경(奇景)을 형상화하였다.

> (서수라)는 경흥부 동쪽 60리에 있다. 산기슭이 우뚝 솟아내려 바다로 들어간 것이 거의 30리나 된다. 성을 쌓아 권관(權管)을 두었다. 산이 양 날개처럼 펼쳐있고 가운데는 호수를 이루어 배를 감추었다. 오른쪽 날개는 해망대(海望臺)라 하는데 일출을 볼 수 있다. 그 끝에는 돌을 세워 빽빽하기가 마치 화살을 꽂아놓은 것 같아서 그것을 시암(矢巖)이라 한다. 왼쪽 날개는 오갈암(烏碣巖)이라 하는데 물 가운데 우뚝 솟아있다. 그 밖은 두만강으로 슬해와 이어졌는데 봄, 여름으로 긴 고래가 떼를 지어 물을 뿜어 비처럼 내리게 한다.[116]

이계가 서수라와 해망대, 슬해를 표현한 것에서 더 나아가 정원용의 『북행수록』에도 서수라의 '팔경'을 꼽은 후 관방의 요체일 뿐 아니

116 洪良浩, 『耳溪洪良浩全書』 卷5, 「西水羅記」, "在府東六十里, 山麓, 斗入海中幾三十里, 築城置權管 山張兩翼, 中成湖水, 藏船, 右翼曰海望臺, 觀日出, 其端立石而森如植箭, 名曰矢巖, 左翼曰烏曷巖, 屹立水中, 其外, 卽豆滿江口與瑟海相連, 春夏時, 長鯨成隊, 噴浪如雨."

라 형승의 최고라 하였다.[117] 강세륜은 아름다운 경치와 더불어 잃어버린 국토에 대한 아쉬움을 추가하여 "두만강이 동쪽으로 흘러 서수라 앞바다로 들어가는데 강물을 따라 똑바로 바닷물로 저들과 경계를 이루는데 '슬해'라 하니 우리 쪽 고기잡이들이 가까이 갈 수가 없었다."라고 체험을 언급하였다.[118]

一嘯登臺杳八埏	휘파람 불며 대를 오르니 천지의 끝 아득하고
鴻濛積氣但蒼然	크고 흐릿하게 쌓인 기운은 다만 어둑어둑하다네.
趙人無復漁河日	조나라 사람들 다시 황하에서 고기 잡지 못할 때이고
秦界迷茫立石年	진나라의 경계가 아득하여 표지석을 세운 해로다.
江路遂分鯨背水	강 길이 드디어 고래 등의 물이 나뉘듯 하여
島禾已失鹿屯田	섬의 벼는 이미 녹둔전을 잃어버렸네.
中天黃道猶如舊	중천의 황도는 오히려 옛날과 같은데
華旭朝朝向我鮮	찬란한 햇빛은 아침마다 우리를 향해 빛나네.

小註) 녹둔은 섬의 이름인데 서수라의 동쪽에 있다. 즉 이충무공의 둔전으로 전쟁에서 이긴 곳인데 지금 또한 강 밖의 땅에 속해있다.[鹿屯, 島名, 在西水之東, 卽李忠武屯田, 勝戰之處, 今亦屬江外地.]

슬해(瑟海)란 함경도 경흥군(慶興郡)에 인접한 바다다.[119] 『북새기

---

117 鄭元容, 『北行隨錄』, 「鐵北拾錄」, '西水羅', "西水羅堡, 在慶興南六十里, 豆滿絶垠處山巄一阜陡, 入大溟周回十里, 又多巖石堇容城郛, 而無田庄居民, 以魚藿資生焉. 城南海中有島, 水島皆棲遺卵於草間, 大如拳色, 或白或靑或黃或斑爛, 漁人得之剖食其殼可盃故名 曰卵島…(後略)."

118 姜世綸, 「鍾山雜錄」 작품86, 「望瑟海」, "豆滿江, 東流入西水羅前洋, 從江流直路劃海水爲彼界, 曰瑟海, 我人之漁採不得近."

119 〈그림4-2〉의 「海東地圖」에는 瑟海의 표기가 육지로 올라와있다. 김정호의 『大東地誌』, 「慶興府」에는 "口沿東北厚春界, 謂之瑟海, 金史稱費雅海, 豆滿江, 自

략』에 "두만강이 바다로 들어가는 곳을 슬해라고 부른다. 무이보(撫夷堡)의 서봉대(西烽臺)에 올라 바라보면 청흑색의 물빛이 하늘과 맞닿아 있다."[120]라 설명되어있다.

수련(首聯)의 1구 팔연(八埏)은 구해팔연(九垓八埏)으로 하늘의 아홉 겹, 땅의 여덟 구석이란 뜻으로 천지의 끝을 말한다. 함련(頷聯) 3구에 "조나라 사람들 다시 황하에서 고기 잡지 못할 때"라는 것은 남의 땅이라 접근하지 못한다는 의미이다. 전국시대 위(魏) 혜왕(惠王)이 제(齊) 위왕(威王)에게 제나라의 보물에 대해 묻자, 위왕이 "과인이 보배로 여기는 것은 왕과는 다릅니다. 내 신하 중에 단자라는 자가 있는데 남성을 지키게 하면 초나라 사람들이 감히 노략질하지 못하고 사수 주위의 12제후가 모두 와서 조회하며, 내 신하 중에 반자라는 자가 있는데 고당을 지키게 하면 조나라 사람이 감히 동쪽으로 황하에서 고기를 잡지 못하며…(후략)."[121]라고 하였다. 4구의 "진나라의 경계가 아득하여 표지석을 세운 해로다."라는 것은 돌을 세워 피차의 경계로 삼는다는 의미이다. 『사기』, 「진시황본기(秦始皇本紀)」에 "동해에 바위를 세워 두고…(중략)…이를 진나라 동문으로 삼았다."라는 기록이 있다.[122]

府東至東南入海處, 稱愁濱江, 金史稱蘇濱水."라고 하였다. 「青邱圖」, 제2층1판 설명에 "본 화면의 지도는 현재의 러시아 연해주에 들어가 있는 지역이다. 오른쪽의 瑟海는 동해가 러시아 쪽으로 연장되어 있는 바다이다."라고 하였다. 규장각한국학연구원 소장 지도 참조.

120 洪良浩, 『北塞記略』, "豆江入海處, 是稱瑟海. 登撫夷堡西烽臺望之, 則青黑之色, 與天相接."

121 『通鑑節要』, 「周紀 烈王 14年」, "寡人之所以爲寶者, 與王異, 吾臣有檀子者, 使守南城, 則楚人不敢爲寇, 泗上十二諸侯, 皆來朝, 吾臣有盼子者, 使守高唐, 則趙人不敢東漁於河…(後略)."

이렇게 강 길이 예전과 달라지고 녹둔도(鹿屯島)와 녹둔전(鹿屯田)은 강 밖의 땅에 속해있다고 하여 잃어버린 국토에 대한 안타까움, 중국과 조선의 영토에 대한 문제의식을 느끼고 있다. 이와 더불어 국토산수의 미적 시선이 느껴지며 자신의 조국에 대한 자부심과 애정을 표출하고 있는데, 백두산에 대한 제시는 그러한 국토애의 상징적인 의미를 보여준다.

다음은 장편 시 「백두산가(白頭山歌)」이다. 다소 길지만, 시의 전문격인 내용과 시를 다 제시하여 인용한다.

> 내가 변방으로 온 처음부터 백두산에 가보는 것이 숙원이었다. 금년 봄에 무산 사군을 행영에서 만나 산에 들어가는 일에 대해 말하자 사군 역시 기꺼이 주선하겠다고 하였다. 산길이 무산을 통해 들어가는 데 정상까지 거리가 200여리여서 반드시 3일 정도 노숙해야 하는데 무릇 길을 치우고 초막을 엮는 일은 그곳 수령이 크게 힘을 쓰지 않으면 불가능하다 하였다. 한여름 중순이 되어 편지를 보내어 출발한다는 소식을 알렸다. 오산에 당도하여 무산군수의 편지를 보았는데, 문장이 화려하였으며 부내에 들어가면 장차 길이 막힐 것이라는 내용이었다. 이에 어쩔 수 없이 흥취가 사그라져 돌아올 수밖에 없었다. 얼마 뒤에 들으니, 무산군수가 관직을 마치고 떠나갔다는 소식을 들었다. 가을이 된 이후에는 서리와 눈이 일찍 내려서 등산을 할 수가 없다는 말을 들었다. 나 또한 서울로 돌아간다는 글을 쓰고는 돌아가는 길에 마천령 꼭대기에 올라 이 산을 바라보며 한참 동안이나 섭섭하고 서글픈 생각에 잠겨 머뭇거렸다. 이에 긴 노래를 지어 내 마음을 나타내었다.[123]

---

122 『史記』, 「秦始皇本紀」, "立石東海…(中略)…以爲秦東門."

123 姜世綸, 『芝園集』 卷8, 「南歸錄」, 「白頭山歌」, "余自出塞初, 大擬酬白頭宿願, 今年春中, 逢茂山使君於行營語入山事, 使君亦樂爲之周旋, 盖山路由茂而

二儀旋斡肇闔闢　천지가 빙빙 돌아 비로소 닫히고 열려
流爲江海峙爲嶽　물은 흘러서 강과 바다가 되었고, 언덕은 산이 되었네.
奠厥四方作鎭紀　그 사방에 거주하여 진기가 되어
白頭殿我靑邱北　백두산이 우리 청구 북쪽을 도맡았네.
穆王古經名不咸　목왕의 고경에서는 '불함산'이라 이름 하였고
唐曰太白淸長白　당서에는 '태백산', 청나라 때는 '장백산'이라 하였네.
其大蟠地一千里　그 크기는 서린 땅이 일천리요
其高去天三千尺　그 높이는 하늘까지 거리가 삼천척일세.
龍飛虎蹲鸞鳳舞　용이 날고 호랑이는 웅크리고 난새와 봉황은 춤추듯
穹窿盤據華夷域　높고 크게 서리어 중국과 오랑캐 지역을 점거하네.
上臺呼吸日月光　봉우리는 일월의 빛을 호흡하고
半山紛郁杉檀馥　산 중턱은 삼나무 박달나무 향기를 풍기네.
臙脂二峯何秀傑　대연지봉 소연지봉이 어찌도 빼어나고 뛰어난지
湧泉三池俱靈淑　치솟는 샘물 삼지연은 모두 신령스럽게 맑다네.
絶頂四時寒凜烈　꼭대기는 사시사철 춥고 매서워
大夏冰雪留巖石　한여름에도 얼음과 눈이 암석에 남아있다네.
山巓周遭作圜形　산꼭대기 주위에 둥근 모양을 지어
四面平鋪貯大澤　사면은 평평하게 펴서 큰 못을 저장하네.
澤畔迤廻八十里　못 두둑은 비스듬히 빙 둘러 80리
潏湟汪濊深無極　콸콸 흐르는 물 넓고 깊어 끝이 없네.
螭龍蜿蜿逞神變　이룡이 구불구불 신이한 변화가 활발하고
風雷殷殷吼霹靂　바람과 뇌성소리 요란하여 벽력같이 부르짖네.
我界二江此發源　우리나라 경계의 두 강이 여기에서 발원하였으니

入, 距絶頂二百餘里, 必三數日露宿, 凡除道結茇事 非守土者大肆力, 不可也. 及仲夏之中旬, 飛書報行聲, 抵鼈山見茂倅書繡虎, 伏府內將有梗云. 遂不免悄然敗興而歸, 已而聞茂倅罷去, 秋後則霜雪早至, 不可爲矣. 余亦賦歸, 歸路登磨天絶頂, 望兹山, 悵惘遲徊, 久之爲賦, 長歌以見志."

東爲豆滿南鴨綠	동쪽으로는 두만강이요 남쪽으로는 압록강이라네.
北路諸山此爲祖	북쪽의 여러 산들은 이 산이 조종(祖宗)이 되고
蒼蒼鬱鬱彌地軸	울울창창하여 지축까지 가득 찼네.
鍾祥毓慶千千歲	상서로움이 모이고 경사를 기르길 천년토록 하여
迄我四祖基王迹	우리 사조의 왕의 자취 터 잡으시는 데 이르렀다네.
大幹走爲盤龍山	큰 줄기 달려 반룡산이 되었으니
寔我藝祖潛龍宅	이는 우리 예조의 잠룡 때의 집이라네.
靺鞨野人咸歸化	말갈의 야인이 모두 귀화하여
一戎遂奠三韓國	한번 군사를 일으켜 마침내 삼한국을 안정시켰네.
周岐漢碭罔專美	주나라 기산(岐山) 한나라 망탕산(芒碭山)만 오직 훌륭한 게 아니라
偕我國祚屹萬億	우리나라의 국운도 만억이나 우뚝하네.
於乎玆山	아아! 이 산이여!
自是我家地女眞	이로부터 우리나라 땅에 있던 여진이
爭桑殊可惡何物	뽕나무를 다투고 특별히 미워하니 어찌된 물건인가.
區區穆克登敢將	구구한 '목극등(穆克登)'이 감히 장차
片石分疆場又聞	비석 세워 지경을 나누었다는 말이 또한 들리네.
胡皇尊冊玆山神	오랑캐 황제가 높여 이 산의 신이로움을 적었으니
寧塔將軍薦圭璧	영고탑 장군이 홀과 구슬을 드리네.
薰蕕半雜腥羶氣	향풀 향기가 누린내 기운과 반씩 섞이었으니
於乎得不爲神辱	오호라! 신령함을 욕되게 하지 말지어다.

강세륜은 변방에 오는 여정에서부터 백두산에 오르는 것이 숙원이었다. 이미 종성에 도착하기 전에 마천령 꼭대기에서 백두산을 바라보며 호방한 기운을 동경하였다.[124] 봄부터 계획을 짰으나 오랜 시간

124 姜世綸, 『北征錄』 작품101, 「登摩天絶頂, 東北望雪大塊, 聳出碧宵, 北人指點

노숙하는 것은 그곳 사람들의 안내가 아니면 불가한 일이었다. 조선 시대 사대부들은 백두산을 유람하고자 임시 숙소와 길을 찾도록 많은 수의 백성들을 동원하기도 했다. 이는 백두산 유람이 결코 쉽지 않음을 반증한다. 결국 가을에 관직을 파직당하고 다시 한양으로 돌아가게 되어 직접 백두산을 오르지는 못했으나 변방을 떠나며 마천령 꼭대기에 올라 백두산에 대한 아쉬운 마음을 노래하였다. 백두산은 우리 산천의 조종(祖宗)이었다. 그가 느꼈던 백두산 국토와 국경에 대한 역사와 여러 가지 생각들이 시 속에 녹아있다.

1, 2구에서는 천지가 생기며 백두산이 자리 잡은 근원을 말하였다. 4구에 청구(青丘)는 우리나라를 말하며 백두산이 진산(鎭山)이라 하였다. 5, 6구에 '불함산(不咸山)'이라는 이름은 『산해경(山海經)』에 나오며, '태백산(太白山)'이라는 이름은 위진남북조 시대의 기록과 『삼국유사』에서 볼 수 있다. 홍경모(洪敬謨, 1774~1851)도 "금강산은 강원도 회양부 동쪽 130리에 있는데 곧 백두산의 남쪽 지류이다. 백두산은 『산해경』에는 '불함산'이라 하였고 당서에는 '태백산'이라 하였다. 산은 압록, 토문 두 강의 사이에 있는데 남남으로 연지봉과 허항령이 있다."[125]라고 하여 위의 불함산(不咸山)과 태백산(太白山)에 대해 같은 설명을 하고 있다. '장백산(長白山)'이라는 이름은 금나라 때부터 사용된 것으로 보이는데 '백두산'이라는 이름이 처음 우리 문헌

曰 白頭山, 山上四時雪不消, 故又名曰長白, 蟠據甲山·吉州·明川·鏡城·茂山 五邑, 周圍千餘里, 爲海東諸山之祖, 上頂立地界碑, 有大澤其流, 南爲鴨綠, 東爲豆滿, 胡地之混同黑龍松花諸水, 亦發源于此」.

125 洪敬謨, 『冠巖全書』 冊19, 「海嶽記」, '金剛山', "金剛山, 在江原道淮陽府東一百三十里, 卽白頭山南支也. 白頭山, 山海經曰不咸山, 唐書曰太白山, 山由鴨綠土門兩江之間, 而南南至于臙脂之峯, 虛項之嶺."

에 등장한 것은 『고려사』이다. 홍양호는 다음과 같이 언급하였다.

> 백두산은 무산부 서쪽 306리에 있다. 옛날 이름은 불함산이며 중국인은 장백산이라 부르고, 우리나라 사람들은 백두산이라 부른다. 대체로 산이 매우 높아 사시로 항상 빙설이 있기 때문에 그렇게 이름 붙인 것이다.[126]

위 시의 7, 8구에 그 땅의 길이는 일천리며 높이는 3천척이라 하였고, 9구에 용, 호랑이, 난새, 봉황이 춤추는 듯 영험함을 보여주며, '용천삼지구영숙(湧泉三池俱靈淑)'이라 하여 삼지(三池)의 영험하고 맑은 연못이 용솟음침을 언급하였다. '절정사시한름렬, 대하빙설유암석(絶頂四時寒凜烈, 大夏冰雪留巖石)'은 백두산 꼭대기가 사시사철 춥고 매서우며 한여름에도 얼음과 눈이 암석에 남아있는 풍경을 말한다.

『북행수록』에는 백두산과 장백산을 구분하여 설명하였다. 실제로 고지도들을 보면 두 산의 위치를 구분하였다. 장백산에 대해서는 산꼭대기에 눈이 있어 매년 8월부터 눈이 날리기 시작해 겨울지나 4, 5월까지 눈이 내린다고 하였고,[127] 백두산에 대해서는 "산 위에 큰 연못이 있는데 주위가 40리이고 연못 사방에 각기 높은 봉우리가 있어 우리나라 여러 산의 조종이며 연못은 세 강의 발원이다."라 하였다.[128] 중국 사람들은 백두산을 장백산이라고 부르기도 했으며, 위의

---

126 진재교, 「18세기의 백두산과 그 문학」, 『한국한문학연구』 제26집, 한국한문학회, 2000, 1면, 洪良浩, 『耳溪外集』 卷12, 「北塞記略」, '白頭山考', "白頭山, 在茂山府西三百六里, 古名不咸山, 中國之人謂之長白, 東方之人謂之白頭, 蓋山極高, 四時常氷雪故名."

127 鄭元容, 『北行隨錄』, 「鐵北拾錄」, '長白山', "吉州路上, 望見大山橫盤當半空鬱乎, 蒼蒼氣勢尊嚴峰半白色崢嶸謂日, 前大雪堆積, 是時秋旭晴熱而山上已雪, 聞每年八月常飛雪, 至四五月, 故山名曰長白, 盤扌處 數百里."

『해동지도』와 다른 고지도에는 장백산이 백두산의 줄기에 이어진 산으로 우리나라 사람들은 두 산을 나누어 불렀음을 알 수 있다.

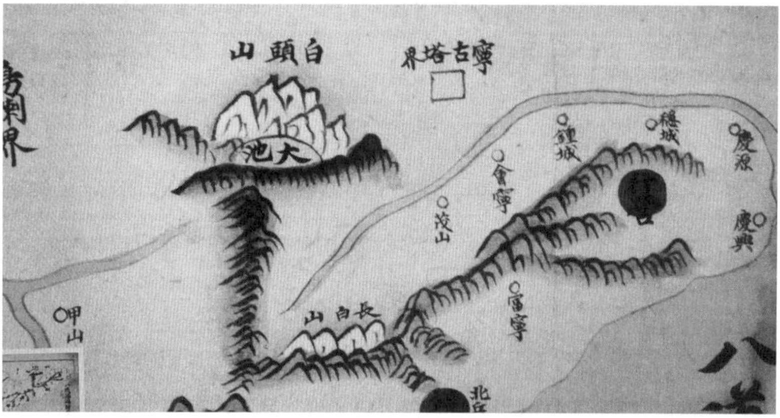

〈그림 4-3〉『海東地圖』의 白頭山과 長白山 (규장각 한국학연구원 소장)

위 시에도 백두산 천지의 모습은 주위가 80리로, 깊고 끝없는 둥근 모양으로 펼쳐져있다 하였다.[山巓周遭作圜形, 四面平鋪貯大澤. 澤畔迤廻八十里, 潏湟汪濊深無極.] 강의 기원은 두만강과 압록강을 이루었고, 왕조의 내력은 조상대부터 이어져 온 우리나라의 영험한 산이었으며, 국경문제와 국토를 염두에 두고 노래하고 있다. '구구목극등감장, 편석분강장우문(區區穆克登敢將, 片石分疆場又聞)'의 구절은 1712년 오라총관 목극등이 백두산정계비를 세운 사실을 말한다.

홍양호가 『북새기략』에서 '중국인은 장백산이라고 하지만 우리나라 사람들은 백두산이라고 한다.[中國之人, 謂之長白, 東方之人, 謂之

128 鄭元容, 『北行隨錄』, 「鐵北拾錄」, '白頭山', "山在茂山西三百五里, 盤扌處不知爲幾百里, 山上有大池 周回四十里, 池四方各有高峰, 山爲我國諸山之祖宗, 池爲三江之發源, 聞登覽者, 雖夏月必衣綿袭數, 夜露宿而可達, 山巓云上有穆克登定界碑."

白頭.」'라고 천명할 만큼 '백두산'이라는 이름을 부각하고 유난히 강조한 것는 백두산이 우리나라를 상징하는 조종(祖宗)의 의미가 있으며 민족적인 문제 곧 국경문제로 다분히 의식되어져 잃어버린 국토에 대한 인식을 백두산을 통해 형상화하기 위함이다.[129]

> 강희 신미년(1691, 숙종17)에 청나라 군주가 오라총관 목극등을 보내어 본도 관찰사 이선부와 함께 산꼭대기에 올라 두만강과 혼동강 두 강의 물이 발원한 곳에 돌을 세우니, 이른바 '정계비'이다. 청나라 군주가 또 장백산의 신령을 존숭하여 봄가을로 두 번 제사를 올리는데, 영고탑 장군이 주관한다고 하더라.[130]

위의 소주(小註)는 백두산정계비(白頭山定界碑)를 세운 내력을 말하고 있는데, 사료와 연대차이가 있다. 영고탑(寧古塔)은 중국의 마지막 왕조인 청(淸)의 발상지로 현재의 흑룡강성(黑龍江省) 영안현성(寧安縣城) 일대를 말하는 지명이다. 『북여요선(北輿要選)』 상(上)에 비석의 크기가 상세히 설명되어 있다.[131] 또한, 정계비와 관련해서는 『만기요람(萬機要覽)』의 '백두산정계'에 자세히 설명되어 있다.

---

129 진재교, 『洪良浩 詩文學에 있어서 民族情緒의 受容과 形象化－그의 現實主義的 問學의 性格－』, 성균관대학교 대학원 박사학위논문, 1992, 87～88면.

130 姜世綸, 『芝園集』 卷8, 「南歸錄」, 「白頭山歌」, "康熙辛未, 淸主遣烏喇摠管穆克登, 偕本道監司李善溥, 登山巓立石, 於豆滿混同二江, 源出處卽所謂地界碑也. 淸主又尊爲長白山之神, 春秋兩祭, 寧古塔將軍主之云."

131 金魯奎, 『北輿要選』, 「白頭碑記攷」, "肅宗朝壬辰定界碑.【高 通尺二尺餘, 廣一尺餘, 額題大淸, 二大字橫書 正面九行, 一行八字, 二行十二字, 三行十字, 四行三字, 五行十一字, 六七行十字, 八九行八字, 皆正書石質靑, 頭背左右琢而不磨, 本無坐臺, 鑿巃而立以大石塡後, 在白頭山, 大澤東下十里許.】"

『군려대성』에 "숙종 38년(1712)에 오라총관(烏喇總管) 목극등이 시위(侍衛) 포소륜(布蘇倫) 주사(主事) 악세(鄂世)와 국경을 정하기 위해 백두산 아래에 이르렀다. 우리나라에서는 접반사(接伴使) 박권(朴權)·함경도 순찰사 이선부(李善溥)·역관 김경문(金慶門) 등을 보내어 접응하게 했다. 극등이 권과 선부는 나이 늙었다 하여 동행을 허락지 않고, 경문 등을 데리고 백두산에 올라가서 산등성이를 따라 내려가다 비로소 압록강의 수원(水源)을 찾았는데, 샘물이 산 구멍에서 흘러나왔다.

또 동쪽으로 한 언덕을 넘으니 또 다른 샘물이 서쪽으로 흘러서 두 갈래로 나오는데, 한 갈래는 서쪽 샘물과 합치고, 한 갈래는 동쪽으로 흘렀다. 또 동쪽으로 언덕 하나를 넘으니 샘물이 있어 동쪽으로 흐르는데, 가운데 샘이 갈라져 동쪽 흐름에 합한다. 극등이 가운데 샘이 갈라지는[中泉了] 위치에 앉아서 말하기를, '이곳이 분수령(分水嶺)이라 할 수 있다.' 하고, 여기에 경계를 정하고 돌을 깎아서 비석을 세웠다. 비문에 '오라총관 목극등이 황제의 명을 받들어 국경을 조사하기 위해 여기를 살펴보니, 서쪽은 압록강이며, 동쪽은 토문강(土門江)이므로 분수령 위에다 돌에 새겨서 표를 삼는다.' 하였다." 한다.[132]

위 인용문은 정계비가 세워진 과정에 대해 설명하고 있다. 이 외에도 홍세태(洪世泰)의 「백두산기(白頭山記)」에 정계비에 대한 과정이 언급되었는데 백두산정계비를 세울 당시의 전후과정을 역관으로 수행하였던 김경문(金慶門)으로부터 듣고 기록한 것이다.[133] 홍세태는 백두산은 북방의 여러 산의 으뜸[白頭山, 北方諸山之祖也]이며, 동북의 곤륜산[白頭山, 卽東北之崑崙也]으로 평가하였다.

132 국역 『萬機要覽』, 「軍政篇」 5, '白頭山定界'.

133 洪世泰, 『柳下集』 卷9, 「白頭山記」.

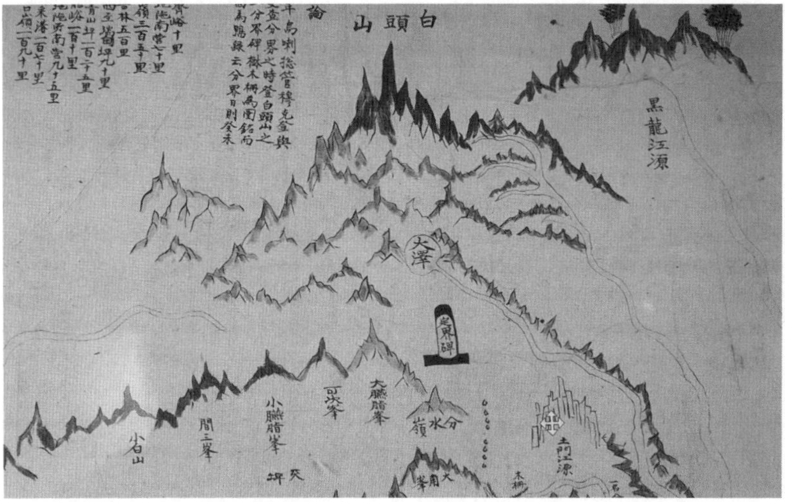

〈그림 4-4〉「白頭山定界碑地圖」(97.6×56.9cm, 규장각 한국학연구원 소장)

이상에서 기술한 목조 이하 태조와 왕조, 임진왜란, 국경에 관한 사실과 인물에 대한 이러한 역사인식은 국토의 자연경관의 미적 형상을 통해 역사적 사실을 반추하고 정확히 기술함으로써 역사적 사실감과 함께 그의 국토의식을 보여준다. 북관의 여러 지역을 상세히 기술하고 백두산을 읊은 것도 국토애와 관련한 민족의식의 일환이다. 진택(震澤) 신광하(申光河)가 56세 때 백두산 대각봉(大角峯)에서 두만강(豆滿江)까지 기행하며 "백두산은 본래 조선 땅[白頭山是朝鮮界]"이라고 한 말은 개인의 기행을 넘어 그 이면에 국토애와 우국애민이 집약시켜 한 말이다.[134]

강세륜은 북관의 여러 곳을 지나면서 자랑스러운 역사의 현장에서 과거를 회상하며 지난 역사를 자랑스럽게 영사(詠史)하거나, 자각을

134 진재교(2001), 전게서, 384면.

통하여 과거사를 재조명하는 방향으로 영사의 장면을 포착하였다. 이에 그치지 않고 북관 곳곳에서 만나는 승경을 국토애로 연결하였고, 나아가 강역 의식을 시로 포착하여 생생하게 남겼다. 이 점에서 조선 후기 북관의 인문지리를 한시로 포착하여 일련의 민족 정서를 표출한 시인의 계보를 잇고 있다. 최근연구에서는 구체적인 북관민의 삶을 통해 작가의 실천적 지성을 다루었다는 점에서 좀 더 현실적인 측면에 관심을 더하였다.[135]

135 방현아, 「19세기 북관기행 한시집 『北征錄』 연구」, 『규장각』 61집, 서울대규장각한국학연구원, 2022.

3. 북관민北關民의 기질氣質과 현실現實

함경도는 조선의 최북단에 위치하여 조선조 내내 정치와 사회의 제 분야에서 가장 낙후된 곳이었다. 당시 변방을 지칭하는 '하원지지(遐遠之地)'라는 표현은 단순히 이곳이 서울과 지리적으로 먼 곳이기 때문만은 아니었다. 당연히 문화도 낙후되었고 농사 역시 풍년은 고사하고 경작조차 쉽지 않은 불모지였으며, 대부분 산지로 이루어져 기온이 낮고 강수량도 적어 농경이나 주민거주에 불리하기 때문에 하는 말이었다.[136] 이곳은 교통이 불편하고 자연환경이 열악하여 전국에서 가장 살기 어려운 곳으로 꼽혔다. 산군(山郡)의 지세, 토질, 기후 조건이 지극히 열악했으며 8월이 되면 이른 서리로 회령(會寧), 종성(鍾城), 부령(富寧), 경성(鏡城), 무산(茂山) 지역은 끼니조차 해결할 수 없는 정도였다.

또한, 함경도는 유달리 긴 겨울과 척박하고 부족한 토지 등 다른 지역과 이질적인 자연환경을 가지고 있어 예부터 귀양지로 알려져 있다. 추운 기후로 인해 개가죽 옷을 입고 사는 열악한 주민의 상황은 여러 문헌을 통해 널리 알려진 사실이다. 강세륜은 처음 접하는 북관의 기후와 겨울풍경을 체험하고 자신의 느낌을 실감나게 묘사하고 있다.

北塞冬候十一月	북쪽 변방은 11월이면 겨울 날씨인데
南客秋衣二千里	남쪽 나그네는 가을 옷 입고 2천리나 왔네.

136 姜錫和, 「함경도지역의 개발과 士族」, 『역사비평』, 역사비평사, 1996; 鄭元容, 『北行隨錄』, 「鐵北拾錄」, '耕種飲食', "稻田絕稀, 雖有灌漑之處, 亦不作水田, 盖以早寒收穫之利, 不如田穀故也."

獰風捲送黃楡關	모진 바람은 황유관에서 보내오고
虐雪吹來黑江水	센 눈보라는 흑룡강에서 불어오네.
風頭如刀雪如席	바람 끝은 칼처럼 매섭고 눈은 자리처럼 펼쳤는데
合沓塵沙迷尺咫	몰아치는 모래먼지로 한 치 앞도 안보이네.
綿絮淅瀝動有聲	눈송이 버석버석 결핏하면 소릴 내고
凍澌凝膚轉刮髓	얼음들 피부에 엉겨 갈수록 골수를 파고드네.
路傍有舍爲停輈	길옆에 집이 있어 끌채를 멈추고
呼罏煖酒猶扣齒	술독의 술을 덥혀도 여전히 이빨이 덜덜 떨리네.
北人四時皆麻衣	북쪽 사람들 사시사철 모두 삼베옷 입는데
勸馬喝道能爲爾	권마성하며 길 비키라 하면 능히 그렇게 하네.
陰山往往見獵騎	음산에 종종 수렵하며 말 타는 것 보이니
羯俗耐寒盖如此	이역 풍속에 추위를 견디는 것이 대개 이와 같네.
	(후략)[137]

위의 시에서 '모진 바람[獰風]', '강한 눈보라[虐雪]' '칼처럼 매서운 바람[風頭如刀]', '얼음들[凍澌]', '골수에 파고드네[刮髓]'이라는 표현들은 함경도지역의 추운 겨울날씨를 대변한다. 따뜻한 남쪽이 고향인 그에게 사시사철 삼베옷[麻衣]을 입고도 추위에 아랑곳하지 않고 산에서 말달리며 수렵하는 북관민의 모습은 몹시 낯설었을 것이다. 이러한 자신의 체험을 직접 서술하고 있는데, 길옆에 집이 있어 잠시 추위를 피해 따뜻한 술로 추위를 녹여보려 하지만 역부족인 모습이다. 10구에서는 좀처럼 몸이 녹지 않아 이빨이 덜덜 떨리는 모습[猶扣齒]을 생생하게 묘사하였다. 여정과정이 쉽지 않았음을 느낄 수 있다. 11구에 사계절 내내 삼베옷을 입는다 한 것은 바람이 맹렬하고 일찍 추위가

137 姜世綸, 『北征錄』 135題, 「路上風雪撼地迷天, 人馬皆凍栗」.

오지만 면포가 생산되지 않아 오직 마를 심은 것을 업으로 삼았기 때문이다. 서민들 모두 개가죽 옷 입고 승립을 써서 바람을 막았음은 정원용(鄭元容)의 「철북습록(鐵北拾錄)」에서도 확인된다. '북속기략(北俗紀略)'에 다음과 같이 언급하였다.

> 바람의 기운이 맹렬하고 일찍 추워지는데 면포가 생산되지 않아 오직 마를 업으로 삼으니 서민들이 모두 개가죽 옷을 입고 승립을 써서 바람을 막는다. 산사람들은 버선으로 소가죽을 쓰는데 길게 정강이까지 덮어 '다로기'라고 한다. 비록 굶주리고 추위가 뼛속까지 이르러도 끝내 도적질 당할까하는 근심이 없으며 지나가는 자들이 식량을 가져가는 일이 없다. 이 두 가지는 미풍양속이라 할 만한데 지금은 점점 옛날과 같지 않아진다.[138]

위의 기록으로 함경도 사람들이 개가죽 옷을 입고, 승립을 썼으며, 더 추운 산에서는 소가죽으로 만든 '다로기'라는 긴 버선을 신어 추위를 막았음을 알 수 있다.

신광하는 일찍이 이곳을 지나면서 "금년에는 조도 없고 벼도 없으니, 가난한 자 물론이고 부자도 양식 없다네. 북쪽 회령과 종성에서부터 남쪽 부령과 경성까지, 무산에도 식량 없으니 너희의 생을 어찌하리오?"[139]라고 척박한 자연조건과 북관의 지리적 조건을 읊어 북관민의 절박한 상황을 토로한 바 있다. 북관을 방문한 작가들이 처음

138 鄭元容, 『北行隨錄』, 「鐵北拾錄」, '衣服', "風氣猛烈早寒, 不產緜布, 惟藝麻爲業, 庶民, 皆衣狗皮, 戴繩笠, 禦風, 山民, 襪用牛革長沒脛名, 曰多路岐, 雖飢寒到骨, 竟無偸竊之患, 行者不齎粮, 此二者, 可謂美風而今則漸不如古."

139 申光河, 『震澤文集』, 「茂山歌」 其四, "今季無粟又無禾, 貧者毋論富不多. 北自會鍾南富鏡, 茂山無穀汝生何."

목도하는 것은 바로 북관의 자연 조건과 그곳에서 생활하는 북관민의 삶이다. 더욱이 북관은 흔히 화외지지(化外之地)로 인식되어 국정조차 미치지 않은 경우가 많았다. 따라서 대체로 관(官)의 선정(善政)도 기대하기 힘든 곳으로 자주 치부되었다.

조선 후기에는 흔히 국정의 난맥상을 지적할 때 보통 삼정의 문란을 꼽았는데 그 중 환곡(還穀)의 부정이 가장 심하였다. 당초 흉년에 백성들을 구휼하려던 의도에서 시행되었지만, 이후 오랜 시행과정을 거치면서 차츰 부세제도로 변질되었다. 이는 국가의 주요 재정이 환곡의 이자 수입에 의지하게 되면서 고리대금업의 성격을 띠게 되었기 때문이다. 이러한 환곡제도 역시 중앙에서 멀어지고, 국정이 덜 미치는 곳이면, 그 모순은 극심하였다.

강세륜은 북관에서의 환곡의 모순이나 비리, 관리들의 허상, 백성들의 질고와 한탄을 적실하게 그려내고 있다. 이러한 내용은 북관에 도착하기 전 여정의 과정에서 어려운 상황을 목격하고 사실적으로 표현한 시에서도 찾아볼 수 있다. 강원도의 철원(鐵原)지방으로 들어가면서 낮에 풍전역(豐田驛)을 거쳐 생청역(生靑驛)에서 숙박을 한다. 아직 북관에 도착하기 전이지만 그곳에서의 체험이 사실적으로 묘사되어 있어 인용해본다.

暮投生靑驛　저물어 생청역에 투숙하니
驛村山四簇　역 마을은 사방이 산으로 감쌌네.
人語水聲中　사람들의 말소리는 물소리 속에 들리며
喧喧候征客　시끌시끌 가는 나그네를 기다리네.
征客直北路　나그네가 곧바로 북쪽으로 가는 길목이라
冠盖日相續　고관의 수레가 나날이 계속 이어지네.

盤飧有前例	밥상을 차리는데 전례가 있어서
煮鷄烹乾蔌	닭을 삶고 마른 채소를 쪘네.
二更隣狵鬧	2경(밤 10시쯤)이 다 되어 이웃에 삽살개 짖어대니
縣吏火稅督	현의 아전이 불같이 세금을 독촉하기 때문이라네.
今年夏秋交	금년 여름과 가을이 교차할 즈음에
霖雨閱三朔	장맛비가 석 달 동안 계속되어
山田盡汰落	산기슭의 밭이 모두 사태가 나서
峽農尤齷齪	산골짜기 농사가 더욱 어려웠다네.
官簿比舊揔	관아의 장부는 예전의 숫자만 기준하니
租錢無欠縮	세금 낼 돈은 줄여주지 않는다네.
沈吟石壕詩	나직이 '석호리(石壕吏)' 시를 읊조리며
懸燈耿不宿	등불을 매달아 말똥말똥 잠들지 못하네.[140]

위의 시는 작자가 눈으로 보고 귀로 들은 사건을 그대로 형상화하여 서사적으로 구성한 시이다. 날이 저물어 철원지방인 생청역(生靑驛)에서 묵게 되는데, 사방이 산으로 둘러싸인 마을이다. 생청역은 김화현(金化縣)에 있는 역원으로 생창역(生昌驛, 生倉驛)을 가리키는 듯하며, 지금의 철원군에 있는 읍이다. 사방에는 떨기만 더부룩하고 퇴락한 마을에 깜깜하고 조용한 시각, 밤 10시가 다 되가는데 이웃에서는 삽살개 크게 짖어대며 시끄럽다. 낯선 현(縣)에서 갑작스런 아전의 등장과 아전이 불같이 세금을 독촉하는 소리 때문이다. 작자는 그 소리에 잠 못 이루며 두보의 「석호리(石壕吏)」 시를 읊조리고 생각에 잠긴다. 올해 여름에서 가을로 넘어가면서 큰 장맛비에 산전(山田)은 다 퇴락하였고 이로 인해 농부들은 먹고살 길도 없는데, 늦은 시간

140 姜世綸, 『北征錄』 작품17, 「宿生靑驛」 (金化地).

칠흑 같은 어둠을 뚫고 나타난 현의 관리는 세금을 독촉한다. 이런 어려운 지경에서도 세금은 오히려 줄지 않는 당시의 상황을 비판하고 사실적으로 묘사하였다. 그런데 작자는 탐관오리의 실태를 목격하고도 방 안에서 듣고만 있어 저만치 백성과 동떨어져 보인다. 백성들에 대한 걱정과 현실의 착잡한 마음으로 잠 못 이룰 뿐, 이러한 모순을 알고도 답답한 현실에 어떤 해결책도 제시하지 못한다. 현실의 상황은 자신도 해결할 수 없는 난국이다.

이 시는 시인 자신이 객관적 관찰자가 되어 목격한 상황을 그대로 읊어 직설적이고 사실적으로 현실을 묘사하고 있다. 시 안에서 그들의 현실생활을 직시하고 삶의 질고와 어려움에 대한 안타까움을 드러냄으로써 끊임없는 관심의 시선을 보내고 있다. 이를 통해 작자가 지닌 애민의 안타까운 심사는 극명하게 드러난다. 다음 시는 임지에 도착해 '환곡제(還穀制)'의 폐해를 목격하고 쓴 것이다.

愁州倉政聞京師　종성의 환곡 행정은 서울에서부터 들었는데
新使君來衆目窺　새 사또가 오니 여러 사람들이 엿보네.
斛上高低看氣色　곡식을 높고 낮게 말질하면서 기색을 살피고
尺中虛實舞刀錐　환곡증서는 허허실실이라 아전의 붓이 춤을 추네.
山蕎幻米多奸竇　메밀을 쌀로 둔갑시키니 간사한 좀벌레 득실거리고
田粟和糠半見箕　좁쌀에 쭉정이가 섞이니 절반은 키질에 날아가네.
血盡肌銷民不覺　피가 사라지고 살이 빠져도 백성들이 깨닫지 못하니
狗衣鵠面爾甚悲　개가죽 옷에 마른 얼굴, 너희 모습 슬프도다.[141]

당시 환곡제는 '조적(糶糴)'이라고도 했는데, 흉년에 곡식을 내어주

141 姜世綸,「鍾山雜錄」 작품11,「監糴」.

고[糶] 풍년에 낮은 이자로 받아들이는[糴]제도라는 뜻이다. 위 시의 수련(首聯)에서는 서울에서부터 임지인 종성지역의 환곡 문제에 대해 익히 들었지만 실제로 와서 보니 새로 온 관리의 눈치를 살피며 눈속임할 궁리를 하는 모습이 눈에 들어온다. 함련(頷聯)은 저울을 눈속임하고 문서를 속이는 제멋대로인 상황을 읊었다. 함련의 4구에서 아전의 붓이 춤을 춘다는 것은 제멋대로라는 것을 표현한 것이다. '곡(斛)'은 곡식 열 닷 말을 세는 단위이다. 경련(頸聯)의 5구에서는 "메밀을 쌀로 둔갑시키니 간사한 좀 벌레 득실거리고, 좁쌀에 쭉정이가 섞이니 절반은 키질에 날아가네."라 하여 눈속임하는 현장을 사실대로 그렸다. 실제 거둔 쌀에 좀 벌레와 쭉정이만 가득한 것은 환곡제도의 문란을 말한다.

이보다 조금 이른 시기의 박제가는 "금강산을 망치로 잘게 부수어 한 봉우리로 돌 하나 만들어놓고, 그 돌이 짝을 지어 아이 낳으니 성은 조, 이름은 적이라 하네."[142]라 하여 조적의 탄생을 빗대어 이자의 폐해를 읊었다. 규정상의 이자는 1/10이었지만 실제로는 5/10, 심지어 원곡의 두 배까지 환자[還上]하는 경우도 있었다. 또한, 백성들의 사정과 농사의 풍흉을 고려하지 않고 강제적이고 일률적으로 할당하거나 부과하기도 했다. 박제가는 "적법은 열에 하나이지만 올해는 어찌 다섯이던가. 전년 겨울 크게 다급했을 때 열배나 백배까지였으니 어찌 족히 세겠는가."[143]라 하였고, 또 "조세 비율이 명목상 열에 하나나, 사실은 한 섬에다 두 말 매기네. 관에서 열에 다섯 정해두어도

142 박제가, 『貞蕤閣5集』, 「愁州客詞」 36수, "槌碎金剛山, 一峰成一石. 配石石生兒, 姓趙名是糴."

143 박제가, 『貞蕤閣5集』, 「愁州客詞」 75수, "糴法本什一, 今年胡十五. 前冬大急時, 什伯寧足數."

중간에 여덟아홉 붙기도 하지."[144]라고 비판하였다.

환곡은 보통 군현을 단위로 해서 총량이 고정되어있는데 일부 기득권층이 배당에서 제외되어 일반 백성들의 부담을 가중시켰고,[145] 지역 간의 차이를 고려하지 않고 배정함으로써 인구가 적은 산간 고을의 백성들은 더 많은 부담을 져야 했다. 따라서 인구가 적고 소출량도 떨어졌던 함경도는 환곡제의 폐해가 가장 심한 지역이었다.[146] 이이순(李頤淳)도 1798년에 지은 '조적(糶糴)에 대해 논한 글'에서 조세 제도의 문란과 그로 인해 고통 받는 백성들의 입장을 대변하였다. 또한, 조세 제도 운영의 비합리성과 비리를 비판하며 대안까지 제시하는 경세택민(經世澤民) 의식을 담아내기도 하였다.[147]

미련(尾聯)에서는 북관민의 외관을 묘사하였다. '구의(狗衣)'는 개가죽 옷으로, 함경도의 북부지방에서 많이 착용했다. 중종 17년 정월에 함경도 병마사 우맹선(禹孟善, 1475~1551)은 이 지방의 개가죽 옷에 대해 언급한 바 있으며,[148] 조우희(趙宇熙, 1841~?)의 『금철기관(金鐵奇觀)』에는 '사람들이 모두 개가죽으로 만든 저고리와 바지를 입었는

---

144 박제가, 『貞蕤閣5集』, 「愁州客詞」 78수, "國糴名什一, 其實斛二斗. 官令雖十五, 中滋十八九."

145 김용섭, 「환곡제의 이정과 사창법」, 『동방학지』 34호, 연세대 국학연구원, 1982, 97~109면.

146 고승희, 「조선후기 함경도의 交濟倉 운영과 진자공급책의 변화」, 『이화사학연구』 제27집, 이화사학연구소, 2000.

147 李頤淳, 『後溪集』 卷5 雜著 「論糶糴(戊午)」; 이원걸, 「후계 이이순의 사상」, 『국학연구』 제23집, 한국국학진흥원, 2013, 409~433면.

148 「中宗實錄」, 중종17년(1522) 1월 14일 기사, "咸鏡南道節度使禹孟善啓曰 '本道無木緜, 軍民皆織田麻爲衣, 收山麻爲絮, 或用狗皮爲衣. 故當嚴冬之時, 雖壯士勇夫, 氣力凍縮, 見敵無勇, 甚爲可慮. 以試場落幅紙造衣, 分給貧窮軍士何如?"

데, 그 걸음걸이가 완전히 큰 개와 같다. 입지 않은 사람이 없어 대수롭지 않게 보였다. 다만 여자는 입지 않았다.'라 하였고, 이중환(1690~1752)의 『택리지』, 「팔도총론, 함경도」에도 관련 언급이 보인다.[149] 정조 18년 7월 기사에 나오는 함경남도 병마절도사 이격(李格, 1748~1812)의 장계에도 개가죽 옷과 노끈으로 만든 갓을 쓴 수백 명의 사람들이 기록되어 있다.[150] 홍양호는 「적구피(赤狗皮)」에서 북관민의 전형적인 모습을 형상화하여, "개가죽으로 갖저고리 해 입고, 소가죽으론 신을 지어 신네. 갖저고리 계절이 따로 없고 가죽신 물과 육지 상관없지요. 남쪽 사람들아 우리 가난 비웃지 마시오. 비단 옷에 좋은 신도 백년은 못가리라."[151]라고 하였다.

위의 시 미련(尾聯)의 8구에서 '곡면(鵠面)'이라 한 것은 마른 얼굴을 말하며, 그러한 외관을 가진 이 지역 사람들의 표정들이 몹시도 슬퍼 보인다 하였다. 작자는 넉넉하지 못한 삶을 이겨내고자 하는 강인함의 뒷면에 그려진 그들의 슬픔을 포착하여 표현하였다. 홍의영(洪儀泳)도 "그들이 사는 곳은 멀리 떨어진 황막한 변방의 외진 땅이고, 그들이 먹는 것은 거칠고 질이 떨어지는 곡식이며, 개가죽 옷에 거친 베옷을 걸치니, 사람 사는 즐거움이라곤 한 가지도 말할 것이 없습니다. 그런데 그곳의 관장(官長)이라는 자는 조정의 뜻을 대양(對揚)하여 변방 백성을 회유하는 방도로 삼지 못하고 거의 모두 노예처럼 훈육합니다. 게다가 일정한 조목 외로 징렴(徵斂)하기를 천 개 만 개 구멍을 뚫듯이 하고 살갗을 벗겨 내고 뼛골을 빼내듯이 하여 위아

149 박종훈(2007), 전게 논문, 101면, 재인용.

150 「正祖實錄」, 정조18년(1794) 7월 27일 기사.

151 洪良浩, 『耳溪集』 卷2, 歌謠, 「北塞雜謠」, '赤狗皮', "赤狗皮身掛, 生牛革足穿. 皮衣冬夏皆宜, 革襪水陸俱便. 南人莫笑我朴陋, 錦衣珠無百年."

래 정의(情意)가 통하지 않은 지 이미 오래되었습니다."[152]라 하여 그 황폐함을 언급하였다.

강세륜은 이러한 환곡제의 폐해와 백성들의 힘든 상황을 알고 또 목격하였으나 이미 관습이 되어 적체된 비리여서 자신이 어찌할 수 없는 오래된 병폐로 인지한 듯 보인다. 슬퍼할밖에 도리가 없다. "우리나라 풍속에 환곡을 납부한 증서를 '자문'이라 이른다.[東俗以納糴標紙謂尺文]"라는 주를 덧붙여, 함련(頷聯)의 자문[尺文]을 설명하였다. 자문은 지방 관청에서 조세를 호조에 바치고 받은 문서로 일종의 영수증을 말한다. 한편 응곡의 교창에서 환곡의 폐해를 이야기했다.

依山數窖號官倉	산 비탈길의 여러 개 움을 관창이라 했으니
倉裏陳荒半萬强	흉년 구휼할 창고 속에는 오천 섬이 넘네.
儉歲糴民猶不願	흉년에도 환곡은 백성이 오히려 원하지 않으니
蘇州從古歎流亡	소주에서는 예로부터 유랑민을 한탄했다네.[153]

기(起)구의 '관창(官倉)'은 관가의 곡식과 기물을 보관하던 창고이다. '움'은 땅을 파고 위에 거적 따위를 얹어 겨울에 화초나 채소를 넣어 두는 곳으로 '교창(窖倉)'이라는 것으로, 땅을 파고 만들어 저장하는 창고 같은 곳인데 주로 산비탈 쪽에 만들었다 한다. 기(起), 승(承)구에서는 여러 개의 움을 만들어 곡식이나 채소를 저장해두고 '관

152 洪儀泳, 『北關紀事』, 「田賦事宜」, "其居則荒遠塞徼之地, 其食則麤糲下劣之穀, 衣以狗皮, 襲以麤褐, 人生樂事, 無一可言, 而爲其官長者, 不能對揚, 朝廷之意, 以爲懷綏邊民之方, 幾皆以奴虜畜之, 加以科外徵斂千竇萬孔, 剝膚推髓, 上下之情意不通, 今已久矣."

153 姜世綸, 「鍾山雜錄」 작품70, 「午站鷹谷倉」.

창'이라 하였는데, 밭은 다 마르고 흉년이 들어도 창고에는 5천섬이 넘게 있다고 하였다. 전(轉)구에서는 흉년으로 살기 어려운 상황이지만 백성들이 환곡을 원치 않는 모습을 묘사하여 환곡제도의 폐해로 인해 백성들의 고통이 가중되고 있으며 그들이 결코 이러한 제도를 원했던 것은 아니라는 사실을 밝혔다. 또한, 이러한 결과들로 결국 유랑민으로 전락할 수밖에 없는 현실을 한탄하였다.

결(結)구의 소주(蘇州)는 소주자사를 지낸 당나라 위응물(韋應物, 737~804)이다. 그의 시 「이담 원석에게 부치다[寄李儋元錫]」에 "몸에 질병이 많으니 시골집 생각나고, 들에 유리하는 백성들 있으니 봉록 받기 부끄럽네.[身多疾病思田里, 野有流亡愧俸錢]"라는 구절이 있는데, 이 상황과 유사하다. 농민들의 슬픈 현실의 악순환이 폐습이 되어 그들이 벗어날 길이 없음을 한탄하고 있다.

그러나 어촌의 아름다운 경관과는 달리 이면에 비친 어민들의 현실적인 삶을 읊은 시들이 있다. 백성들의 삶의 이면을 살핀 치자로서의 면모를 살필 수 있는데, 바다와 인접한 이원(利原)을 지나며 주민들의 삶을 돌아보는 세심함과 관리로서 자신도 어찌하지 못하는 현실의 한계, 애민의 마음 등을 엿볼 수 있다. 장편고시를 사용하여 서술하였다.

暮投觀城縣	저물어 관성현에 투숙하니
縣前海漫漫	현 앞에 바닷물이 철썩거리네.
雉堞數尺强	성가퀴 몇 척 높이에
人烟十室寒	인가의 연기 열 집이 냉랭하네.
生理在採漁	살아가는 것은 물고기 잡는 일인데
漁採喫艱難	물고기 잡아도 먹고사는 것은 가난하네.
搖搖駕扁艇	흔들흔들 조각배 타고

渺渺陟層湍　아득히 한층 여울을 건너네.
巖鰒貴若金　바위의 전복은 귀하기가 금과 같고
江珠小如丸　호박은 작기가 탄환 같네.
鰱魴與蚌蛤　연어, 방어와 조개, 백합들
形色百千般　형색은 백가지 천 가지 종류라네.
九死方一得　구사일생으로 잡은 것들인데
征榷盡輸官　독점으로 폭리로 관가에서 다 가져가네.
浦火達五更　포구의 불빛은 새벽까지 이르니
痛切肌肉剜　백성들 살점 베어내듯 아프고 괴로워하네.
海邑大抵然　바다 고을은 대체로 그러하니
如何民業安　어떻게 해야 백성들의 일이 안정될 것인가.
風濤攪客枕　바람과 파도소리 나그네의 잠을 깨우니
攬衣起長歎　옷을 끌어당겨 일어나선 길게 탄식하네.[154]

1구의 관성현(觀城縣)은 이원(利原)의 다른 이름이다. 관성현 앞은 바닷가로, 파도가 철썩이는 모습, 배를 타고 고기 잡으러 가는 모습을 실감나게 표현하였다. 어민들이 잡은 것은 전복[鰒], 호박(琥珀)[江珠], 연어[鰱], 방어[魴], 조개[蚌], 백합[蛤] 등 천여가지 종류이다. 해안의 풍물을 구체적으로 살펴 백성들의 삶의 내면 깊숙이 들여다보고 관심을 기울이고 있다. 조각배 타고 구사일생으로 잡은 것이지만 관리의 횡포와 독점으로 관가에서 다 가져가는 현실을 폭로하였다. 새벽까지 불 밝히고 고기를 잡지만 잡은 어물들을 빼앗기는 백성들의 심정은 마치 자신의 살점을 베어내듯 아프고 괴로웠을 것이다. 그들의 고통을 체감하며 바닷가의 파도 소리가 백성들의 원망소리와 같아 밤

154 姜世綸,『北征錄』92題,「宿利原」.

새 잠들지 못하고 있다. 이러한 상황은 비단 어촌에서만 일어나는 것은 아니었다. 관리의 가렴주구로 녹록지 않은 주민의 삶은 주촌(朱村)에서도 목격되었고 강세륜은 이를 묘사하였다.

村寒動夕烟	마을 추위에 저녁연기 한들거리고
山逈羃斜陽	산은 멀리서 비끼는 해를 덮네.
冠盖織北路	관리의 행렬은 빈번히 북으로 가니
支客自外倉	손님을 대접함은 외창의 물자로 한다네.
時當孟冬晦	시월 그믐, 때가 당도하니
糴事方蒼黃	환곡 갚는 일로 정신이 없네.
糴人摠被犬	환곡을 갚아야 하는 사람은 모두 개처럼 당하며
倉吏劇狼羊	창고지기는 사나운 이리가 되네.
鞭扑少無惜	조금도 사정없이 채찍질하고
喝道官令忙	비켜라 소리치며 관의 명령만 바쁘네.
弄筆潛刮肌	붓을 놀리며 몰래 살을 깎고
散穀若飄糠	곡식을 흩기를 마치 겨를 흩듯 하네.
崇斛剩斗升	곡(斛)을 높여 두승(斗升)을 남겨 먹으니
不許補飢腸	굶주린 배를 채울 것도 허락지 않네.
關表歲云儉	관외의 흉년까지 들다보니
閭里氣色荒	마을마다 황량하기 그지없다네.
公簿未可虧	나라 장부의 곡식은 축낼 수 없으나
民情又堪傷	백성들 형편은 또 너무도 안쓰럽구나.
余亦爲官去	나 또한 벼슬살이하러 가지만
中自費商量	마음속에 저절로 많은 생각이 드네.[155]

155 姜世綸, 『北征錄』 118題, 「朱村」. 朱村은 함경도 施利道에 속하는 14驛 중 하나로 지금의 鏡城이다.

위의 시는 주촌(朱村)에 도착하여 외창(外倉)으로부터 온 관리의 행동과 주민의 상황을 목격한 것이다. 4구의 외창은 북청(北青), 이원(利原), 단천(端川) 세 고을을 합해 이원(利原)에 설치한 창이다.[156] 음력 시월에 조적(糶糴)으로 꾸어준 곡식과 이자를 거둬들이는 창고지기를 사나운 이리에 비유하였다. 이리의 횡포를 적나라하게 표현하였는데, 채찍으로 때리면서 조금도 사정을 봐주지 않고, 오히려 백성들에게 큰 소리로 외치며 자신들의 일만 바빠 보인다. 관원은 큰소리치며 백성들의 것을 탈취하기를 마치 백성의 살을 깎듯 한다고 묘사하였다. 관리의 횡포와 백성들의 사정이 대구를 이루며 대조된 모습을 보인다. 갈취로 인해 백성들은 굶주린 배를 채울 수 없고, 마을은 황량하기 그지없다. '민정우감상(民情又堪傷)'이라 하여 백성의 형편을 안타깝게 여기고 마지막 두 구에 작자의 심정을 묘사하였다. 어렵게 살아가는 백성들을 보며 마음이 아프지만 관을 위해 부임하는 현실을 생각하며 복잡한 심정을 토로하였다. 이러한 시들은 함경도민들의 삶의 어려움을 목도하고 그들의 아픔에 공감하며 관료로서 당면한 현실에 대해 고민하는 내면을 드러내고 있다.

작자가 동관진(潼關鎭)의 성루(城樓)에 올라갔다가 관아로 돌아오는 길에 주변을 돌아보며 읊은 시도 있다.

偉觀遍地角	빼어난 장관은 땅의 구석까지 널렸지만
時候異天涯	시절의 기후는 하늘 끝이라 다르네.
儉歲民無食	흉년에 백성들은 먹을 것이 없고

156 丁若鏞, 『經世遺表』 12卷, 「地官修制」, 〈倉廩之儲〉. "定平, 咸興은 함흥에 창을 설치해 雲田倉이라 했고, 北青, 利原, 端川 세 고을은 이원에 창을 설치해 外倉이라 했으며 交濟倉이라 일컬었다."

端陽麥未花　단오에 보리는 꽃도 피지 않았네.
潮顔聊借酒　홍조 띤 얼굴은 애오라지 술기운을 빌렸을 뿐이고
絲鬢却添華　살쩍머리엔 도리어 흰 머리털만 더하네.
漸見鍾山近　점점 종산이 가까이 보이니
行人若赴家　행인이 집에 가는 것 같네.[157]

함련(頷聯)에서 작자는 흉년들어 먹을 것조차 없는 상황이라고 단적으로 말하였다. 그저 술만 마실 뿐, 얼굴이 상기되어 살짝 붉어지자 흰 살쩍머리가 더 희게 보인다. 부사(府使)로서 온 종성의 상황은 자신이 손 쓸 수 있는 상황이 아니었다. 강세륜은 그저 빈손으로 바라볼 수밖에 없어, 책임감을 생각하면 답답한 마음뿐이다. 시 안에서 북관의 현실을 반영하는 그의 시선은 당대의 현실을 직접 묘사하기는 하지만, 그 시선의 방향은 현실 모순의 문제를 적출해 내거나 이를 폭로하여 해결하려는 데까지는 나아가지 못하고 있다. 단지 북관민의 처지와 현실의 암담한 상황을 강요한 현실을 두고 자신의 안타까운 정감을 시에 드러낼 뿐이다. 더러 현실의 모습을 드러내고 있는 경우에도 우회적인 표현으로 현실 문제를 넌지시 반영하고 있을 뿐이다.

동관 길에서 "산허리는 가파른 자갈밭이고 들판은 습지라, 성 밖에 논이라곤 몇 이랑 남짓이네."[158]라 하여 자갈땅과 습한 들을 사실적으로 묘사하였다. 농사지을 수 있는 땅은 거의 없고, 벼농사는 흉작일 수밖에 없다.

---

157 姜世綸, 「鍾山雜錄」 작품112, 「途中口拈」.

158 姜世綸, 「鍾山雜錄」 작품113, 「潼關途中」, "山腰GEO确野沮洳, 城外稻田數畝餘. 前年盡入胡江去, 太守如今脫粟茹."

童巾城下夕陽紅	동건성 아래에 석양은 붉은데
笳角遙聞麥隴中	갈대 피리 소리 멀리 보리 이랑 속에서 들리네.
父老欣迎相告語	부로들 기쁘게 맞으며 서로 이르기를
終巡糶政及民窮	종순의 환곡정치가 백성의 곤궁에 미쳤다 하네.[159]

동건성(童巾城)[160]은 기(起)구의 붉은 석양과 승(承)구의 갈대 피리 소리가 서경적으로 묘사되어 있으며 이를 통해 두드러진 청각적 이미지가 구현되었다. 공감각과 원근감의 표현이 잘 되어있어 마치 한 폭의 그림을 보는 듯하다. 동건성 아래 석양이 붉게 물들고 변방지역답게 멀리 풀피리 소리가 보리를 심은 언덕배기에서 들려온다. 그런데 앞 두 구의 밝은 서경 묘사와는 달리, 그곳에서 나이 지극한 어른들이 서로를 기쁘게 맞으며 이야기 나눈다.

이 시에는 바깥지역을 순회하며 백성들이 하는 이야기를 듣고 관아로 돌아오는 장면이며, 멀리서 보이는 관아의 모습과 밭두둑에서 이야기 나누는 백성들의 모습이 그림처럼 그려졌다. 4구의 '종순(終巡)'은 환곡을 분배할 때 진식(賑式)에 따라 시행하는 진휼의 차례를 말하는데, 통상 1개월을 초순(初巡), 중순(中巡), 종순(終巡)의 3순(巡)으로 나눈다. 이처럼 그의 시에는 작자 자신이 현실의 폐단을 알고는 있지만 어찌할 수 없는 한계와 함께 부사인 그에게도 감당하기 쉽지 않은 상황이지만 목도한 그대로 현실을 진솔하게 표현한 애민의식이 엿보인다. 여기서 강세륜의 애민의식은 현실 문제를 인지하고는 있지만 현실을 직접 비판하거나 적극적인 해결의지는 보이지 않는다. 시 안

159 姜世綸, 「鍾山雜錄」 작품114, 「還衙」.

160 『萬機要覽』, 軍政篇 4, 「관방」, 함경도, "童巾城, 石築, 六百三十二尺, 絶壁, 一千一百二十一尺."

에서 그들의 갈등과 질고를 포착하고 사실적으로 묘사하여 우회적으로 비판하는 성향을 보인다.

북관민의 현실이 이처럼 어려운 질고의 삶이었던 것은 지역적인 한계가 우선적 이유였으며, 또한, 청과 국경을 맞닿아 있고 월경(越境) 문제로 늘 긴장감이 감돌고 있었던 상황이라 줄곧 '궁마지향(弓馬之鄕)'으로 문풍(文風)에 비해 상무(尙武)정신이 강조되던 지역이었다. 그러나 점차 지역개발과 경제력 성장, 정부의 관심 제고 등으로 사회풍속이 변하고 지역민에 대한 인식이 변화하게 되고 있었다. 특히 종성은 국경의 요충지대기도 했지만 문학의 고향이라 하여 문무를 함께 연마하던[修文練武] 특별지역이었다.[161]

정조대부터 문사의 세력이 늘고 유풍(儒風) 혹은 문풍(文風)이라 할 수 있는 새로운 경향이 커지고 있었는데, 『북정록』에는 이러한 문풍(文風)과 관련하여 당시 공령생(功令生)을 선발하던 시험장의 정경을 묘사한 시들이 있다. 공령생은 공령유생(功令儒生)의 준말로, 과거에 응시하기 위하여 공령을 공부하는 유생들이다. 공령(功令)은 문과(文科)시험의 여러 가지 문체로 문과에 쓰인 과문육체(科文六體－詩, 賦, 表, 策, 疑, 義)를 말하는데, 과문, 과체문이라고도 한다. 이러한 공령생 선발시험과 관련된 일들도 그의 임무였던 것으로 보인다. 다음은 '소요당'에서 선비들에게 시험을 보이고 현판에 걸린 시에 화운한 시이다. 이 시는 유교를 중시하며 학문에 임하는 북관 선비의 기질을 언급하고 있다. 시의 일부다.

161 『鍾城誌』序, "關北鍾城, 乃國境要衝, 而且是文學之鄕也. 軍旅之事, 養士之擧, 俱不容虛踈, 故昔日特設行營, 使方伯, 定期莅駐, 俾圖修文練武, 至於守宰, 亦以秩高者, 擇差其所置重, 不可與他郡同日而論也."

文事從容左衛營	좌위영에서 조용히 문학을 일삼으니
聖朝儒化迄邊城	태평성대 유교의 교화가 변방지역까지 미쳤네.
衣冠不讓東京士	의관을 동경의 선비에게 양보하지 않으니
翰墨休輕北漠生	문장은 북막의 유생이라 가벼이 여기지 말라.
沙塞百年無戰伐	모래 날리는 변방에 백 년 동안 전쟁이 없었으니
絃歌十日樂昇平	학문에 임하는 열흘 동안에도 태평성대 즐겁다네.[162]

1구에 좌위영(左衛營)은 군대조직을 말하지만 문사(文事)의 일까지 돌보았음을 알 수 있다. 2구의 임금의 교화가 변방 지역까지 미쳤다는 것으로 18세기 이후 변방지역까지 문교(文教)의 영향이 미쳤다는 사실을 알 수 있다. 3구에서의 '동경(東京)'은 동안의 수도 낙양을 말하는 것으로 여기서는 한양을 의미한다. 한양의 선비에게도 뒤지지 않을 의관을 갖추었다고 말해 그들의 자신에 찬 자세를 말한다. 4구의 '북막(北漠)'은 모래가 날리는 변방지방을 이르는 말로, 의관과 글씨 모두 서울의 선비들에게 뒤지지 않을 만큼 뛰어난 문재가 있었음을 자긍하며 이르는 말이다. 당시에 변방에 전쟁이 없이 오랫동안 평화로운 정경으로 시험을 볼 수 있음을 말하였고, 6구에 '현가십일(絃歌十日)'일은 과시를 보던 기간을 말하는데, 실제로 과시장(科試場)에는 풍악(風樂)을 곁들인 경우가 있었다고 하나 『사기』 '공자세가'에 "시삼백오편, 공자개현가지(詩三百五篇, 孔子皆絃歌之)"라는 말이 나온다. 여기에서는 '입사(立事)' 혹은 '학문(學文)'의 의미를 지닌 성대한 과시장(科試場)을 말한다.

다음 시 역시 공령생 57명을 선발하는 과시를 15일 만에 파하고 그

162 姜世綸, 「鍾山雜錄」 작품127, 「逍遙堂試士和板上韻」.

들이 돌아갈 때 그간의 일을 써서 전송한 것으로, 과시의 광경과 북관 선비들의 삶이 자세히 서술되어 있다. 단순히 시험장의 광경 뿐 아니라, 북관민의 순수한 기질과 질박함으로 척박한 환경을 이겨내며 유교를 숭상하고 효성과 자애가 돈독했던 삶을 읊었다.

長白屹天極　장백산은 하늘 끝에 우뚝 솟았고
豆江界華夷　두만강은 중화와 오랑캐를 나누는데
迢迢二千里　멀고 먼 이 천리 너머에서
落落望京師　아득히 서울을 바라보네.
嗟哉北關士　아아! 북관의 선비여!
生長老於斯　이곳에서 태어나 자라고 늙으니
野田苦犖确　들밭은 괴로이 일궈도 척박하고
山麥歲易菑　산 보리밭은 쉽게 묵정밭이 되며
麤糲不厭口　거친 메조 쌀도 먹기 마다하지 않고
大布纔掩肌　거친 베옷으로 겨우 피부를 가리지만
土風尙質朴　지역의 풍속은 질박함을 숭상하고
里俗敦孝慈　마을의 풍속은 효성과 자애가 도타우니
凡民多俊秀　백성들 뛰어난 사람 많고
比閭崇文辭　연이은 마을마다 문장을 숭상한다네.
慚愧皐比席　부끄러워라, 스승의 자리에 앉았으나
余乏及人資　나는 남에게 베풀 자질이 부족하니
薄試功令事　잠시 과거 공부하는 자리를 마련하여
程課月爲期　공부 기한을 한 달로 기약하네.
遂開白戰場　드디어 백일장을 여니
槐陰夏日遲　홰나무 그늘에 여름날은 길기도 긴데
衣珮何其端　의관과 패옥은 어찌도 저리 단정한지
揖讓殊合儀　읍하고 양보함이 몹시도 예의에 합당하네.

于于自六州	우르르 육주로부터 몰려와
或賦而或詩	부를 짓고 시를 지었네.
唱名簇紅妓	이름을 부르니 아리따운 기생들 모여
笙歌佐巡巵	생황과 노래로 돌아가는 술잔을 돕네.
童冠五六十	동자와 관자 오륙십 명이
麗澤淹旬時	붕우 간에 함께 학문을 익히며[163] 10일가량 머무르네.
玉石勞磨琢	옥석은 절차탁마에 애를 쓰고
金鐵費鑪錘	쇠와 철은 용광로와 망치질을 거치니
倘置莊嶽間	혹시라도 장악[164] 사이에 둘 수 있다면
齊楚豈難移	훌륭한 선비로 변함이 어찌 어려우리오.
嗟哉北關士	아아! 북관의 선비여!
居處奈荒鄙	거처가 어찌 황량한 변방이겠나.
武衛雖有制	무위에 비록 제도가 있으나
文敎不宜隳	문교도 무너뜨림이 없어야 하리.
是以我爲政	내가 정무를 맡으면서
勸勵實在玆	힘써 권면함이 실로 여기에 있다네.
所禎身心係	귀한 것은 몸과 마음을 단속함이니
詎必科宦爲	어찌 반드시 관리가 되어야만 하랴.
耕讀分夜朝	낮에는 밭 갈고 밤에는 공부하여

163 麗澤은 『周易』, 兌卦로 연접한 두 못이 연결되어 서로 윤택하게 한다는 형상이 '兌'이니 군자가 이를 본받아 친구 간에 도와 학문을 강론하며 수양에 힘쓰는 일을 말한다. "붕우 간에 함께 학문을 익혀 서로에게 이익을 줌"을 의미하는 말이다. 麗는 '거듭됨'의 뜻이다. "麗澤兌, 君子以朋友講習."

164 『孟子』, 「滕文公 下」에 莊嶽은 전국시대 齊나라 거리 이름이다. 사람이 선하게 되는데 주위의 환경이 중요함을 비유하여 孟子가 戴不勝에게 말하기를, "楚나라 대부가 그 아들에게 제나라 말을 가르치고자 한다면 하나의 제나라 사람을 스승으로 삼는 것보다 그 아들을 莊과 嶽 사이에 몇 년을 두어 저절로 그 말을 배우게 하는 것이 낫다."라고 한 것이 있다.

忠信互切偲	충성과 신의로 서로 권면하라.
苟全鄕黨望	진실로 향당의 희망을 온전히 보전한다면
自可門戶持	스스로 문호를 지킬 수 있으리.
嗟哉北關士	아아! 북관의 선비여!
於此懋孜孜	여기에 대해 힘써 노력하라.
君歸我將去	그대들 돌아가면 나도 장차 떠나리니
一言聊相規	애오라지 한마디로 격려하는 바라오.[165]

장편의 한시다. 단순히 과시장을 읊은 것뿐 아니라, 북관의 선비를 노래하며 충성과 신의로 권면할 것과 자신이 태어진 지역의 향당의 희망을 보전하길 기원하며, 힘써 노력할 것을 격려하였다. 특히 무관뿐 아니라 학문을 숭상하던 그들의 기질을 높이 사고 있다. 앞서 언급하였듯이 정조는 1793년 강원도 유생에게 실시한 과거의 전말과 급제자를 기록한 『관동빈흥록(關東賓興錄)』을 편찬할 정도로 유교적 교화와 문풍을 중시하였다. 공령생을 선발하여 시험을 치르는 일은 한 지방을 감화시켜 많은 선비를 교육하는 뜻이며 풍속을 교화시키기 위한 일이었다.[166] 이러한 분위기는 순조 대에도 계속되었다. 위 시는 공령생 57명을 선발하기 위해 15일의 기한이 소요하던 일을 그렸다. 위의 시는 북관에서의 의식주 상황과 선비들의 심성, 학문에 대한 근면함 등을 포괄적으로 묘사하고 있다.

'야전고락학(野田苦犖确)'은 힘써 경작해도 소용없는 메마른 땅을, '산맥세역치(山麥歲易菑)' 역시 산 보리밭은 해마다 검게 변해 먹을 것

165 姜世綸, 「鍾山雜錄」 작품128, 「選功令生, 五十七員, 課試十五日, 而罷其歸, 書事以贐之」.

166 『弘齋全書』 제51권, 「策問」 4, 關東 참고.

도 제대로 없는 척박함을 읊었다. 옷은 큰 베로 겨우 피부를 가릴 수 있을 정도이며, 산기슭의 메조 쌀을 겨우 먹고 살았고, 거처하는 집도 황망한 오두막에 불과하다. 그래도 주민들은 풍속이 질박하고 순박하며 효성스럽다. 지역마다 문사를 숭상하던 당시의 풍조를 알 수 있는데, 강세륜이 맡은 임무도 '문교(文敎)'를 시행하기 위한 일환이었음을 알 수 있다. 이에 앞서 이미 정조는 북관 지역의 문풍(文風)을 진작시키고 소외 지역의 북관 인사를 선발하기 위하여 노력한 바 있었다.[167]

이후 정원용도 교사(敎士)의 폐단과 문사층의 성장을 위해 적지 않은 방안을 내기도 하였다. 정원용은 "근래에 과거에 응시하는 선비들이 전보다 열 배가 많아져 식년시 수권(收券)은 삼천 여장에 달합니다. 그 중 재능 있는 아름다운 선비들도 많으나 정액(定額)은 아주 적습니다. 시(詩)·부(賦)·의(疑)·의(義)를 각기 5명씩 취해도 과착(窠窄)의 탄식이 있습니다. 게다가 시험을 주관하는 자가 행여 공평을 잡을 수 없다면 3년 글공부는 허사로 돌아갈 뿐입니다. …(중략)… 지금 수권(收券)한 숫자가 넘치지는 않은듯하니 이 무리들을 내려다보시고 특별히 정액을 추가하시면 북관 선비들의 바람을 크게 위로할 수 있을

167 『弘齋全書』 제184권, 「羣書標記」 命撰 2, 『關北賓興錄』 3권, "여러 道 중에서 關北만 敎養官을 分設하였으니 원래 설치한 의미는 그곳이 멀리 떨어진 지역이라 교화가 미치기 어렵기 때문이었다. 근년에는 고을의 수령이 제대로 직책을 수행한 자가 드물어 文士의 배출이 전혀 없었다. 내가 병진년(1796) 겨울에 關東賓興科의 전례에 따라 관북의 道에 명하여 경전의 뜻을 잘 아는 자와 功令에 익숙한 자를 찾아내어 보고하도록 하였더니 다음 해에 도신이 經工生 1명과 功令生 109명을 아뢰어왔다. 나는 詩·賦·義·箋·策 등의 다섯 試題를 내려 보내 공령생을 감영 뜰에 모이게 하여 날을 나누어 試取한 뒤 역마로 시권을 올리게 하여 직접 80명을 선발하고, 식량을 지급하여 올려 보내 동헌에서 다시 시험을 치르게 하고 館閣의 신하들을 불러서 그 차등을 정하게 하여 우등자 9명에게는 모두 급제를 내리고 나머지는 給分과 시상을 차등 있게 하였다.

것입니다."라 하였다. 그는 회령 부사로 재임한 15개월 동안 11번이나 북방의 선비들에게 시험을 치르고 뛰어난 이들에게 상을 내려 시문(詩文) 공부를 장려하였다.[168] 특히 1830년 2월에 4차례나 유생들을 시험하고 성적우수자에게는 『사기영선(史記英選)』·『주서백선(朱書百選)』·『규장전운(奎章全韻)』·『소학언해(小學諺解)』 등과 지필묵(紙筆墨), 장력(粧曆)을 주어 학업에 정진하도록 격려하는[169] 등 소외 지역인 북방의 문풍을 진작시켜 인재를 선발하려고 노력하였다.

사실 북관민들은 외적의 침입에 늘 경계해야 하는 지리적 특징으로 상무정신(尙武精神)이 주를 이루었다. 비록 북관은 이태조가 흥성한 곳이기는 하지만, 선초(鮮初)부터 화외지지(化外之地)로 치부되어 교화는 물론 문풍과 전혀 무관한 지역이었다. 국사범이나 범법자의 피신처가 되어, 화전민조차 살기 힘든 험난한 지리적 조건을 지니고 있었다. 이러한 척박한 자연조건에 사회적 인식까지 겹쳐 북관민은 그나마 드물게 무관으로 관직에 진출하는 것이 전부였다.

이러한 현실적인 상황에서도 일부 강세륜과 같은 목민관들은 북관의 문풍을 진작시키고 수문연무(修文練武)하는 분위기를 조성하여 북관민의 삶을 일신시키려 하였다. 이러한 사회적 분위기를 쇄신하려는 자세는 북관 지역 역시 선비가 존재해야 하는 곳임을 인식하는 것이며, 이곳에 사는 북관의 선비 역시 다른 지역과 같은 존재임을 역설적으로 말하는 것이다. 이 점에서 분위기를 쇄신하여 문교(文教)에 힘쓸 것을 강조하는 강세륜의 문제 제기는 의미 있는 것이다.

---

168 최영화, 「『北行隨錄』을 통해 본 鄭元容의 북방인식」, 『동아인문학』 31권, 동아인문학회, 2015.

169 정원용 지음, 허경진·구지현 옮김, 『국역 경산일록』 2, 보고사, 2008, 118~139면.

4. 북관의 세태世態와 풍속風俗

함경도민들의 삶의 모습과 세시풍속은 북관의 지역적 특징으로 인해 독특한 면모를 보여주고 있다. 18세기에 오면 다양한 지도의 발달과 함께 국토 의식의 영향으로 각 지역을 특기할 뿐만 아니라, 다양한 장르로 각 지역과 지역민의 이모저모를 형상화하였다. 특히 문학작품 속에서도 각 지역민의 다양한 모습과 인정세태는 물론, 풍속을 포착하려는 시도가 적지 않았다. 그 일환으로 여러 작가들이 각 지역의 생활과 풍습에 문학적 시선을 두고 포착하였다. 강세륜도 그 중 한 분이다.

특히 조선 후기에 오면 각 지역민의 풍속과 생활을 채집하여 한시로 기록한 악부시가 많이 등장하였다.[170] 그 중에서 특히 절기에 행해지는 풍속을 노래한 '세시기속시(歲時紀俗詩)'가 다양하게 창작되거니와, 강세륜이 기록한 한시들도 종성(鍾城)에서 맞이하는 절기의 감회와 풍경을 시로 풀어내고 풍속을 노래하였으므로 같은 맥락으로 이해할 수 있다. 여기서는 이런 시들을 기속시(紀俗詩)로 범주화하였다.

세시풍속은 우리나라 어디에서나 크게 다르지 않지만 함경도 지역의 독특한 풍습을 노래한 작품들은 자료적 성격도 가지고 있다. 이는 당대 북관 지역의 풍속을 아는 데 매우 유익한 정보를 제공해주기 때문이다. 주지하듯이 세시풍속은 원일(元日), 인일(人日), 상원(上元), 관등(觀燈), 한식(寒食), 단오(端午), 칠석(七夕), 중추(中秋), 중양(重陽), 납일(臘日), 제석(除夕) 등이 대표적이다. 이러한 세시에 따라 특별한 행사를 하는 날이 오면, 조선 후기의 많은 작가들이 그날의 정감

170 진재교, 『耳溪 洪良浩 文學硏究』, 성균관대학교 대동문화연구원, 1999.

과 감회를 한시로 포착하여 남겼다. 이러한 것은 조선 후기에 집중적으로 보이며 강세륜도 이러한 문학적 경향을 보인다.

驪駒送舊歲	여구곡 부르며 묵은해를 보내고
黑馬迓新年	흑마(임오년)의 새해를 맞이하네.
春貸候恩詔	봄에 진대(賑貸)는 은혜로운 조서를 기다리는데
陽和已惠鮮	따뜻한 봄날도 이미 은혜라 하리.
旅籌添六二	나그네의 나이는 62세가 되었고
鄕路隔三千	고향 길은 삼천리나 떨어져 있네.
曉角衙門闢	새벽 뿔피리에 관아 문이 열리니
官人鬧後前	관리들 앞뒤로 시끌벅적하네.[171]

임오년(壬午年-1822) 1월 1일 설날 새벽에 작자가 62세가 되는 감회와 주변 정경을 읊고 있다. 새벽부터 관아 문을 열어놓은 시끌벅적한 설날의 이른 새벽, 관리들이 바쁘게 북적거리는 모습이다. 1구의 여구(驪駒)는 『대대례(大戴禮)』에 보이는 일시(逸詩)의 편명으로, 손님이 떠나려 하면서 이별의 정을 표시하는 노래이다. 손님이 "검정 망아지 문밖에 있고, 마부 모두 대기하오. 검정 망아지 길 위에 있고, 마부 멍에 올리었소.[驪駒在門, 僕夫具存. 驪駒在路, 僕夫整駕.]"라고 노래를 부르면, 주인은 "손님이여 돌아가지 마오."라는 뜻의 '객무용귀곡(客無庸歸曲)'을 불렀다.[172] 새해를 맞아 묵은해를 보내는 것을 이별의 정에 비유하였다. 함련(頷聯)의 3구에 춘대(春貸)는 춘대추납(春

171 姜世綸, 「鍾山雜錄」 작품20, 「元朝」.

172 『漢書』 卷88, 『王式傳』에 나온다. 『古詩紀』 卷9, "驪駒, 漢書儒林傳王式曰客歌驪駒, 主人歌客無庸歸驪駒者, 客欲去歌之也."

貸秋納)하던 구황(救荒)을 말하는 듯하다. 조정에서 올 조서와 추운 변방에 찾아올 임금의 자애로운 은혜를 봄 햇살에 비유하였다.

閉閤深居不識春　문을 닫고 깊숙이 거처하며 봄이 오는지 몰랐는데
官娥粉飾報佳辰　관기가 꽃단장을 하여 좋은 계절이 왔음을 알리네.
兒童賣暑傳京俗　아이들은 '더위팔기'를 하며 서울 풍속을 전하는데
關塞長寒等醜顰　변방의 긴 추위에 찌푸린 얼굴이 추녀의 주름과 같네.
穂竹巧穿粧粟麥　기장 대나무를 교묘히 뚫어 좁쌀과 보리로 꾸미고
藁竿高揷擬箱困　볏짚을 높이 꽂아 곳집을 모방했네.
東峯左右看昇月　동쪽 봉우리 좌우에서 떠오르는 달을 보며
農事今年問野人　금년 농사가 어떠할지 농부에게 물어보네.[173]

해마다 정월 대보름날에 행해지던 풍습을 읊었다. 위의 시에서는 세 가지 대보름행사가 보이는데 '더위팔기', '볏가릿대 세우기', '달집 태우기'이다. 더위팔기에 대해서는 함련(頷聯)의 3구에 아이들이 더위 팔기 하던 풍속이 서울의 풍속과 다르지 않다고 하였다. 거개의 풍속이 지역적인 특색이 있기는 하겠지만 대부분 비슷하다는 점에서 민족의 동질성을 보여준다. '매서(賣暑)'의 전통이 경도(京都)에서 왔음을 말하였는데, 실제로 제주도에는 이 풍속이 없다거나 전라도 일부지역에서는 2월 초하루에 더위팔기를 하는 곳도 있다하니 종성지방의 더위팔기는 한양의 풍속과 같음을 언급한 것이다. 더위팔기 하는 풍습은 뜨거운 여름 더위를 이기고자 하는 풍습인 동시에 추운 겨울이 가기를 바라는 마음의 또 다른 표현이었다.

『한국풍속지(韓國風俗誌)』에는 더위팔기 풍속에 대해 "상원 날 아

173 姜世綸, 「鍾山雜錄」 작품28, 「上元」.

침 일찍 일어나 더위를 판다. 될 수 있으면 해가 뜨기 전에 일어나고 상대가 대답하면, '내 더위 사가게' 또는 '네 더위 내 더위 먼데 더위' 라고 말하면, 더위를 판 것이 되고, 판 사람은 1년 동안 더위를 먹지 않으나, 그 대신에 멋모르고 대답을 했다가 더위를 산 사람은 그 사람의 더위까지 두 사람 몫 더위를 먹게 된다. 그래서 대보름날 아침에 친구가 이름을 불러도 냉큼 대답하지 않으며 때로는 미리 알아차려서 이름을 부르면 대답 대신, '내 더위 사가게'라고 응수한다. 그러면 더위를 팔려고 했던 사람이 오히려 더위를 먹게 된다."라고 설명하였다.174

볏가릿대 세우기는 함련(頸聯)에서 구체적으로 묘사하였다. 볏가릿대는 화간(禾竿), 화적(禾積), 도간(稻竿), 볏가릿대 내리기 등 여러 명칭이 있다. 짚이나 헝겊 등에 벼·보리·조·기장·수수·콩·팥 등의 곡식을 싸서 장대에 매단 다음 우물이나 마당 또는 외양간 옆에 높다랗게 세워놓는데, 그 장대를 '볏가릿대'라고 한다. 홍석모의 『동국세시기』 정월 상원조(上元條)와 유득공의 『경도잡지』 상원조에 보면 "시골 인가에서는 보름 전날 짚을 묶어 깃대 모양으로 만든 다음 그 속에 벼·기장·피·조 등의 이삭을 싸고, 또 목화의 터진 열매를 장대 끝에 매단다. 집 곁에다 세우고 새끼줄을 펼쳐 고정시킨다. 이것을 '화적(禾積)'이라 하는데, 이로써 풍년을 비는 것이다."라 하였다.

위의 시를 보면 함경도에서는 '고간(藁竿)'이라는 용어를 썼으며 '기장[穗]'과 '대나무'를 사용했다. 5구의 '당죽교천장속맥(穗竹巧穿粧粟麥)'에서는 짚 등을 높이 꽂아 곡식이나 보리 등을 상징하여 풍년의 곡식을 비유하고 있다. 『한국풍속지』에는 '낟가릿대'라 하였다.

---

174 『韓國風俗誌』, 「歲時風俗」, '더위팔기', 乙酉文庫 73, 乙酉文化社, 1990, 25면.

농가에서 정월 14일 무렵에 송목을 베어다 마당 한복판에 세우고, 그 위에 짚을 묶어 쌓아서 기를 만들고, 그 위에 벼, 조, 피, 기장 등의 이삭을 꽂아두며, 긴 장간 위에 목화를 늘어놓으니 '낟가릿대[禾竿]', 또는 '볏가릿대'라고 부른다. 이렇게 쌓은 낟가릿대는 2월 1일 아침 일찍 철거하는데 곡식이 이렇게 많도록 풍년을 바라는 것이다. 낟가릿대를 헐기에 앞서 섬이나 가마니 같은 것을 가져다 곡물을 넣는 흉내를 내면서 고성으로 소리치며 "벼가 몇 만 석이요." "조가 몇 천 석이요.", "콩이 몇 백 석이요.", "팥이 몇 백 석이요." 라고 마치 많은 곡식을 거두는 것처럼 외친다. 그러면 그 해에 풍년이 들어 많은 수확이 있게 된다고 한다.[175]

달집태우기 풍속은 미련(尾聯)에 묘사되었다. 달집을 태우는 장면은 포착되지 않았지만 떠오르는 달을 보며 농부에게 금년 농사가 어떠할지 물어보는 정경을 통해 알 수 있다. 달집태우기는 생솔가지나 나뭇더미를 쌓아 '달집'을 짓고 달이 떠오르면 불을 놓아 '제액초복(除厄招福)'을 기원하는 풍속으로 주로 풍년을 기원한다. 달집이 쓰러질 때 불꽃이 기울어지는 방향에 따라 풍흉을 점치는 것으로, 달은 풍요의 상징이고 불은 모든 부정과 사악을 살라버리는 점화의 상징이었다. 이 풍속은 『동국세시기』나 『열양세시기』에는 기록이 보이지 않으나 전국적으로 널리 분포하고 있었다고 한다.

다음 시는 소동파가 혜주(惠州)에 있을 때 지은 시에 차운한 것으로, 대보름 밤의 정경을 읊은 것이다.

仰見西京月　　우러러 서경의 달을 바라보니
遐照光明燈　　광명한 등불처럼 멀리 비취네.

---

175 『韓國風俗誌』, 「歲時風俗」, '낟가릿대', 乙酉文庫 73, 乙酉文化社, 1990, 20면.

尋橋踏城裏　다리를 찾아 성 안에서 밟으니
沙磧凍生稜　모래사장은 얼어 서릿발이 생기네.
却憶西京事　이전 서경의 일을 생각하니
士女皆夜興　사녀들 모두 밤에 흥겨웠지.
來去醉若狂　왔다 갔다 미치광이처럼 취하고
街路炯玉氷　거리에는 옥 같은 얼음이 빛났었네.
我獨客天涯　나 홀로 하늘 끝의 나그네 되어
官居淡似僧　관가에 거처하며 중처럼 담박하네.
回首杳一方　머리를 돌려 아득히 한 곳을 보며
更登樓上層　다시 누대의 위층으로 오르네.
雪華鋪瓊瑤　눈꽃이 펼쳐져 옥 세계인가 했는데
霜髮影鬅鬙　서릿발 같은 흰 머리칼만 어지러이 비치네.
迢迢二千里　아득한 2천리 길에
海山間川陵　바다와 산 사이에 내와 언덕이 있네.
應爾西京月　응당 너는 서경의 달이라
來從木覔升　목멱산으로부터 떠올라 왔으리.
把酒問青天　술잔을 잡고 푸른 하늘에 묻자니
浮雲忽瞢騰　뜬 구름이 갑자기 어둑해지네.[176]

1, 2구는 멀리 평양 쪽을 바라본 등불 같은 달빛의 밝음을 노래하였고, 3, 4구는 성안의 다리를 찾아 다리밟기하는 모습이다. 5~8구는 '각억(却憶)'이라 하여 서경에서 보았던 답교(踏橋)의 장면을 추억하는 과거로 회귀하고 있는데, 6, 7구에서는 사녀들이 돌아다니며 취한 모습이 마치 미친듯하다고 하였다.

음력 정월에 회령(會寧)과 함흥(咸興)에서는 다리를 밟되, 자기 나

176 姜世綸, 「鍾山雜錄」 작품29, 「次長蘇上元夜韻盖蘇在惠州作也」.

이만큼 왔다 갔다 하는 것을 되풀이하였다. 그렇게 한 뒤에는 저고리의 동정을 떼어 그 끝에 돈을 맨 다음, 남이 보지 않는 사이에 그것을 다리 한 구석에 두고 가는 풍속도 있었다.[177] 8구에 '가로형옥빙(街路炯玉氷)'이라고 한 것은 『동국세시기』에서 언급한 섣달 그믐날 밤 함경도의 풍속을 언급한 것과 동일하다. 이는 빙등을 만들어 불을 밝히는 풍속과 관련이 있는 듯하다. 이날 밤에 얼음을 깎아 둥근 기둥을 만든 후 그 안에 기름 심지를 붙이고 징과 북, 나팔을 불며 나희(儺戲)를 행한다. 이를 '청단(靑壇)'이라 한다. 이는 대보름 날 다리밟기하는 중에 거리에 있는 얼음 기둥을 묘사한 것으로 보이는 것인 바, 바로 추운 북관에서만 볼 수 있는 빙등의 독특한 광경이다.

9, 10구에서는 이러한 활기찬 대보름날인데도 작자는 홀로 나그네가 되어 마치 절간의 중처럼 담박하다고 표현하였으니 외로운 심사를 말한 것이다. 한양의 목멱산에도 떠오를 달을 생각하며 임금과 자신이 살던 한양과 광통교에서의 대보름날 정경을 추억하고 있다. 서경과 서정이 어우러진 가운데 이곳의 풍경과 세속의 정겨움은 늘 고향에 대한 향수(鄕愁)와 맞물려 희비가 교차된다. 이는 소동파가 혜주에서 귀양살이를 한 외로움에 자신의 심사를 투영시킨 것과 동일하다.

다음은 음력 5월 5일 북관에서만 볼 수 있는 단오 풍경이다.

風俗猶看故國同　풍속을 보니 오히려 고향과 같아
城中士女競橫縱　성 안에 남녀들 다투듯 어지럽네.
鞦韆最矜繁華事　그네는 화려한 놀이여서 가장 자랑하고
角觝能爲坐作容　씨름은 앉고 일어서는 모양을 만들며

177 金烈圭, 「함경도의 정월대보름 민속 '踏橋'놀이」, 북한 제172호, 북한연구소, 1986, 135~139면.

黃布單衣明似水	누런 베 홑옷은 물처럼 환하고
綠雲雙髻岌於峯	숱 많은 고운 머리 결의 쌍 상투는 봉우리보다 높네.
佳辰倍覺鄕愁切	좋은 날일수록 고향 생각은 배나 간절하여
閉閤端居到夕鍾	문을 닫고 단정히 거하자니 저녁 종소리 들려오네.[178]

위의 시에서 단오에 '그네'와 '씨름'이 주로 행해졌음을 알 수 있으며 첫 구에서도 볼 수 있듯이 그가 거했던 한양과 상주에서의 단오풍경도 지금 경험하는 함경도의 풍속과 크게 다르지 않음을 알 수 있다. 이는 농경사회의 힘들었던 삶을 민속행사로 활기를 되찾곤 했던 우리 민족의 동질성을 말해주는 부분이다. 3~6구에 화려한 그네를 자랑하는 아녀자들의 모습이 묘사되었고, 남자들이 씨름을 하면 으레 구경꾼들이 모여들었음을 알 수 있다. 누런 베옷과 푸른 상투의 색상대비로 단오의 복장을 시각적 심상으로 뚜렷하게 표현하였다. '녹운(綠雲)'은 여인의 머릿결이 숱이 많고 윤택함을 형용하는 말이다.

『경도잡지』에 "어린 계집애들이 붉고 푸른 새 옷을 입고 창포탕으로 세수를 한다. 또 창포뿌리를 깎아 비녀를 만들고 주사를 발라 머리에 꽂는다. 이것을 단오장이라 한다."[179] 라 하였듯이 아름다운 여인들의 '단오장(端午粧)'은 몹시도 화려하였다. 비녀에는 수(壽), 복(福)의 두 글자를 새기거나 인주(印朱)나 연지(臙脂)로 붉게 칠하기도 하였다. 주색(朱色)은 양색(陽色)으로, 축귀(逐鬼)의 기능을 가진 데서 사용된 것이다.[180] 이러한 풍속의 즐거움 속에서도 좋은 날일수록 고

178 姜世綸, 「鍾山雜錄」 작품115, 「端陽」.

179 『京都雜誌』, "小兒女著紅綠新衣, 菖蒲湯纇面, 又削菖蒲根作簪, 點朱砂揷髻號端午粧."

180 『東國風俗誌』, 을유문화사.

향에 대한 그리움이 배가 되고 있음을 읊어 시종 향수(鄕愁)에 젖어있던 작자의 심사를 엿볼 수 있다. 그는 단오에 관한 시를 많이 썼는데, 고향 상주의 단오풍경을 읊은 시에서는 임금께 하사받은 단오의 부채를 보며 그 옛날 단오를 추억하기도 하였다.[181]

단오는 『한국풍속지』에서는 이렇게 적고 있다. "5월 5일은 단오, 수리[戌衣] 또는 천중절이라 부른다. 각 가정에서는 맛있는 음식을 마련하여 단오다례(端午茶禮)를 지내고 새 옷으로 갈아입고 하루를 즐긴다. 기수(奇數－홀수)가 겹치는 일자는 대개 명절로 여겼거니와, 그중에서 단오인 5월 5일은 가장 볕이 강한 날로 알았다. 수리라고 부른 것은 이 날에 쑥을 뜯어서 떡을 만들어 먹었는데, 그 떡의 모양을 수레바퀴[車輪]처럼 둥글게 만든 데서 '수리'라 불렀다고 문헌에 전한다." 이러한 언급 외에도 당시 단옷날에는 그네뛰기가 중요한 놀이였다. 그네뛰기는 단옷날 빼놓을 수 없는 놀이였다.

다음 작품은 나무마다 그넷줄이 매달린 북관의 흥미로운 단옷날 모습을 잘 형상화하고 있다.

新布作衣裳　　새 옷감으로 의상을 지어입고
男女另粧飾　　남녀가 장식을 달리했네.
道是端陽節　　말하기를 단오절이라 하니
樹樹秋千索　　나무마다 그네 끈이 매달렸네.[182]

181 姜世綸, 『芝園集』 卷10, 「端陽」, "綠樹陰濃旅簟冷, 菖蒲且醉主人觴. 庭篁拔翠看尋釖, 隴麥垂黃合洗鐮. 殿柱題詩如過夢, 宮箱賜箑尙餘香. 相將歌頌酬佳節, 花樹歡情自一堂."

182 姜世綸, 『鍾山雜錄』 작품126, 「塞下夏歌」 其三.

어려운 살림에도 새 옷감으로 옷을 지어 입는다. 여자들뿐만 아니라 남자들까지 장식하고 꾸미며 단오절을 함께 즐겼음을 상세히 언급하였다. 마지막 구에 나무마다 그네가 매달려 있는 모습을 형상하였다. 일찍이 박제가는 「수주객사」에서 "남녀노소 나란히 성묘 나서니 아름다운 절기는 오직 단오라네. 씨름판엔 관가에서 상을 걸었고 그네는 길옆에 매어 놓았네."[183]라 하여 단옷날 그네가 매달린 모습과 씨름판에서 상품까지 걸며 판이 벌어지고 있는 정경을 노래하였다. 이처럼 북관에서는 정월보름과 단오가 대표적인 명절이었는데, 토양이 척박하고 농업환경이 열악하였으므로 아무래도 오곡이 풍성한 추석보다는 단오명절을 더 즐거워하였던 듯하다. 강세륜의 「천추사(秋千詞)」 5수[184]에서는 그네 타는 생생하고 역동적인 모습을 볼 수 있다. 다음은 제1수이다.

山戎十五習輕趫	산융이 열다섯 살 되어 민첩함을 익히는 듯
高樹靑繩兩股搖	높은 나무에 푸른 끈 묶어 양쪽 다리로 흔드니
裝束一身秋隼似	한 몸으로 묶은 모양이 가을 송골매 닮아
手拖風力入雲飄	힘차게 손으로 밀어 구름 속으로 날아드네.

높은 나무에 푸른 끈이 묶여 있고, 한 사람이 그네에 타고 있다. 양쪽 다리에 힘을 가해 오르기 시작하면 그의 몸은 마치 가을 송골매처럼 날아가는데, 가볍고 재빠르게 손으로 바람의 힘을 끌어 타면 구름 속 멀리 날아갈 수 있다. 그네의 형상과 그네를 타는 모습이 눈앞에 그려

183 朴齊家, 『貞蕤閣5集』, 「愁州客詞」 49首, "士女齊上塚, 佳節惟端陽. 角抵懸官賞, 鞦韆繫道傍."

184 姜世綸, 『芝園集』 卷4, 「秋千詞」.

지듯 역동적으로 표현하였다. 기(起)구에 그네 타는 풍습의 기원이 멀리 중국의 산융(山戎)에 있었음을 언급하였다. '산융(山戎)'은 중국의 고대 민족으로, 춘추 시대에 산서성 태원(太原)에 살았던 민족이다.

『고금예술도(古今藝術圖)』에는 "북방 융족(戎族)이 한식 때 그네를 뛰어 민첩함을 익히던 것을 중국 여자들이 배웠다. 나무 기둥을 세우고 가로목을 건 다음, 채색줄을 매고 앉거나 서서 밀고 당겼다. 이것이 추천(鞦韆)이다."라 하여 북쪽에서 들어온 중국 그네의 유래담을 말하였다. 명(明)의 사조제(謝肇淛)도 "남방의 인형극과 북방의 그네뛰기는 오랑캐 놀음[胡戲]이다. 추천(秋千)은 제(齊) 환공(桓公)이 산융(山戎)을 치고 돌아오면서 펴졌다. 오늘날에는 하북성[燕]과 산동성[齊] 경계에서 청명절에 즐긴다. 이른바 북방의 오랑캐들이 민첩한 재주를 익힌다는 말 그대로다."라고 하여[185] 그네의 유래가 가볍고 민첩한 재주를 익히기 위해서였음을 언급하였다. 그만큼 빠르고 역동적인 모습이 지금까지 전래되었으니 『경도잡지』에서도 항간의 부녀들이 그네뛰기를 즐기는 것을 두고 '천추희(千秋戲)'라고 표현하였다.[186] 다음 시는 「천추사(秋千詞)」 제2수이다.

中原女子亦能之	중원의 여자들 또한 그것을 잘했으니
處處繁華寒食時	곳곳이 번화한 한식 때라네.
街柳簾花春似畵	거리의 버드나무와 활짝 핀 꽃으로 봄이 그림 같아
至今人誦韋莊詩	지금까지 사람들은 '위장의 시'를 암송한다네.

185 謝肇淛, 『五雜俎』 卷5, 「인부」 1.

186 『京都雜誌』, "閭巷婦女盛爲千秋戲."

1구에서 중원의 여자들이 잘했다는 것은 중국의 아녀자들이 즐기던 놀이임을 밝힌 것이다. 2구는 한식날에 그네뛰기를 즐기며 화려한 봄을 완상했음을 말하고 있다. 3구를 통해 버드나무 늘어진 봄날의 모습이 마치 그림처럼 아름다웠음을 알 수 있다. 4구의 위장시(韋莊詩)는 당나라 말기의 시인인 위장(韋莊, 836~910)의 시를 말하는데, 위장은 혼란하고 황폐한 사회를 묘사하고 유랑생활의 감정을 읊은 감상적인 작품을 주로 썼다. 황소의 난 때 남쪽으로 피난 가서 오랫동안 그곳에서 살았다고 하는데 어떤 시를 말하는지는 자세하지 않으나, 「장안청명(長安淸明)」에 "도성의 길에는 홍질발이 시끄럽게 울고, 푸른 버들의 높은 그림자에 그림 같은 그네로다."[187]라고 하였다. 또한, 이것은 「장안의 봄」을 생각나게 한다.[188] 다음 시는 「천추사(秋千詞)」 제3수이다.

靑邱女俗重秋千	우리나라 여자들의 풍습에도 그네뛰기를 중히 여겨
五月端陽樹樹懸	5월 단오 때 나무마다 그네를 매달아
裙薄身輕風在腋	얇은 치마 가벼운 몸으로 겨드랑이에 바람이 이니
半仙遊戲葉中天	선녀 같은 놀이에 하늘의 잎처럼 날리네.

1구의 '청구(靑邱)'는 우리나라를 말하는 것이고, '여속(女俗)'이라

187 『古今事文類聚』 前集 卷8, 「長安淸明」, "紫陌亂嘶紅叱撥, 綠楊高影畫秋千.", 원문의 紅叱撥은, 名馬의 이름으로 당 현종 연간에 서역에서 바친 汗血馬 여섯 필 가운데 홍색을 띤 말이다.

188 이시다 미키노스케 지음, 이동철 · 박은희 옮김, 『장안의 봄』, 이산, 2011, 13면에 "장안의 2월 향기 섞인 먼지 자욱하고 번화한 六街에는 마차소리 요란하네. 집집마다 누각 위엔 꽃 같은 여인들 천만 가지 붉은 꽃처럼 어여쁜 모습 싱그럽네. 주렴 사이로 웃고 떠들며 서로들 묻나니 장안의 봄은 누구 차지일까?"라는 시가 있다.

한 것은 그네 놀이가 주로 여자들에 의해 전승되었다는 고려 때의 기록이 있기 때문이다. 앞 시 '중원여자(中原女子)'와 대비하여 '청구여속(青邱女俗)'을 강조하였다. 2구에 '수수현(樹樹懸)'에서 나무마다 매달려 있는 그네의 모습에서 다수의 사람들이 행하고 즐겼음을 알 수 있다. 몸이 가벼워야 멀리까지 날아갈 수 있어서 되도록 가볍고 얇은 옷을 입었다 한다. 3구에서는 하늘 한 가운데 낙엽처럼 휘날리는 가벼운 모습을 선녀와 같다고 형상하였다.

당나라 때에 '선녀와 같다' 하여 여자들의 놀이로 발전하여 '반선희(半仙戲)', '유선희(遊仙戲)'라 했다. "나부끼며 북쪽에 있다가는 홀연히 남쪽으로, 제비처럼 갔다가 꾀꼬리처럼 와서 나무 끝에 머금었네. 도리어 바람을 비껴 몸이 약해질까 걱정하노니, 푸른 비단 적삼 사이로 땀 향기 살짝 풍기네."[189]라고 하여 날아갈 듯 휘젓는 모습을 형용하였으며, 민첩한 발동작과 바람을 가르는 손사위로 새처럼 빠르고 가볍게 움직이는 모습을 역동적으로 묘사하였다. 다음 시는 「천추사(秋千詞)」 제5수이다.

虹垂電閃劇怱忩	무지개가 드리우고 번개가 번쩍이듯 몹시도 빠르니
濶狹從他造化功	넓게 뛰고 좁게 뛴은 제각기 타고난 공에 달렸네.
須臾下整雲鬟立	잠시 뒤에 내려와 구름 같은 쪽진 머리 정돈하고서
笑詫歡郎妾冣雄	즐겁게 뛴 것은 자기가 최고라고 웃으며 자랑하네.

1구에서는 아름다운 무지갯빛이 드리운 듯 전광석화(電光石火)처럼 빠른 동작을 묘사하였다. 2구에서는 각자의 재량에 따라 그네의 높이

189 姜世綸, 『芝園集』 卷4, 「秋千詞」, "翩然在北忽焉南, 鷰去鸎來木末含. 被却斜風愁體弱, 汗香微聞綠羅衫. (제4수)"

가 결정됨을 말하였고, 3구에서는 그네뛰기를 마친 후, 화려한 쪽진 머리 장식이 흐트러진 것을 정돈하고는 4구에서는 서로 자신이 가장 높이 뛰었노라 자랑하는 여인들의 흥겹고 즐거운 모습을 생생하게 묘사하였다. 이처럼 풍속의 세태를 노래한 강세륜의 시적 시선과 경향은 '생생함'과 '진솔함'을 드러내는 데 있다.

한편, 지금은 사라진 명절이지만 당시 성행했던 납일(臘日)을 읊조린 시도 있다.

誰道春光洩　누가 봄빛이 움튼다고 말하는가!
惟看朔氣凝　오직 북방의 찬 기운만 엉겨 있거늘.
柳條殊寂寞　버드나무 가지는 몹시도 적막하고
楡塞極凌兢　느릅나무 선 변방은 지극히 삭막하네.
長天方下鶻　넓은 하늘에서 바야흐로 송골매가 내려오고
遙野送迺鷹　먼들에선 씩씩한 매를 날리네.
面藥思恩澤　납약을 대하고 임금의 은택을 생각하니
香膏緬昔曾　지난날 육향고 하사받던 시절이 생각나네.[190]

수련(首聯)에서 봄은 왔지만 여전히 남은 추위 때문에 함련(頷聯)의 버드나무와 느릅나무는 여전히 적막하다. 경련(頸聯)에서 송골매를 말한 것은 매를 이용해 짐승을 잡는 매사냥[放鷹]을 한 것인지, 매를 잡아 바쳤다는 것인지는 분명치 않지만 이와 관련된 언급으로 보인다. 농촌에서는 납일 밤에 새잡기를 하는 민속이 있었다고 한다. 원래 '납향(臘享)'이라 하여 새나 짐승을 잡아 종묘사직에 공물로 바치고 대제(大祭)를 지냈는데, 경기 산간의 군민이 납향에 쓰는 납일고기로 산

190 姜世綸, 「鍾山雜錄」 작품12, 「臘日」.

돼지와 산토끼 등을 잡아 바치는 것이 군민을 무리하게 동원하는 폐단이 있어, 정조 때에는 그 관습을 없애고 서울 장안의 포수들로 하여금 용문산(龍門山) 등지에서 잡아 오도록 하였다는 기록이 있다.

능양(菱洋) 박종선(朴宗善, 1759~1819)의 「경도세시사(京都歲時詞)」 36수에 "얼음 잘 얼고 눈 내리라 제사 지내니 예기와 같고, 미일인 납일에 종묘에 납향을 드리네. 삼영(三營)에 새 잡는 사냥꾼이 많아서 산과 들의 살진 고기 나라에 바치도다.[藏氷祭雪禮攸同, 未臘淸齋享廟宮. 禽獲三營多獵手, 山膏野味獻于公.]"[191]라 하여 장수제(藏氷祭)와 납일(臘日)의 전통을 노래하였다. 미련(尾聯)은 납약(臘藥)에 대한 것으로 정조에게 하사받던 때를 추억하며 임금의 은택에 감사하고 있다. 궁중의 내의원(內醫院)에서는 납일에 각종 환약을 만들어 올렸는데, 임금은 이 약을 납약(臘藥)이라 하며 근시(近侍)와 지밀나인(至密內人)에게 나누어 주었다.[192] '근밀(近密)'은 근심(近臣)을 말하며 임금을 가까이에서 모시는 승정원(承政院)의 관리를 가리킨다.

한편 함경도에서 볼 수 있는 독특한 풍습 중에 '검무(劍舞)'가 있다. 오늘날 현존하는 검무는 중요무형문화제 제12호 진주검무, 중요무형문화재 제21호 승전무에서 추는 통영검무, 황해도 해주권번을 통해 전승이 이어진 해주검무, 평양권번에서 학습되었던 평양검무, 국립국악원을 중심으로 전승되고 있는 서울 검무, 이매방의 광주검무 등이

191 신지혜, 「菱洋 朴宗善의 京都歲時詞 연구 : 시로 읽는 19세기 초 서울의 세시풍속」, 성균관대학교 대학원 석사학위논문, 2019, 47면.

192 "옛날 승정원에 있을 때 매번 이 날이면 內醫院에서 육향고를 하사했었다.[昔在近密, 每是日, 內賜六香膏.]"라는 주가 부기되어있다. '六香膏'는 주로 정신적 장애에 쓰는 청심환, 열을 다스리는 안신환, 곽란을 다스리는 소합환 등처럼 동상을 전문적으로 치료하는 처방약이었다.

있다.[193] 그 중 일반적으로 진주검무와 평양검무가 유명하다.

다음 작품은 19세기 초 작자의 눈에 그려진 함경도 검무의 춤사위 광경이다.

雲髻纔收拾　　구름 같은 머리를 겨우 끌어 묶고서
戎裝爲整齊　　무인의 복장을 가지런히 차려 입었네.
回風以左右　　좌우로 바람처럼 움직이고
飄雪乍高低　　높고 낮게 눈보라치듯 휘몰아치네.
錯落眞珠汗　　진주 같은 땀방울은 어지러이 흩어 떨어지고
參差綠玉鎞　　푸른 옥비녀가 비스듬히 기울었네.
華筵餘釰氣　　화려한 자리에 칼 기운이 남았는데
明月畵欄西　　밝은 달은 난간 서쪽에서 비추네.[194]

위의 작품에서 수련(首聯)은 검무의 복장과 차림새를 읊었다. 구름 같은 머리 장식, 명주로 지은 옷, 무인(武人)의 복장을 한 모습이다. 함련(頷聯)은 춤을 추는 모습으로, 좌우(左右)로 바람처럼 빠르게 회전하며 눈보라치듯 날렵하고 상하(上下)로 강하고 힘차게 움직이는 몸동작을 보여주고 있다. 함경지역 검무의 특징을 알 수 있는 춤사위로, 주된 춤사위가 회전무(回轉舞)라는 점이 특징인 장검무의 역동적 이미지를 보여준다.[195] 북부지역의 여기검무(女妓劍舞) 중 해주검무의 칼춤사위는 돌림사위를 위주로 하는 것으로, 위로 뿌리는 동작이

193 이미영, 「이매방의 창작춤 '장검무' 고찰」, 『한국무용교육학회지』 제11집 제2호, 2000, 81면.

194 姜世綸, 『鍾山雜錄』 작품119, 「觀劍舞」.

195 이미영(2000), 전게논문, 88면.

비교적 적고 칼을 가지고 추는 다양한 춤사위가 발달되어 있다.

이처럼 역동적이고 힘찬 기세를 보여주는 검무의 춤사위를 표현한 구절이 다른 시인의 시에도 있는데 채제공은 의주에서 검무를 보고 "한 쌍의 어린 기생 몸이 날렵해, 춤추는 검이 허공에 높게 여름날 눈을 흩뿌리네."[196]라 하였다. 정약용은 「무검편증미인(舞劍篇贈美人)」(1780년)에서 "몸 굽혀 거꾸로 서서 한참 동안 춤추는데, 열 손가락 번득이니 뜬구름과 흡사하네. 한 칼은 땅에 두고 한 칼로 휘두르니, 푸른 뱀이 백 번이나 가슴을 휘감는 듯. 홀연히 쌍칼 잡자 사람 모습 사라지니, 삽시간에 구름 안개 허공에 피어났네.…(중략)…회오리바람 소나기가 차가운 산에 몰아치듯, 붉은 번개 푸른 서리 빈 골짝서 다투는 듯"[197]이라 하여 진주검무를 추는 무희(舞姬)의 빠른 동작이 섬세히 묘사되어 있다.

경련(頸聯)에서는 한참을 열정적인 검무를 추고 나서 땀이 흩어져 뿌려지는 장면으로 춤에 몰입했던 검녀의 모습, 푸른 옥비녀가 번쩍이는 모습을 신비롭고 영험하게 잘 표현하였다. 미련(尾聯)은 검무의 공연은 끝났으나 뒤에 여전히 칼의 기운이 서려 남아있고, 더불어 달빛으로 날이 저물고 있음을 보여주어 여운을 남기고 있다.

숙종 이후 여러 문인들의 관무시(觀舞詩)에도 기녀가 검무를 추는 모습을 상세히 묘사하고 있다. 노가재(老稼齋) 김창업(金昌業, 1658~1721)의 「화백씨간검무(和伯氏看劍舞)」는 자신의 맏형 김창집(金昌集)

196 蔡濟恭, 『樊巖集』 卷14, 「灣尹携妓作樂感念舊事草成長句」, "一雙少妓最輕身, 飛騰舞劍生夏雪."

197 丁若鏞, 『茶山詩文集』 제1권, 「舞劍篇贈美人」, "側身倒挿蹲蹲久, 十指翻轉如浮雲. 一龍在地一龍躍, 繞胸百回青蛇纏. 焂忽雙提人不見, 立時雲霧迷中天. …(中略)… 飈風驟雨滿寒山, 紫電青霜鬪空谷."

이 평안북도 선천에서 검무를 보고 노래한 것에 화운한 것이다.[198] 석북 신광수가 1749년에 지은 「한벽당십이곡(寒碧堂十二曲)」에서는 “전주 색시들은 남장을 좋아하니, 한벽당 속에 검무가 한창이네. 휘돌아 스며드니 보려 해도 보이지 않고, 온 당 머리를 돌리니 기세가 서릿발 같네.”[199]라 하여 호남검무에서 남장한 검녀와 빠른 동작의 일면을 엿볼 수 있다. 또한, 신광수의 「관서악부(關西樂府)」에 “쌍쌍이 돌아가는 검무로 당에 가득 찬기가 도네. 등잔불 앞에 춤 소매에 풍우가 이는 듯하네. 열세 살에 이 춤을 익힌 추강월(秋江月)이 밤마다 동헌에 와 선을 보이나니.”라 하여 평양 연광정(練光亭)에서 검무를 추는 기생 추강월에게 지어준 시도 있다.[200]

함경도 검무는 꺾어진 칼로 춤을 추었으며 진주검무와 유사하다고 한다. 함경도 지방에서 검무에 이용된 음악으로는 ‘검무영산’[201]이 있는데 이는 육재비들이 연주하는 악곡으로, 이 곡을 연주하면 검무가 시작되었고 검무가 끝나면 퉁소 명수들의 기량을 마음껏 보여주는 퉁소 독주가 진행되었다 한다. 7구는 칼 기운의 여운과 음악의 조화가 어우러졌음을 짐작하게 한다. 다른 작품에 비해 검무의 사실적 묘사와 특이한 복장, 춤사위 등 향토성이 짙은 묘사가 두드러진다.

이러한 향토의 풍속을 노래한 시들은 ‘변방의 노래’라는 제목으로

---

198 金昌業, 『老稼齋集』 卷5, 「燕行塤篪錄」, ‘和伯氏看劍舞’, “宣州妓樂作邊聲. 舞劍佳人結束輕, 曲罷華堂霜月白. 臥聽門鼓打三更.”

199 申光洙, 『石北先生文集』 卷1, 「寒碧堂十二曲」, “全州兒女學男裝, 寒碧堂中劒舞長. 轉到瀏漓看不見, 滿堂回首氣如霜. (三曲)”

200 申光洙, 『石北先生文集』 卷10, 「關西樂府幷序」 其46, “雙迴劒舞滿堂寒, 手勢燈前風雨闌. 十三能學秋江月, 來作東軒夜夜看.”

201 http://cybernk.net/ 국가지식포털, 북한지역 정보넷, 민속음악 민간기악곡 삼현영산.

쓴 시들에서도 보인다. 「새하동가(塞下冬歌)」, 「새하춘가(塞下春歌)」, 「새하하가(塞下夏歌)」, 「새하추가(塞下秋歌)」로 각각 5수씩 총 20수로 북관에서 보는 변경의 사계를 계절적 특징에 따라 자신의 견문체험을 서정적으로 표출하고 있다. 강세륜이 여정을 거쳐 처음 종성에 도착했을 때 11월이라 변방에는 벌써 겨울이었다.

이곳에서의 생활은 산천이 변방에 접해있어, 지리적으로 사방이 갇힌 형국이라 마치 귀양살이를 하는 것 같다고 느꼈다.[202] 북관에서 처음 맞는 겨울의 매서운 추위는 남쪽에서의 그것과는 사뭇 달랐다. 사실 북관의 추위는 상상을 초월할 만큼 매서웠다. 이렇게 춥고 고립된 북관에서의 생활은 고향을 그리는 애절한 향수의 정서를 불러일으키기 충분하였다.

그러나 강세륜은 힘들고 고달픈 생활 속에서도 북관민이 생활하는 모습을 보고 점차 적응해갔다. 명절을 맞이하여 흥을 내며, 이곳의 삶을 즐기는 관북민의 훈훈한 삶의 태도와 인정을 보고 자신의 처지를 성찰하였다. 이러한 북관에서의 체험과 북관민 특유의 건강한 삶을 보고, 강세륜은 북관 생활에 익숙해졌다.[203] 먼 상주와 한양에서 오는 편지는 큰 위안이었다. 옷은 어떤지, 음식은 신지 짠지, 아픈 곳은 좀 어떠한지 이런저런 위로와 격려는 북관에서의 겨울나기에 충분한 뒷받침이 되기도 하였다.[204] 강세륜은 이곳 생활에 차츰 젖어 들면서 향수의 애잔함을 달래기도 하였다. 무엇보다 강세륜의 시에는 이

202 姜世綸, 「鍾山雜錄」 작품2, 「官齋謹次在京時伯氏寄來韻」, "山川接塞官疑謫."

203 姜世綸, 「鍾山雜錄」 작품7, 「閱贐軸商鄕社中諸人多州字韻謾步」, "鍾山不必號愁州, 暮景能爲太史遊…(後略)."

204 姜世綸, 「鍾山雜錄」 작품13, 「得鄕書」, "(前略)…衣裳憂冷暖, 飮食問酸鹹, 疾病如相隱…(後略)."

러한 변방지방의 특징적인 풍속과 정경 외에 향수를 드러내는 시들이 많다. 강세륜이 북관에서 생활하면서 향수의 정서를 표출한 것은 「종산잡록」이 대표적이다.

氷連易水白　　얼음 이어진 역수는 희고
雪壓陰山翠　　눈은 그늘진 산의 푸름을 덮었는데
鴻鴈南歸盡　　기러기도 남쪽으로 다 돌아가
鄕書無處寄　　고향에 보낼 편지는 부칠 곳이 없구나.(제1수)[205]

1구는 물이 하얗게 얼음으로 다 변해버릴 만큼 추운 날씨의 역수(易水)를 묘사했다. 2구에서 '설(雪)'과 '취(翠)'의 색채대비로 하얀 겨울의 정경을 두드러지게 묘사하였다. 편지를 안서(雁書)라고 하는데, 기러기가 남쪽으로 다 돌아가 버렸다고 하여 편지를 써도 고향으로 보낼 길이 없는 안타까운 심정을 읊었다. 40일이 걸려야 도착할 수 있는 고향 상주와 이곳 함경북도 종성의 지리적 조건으로 보아 쉽게 서신을 전달 할 수 있는 거리가 아니었다. 그나마 파발이 와야 겨우 서신을 보낼 수 있을 정도로 험난하고 북변 끝머리 지역이었다.

시는 선경(先景)과 후정(後情)의 대비를 통해 작자의 정감을 표출하고 있는데, 차가운 겨울 경치 속에서 고향을 그리는 회귀의 심정을 강조하였다. 23수의 칠언율시 「사향제작(思鄕諸作)」은 23명의 고향사람들에게 쓴 시인데, 서신의 전달이 용이하지 않았던 당시 고향의 친구와 친지, 조카들에 대한 작자의 그리움이 절절한 내용이다.

---

205 姜世綸, 「鍾山雜錄」 작품1, 「塞下冬歌」 其一에서 其五까지.

東掖舊詞臣　　동액문에서 옛날 글 짓던 신하가
北平新太守　　북평의 새 태수가 되었네.
獵得月支頭　　월지의 머리를 잘라
銅鑪夜煖酒　　구리 화로에 밤새 술을 데워 마시리.(제2수)

기(起)구의 동액(東掖)은 당나라 때 왕명의 출납과 국가의 문서를 관장하던 문하성(門下省)의 별칭으로, 조선의 경우 승정원(承政院)이 이에 해당한다. 승(承)구의 '북평신태수(北平新太守)'는 한무제(漢武帝)의 명장 이광(李廣)을 말하는데, 한 무제가 그를 우북평태수(右北平太守)로 임명하여 흉노(匈奴)를 막게 하자, 흉노가 '한나라의 비장군(飛將軍)'이라고 무서워하며 감히 소란스럽게 하지 못했다는 고사를 말한다.[206] 따라서 1, 2구의 신하와 북평의 태수는 이광을 말하지만, 실제로는 작자 자신이 종성에 온 것을 빗대어 표현한 것이다.

3, 4구의 '월지(月支)'는 한나라 때 서역(西域)에 있던 나라로, 감숙성(甘肅省)과 청해현(青海縣), 서영현(西寧縣) 일대에 있었다. 흉노가 일찍이 월지왕(月支王)의 군대를 격파하고 월지왕의 두골(頭骨)로 술그릇을 만들어 술을 마셨다는 고사이다. 적군의 머리로 만든 술그릇으로 화로에서 술을 데워 밤새워 마신다는 것은 북쪽 오랑캐들을 섬멸할 뜻을 품고 있다는 것을 말한 것이다. 변방의 가장 큰 책무는 무사를 진작하고 국경을 지키는 것이었다.

그는 「새하동가(塞下冬歌)」 제5수에서 "어제 변경을 순찰하러 떠나니 군대의 위엄이 자못 엄숙하였다네."[207]라 하여 변경을 지키는 국가

206 『史記』 卷109, 「李將軍列傳」.

207 姜世綸, 「鍾山雜錄」 작품1, 「塞下冬歌」, "防秋節度營, 學士賓油幕. 昨日巡邊去, 軍威頗肅肅."

적 의무를 수행하고 있는 모습을 묘사하고 있다. 이어서 강세륜은 변방을 수비하면서 견문한 호기(胡騎)를 두고 수장으로서의 임무를 표출한다.

風威將水氣	바람의 위력이 물 기운을 거느리는데
驅入受降樓	말을 몰아서 '수항루'로 들어가니
忽聞胡騎過	갑자기 오랑캐 말달려 지나가는 소리 들려
裝束拊吳鉤	갑옷을 차려입고 날카로운 칼을 찼다네.(제3수)

바람이 거센 물결을 일으키는 광경과 변방의 수항루(受降樓)를 보며 거세게 몰아치던 오랑캐의 말 달리는 소리가 들리고 갑옷 입고 칼 찬 위모가 보이는 듯하다. '수항루'는 두만강을 건너 침입해오는 여진족을 방어하기 위해 조선 초 임유후(任有後, 1601~1673)가 1658년 종성부사가 되었을 때 세운 것이다.[208] 이곳에서 1608년에 침입해 온 여진족을 격멸하고 그 우두머리를 사로잡아 항복을 받았던 역사의 한 장면을 상상해본다. 4구의 '오구(吳鉤)'는 칼날이 갈고리나 반달처럼 굽은 칼을 말한다. '구(鉤)'는 검과 비슷하게 생긴 병장기로, 둥그렇게 굽은 것이다. 춘추 시대 오나라 사람들이 '구(鉤)'를 잘 만들었기 때문에 '오구(吳鉤)'라 불렀지만 후에 '날카로운 칼'을 가리키는 일반명사가 되었다.[209] 『몽계필담(夢溪筆談)』을 보면 "당나라 시인 중에 오구

208 受降樓는 국가지정문화재 보존급 제436호이다. 『新增東國輿地勝覽』에는 그 둘레가 4,881자이고 여기에 200개의 성가퀴와 9개의 포루가 있었으며 성안에 20개의 우물이 있었다고 한다. 처음에 雷天閣이라 불렀으며 건물은 3층 다락으로 층높이는 14.8m에 달한다.

209 『吳越春秋』, 「闔閭內傳」, 합려는 막야검을 귀중하게 여겼지만 다시 온 나라에 갈고리 모양의 칼을 만들라는 명을 내리며 '좋은 칼을 만들 수 있는 사람에게는

(吳鉤)를 말한 사람이 많다. 오구(吳鉤)란 칼 이름인데 칼날이 둥그렇게 굽은 칼이다. 지금은 남만 지역에서 이 칼을 사용하는데, 갈당도라 부른다."라 언급한 바 있다.

수항루는 강세륜이 자주 올랐던 기록이 있는데, 옛날에 싸움의 격전지였던 것과는 달리 평화로운 국경지대는 이제 나그네의 유람과 유흥의 장소가 되었음을 주로 묘사하였다. 「등수항루차판상운(登受降樓次板上韻)」(작품66)에서는 자연경관이 몹시 아름다운 수항루의 초파일 경관을 읊었으며,[210] 「우여월출보등수항루(雨餘月出步登受降樓)」(작품67)에서도 비 내리고 달이 뜬 수항루에 오르던 일을 기록하였으니, 당시는 변방의 격전지를 추억할 뿐, 승경을 유람하던 곳이었음을 알 수 있다. 이 외에 강세륜의 시에는 소요당(逍遙堂), 진북루(鎭北樓), 동관진(潼關鎭), 동건산성(童巾山城), 종산서원(鍾山書院), 용암(龍巖), 곡천사(谷泉寺)등을 유람하고 역사를 추억하며 읊은 시들이 많다.

다음 시는 추운 겨울이 지나고 1822년 봄이 되어 쓴 변방의 봄노래이다. "달력을 살펴보고 봄이 왔음을 알겠으니, 봄 계절이 2월의 반도 지났네. 북관의 버드나무는 막 피려고 하는데, 강 얼음은 아직 녹지 않았다네."[211]라고 하여 달력은 분명 봄이 왔건만 이곳 북관의 바깥 날씨는 아직 춥다. 버드나무도 막 피려고 하지만 강에는 아직도 얼음

금덩이 백 개를 상으로 내리겠다.'고 하였다. 오나라에 어떤 이가 왕이 내리는 큰 상을 탐내 두 아들을 죽이고 그 피로 쇠에 제사를 드리고는 갈고리 모양의 칼 두 자루를 완성하여 합려에게 바쳤다.

210 姜世綸, 「鍾山雜錄」 작품66, 「登受降樓次板上韻」, "山河控制此名樓, 佳節今宵又壯遊. 紅妓較爭初月面, 朱欄橫壓大江頭. 歌音已慣嶠南客, 燈俗猶傳關北州. 京國繁華如上界, 錦筵行酒强寬愁."

211 姜世綸, 「鍾山雜錄」 작품35, 「塞下春歌」, "按曆識春時, 春時二月半. 關柳肯將舒, 江氷猶未泮.(1수)"

이 반이나 남아있다. '춘래불사춘(春來不似春)'과 마찬가지로 계절은 봄인듯하지만, 체감하는 날씨는 여전히 봄이 먼 것처럼 느껴진다. 겨울이 지나면 돌아가리라 생각하였는데 봄이 와도 돌아가지 못하고 있다. 북관의 날씨는 남쪽 지방과 달리 봄이지만 춥고, 봄의 계절이지만 마음마저 여전히 추운 느낌임을 보여준다. 창끝의 찬 기운과 변방의 펄펄 내리는 눈은 봄이 왔지만 추위가 가시지 않고 있다. 한 해가 지나고 봄은 왔건만, 여전히 고향으로 돌아가지 못하고 북관에 있는 작자의 심정을 추위가 물러날 기미가 보이지 않는 찬 날씨에 살짝 겹치도록 하였다.[212] 이를 통해 작가의 귀향하려는 마음과 그렇지 못한 현실을 함께 드러내고 있다. 이어지는 시도 마찬가지 정회를 드러낸다.

禽鳥知天時	새들이 계절을 알아
倉庚啼隴右	꾀꼬리가 언덕 서편에서 우네.
金城老將軍	금성의 늙은 장군이
又上屯田奏	둔전의 계책을 또 올리네.(제3수)

1, 2구는 계절적 배경을 말하였고, 3, 4구는 변방을 지키고자 하는 작자의 의지를 한나라 때의 조충국(趙充國)에 빗대어 이야기하고 있다. 금성(金城)의 노장군은 한무제(漢武帝) 때의 조충국(趙充國)으로 그가 나이 70세에 전장에 나아가, 중국을 침략해 온 오랑캐를 치기 위해 금성에 들어가서 둔전(屯田)을 경영할 것을 강력히 주장하여 성공한 일을 말한다.[213] 군대가 주둔하기 위해서는 식량이 가장 급한 문

212 姜世綸, 「鍾山雜錄」 작품35, 「塞下春歌」, "始道防秋去, 及春不許歸. 戈頭寒意健, 關雪洒霏霏.(2수)"

213 『漢書』 卷69, 「趙充國傳」.

제로써 치전(治田)에 대한 의견을 말한 듯하다. 조충국이 강족(羌族)을 격파할 계책을 도모하면서 제일 먼저 둔전에 힘을 쏟았는데, 그가 올린 편의책(便宜策) 가운데 하나를 보면 "병사 약간을 계속 주둔시켜 무위(武威)를 보이는 한편 농사를 짓게 하여 곡식을 생산토록 하면 위엄과 은덕이 다 함께 행해질 것이다."[214]라 하였다. 강세륜 역시 국경을 지키기 위해서는 우선 거주하는 백성들의 기본인 농업을 중시해야 할 것으로 생각하였다. 또한, 추위가 걷혀 오랑캐 지역의 사람들이 많이 북관의 시장으로 오는데, 북관개시(北關開市)로 인해 변방의 평화가 유지되었다.

賈胡來互市	장사꾼 호인(胡人)이 호시(互市)에 무역하러 와서
經歲競刀錐	해를 보내며 작은 이문을 다투네.
平朝飲馬去	아침에 말에게 물을 먹이러 가보니
氷竇半江澾	얼음이 녹아 강의 절반이 갈라졌네.(제4수)

1구의 호시(互市)는 두 나라 사이에 국경 지역에서 개시하던 장소를 이른다. 주로 청나라 상인과는 두만강 유역에서 교역하였다. 당시 북관개시가 유명하였는데, 개시(開市)는 병자년(丙子年－1636) 이후 두 나라 사이에 화의가 이루어졌을 때부터 시작되었다.[215] 『만기요람』에는 회령개시(會寧開市)를 두고 "숭덕(崇德) 연간에 영고탑(寧古塔)·오라(烏喇) 두 곳의 사람들이 호부의 표문(票文)을 가지고 와서 농우(農

---

214 崔岦, 『簡易集』 1卷, 陳言, 「北邊攻守議」, "何謂治田, 兵之所屯, 食爲最急, 故趙充國謀破羌, 先務屯田, 其所上便宜之一曰 兵士若干, 留屯以爲武, 因田以致穀, 威德竝行, 又曰 居民得竝田作, 不失農業."

215 洪儀泳, 『北關紀事』, 「開市事宜」.

牛)·농기(農器)·식염(食鹽)을 무역하니, 이것이 회령개시(會寧開市)로써 매년 개시하였는데, 자년(子年), 인년(寅年), 진년(辰年), 오년(午年), 신년(申年), 술년(戌年)은 '단개시(單開市)'라 하고, 축년(丑年), 묘년(卯年), 사년(巳年), 미년(未年), 유년(酉年), 해년(亥年)은 '쌍개시(雙開市)'라 한다. 북경 예부에서는 두호자문(頭戶咨文)을 파송하는 것이 있고, 시(市)를 끝낸 뒤에 우리나라에서는 완시자문(完市咨文)이 있으며, 차관(差官)이 도래(到來)함을 기다려서 차사원(差使員)이 지방관과 아울러 객관(客館)에서 감시(監市)하였다."라 하였다.[216]

경원개시(慶源開市)에 대해서는 "그 뒤에 암구뢰달호(巖丘賴達湖) 호인이 와서 소·보습·솥을 경원(慶源)에서 교역하니, 이것이 경원개시(慶源開市)로써 뒤에 예(例)가 되였다. 경원에서는 1년 걸러 개시하되 차관(差官)을 기다려서 감시(監市)함과 완시자문은 회령의 식(式)과 같다."[217]라 기술하고 있다.

강세륜은 북관 지역에서 자신이 직접 견문한 개시의 내용을 이렇게 적고 있다.

> 시장이 열리면 청나라 사람들은 회령으로부터 경원시로 간다. 부(府)에 이르러 3일을 머물렀는데, 접견과 잔치와 공궤를 전례대로 하였으며 파하고 돌아갈 때도 똑같이 했다. 전후로 한 지역의 군마를 모두 가져갔

---

216 『萬機要覽』 재용편 5, 「北關開市」, '會寧開市', "崇德間, 寧古塔, 烏喇兩處人持戶部票文, 來貿農牛 農器, 食鹽, 是爲會寧開市, 後以爲例逐年開市, 子寅辰午申戌年, 謂之單開市, 丑卯巳未酉亥年, 謂之雙開市, 北京禮部有派送頭戶咨文, 畢市後, 我國有完市咨文, 待差官到來, 差使員同地方官並於客館監市."

217 『萬機要覽』 재용편 5, 「北關開市」, '慶源開市', "其後, 巖丘賴達湖戶人來易牛, 犁, 釜於慶源, 是爲慶源開市, 後以爲例, 慶源則間年開市, 待差官, 監市與完市咨文, 如會寧之式."

> 으므로 고을과 마을이 시끄러웠다. 상차(上差) 김왜극경(金倭克經), 부차(副差) 김영서(金英瑞), 박씨(博氏) 탑청아호(塔青阿號)가 삼방(三房)이었는데, 부차가 스스로 신라 경순왕의 후예로 본래 동국사람이라고 말하며 인정이 자못 관대하였다. 서울에서 벼슬하여 6품 7품직이었다고 한다. 박씨(博氏) 역시 직책이 있었던 사람이라고 했다. 상차와 부차가 시를 지어달라고 매우 졸랐다. 익숙하지 않다고 사양하였는데도 계속 졸라대기에 할 수없이 지어주었다.[218]

위의 인용문을 통해 개시로 조선에 온 청나라 관리들이 문인들을 만나면 시를 지어달라고 했음을 알 수 있다. 상차(上差) 김왜극경(金倭克經), 부차(副差) 김영서(金英瑞), 박씨(博氏) 탑청아호(塔青阿號)의 삼방(三房)이 왔는데, 그 중 상차(上差)와 부차(副差)가 시를 지어달라고 심하게 졸라대서 결국 시를 지어주었다는 이야기이다. 박씨(博氏)는 청나라의 관직명인 필첩식(筆帖式)을 말하는데, 문서 작성, 번역, 관리 등을 담당했던 하급 관리이다.[219]

3구에서 어제까지는 얼음이 태반이었던 변방의 차가운 겨울도 봄의 햇살 아래에서 다 녹아버렸음을 알 수 있다. 얼음이 풀려 녹아 물이 되어 다시 흐르고, 말에게 물을 먹일 수 있을 정도가 되었다. 강세륜은 「새하춘가(塞下春歌)」의 제5수에서 "밤이 짧아져 한창 꿈이 달콤한데 옛 동산에는 계절의 경물이 번성하네. 창문 앞에 선 살구나무

---

218 姜世綸, 「鍾山雜錄」 작품24, 「開市, 淸人自會寧往慶源市. 抵府留三日, 接見讌饋有例, 罷歸又如之. 前後支送刮一境軍馬, 邑里騷然. 上差金倭克經‧副差金英瑞‧博氏塔靑阿號, 三房, 副差自言, 新羅敬順王之後, 本東國人, 頗致情欵, 仕於京爲六品七品職. 博氏亦有職人云. 上副差索詩甚苛, 辭以不嫺, 索愈力, 强副之」.

219 최진규, 「淸의 中國支配와 筆帖式」, 『중국사연구』 46권, 중국사학회, 2007.

가장 남쪽 가지에 꽃이 피었네."[220]라고 하여 아름다운 봄의 정경을 노래하였다. 봄이 지나고 경험한 변방의 여름 노래[221]에는 계절의 활기를 적절하게 묘사하고 있다.

農謳多異響　　농요에는 서울과 다른 곡조가 많고
花木不知名　　꽃과 나무는 이름도 다 모르겠구나.
新聲隔葉聽　　새로운 소리가 잎 너머에서 들리는데
鸎語獨兮明　　꾀꼬리 울음만 또렷하네.(제1수)

1구에서 보듯 농부들이 부르는 북관의 농요(農謠)는 처음 듣는 소리가 많고, 2구에서 보듯 북관에는 이름 모를 꽃과 나무들이 많다. 함경북도의 민요와 노동요로는 '어랑타령' '궁초댕기' 등이 있는데 이 시의 농요는 그러한 지역농요의 기원이 되는 노래를 말하는 듯하다. 농사가 어려운 지역이었지만 5월 이후에 약간의 농사를 지을 수 있었고 그 때 노동요가 불렸음을 짐작할 뿐이다. 낯선 자연과 노랫소리 속에 친근한 소리는 꾀꼬리 소리뿐이다. 북관의 여름에는 누런 느릅나무가 그늘을 만들고 하얀 물 억새풀이 잎을 낸다. 변방에서 말들을 풀어놓고 키우는 모습도 볼 수 있다.[222] 날씨가 좋은 계절이 오니, 눈바람과 매서운 날씨와는 상반된 풍경이 많다.

---

220 姜世綸, 「鍾山雜錄」 작품35, 「塞下春歌」, "宵短方醉夢, 故園時物滋. 窓前丹杏樹, 花着最南枝."

221 姜世綸, 「鍾山雜錄」 작품126, 「塞下夏歌」.

222 姜世綸, 「鍾山雜錄」 작품126, 「塞下夏歌」, "黃楡已作蔭, 白荻方抽葉. 放馬江南北, 循堤豊艸合. (제2수)"

山麋大於虎　산 노루는 호랑이보다 크고
五月新解角　5월이 되면 새 뿔이 다 자라는데
巖頭獵騎過　바위 모퉁이에서 사냥하는 기병이 지나자
矢路驚林木　활이 날아 온 숲을 놀라게 하네.(제4수)

이 시의 계절적 배경은 5월이며 호랑이보다 큰 노루의 모습이 그려졌다. 2구의 '해각(解角)'은 노루의 새 뿔이 나려고 묵은 뿔이 빠지는 것을 말한다. 뿔은 수컷에게만 있고 3개의 가지가 있는데, 11~12월 사이에 탈각되어 5~6월이 되면 새 뿔이 완전히 나온다. 함경북도에서는 당시 노루사냥을 하였는데, 노루는 보통 음지에서 서식하므로 3구의 '암두(巖頭)'는 바위틈이나 산기슭을 말하며, 그곳에서 사냥하고 있음을 알 수 있으며, 4구는 수풀 속에서 놀라 화살을 피하는 노루의 모습을 형용한 것이다.

노루는 우리나라에서 일찍부터 수렵의 대상이 되었던 동물로, 『삼국사기』에 고구려 유리왕 2년(BC.18), 서쪽으로 사냥을 나가서 흰 노루를 잡았고, 민중왕 3년(46)에도 동쪽으로 사냥을 나가서 흰 노루를 잡았으며, 태조왕 55년(107)에는 질산양(質山陽)에서 사냥하다가 자색 노루를 잡았다는 기록이 있다. 함경도 함흥에서도 노루를 잡아 대전, 왕대비전, 중궁전, 세자궁에 진상하였다. 노루고기는 제사에 쓰였기에 함경도에서는 제사를 마치고 노루다리를 나누어 먹었다고 한다. 말린 고기[獐脯, 乾獐]로도 먹지만 황해도 해주에서는 "시월 들어 서관에 한 자 되게 눈 쌓이면, 이중 휘장 폭신한 담요로 손님을 잡아두고는, 갓 모양의 냄비에 노루고기 전골하고, 무김치 냉면에다 송채 무침 곁들인다네."[223]라 하여 추워질 즈음 따뜻한 전골에 노루고기를 넣어 먹었음을 알 수 있다.

이제 가을이 오며 임지에서의 1년의 계절이 완성되어간다. 북관의 특수한 환경과 세태는 「새하추가」[224] 5수에서 잘 포착하고 있다. 제1수를 보기로 한다.

八月幷州道　　8월이라 모든 주와 도에
黃楡葉正飛　　누런 느릅나무 잎이 마구 날리네.
暮城起寒角　　저무는 성에 차가운 뿔피리 소리 일어나니
將軍獵虎歸　　장군은 호랑이 사냥하고 돌아가네.(제1수)

여름에 시원한 그늘을 만들었던 누런 느릅나무는 이제 낙엽이 되어 떨어진다. 이곳은 변방 지역이라 다른 곳보다 추위가 빨리 찾아와 낙엽도 빨리 진다. 3구의 '한각(寒角)'은 변방에서 불어대는 호각, 나팔을 말하며, 4구에서 장군이 호랑이를 잡아서 돌아간다고 한 것은, 함경도 장군들의 용맹한 기질을 알 수 있는 부분이다. 당시 함경도나 백두산 근처에 호랑이가 있었기에 백성을 위험에 빠뜨리는 호랑이를 잡는 착호갑사(捉虎甲士), 착호군(捉虎軍)을 수백 명씩 두었으며 평양 감영의 경우 5천 명까지 두었다고 한다. 이어지는 작품은 「새하추가」의 제2수다.

鴈門風似鐵　　안문의 바람은 칼날 같고
狼山雪已花　　낭산의 눈은 이미 꽃 되었는데
沿江警戍卒　　강을 따라 수자리 군사들을 경계시키니

223 丁若鏞, 『茶山詩文集』 3卷, 「戲贈瑞興都護林君性運」, "西關十月雪盈尺, 複帳軟氍留欵客. 笠樣溫銚鹿臠紅, 拉條冷麪菘菹碧."

224 姜世綸, 『芝園集』 卷7, 「鍾山錄」, 「塞下秋歌」 五首.

隔岸鬧胡笳　　언덕너머 오랑캐 피리소리 시끄럽다네.

첫 구의 안문(鴈門)은 중국의 옛 안문군(鴈門郡)이며, 기러기가 북으로 가기 때문에 이르는 말로 북쪽을 안문(鴈門)이라 하였다. 2구의 낭산(狼山)도 중국지역을 가리키며 눈이 많이 쌓이기로 유명한 곳이다. 3, 4구는 당시 국경지대의 모습을 잘 형용하였다. 압록강을 따라 수자리 군사들은 경계를 지키고 있고, 멀지 않은 곳에서 오랑캐의 피리소리 시끄러이 들리는 정경을 노래하였다. 바람은 쇠처럼 강하고, 눈은 벌써 내려 흰 꽃 같다. 국경의 가을이 다른 지역과는 달리 빨리 겨울로 변해가고 있음을 알 수 있다.

「새하추가」의 제3수에서는 "늦여름에 보리가 익고, 초가을은 환곡의 명령이 반포되었다네. 변방의 백성들은 오랑캐 장사꾼을 중시하여, '차수고(差需庫)'를 먼저 납부하네."[225]라 하여 국가로부터 빌린 환곡의 납부보다, 국경에 접한 북관 지역의 특수한 사정을 먼저 언급하여 북관민의 고단함을 읊었다. 국경 지역은 여름에 보리를 거두고, 가을에 환곡을 사들여야 하는 시기다. 하지만 이러한 것보다 더 중요한 것은 차수고(差需庫)다. 차수고는 국가의 중요한 임무를 임시로 맡겨 파견하는 관원인 차사원(差使員)을 접대하는 필요한 것을 쌓아두는 창고를 말한다. 이는 북관 지역에만 있는 일종의 징세(徵稅)와 같다. 척박한 자연환경에 물산도 풍부하지 못한 북관민으로서는 청나라 상인을 중시하여 차수고를 충당하는 것은 이중과세나 마찬가지다. 이 시를 통해 당시 청인이 국경을 넘어 우리 변방의 시장에 와서 구매하

225 姜世綸, 『芝園集』 卷7, 「鍾山錄」, 「塞下秋歌」 五首, "季夏麥事登, 初秋糴令布. 邊民重賈胡, 先納差需庫."

고 우리도 청의 물화를 수입했던 상황을 알 수 있어 조선 후기 북관개시를 통한 두 나라 간에 활성화된 교역(交易)상황을 엿볼 수 있다.

조선 후기 청과의 교류가 활발하면서 국경 무역도 성장하고 있었다. 특히 함경도의 북관개시를 통해 청과 무역한 물품인 황모(黃毛), 서피(鼠皮) 등은 전국적으로 수요가 많았다. 이 외에도 비단류나 청포류(靑布類)가 전국 시장에서 유통을 목적으로 대량 수입되었다.

이러한 정황은 홍의영의 『북관기사』, 「개시사의」에서 자세하게 기술하고 있다. 특히 북관개시를 두고 설명한 부분은 매우 구체적이다.[226] 이러한 북관개시를 「새하추가」 제4수에서 이렇게 포착하고 있다.

關雲覆城黑　　북관의 구름이 시커멓게 성을 덮고
朔氣連海碧　　북방의 기운은 바다와 이어져 푸른데
甲馬親騎衛　　친기위의 말을 무장시켜
防秋另糦束　　가을 오랑캐 방비하러 특별히 군장을 단속하네.

추운 겨울이 오기 전에 또다시 전쟁과 오랑캐의 침입에 대비하기 위해 바빠진 변방의 모습이다. 3구의 친기위(親騎衛)는 기병부대(騎兵部隊)를 말한다. 이것은 1684년에 국경 지대를 지키기 위해 궁재(弓才)·마재(馬才) 및 용력(勇力)이 있는 자 600인을 선발해 함경도에 설치했던 부대다. 4구의 방추(防秋)는 변방에서 특별 경계를 펼치고 방

226 洪儀永, 『北關紀事』, 「開市事宜」, "開市自丙子媾成始, 而彼人之所大欲, 惟在牛隻及犁口, 鹽石, 故以此三物爲交易中第一物貨, 我國之所賣牛隻, 約定以騸牛, 又不與牝, 至今遵行, 丙子之後, 彼人所求, 何所不從, 而乃以不能取種者, 定爲交易, 則其時廟堂人有氣力有遠慮, 亦可像想…(後略)."

어하던 것을 말한다. 본디 중국의 북방 유목 민족들이 천고마비의 가을철에 자주 남침을 하였으므로 이를 방비한 것에서 유래한다. 이러한 시상은 「새하추가」 제5수에 그대로 이월된다.[227] 이 시 역시 북관 지역에서 국경을 수비하는 장수의 모습을 그렸다. 국경의 수장(戍將)이 변방 누각에 올라, 밤에 칼을 쥐고 혹시 모를 침입자를 대비해 가을밤을 지키는 강건한 기상을 형상화하고 있다.

강세륜은 북관에서의 생활을 통해 북관민의 생활 모습은 물론 북관과 북관민의 속내를 들여다보며 이를 시로 포착하였다. 비록 북관민의 생활과 그들의 처지에는 공감하고 있지만, 북관민이 처한 환경과 제도적 모순으로 인한 고통을 적극적인 시선으로 바라보거나 이 문제의 해결을 시 속에 담아내지는 못하였다. 그러나 변방지역인 북관에서만 볼 수 있는 독특한 경관과 풍습, 역사적인 장소를 통한 과거의 반추는 그에게 새로운 각성을 주었으며, 자아를 성찰하는 계기가 되었다. 또한, 변방이라는 특수한 환경임에도 불구하고 북관의 민족 정서 역시 다른 곳과 마찬가지로 민족이 동일한 향토정서를 가지고 있음을 보여주었으며 그 생생함과 사실적 묘사는 그의 문학적 성과라 할 수 있다.

227 姜世綸, 『芝園集』 卷7, 「鍾山錄」, 「塞下秋歌」, "漢人無中策, 單于至今驕. 邊樓夜拔劍, 光氣直秋霄."

제5부

소통과 맥락

남인시단과 강세륜, 그 의의와 가치

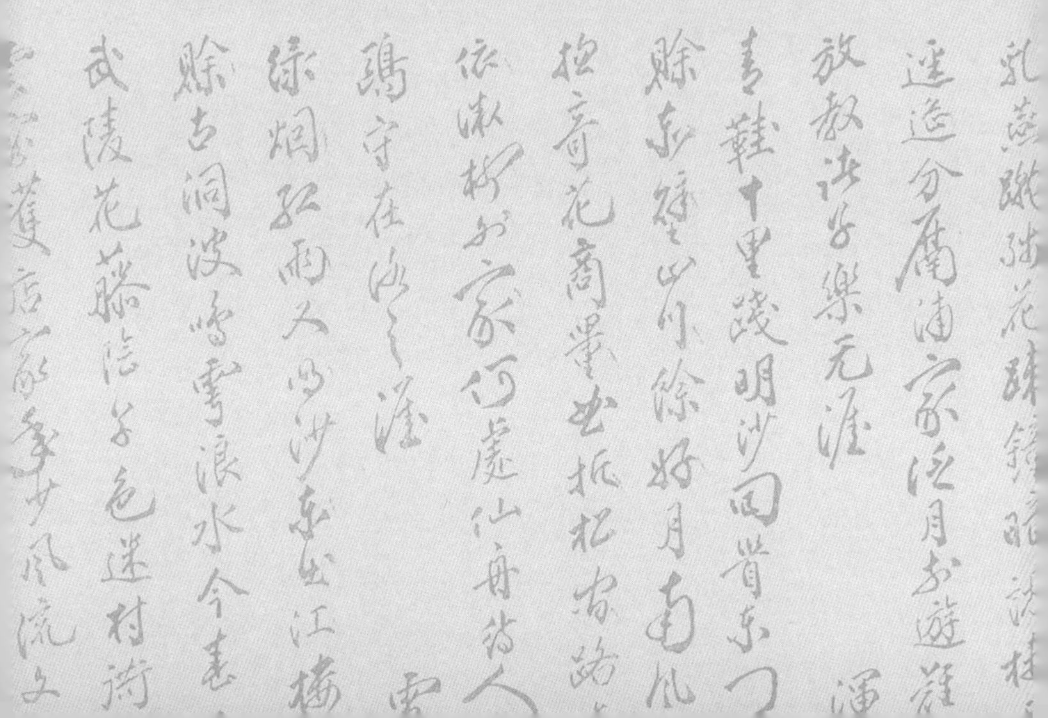

본 저서는 조선후기 관리이자 문장가인 지원(芝園) 강세륜(姜世綸)의 생애와 한시문학을 연구한 것이다. 특히 강세륜 한시의 특징이라 할 수 있는 향토정서와 국토의식에 주목하고 상주지역 시사의 사적전개과정을 고찰하였다. 그가 남긴 많은 한시 작품 중 한양을 노래한 「한경잡영(漢京雜詠)」과 북관의 인문지리와 경관, 기속(紀俗)을 노래한 『북정록(北征錄)』을 주 연구 대상으로 삼았다.

우선 강세륜에 대해서는 처음 학계에 소개하는 본격적인 연구이므로 그의 생애를 객관적으로 복원한 위에서 가계(家系)와 교유관계(交遊關係)를 집중적으로 연구하였고, 이를 바탕으로 그의 시세계(詩世界)를 살펴보았다. 그가 남긴 작품을 통해 18~19세기에 비중 있는 시인임을 확인하였고, 남인 문단에서도 중요한 위치를 차지하고 있음을 알 수 있었다. 본고는 그를 새로운 남인계 작가로 문학사의 범주안에 끌어들이고자 하였다. 이를 위하여 몇 가지 점을 밝혔다.

제1부에서는 가계와 생애, 교유관계를 밝혔다. 지원은 상주(尙州)에서 태어난 영남학파의 문인으로, 근기남인의 대표주자인 국포(菊圃) 강박(姜樸)의 손자이다. 그들 가문은 서울의 성서(城西)와 영남의 상주에 세거(世居)하였으며, 족계(族契)를 통해 구휼과 종진(宗賑)을 하며 효제충신의 유교적 덕목을 실천궁행하였다. 강세륜은 23세에 과거에 합격하여 한양으로 가기 전까지 상주에서 가학을 이어받고, 15세에 부친인 강필악이 『국포집』을 발간함으로써 간접적이지만 조부의 문학적 영향을 받았다. 그는 정종로의 문하에서 수학하며 퇴계 이황와 미수 허목의 사상을 이어받았고, 『시경』과 당시 등 고문을 전범으로 삼았다. 두보, 이백, 잠삼, 왕창령 등을 위시한 당나라 시인들과 북송의 소동파, 조부인 국포와 우복 정경세 등 문인들의 시에 차운하곤 하였다. 한양과 상주를 오가며 주로 근기 남인, 영남 남인들과 교

유하였는데, 한양에서는 홍의호, 강준흠 등과 어울렸고, 영남지역에서도 국포 강박과 어울렸던 모헌 강필신, 식산 이만부의 후손들이 많았다. 한양의 문화적 영향과 상주의 향토적 정서가 결합된 시문학 작품을 창출하였다.

제2부는 상주편에서는 상주지역의 시사인 추수사(秋水社), 죽우사(竹雨社), 열운사(悅雲社)를 살펴보았다. 추수사와 죽우사는 기왕에 알려졌지만 열운사는 강세륜에 의해 재결성된 시사라는 점을 새롭게 밝혔다. 이들이 처음 1784년 추수사를 결성한 근본 목적은 보고 싶은 사람들과 만나 서로 웃어른을 잘 봉양하는 예의도 가르치고 노래하고 시를 지으며 태평성대를 읊조리기 위한 것이었다. 또한, 시를 통해 마음속의 성정을 드러내었다. 이 시사는 20년 뒤에 1806년 죽우사로 명칭을 바꾸고 죽우원사, 죽우속사로 발전하며 동회(東會), 서회(西會), 남회(南會), 북회(北會)로 활발하게 전개되었다. 정종로를 중심으로 모인 서회는 주로 장암수석(莊巖水石), 선교(仙橋), 북사(北寺), 노음산사(露陰山寺)에서 모였는데, 그곳에서 식산(息山) 이만부(李萬敷)의 문집을 교수(校讎)하기도 하였고, 강세륜과 정상리(鄭象履)는 강필신(姜必愼), 강세진(姜世晉)의 문집을 간행하였다.

시사(詩社)를 통해 이들이 지은 시문(詩文)과 시어(詩語)의 특징은 청평풍융(淸平豐融), 주려청절(遒麗淸絶), 불사조전(不事雕篆), 자발천뢰(自發天籟), 노건충담(老健沖澹)으로 요약할 수 있다. 강세륜은 시문학 동인들과 그 지역의 산수를 유람하며 '맑고 평담하며 풍성하고 융숭함[淸平豐融]'을 시의 내면에 담았으며, '아름다움을 따라 맑고 고절함[遒麗淸絶]'을 들어 고인의 성기(聲氣)를 이었다. 상주의 향토정서를 드러낸 작품들이 드러난 시어(詩語)들은 새기거나 꾸미지 않고[不事雕篆], 자연스럽게 발현된[自發天籟] 것이었으므로 노건(老健)하고 충담(沖澹)한 기풍이 있었다. 이 시사는 상주지역의 문풍을 잇고 있어 식산 이만부의 대를 이은 강재(剛齋) 이승연(李承延)과 임하(林下) 이경유(李敬儒), 모헌 강필신을 잇는 경현재 강세진과 남애(南厓) 강봉흠(姜鳳欽), 국포 강박을 잇는 호린(皓隣) 강세백(姜世白)과 지원 강세륜 등 가맥을 잇고 있으면서 영남의 문단을 대표하고 있다. 이어 강세륜, 강장흠, 강철흠 등이 1828년 열운사(悅雲社)로 재결성하여 19세기 중반이후까지 시사의 시맥을 유지하였다. 이 시맥은 국포이래로 이어오는 남인문학의 전통의 한 국면으로 차후 이들 시사의 작가 연구는 지속되어야 할 필요성이 있다.

제3부 한양편에서는 「한경잡영(漢京雜詠)」에 주목하였다. 이는 19세기 초에 지어진 것이지만, 18세기 한시사의 변화양상과 시대의 변모 속에서 「성시전도시(城市全圖詩)」와 강이천의 「한경사(漢京詞)」, 「한양가(漢陽歌)」 등을 위시한 다양한 작품들의 맥을 잇고 있으면서 작가의 독특한 문체와 개성을 드러내는 작품이다. 「한경잡영」은 홍의호(洪義浩), 강준흠(姜浚欽)과 유사한 작품군(作品群)을 이룸으로써 한양이라는 국도의 커다란 전모와 그 안의 시정의 활발한 모습, 누대와 유원문화, 궁궐과 역사적 사실의 영사(詠史) 등의 다양한 모습을 그렸다. 한양의 40장소를 제재로 선택하고 승경을 통한 영회(詠懷)와 감상(感想)을 표현하였는데, 이는 상주라는 향촌사회에서 익힌 향토정서를 도시의 풍경으로 발전시켜 연작시 형태로 포착한 것이다.

강세륜은 한양의 승경을 묘사할 뿐 아니라, 그 전통을 삼도부(三都賦)에서 이어져 내려온 조선왕조의 팔경시(八景詩)에서 찾고 건국의 정당성과 왕조의 찬양, 태평성대의 구가 등을 담아내고 표현하였다. 이 작품이 선정한 40곳은 개인의 주관보다는 당시에 명승이라 속하는 곳과 국가의 제례(祭禮)와 제향(祭享)에 관계된 곳이나 역사·문화적으로 정립된 곳을 중심으로 선정하였다. 또한, 강세륜이 정조를 추억하며 성정(性情)의 유로(流露)를 많이 드러낸 것은 「한경잡영」의 이면적인 창작 동기라 할 수 있다. 정조는 진보적인 남인을 상당수 기용하였고, 천주교 문제를 빌미로 정치적 긴장국면이 조성되던 정치공세에서도 남인을 배려하였다. 정조에 대한 회상과 추억을 기반으로 하는 성정의 유로는 강세륜의 「한경잡영」의 중요한 창작 요인이기도 하다. 이는 '반궁(泮宮)'(12제), '서지(西池)'(28제), '독서당(讀書堂)'(34제), '주교(舟橋)'(36제) 등에서 특별히 두드러진다. 「한경잡영」의 발문(跋文)인 김기서(金箕書)의 「서지원한경잡시후(書芝園漢京雜詩後)」를 통해 강세륜의 시풍(詩風)을 요약하면 다음과 같다. 첫째, 시 안에 성정(性情)의 발로(發露)함과 풍유(諷諭)의 기이(奇異)함이 있다. 둘째, 시를 지을 때 반드시 마음에 감동(感動)된 바가 있은 연후에야 쓴다. 셋째, 정사에 간절히 할 뿐, 다듬고 꾸미고 하는 데 힘쓰지 않는다. 이는 여러 작품에서 여실히 드러난다.

제4부 북관편에서는 『북정록(北征錄)』을 통해 본 그의 여정과정과 북관에서의 생활상이다. 함경북도 종성지방의 부사로 임명을 받아 가는 여정 전체를 저술한 『북정록』은 홍양호와 같은 소론계 정치인들로 대표되는 작가들의 북관 기행이 주가 되었는데, 18세기에 남인 문인으로서 신광하를 이어 북관의 향토와 풍속을 노래하였다는 점은 의의가 있다. 강세륜은 39일 동안 서울-경기-강원-함경도로 여행한 경로 중에 경험한 국토의 기관(奇觀)과 승경(勝景)을 다양하게 체험하였다. 이러한 체험은 그의 인식 변화와 함께 새로운 감수성과 정감을 느끼게 하였다.

이전에 전혀 견문하지 못한 곳에서의 새로운 정서는 자아에서 타자에까지 시선을 미치게 하였고, 이는 다시 자아를 성찰하는 계기를 주었다. 그는 북관을 향해 가면서 목도한 광경들과 지역의 역사적 전고와 유래를 확인하면서 마치 한 폭의 그림을 보는듯한 장면을 한시로 담아내었다. 이는 산수시(山水詩)로써 생생함을 보여주며, '백두산가(白頭山歌)'는 그 대표적인 수작(秀作)이다. 또한, 무엇보다 종성(鍾城)에서 북관민의 질고(疾苦)와 생활상을 체험한 시선을 그대로 그려냈으며, 북관의 선비들의 삶과 북관민의 현실적 모습도 있는 그대로 포착하고 노래하려고 하였다.

이러한 정감의 표출은 「종산잡록」으로 집성되는데, 여기서 강세륜은 삶의 질고와 함께 세시의 풍속에 주목하는가 하면, 북관민의 생활지혜와 어려운 환경이지만 북관민의 강인한 기질을 밝게 포착하였다. 당시 열악한 자연조건 속에서 살아가는 북관민의 삶을 포착한 자체가 민에 대한 치자의 애정이며 관심이었다. 비록 강세륜이 북관민의 삶을 억누르는 무게를 덜어주기 위해 고질적인 사회적 병폐와 지역 문제를 해결할 수는 없었지만, 그들을 이해하려고 하는 정서와 그들의 삶을 다양한 모습으로 담아내려는 자세와 시적 시선은 소중한 것이며, 이것은 국토와 향토정서를 보여주는 중요한 성취이기도 하다.

북관은 이질적인 풍속을 가진 곳이기는 하지만 조선을 건국한 조선왕조의 성지이자 부여, 발해, 고려의 옛 강역이었다. 한편으로는 청나라와 정기적으로 무역이 이뤄지는 곳이자 강 건너 만주 지역과 맞닿은 곳이었으며, 신령스러운 백두산이 있는 곳이다. 이러한 북관지역의 기속과 북관민의 삶을 포착한 것은 19세기의 중요한 문학적 성과라 할 수 있다.

요컨대 강세륜이 『지원집』에 남긴 일천 여 편의 시들을 한마디로 규정할 수는 없지만, 그 핵심은 서울 풍경과 상주에서의 문우들과의 시사활동, 북관 정서를 포착하여, 국토 산하의 외면과 내면의 모습을 두루 형상화한 점인데, 이는 주목할 만하다. 더욱이 강세륜의 시 창작의 공간적 배경은 상주(尙州) - 한양(漢陽) - 북관(北關)이다. 이 세 곳은 향촌(鄕村)에서 도시(都市), 도시에서 다시 향촌으로 연결되어 있으며, 같은 시선으로 민족의 삶의 터전인 서울과 향촌을 노래하고 있다. 동일한 민족 정서를 통해 서울의 모습과 향토의 승경을 포함한 그 진경을 포착하여 노래하였다.

강세륜에게 고향의 향수를 불러일으키는 원초적 공간이 상주라면, 한양은 자신의 중요한 삶의 근거지로 한편으로는 국왕 정조와의 추억이 깃든 두 번째 고향이었다. 그리고 북관은 자연환경과 지리적 조건이 달랐지만, 자신이 새롭게 체험한 민족의 삶의 공간이며, 관념으로만 알았다가 실제 체험을 통해 자신이 새롭게 발견한 국토였다. 조선 후기 문인들이 공적, 사적 이유로 북관을 많이 방문했지만, 강세륜처럼 다양한 시선으로 북관의 이모저모를 한시로 포착한 경우는 흔치 않다. 이 역시 조선 후기 한시가 끌어 올린 성과이다.

본고는 「한경잡영」과 『북정록』의 시를 중심으로 분석하였다. 강세륜이 남긴 그 밖의 시들도 수작(秀作)이 적지 않고, 한 작가의 문학세계를 두루 고찰하는 것도 필요한 작업이다. 강세륜 한시의 특징은 「한경잡영」과 『북정록』에 있음은 두말할 나위 없지만 강세륜의 한시 연구를 위해서는 나머지 작품도 당연히 연구할 필요가 있다. 그간 강세륜 문집이 알려지지 않아 그의 시 세계는 물론 개인사가 전혀 알려지지 않았다. 이러한 정황을 고려하여 강세륜 문학의 배경이 되는 그의 가계와 생애를 비롯하여 문학 활동 등을 세밀하게 밝혀 후속 연구사에 기초자료의 편의를 제공하고자 하였다. 따라서 그의 문학세계 전반을 다루지는 못하고 중요한 시집만을 초점에 두고 깊이 있게 다루는 데 주력하였다.

본고의 성과를 바탕으로 향후 강세륜의 산문과 나머지 시도 더 상세하게 분석하고 함께 시사활동을 한 작가들까지 확장시킨다면 강세륜 문학의 다채로움과 그의 시적 성취를 확인할 수 있음은 물론이며, 보다 많은 작가들이 밝혀져 19세기 후반까지의 남인문단의 풍성한 시맥을 확인할 수 있을 것이다. 이것이 함께 연구된다면 강세륜의 문학적 위상이 뚜렷하게 밝혀질 것이며 그가 남인 문단에서 차지하는 위상도 보다 구체적으로 규명될 것이다. 향후 본 저서가 그러한 위상 정립을 위한 밑거름이 되었으면 하는 바람이다.

참고문헌

1. 資料

姜鳳欽,『南涯詩史』2卷 1冊, 계명대학교 동산도서관 소장본.

姜世揆,『兢菴集』, 연세대학교 학술정보원 소장본.

姜世文,『癯翁集』, 계명대학교 동산도서관 소장본.

姜世白,『晉宗成憲』, 晉州姜氏 大司諫公派宗會中 소장본.

______,『陶山風雅』, 국포후손 강정구 소장본.

姜世綸,『北征錄』, 규장각 한국학연구원 소장본.

______,『芝園集』, 晉州姜氏 大司諫公派宗會中 소장본.

姜世晉,『警弦齋集』, 국립중앙도서관 소장본.

姜彝天,『重菴稿』, 규장각 한국학연구원 소장본.

姜長欽,『半醒帖拾遺』, 국포후손 강정구 소장본.

姜浚欽,『三溟詩集』, 한국고전번역원, 한국고전종합 DB.

姜必恭,『寡諧集』, 국립중앙도서관 소장본.

姜必愼,『慕軒集』, 국립중앙도서관 소장본.

高夢贊,『錦洲集』, 규장각 한국학연구원 소장본.

高聖謙,『甪里集』, 한국고전번역원, 한국고전종합 DB.

高 裕,『秋潭集』, 국립중앙도서관 소장본.

權相一,『淸臺集』, 한국고전번역원, 한국고전종합 DB.

金箕書,『和樵謾稿』, 연세대학교 학술정보원 소장본.

金樂行,『九思堂續集』, 한국고전번역원, 한국고전종합 DB.

金璿穆,『鍾城誌』, 국립중앙도서관 소장본.

金忠善,『慕夏堂文集』, 국립중앙도서관 소장본.

柳 淕,『臨汝齋集』, 한국고전번역원, 한국고전종합 DB.

柳範休,『壺谷集』, 규장각 한국학연구원 소장본.

柳 栻,『近窩集』, 한국고전번역원, 한국고전종합 DB.

柳尋春,『江皐集』, 한국고전번역원, 한국고전종합 DB.

柳疇睦,『溪堂遺稿』, 한국고전번역원, 한국고전종합 DB.

朴時源,『逸圃集』, 국립중앙도서관 소장본.

申光河, 『震澤文集』, 성균관대학교 도서관 소장본.
申體仁, 『逸圃集』, 국립중앙도서관 소장본.
尹 愭, 『無名子集』, 한국고전번역원, 한국고전종합 DB.
李敬儒, 『林下遺稿』, 한국학중앙연구원 소장본(최상근 소장 복사본).
______, 『滄海詩眼』, 한국학중앙연구원 소장본(최상근 소장 복사본).
李晩秀, 『屐園遺稿』, 규장각 한국학연구원 소장본.
李升培, 『修溪集』, 한국고전번역원, 한국고전종합 DB.
李 黿, 『再思堂逸集』, 한국고전번역원, 한국고전종합 DB.
李頤淳, 『後溪集』, 국립중앙도서관 소장본.
李貞運, 『寄軒北征錄』, 국립중앙도서관 소장본.
張 維, 『溪谷集』, 한국고전번역원, 한국고전종합 DB.
鄭元容, 『北行隨錄』, 규장각 한국학연구원 소장본.
鄭象觀, 『谷口園記』, 국립중앙도서관 소장본.
鄭象履, 『制庵集』, 한국고전번역원, 한국고전종합 DB.
鄭宗魯, 『立齋集』, 국립중앙도서관 소장본.
______, 『立齋別集』, 국립중앙도서관 소장본.
趙沐洙, 『舊堂集』 及附錄 1~5, 국립중앙도서관 소장본.
趙秀三, 『秋齋集』, 국립중앙도서관 소장본.
趙希逸, 『竹陰集』, 한국고전번역원, 한국고전종합 DB.
蔡濟恭, 『樊巖集』, 한국고전번역원, 한국고전종합 DB.
洪來輔, 『菊泉遺稿』, 서울대 규장각 한국학연구원 소장본.
洪醇浩, 『半蒼私稿』, 규장각한국학연구원 소장본.
______, 『丹溪漫錄』, 원주 역사박물관 소장본(한국학자료포털사이트 참조).
洪儀永, 『北關紀事』, 규장각한국학연구원 소장본.
洪義浩, 『魯庵稿』, 국립중앙도서관 소장본.
______, 『澹寧瓿錄』, 국립중앙도서관 소장본.
黃皤老, 『白下集』, 국립중앙도서관 소장본.
黃麟老, 『雨坪遺稿』, 연세대학교 학술정보원 소장본.
『朝鮮王朝實錄』, 『承政院日記』 등은 한국고전종합 DB와 국사편찬위원회DB 참조.
晉州姜氏大同譜編纂委員會編, 『晉州姜氏大同譜』 20卷, 晉州姜氏大同譜編纂委員會, 1994.

2. 單行本

강명관 역주, 『漢陽歌』, 신구문화사, 2008.
姜浚欽 著, 민족문학사연구소 한문학분과 역, 『三溟詩話』, 소명출판, 2006.
景志遠, 黃靜林, 김영수 편역, 『간신론, 인간의 부조리를 묻다』, 아이필드, 2002.
高夢贊 지음, 박정민 옮김, 『錦洲先生文集』, 영남선현문집국역총서 41, 한국국학진흥원, 2018.
권태을, 『상주한문학』, 문창사, 2002.
金邁淳, 『列陽歲時記』(1819), 大洋書籍, 1972.
金子相 譯, 『商山誌』, 尙州文化院, 大南印刷社, 2003.
金智勇 번역 주석, 『三都賦와 漢陽歌 그리고 漢陽五百年歌』, 明文堂, 2011.
南景羲 外, 엄형섭 역, 『東南唱酬錄』, 지식을 만드는 지식, 2017.
朴時源 著, 安柾 譯, 朴敦緖 刊, 『국역 逸圃集』, 토우, 2004.
박현욱, 『성시전도시로 읽는 18세기 서울』 −13종 성시전도시 역주−, 보고사, 2015.
石宙善, 『冠帽와 首飾』, 단국대학교 출판부, 1993.
申光洙, 이은주 역해, 『關西樂府』−평안감사가 보낸 평양에서의 1년−, 아카넷, 2018.
申羲澈, 『外案考』, 보경문화사, 2002.
沈慶昊, 『한국 한시의 이해』, 태학사, 2000.
안대회, 『18세기 한국 한시사 연구』, 소명출판, 1999.
안장리, 『조선왕실의 팔경문학』, 세창출판사, 2017.
梁在淵, 任東權, 張德順, 崔吉城 共編, 『韓國風俗誌』, 乙酉文庫 73, 乙酉文化社 1990.
柳得恭, 『京都雜誌』, 大洋書籍, 1972.
윤재환, 『조선후기 근기 남인 시맥의 형성과 전개』, 문예원, 2012.
李能和, 『朝鮮解語花史』, 東文選, 1992.
이우성, 「18세기 서울의 都市的 樣相」, 『한국의 역사상』, 창작과 비평사, 1982.
정원용, 허경진·구지현 옮김, 『국역 경산일록』 6책, 서울 : 보고사, 2009.
陳在敎, 『耳溪 洪良浩 文學 硏究』, 成均館大學校 大東文化硏究院, 1999.
______, 『이조 후기 한시의 사회사』, 소명출판, 2001.
최강현 역주, 『北關路程錄』, 일지사, 1976.
洪錫謨, 『東國歲時記』(1849), 大洋書籍, 1972.
尙州市·郡, 『尙州誌』, 邱一出版社, 1989.
사회과학원 민족고전연구소역, 『漢詩集』 3, 문예출판사, 1985.
서울특별시사편찬위원회, 『서울지명사전』, 2009.

이시다 미키노스케(石田幹之助), 이동철·박은희 옮김, 『장안의 봄』, 이산, 2011.
『洛游帖 국역』, 상주박물관, 호림기획, 2020.

3. 論文

姜錫和, 「함경도지역의 개발과 士族」, 『역사비평』, 역사비평사, 1996.
______, 「19세기 京華士族 洪敬謨의 생애와 사상」, 『한국사연구』 제112호, 한국사연구회, 2001.
강수진, 『조선 초기 漢陽의 문학적 형상 연구』, 이화여자대학교 대학원 박사학위논문, 2019.
______, 「姜浚欽의 『漢京雜詠』에 대하여」, 『한문학보』 41집. 우리한문학회, 2019.
고동환, 「조선시대 한양의 수도성-도시의 위계와 공간표현을 중심으로-」, 『역사학보』 제209집, 역사학회, 2011.
고승희, 『朝鮮後期 咸鏡道地域의 商業 硏究』, 이화여자대학교 대학원 박사학위논문, 2001.
______, 「조선후기 함경도의 交濟倉 운영과 진자공급책의 변화」, 『이화사학연구』 27, 이화사학연구소, 2000.
권태을, 「樓亭의 文壇的 機能 硏究」, 『尙州文化硏究』 第一輯, 尙州文化硏究所, 1991.
______, 「商山詩社(秋水社·竹雨社) 紹介」, 『상주문화』 7호, 상주문화원, 1998.
길지혜, 손용훈, 황기원, 「조선시대 한양도성 蓮池의 입지 및 공간적 특성 고찰」, 『한국전통조경학회지』 33권 4호, 2015.
길지혜, 『한성부 내 蓮池연구-동지, 서지, 남지, 어의동지, 경모 궁지를 중심으로-』, 서울대학교 대학원 박사학위논문, 2017.
김동건, 「澹寧 洪義浩의 燕行錄 연구」, 『한국한문학연구』 73호, 한국한문학회. 2019.
김명환, 『菊圃 姜樸의 文學論』, 경북대학교 석사학위논문, 2003.
김선기, 『항왜 金忠善(沙也可)의 모하사상 연구』, 부산외국어대학교 대학원 박사학위논문, 2011.
김연주, 『星沙 姜時永의 연행록 연구』, 고려대학교 대학원 석사학위논문, 2019.
金烈圭, 「함경도의 정월대보름 민속 '踏橋'놀이」(북한의 민속기행 8), 북한 1986년 4월호(통권 제172호), 135~139면, 북한연구소, 1986.
김영진, 「사대부 문인화가 金箕書의 『和樵謾稿』」, 『고전과 해석』 8집, 고전문학한문학연구학회, 2010.
______, 「澹寧 洪義浩의 燕行에 관한 연구」, 『漢文學論集』 제55집, 근역한문학회, 2020.

김용섭, 「환곡제의 이정과 사창법」, 『동방학지』 34, 연세대 국학연구원, 1982.
金龍泰, 「玉垂 趙冕鎬의 '紀俗詩' 연구」, 『동방한문학』 24권, 동방한문학회, 2003.
김인규, 『澹寧 洪義浩 「丹邱雜詠」연구』, 성균관대학교 대학원 석사학위논문, 2007.
김종태, 「왕실 우애의 표상, 夕陽樓의 성쇠」, 『문헌과 해석』 70권, 문헌과 해석사, 2015.
김주부, 「息山 李萬敷의 學問形成과 交遊樣相 一考察－嶺南 南人系 學人을 중심으로－」, 『한문학보』 19권, 우리한문학회, 2008.
______, 『息山 李萬敷의 山水紀行文學研究 : 『地行錄』과 『陋巷錄』을 중심으로』, 성균관대학교 대학원 박사학위논문, 2010.
______, 「李承延의 생애와 〈嶺對〉에 나타난 영남인식」, 『대동한문학』 37집, 대동한문학회, 2012.
김하라, 「夕陽樓라는 공간」, 『국문학연구』 27권, 국문학회, 2013.
남재철, 「菊圃 姜樸의 詩觀」, 『한국문학연구』 제5호, 동국대학교 한국문학연구소, 2004.
______, 「菊圃 姜樸의 시세계와 세시기속시」, 『한문학보』 13집, 우리한문학회, 2005.
______, 「菊圃 姜樸의 詩에 나타난 조선후기 양반몰락의 한 실상」, 『한문학보』 18집, 우리한문학회, 2008.
동건명, 『姜浚欽의 연행록 연구』, 부산대학교 대학원 석사학위논문, 2020.
맹영일, 『菊圃 姜樸의 生涯와 漢詩 硏究』, 고려대학교 석사학위논문, 2007.
______, 『18세기 전반 백련시단의 형성과 시세계』, 고려대학교 대학원 박사학위논문, 2015.
______, 「국포 강박의 애도시 연구」, 『한국한시연구』 제15권, 한국한시학회, 2007.
______, 「기속시를 통해 본 18세기 민간생활상 : 菊圃 姜樸과 慕軒 姜必愼의 기속시를 중심으로」, 『漢文學論集』 31, 근역한문학회, 2010.
______, 「慕軒 姜必愼의 생애와 문학연구」, 『동양고전연구』 69집, 동양고전학회, 2017.
박무영, 「菊圃 姜樸의 詩學 : 18세기 南人系列의 美的 동향에 대한 연구의 일환으로」, 『한국한문학연구』 제29집, 한국한문학회, 2002.
박수지, 김한배, 이승희, 「조선시대 서울 경관명소 분포와 인식의 비교연구 : 팔경시, 진경산수화, 풍속지를 중심으로」, 『국토연구』 82호, 국토연구원, 2014.
박정민, 「19세기 영남선비의 현실인식과 대응－금주 고몽찬의 산문을 중심으로－」, 『동방한문학』 73권, 동방한문학회, 2017.
박종훈, 「楚亭 朴齊家의 「愁州客詞」一考」, 『東洋學』 제42집, 단국대학교 동양학연구소, 2007.

방현아,『重菴 姜彝天의 漢京詞 硏究－18世紀 서울의 都市的 樣相의 形象化』, 성균관대학교 대학원 석사학위논문, 1993.

_____,「姜彝天과 漢京詞」,『민족문학사연구』 5, 민족문학사연구소, 1994.

_____,「芝園 姜世綸의「漢京雜詠」 硏究」,『한문학보』 41집, 우리한문학회, 2019.

_____,『芝園 姜世綸의 詩文學 硏究－「漢京雜詠」과『北征錄』을 중심으로』, 성균관대학교 대학원 박사학위논문, 2020.

_____,「芝園 姜世綸의『北征錄』으로 본 北關의 人文地理」,『동방한문학』 제85호, 동방한문학회, 2020.

_____,「澹寧 洪義浩의「紫閣二十詠」 硏究」,『漢文古典硏究』 제42집, 한국한문고전학회, 2021.

_____,「澹寧 洪義浩의 金剛山紀行詩 硏究」,『漢文學報』 제44집, 우리한문학회, 2021.

_____,「甪里 高聖謙의「漢城樂府」 연구」,『인문과학』 제86집, 성균관대학교 인문학연구원, 2022.

_____,「半蒼 洪醇浩의 생애와 초기시 연구」,『동방한문학』 제92호, 동방한문학회, 2022.

_____,「皓鄰 姜世白의 생애와 시경향－家乘과 詩社를 중심으로」,『민족문화』 62집, 한국고전번역원, 2022

_____,「19세기 북관기행 한시집『北征錄』연구」,『규장각』 61집, 서울대규장각한국학연구원, 2022.

_____,「尙州지역 詩史의 전통과 그 사적 전개 양상」,『한문학보』 47집, 우리한문학회, 2022.

부유섭,『17~18세기 중반 近畿南人 文壇 硏究』, 한국학중앙연구원 한국학대학원 박사학위논문, 2009.

_____,「菊圃 姜樸의 尙古的 시세계」,『한국한시연구』 18집, 2010.

손찬식,「『山有花歌』 연구－문헌기록으로 본『山有花歌』의 계열과 그 성격」, 인문학연구 33권 3호, 2006.

신두환,「식산 이만부의 성리학과 문예미학」,『東方漢文學』 35권, 동방한문학회, 2008.

신지혜,「菱洋 朴宗善의 京都歲時詞 연구 : 시로 읽는 19세기 초 서울의 세시풍속」, 성균관대학교 대학원 석사학위논문, 2019.

심경호,「국토산하를 노래한 한국한시의 미학적 전통에 대하여」,『한국한문학연구』 18집, 한국한문학회, 1995.

_____,「18세기 중·말엽의 남인 문단」,『국문학연구』 1집, 국문학회, 1997.

______, 「18, 19세기 서울의 도시문화와 연행예술의 역사 지리학적 연구 : 조선후기 시사와 동호인 집단의 문화 활동」, 『민족문화연구』 31권, 고려대학교 민족문화연구원, 1998.
______, 「南涯詩史 해제」, 계명대학교 동산도서관 소장 善本 古書 해제집 1, 계명대학교 동산도서관본, 2007.
______, 「관서·관북 지역의 인문 지리학적 의의와 문학」, 『한국고전연구』 24집, 한국고전연구학회, 2011.
안대회, 「18세기 여성화자시 창작의 활성화와 그 문학사적 의의」, 『한국고전여성문학연구』 4, 한국고전여성문학회, 2002.
______, 「朴齊家의 竟信堂夾袋와 北關風情」, 『한국한시연구』 12, 한국한시학회, 2004.
______, 「성시전도시 9종」, 『문헌과 해석』 통권 46, 태학사, 2009.
______, 「城市全圖詩와 18세기 서울의 풍경」, 『고전문학연구』 제35집, 한국고전문학회. 2009.
______, 「18세기 시사의 현황과 전개양상」, 『고전문학연구』 제44집, 한국고전문학회, 2013.
______, 「새로 찾은 「城市全圖詩」 세편과 「平壤全圖詩」 한편」, 『문헌과 해석』 통권 62, 문헌과 해석사, 2013.
______, 「조선후기 명승자료에 나타난 경관평가」, 『동방학지』 187, 연세대학교 국학연구원, 2019.
안대회, 박진욱, 김세호, 「18세기 한강의 누정 조사 연구－엄경수의 연강정사기를 중심으로－」, 『한국전통조경학회지』 제35권 제3호, 2017.
안장리, 『韓國八景詩 硏究－淵源과 展開를 중심으로』, 한국정신문화연구원 한국학대학원 박사학위논문, 1996.
윤병석, 「이광명(李匡明)의 생애와 '이쥬풍쇽통'에 대하여」, 『어문연구』 5권, 한국어문교육연구회, 1977.
윤지훈, 『東海 趙琮鎭의 散文에 대한 일고찰』, 성균관대학교 대학원 한문학과 석사논문, 2003.
李權熙, 「사대부와 기녀의 시조 수창에 대한 고찰－옥소 권섭과 가련의 경우를 중심으로」, 『동방한문학』 64권, 동방한문학회, 2015.
이미영, 「이매방의 창작춤 '장검무' 고찰」, 『한국무용교육학회지』 제11집 2호, 2000.
이승복, 「柳義養의 유배체험과 그 제시방식」, 『고전문학과 교육』 37권, 한국고전문학교육학회, 2018.
이승수, 「박제가의 北關 風俗誌, 愁州客詞」, 『한국언어문화』 제29집, 한국언어문학학회, 2006.
이원걸, 「후계 이이순의 사상」, 『국학연구』 제23집, 한국국학진흥원, 2013.
이은영, 『崔滋의 「三都賦」 硏究』, 성균관대학교 대학원 석사학위논문, 2005.
이종묵, 「정선의 그림 속에 살던 사람들－〈廣津〉, 〈鴨鷗亭〉, 〈銅雀津〉을 중심으로」, 『국문학연구』 32권, 국문학회, 2015.
이현일, 「삼명시화로 본 18세기 한시사」, 『민족문학사연구』 27권, 민족문학사학회, 2005.
이형성, 「상주지역 퇴계학파의 학문과 사상 : 江皐 柳尋春의 생애와 사상」, 『퇴계학과 유교문화』 50권, 경북대학교 퇴계학연구소, 2012.
이혜순, 「漢詩에 나타난 서울의 형상」, 『문학작품에 나타난 서울의 형상』, 한국고전문학회, 1994.
이희목, 「우리나라 樂府의 敍述 方式」, 『인문과학』 27, 성균관대학교 인문과학연구소, 1997.
임미정, 『松谷 李瑞雨의 詩文學 연구』, 연세대학교 대학원 석사학위논문, 2007.
장유승, 「조선 후기 서북 지역 문인 집단의 성격: 평안도와 함경도의 지역 정체성 차이를 중심으로」, 『진단학보』 제101호, 진단학회, 2006.
______, 『朝鮮後期 西北地域 文人硏究』, 서울대학교 대학원 박사학위 논문, 2010.
______, 「『창해시안(滄海詩眼)』연구의 재검토」, 『한문학보』 42집, 우리한문학회, 2020.
전수연, 「신도팔경의 서경시적 특징」, 『민족문화』 16집, 민족문화추진회, 1993.
정우봉, 「姜彝天의 『漢京詞』에 대하여 : 18세기 서울의 시적 형상화」, 『한국학보』 20권 2호, 일지사, 1994.
______, 「18세기 함흥 기생 可憐의 문학적 형상화와 그 의미」, 『한문교육연구』 제34호, 한국한문교육학회, 2010.
______, 「조선후기 俠妓의 유형과 그 의미」, 『古典文學硏究』 38집, 한국고전문학회, 2010.
______, 「신자료를 통해 본 18세기 白頭山 여행과 그 의미－申光河를 중심으로」, 『대동문화연구』 100권, 성균관대학교 대동문화연구원, 2017.
조은심, 『瀟湘八景圖와 瀟湘八景詩의 비교연구』, 건국대학교 대학원 석사학위논문, 2001.
진재교, 「震澤 申光河의 北游錄과 白頭錄」, 『한국한문학연구』 13, 한국한문학회, 1990.
______, 『洪良浩 詩文學에 있어서 民族情緒의 受容과 形象化－그의 現實主義的 文學의 性格－』, 성균관대학교 대학원 박사학위논문, 1992.

_____, 「구비전통과 이조후기 한시의 변모」, 『고전문학연구』 14집, 한국고전문학회, 1998.

_____, 「口演傳統과 李朝後期 敍事樣式의 變貌」, 『한국한문학연구』 제22집, 한국한문학회, 1998.

_____, 「18세기의 백두산과 그 문학」, 『한국한문학연구』 제26집, 한국한문학회, 2000.

_____, 「瀟湘八景의 轉變과 서울의 八景詩」, 『고전문학연구』 제56집, 한국고전문학회, 2019.

최상근, 『姜浚欽의 『三溟詩話』 연구』, 성균관대학교 대학원 석사학위논문, 2010.

_____, 「林下 李敬儒의 『滄海詩眼』연구－비평을 중심으로－」, 『한국한문학연구』 제59집, 한국한문학회, 2015.

_____, 「삼명 강준흠의 「한경잡영」 연구－자신의 추억과 세태의 변화를 다룬 시를 중심으로－」, 『韓國漢詩研究』 27호, 한국한시학회, 2019.

_____, 『삼명 강준흠의 시문학연구』, 성균관대학교 대학원 박사학위논문, 2021.

최송희, 『後溪 李頤淳의 漢詩 研究』, 경상대학교 교육대학원 석사학위논문, 2005.

최영화, 「『北行隨錄』을 통해 본 鄭元容의 북방 인식」, 『동아인문학』 31, 동아인문학회, 2015.

최진규, 「清의 中國支配와 筆帖式」, 『중국사연구』 46, 중국사학회, 2007.

부록

〈부록 1〉『지원집芝園集』 8책 목록

册	卷	작품 종류	작품 수	작품연대 및 목록
1册	卷1	詩	102제	瀨北甥館次石塘李公萬達韻庚子 ~敬次德祖家藏寶帖韻(1780~1815)
	卷2	詩	101제	谷院滯雨拈愚伏韻~祭罷曉發馬上口號 (1816~1817)
2册	卷3	詩 (漢京雜詠)	40제	「漢京雜詠」 40題, 次伯源寄來韻十五首~又拈五絶二首 (1817~1818)
		詩	66제	
	卷4	詩	123제	陪伯氏繞新婦徃北城與林翁拈唐人韻~德祖次宋明諸賢除夕詩以示步韻却寄(1818)
3册	卷5	詩	98제	夏夜卽事~是日又次東坡餽歲別歲守歲韻(1818, 대부분 卷4와 중복)
	卷6	詩	약 120제[1]	元日簡寄杜中諸君子~山南半畝廬公然官祿費倉儲秋來家屬虛相待詈我申申有鯉書(1819~1821)
4册	卷7	詩 (鍾山錄)	113제	塞下冬歌~須代遣悶六韻(1821~1822)
	卷8	詩 (南歸錄)	53제	十一月十一日交龜復路戱草長歌是日南至宿方垣~謹步伯氏寄來韻(1822)
		詩 (歸田錄)	64제	輓李參判龜雲丈~移席道成菴又拈唐人韻(1823~1828)
5册	卷9	詩	122제	將重理社事簡寄約中諸君子~除日 (1829~1833)
	卷10	詩	101제	送春感懷~踈軒老人柳重吉敗約不至悵然寄一律(1834~1842)
6册	卷11	教書	8편	教平安監司李勉兢書(1805), 教平安監司鄭晩錫書(1811), 教江華留守金相休書(1817), 教統制使徐春輔書, 教忠淸監司權常愼書, 教咸鏡監司朴宗來書,

				敎黃海監司徐能輔書, 敎京畿水使兼三道統禦使喬桐府使尹郁烈書.
		疏箚	11편	辭獻納疏(1802), 辭副校理疏(1805), 辭執義疏(1811), 請遣近臣按覈谷山郡事變仍辭職疏, 論西征帥臣柳孝源擁兵玩愒之罪聯疏後 因臺箚引嫌徑出箚 癸酉 修撰時(1813), 都承旨朴宗薰請推後辭副修撰疏(1816), 請寢徐瀅修洪在敏量移之 命仍辭校理疏(1821), 大行王大妃殿成服後請從權箚, 再箚, 辭刑曹參議書(1829), 辭兵曹參判疏(1840).
		啓	4편	請挍隸李慶郁依秋曹議讞處斷 啓 (1805, 7월 19일), 故掌令鄭宗魯請贈 啓(1816, 8월 24일), 請罷公淸監司李錫奎 啓(1821, 5월 25일), 弘文館慱考 啓(9월 13일).
	卷12	經筵講義十九條	19조	1805, 7월 2일, 3일, 8일, 9일, 14일, 16일, 19일, 20일, 21일, 22일, 8월 21일, 9월 4일 / 1816, 8월 1일, 2일, 21일, 25일, 9월 9일(2), 18일.
		箋	17편	課講比較連三次居魁陞叙謝箋(1786), 應製優等賞賚謝箋(1788, 12월), 正宗 附太廟陳賀箋(1802), 在結城時代兵使, 大王大妃殿王大妃殿上冊寶陳賀箋 代兵使, 大殿嘉禮賀箋 代兵使, 大王大妃殿誕日賀箋(1803)代巡使, 冬至賀箋 代巡使, 大王大妃殿六旬稱慶正朝陳賀箋(1804) 代巡使, 正朝賀箋(1805) 代巡使, 王大妃殿寶齡周甲陳賀箋(1813) 代沁留, 惠慶宮薨逝後進慰箋(1816) 代尙牧, 王世子入學後百官陳賀箋, 王大妃殿患候平復陳賀箋 代尙牧, 兩殿上尊號稱慶賀箋(1828) 代尙牧, 翼宗追崇賀箋(1835) 代尙牧, 大殿誕日賀箋, 嘉禮賀箋(1837) 代尙牧.

		書	4편	與淵嶽書院[2]會中書(1824), 與門中書(1839, 8월 13일), 從孫胄永幣書代伯氏(1808), 從曾孫稷幣書代從姪(1832).
7册	卷13	序	7편	續竹雨社立春詩序(1816), 淵嶽書院古蹟帖序(1828), 東洛泛月詩序, 少輩東江軸詩序(1832), 仁川李氏族譜序, 宗英益寧君昭剛公內外子孫譜後序(1833), 慕軒集序(1840).
		記	1편	忠烈祠旁廟重建記.
		跋	2편	題南厓丹邱軸下方, 書林下翁遺卷後.
		上樑文	14편	太平樓上樑文(1808), 景德祠上樑文(1813), 星山君李公別祠移建上樑文(1817), 宗英商山君中山君世德祠移建上樑文(1818), 露陰山南長寺極樂寶殿重建上樑文(1823), 素履亭重建上樑文(1824), 故侯西厓柳先生遺愛碑閣重建上樑文(1827), 追遠堂重建上樑文(1830), 潁上世德祠上樑文(1831), 北溪趙公別廟重修上樑文(1831), 淸凉精舍上樑文(1832), 鄕校明倫堂重建上樑文, 甲山二肯菴重建上樑文(1836), 寢室移建上樑六偉文(1837).
	卷14	丘墓文	1편	本生高祖考贈戶曹參判素履亭府君[3]墓碑.
		銘	1편	外曾祖考贈吏曹參判行司憲府持平李公.[4]
		墓誌銘	9편	從父寡諧府君[5]墓誌銘, 伯氏弘文館應敎晧隣公[6]墓誌銘, 仲氏[7]墓誌銘, 從姪參奉君[8]墓誌銘, 再從弟參奉君[9]墓誌銘, 仲子婦洪氏壙[10]銘, 族兄僉樞松潭公[11]墓誌銘, 族姪三溟學士[12]墓誌銘,

				漢城右尹朴公墓碣銘.
8冊	卷15	丘墓文	5편	正言黃公[13]墓碣銘 幷序, 參奉李公[14]墓碣銘 幷序, 韓處士[15]墓碣銘 幷序, 金仲章[16]墓碣銘 幷序, 孺人鄭氏[17]墓碣銘 幷序.
		遺事	2편	族女孺人高氏婦[18]遺事, 訓鍊僉正朴公[19]遺事.
		贊卷	1편	金義士贊.[20]
		製進祭祝文	29편	嶺南湖西穀移運時平海郡揮羅浦及東海廟海瀆祭祝文(1812), 明陵幸行親祭時局內各 陵遣大臣攝行祭祝文(1816), 元陵幸行時動駕告由祭祝文(1817), 元陵親祭時局內各 陵遣大臣攝行祭祝, 永禧殿修改移還安告由祝文(1821), 社稷神室修改移還安告由祝文, 文廟修改移還安告由祝文, 玉樞丹劑造時神農壇告由祝文, 大行王大妃殿成服後各告由祝文, 健陵遷奉時各祭奠祝文, 新陵各祭奠祝文, 四門禜祭祭文, 四門再次禜祭祭文, 三次禜祭祭文. 禜祭後報謝祭文, 城隍發告祭祭文, 四郊厲祭祈禳祭文, 山川祈禳祭文, 水原城隍發告祭祭文, 水原厲祭祈禳祭文, 故嘉山郡守贈兵曹判書鄭蓍[21]致祭文(1812), 淸璿郡主回甲日致祭文(1816), 和平翁主錦城尉朴明源[22]遣內侍致祭文, 忠莊公閔林[23]致祭文, 證參議李慶善[24]致祭文, 完豐府院君李曙[25]致祭文(1817), 贈左承旨許輅[26]致祭文, 靑城尉沈能建[27]致祭文, 淸原府院君金時默[28]唐城府夫人洪氏家廟致祭文(1821).
	卷16	進香文	2편	大行王大妃殯殿議政府進 香文(1821), 健陵遷奉時議政府進 香文.

		奉安文	4편	江湖姜氏世德[29]祠奉安文常享祝, 常享祝, 蘓山書院[30]鄭義士好仁[31]奉安文, 愚山書院[32]立齋鄭公陞配時告愚伏先生祝文.
		哀辭	3편	再從弟上舍聖臣世謇[33]哀辭(1807), 崔郎雲秉哀辭(1810), 趙生觀榮哀辭(1819).
		誄	4편	舊堂趙丈沐洙[34]誄(1808), 族兄九遷翁世魯誄, 李幼性秉淳誄, 蹇蹇子李而拱奎鎭誄.[35]
		祭文	16편	祭聘翁文,[36] 祭聘母孺人李氏文,[37] 哭亡侄彲欽[38]文(1818), 祭權享有壽仁文, 祭林翁文(1823), 祭壺谷柳丈範休[39]文(1824), 祭伯氏晧隣公文, 祭申大受景[40]祿文(1826), 祭南厓族侄鳳欽文, 祭兢菴族弟司諫世揆文(1834), 祭修溪李寢郎升培[41]文, 祭堂侄聖化大欽[42]文(1836), 祭洪木齋[43]遷葬文, 祭白下黃上舍磻老文, 社稷壇祈雨祭文, 露陰山祈雨祭文.

1 글씨가 빠진 것과 흐린 것 때문에 정확하지 않은 것이 있어 약 120제라 하였다.

2 淵嶽書院은 경상북도 상주시 지천동에 있다. 조선후기 朴彦誠·金彦健(1511~1571)·康應哲(1562~1635)·趙光璧(1566~1642)·康用良 5인을 추모하기 위해 1702년(숙종28)에 창건한 서원이다.

3 姜 玽(1652~1725)의 묘비명이다. 字는 獻卿, 號는 素履亭, 姜世綸의 高祖父이다. 『晉宗成憲』 卷3, 「高祖 贈嘉善大夫 戶曹判書 兼同知義禁府事 五衛都摠府副摠管 素履亭府君」.

4 李東煥(1681~1752)의 묘지명이다. 字는 囿春, 驪州人, 姜世綸의 外曾祖父이다.

5 姜必恭(1717~1783)의 묘지명이다. 字는 希祖, 號는 寡諧, 父는 姜杭. 姜大欽의 祖父이다.

6 姜世白(1748~1824)의 묘지명이다. 字는 淸之, 姜世綸의 첫째형이다.

7 姜世緯(1752~1795)의 묘지명이다. 字는 仲廉, 姜世綸의 둘째형으로, 처음 이름은 世淸이었다.

8 姜長欽(1770~1834)의 묘지명이다. 字는 穉仁, 自號 半醒. 姜世白의 아들이다.

9 姜世誾(1780~1835)의 묘지명이다. 字는 啓好, 自號는 過菴이다.

10 둘째 며느리(1788~1809) (姜秉欽의 부인)의 묘지명이다.

11 姜世靖(1743~1818)의 묘지명이다. 字는 命初, 號는 松潭. 姜浚欽의 父로 이조판서에 추증되었다.

12 姜浚欽(1768~1833)의 묘지명이다.

13 黃贊熙(1768~1833)의 墓碣銘이다. 字는 襄之, 本貫은 長水이며 尙州 출신으로 1807년 순조7년에 정묘식년시에 급제하였다. 黃磻老와 친척이다. 강세륜과 50여년 동안 호형호제하던 사이이다.

14 李升培(1768~1834)의 묘갈명이다. 이승배의 字는 大彦, 自號는 修溪. 興陽人으로 商州에 거주하였다. 子는 李奎錫, 강세륜과 弱冠의 나이부터 벗으로 지내며 40년 동안 詩史翰墨으로 周旋하였다.

15 韓覲啓(1756~1832)의 묘갈명이다. 字는 能賢, 부인이 姜文煥의 딸이다.

16 金憲慶(1753~1829)의 묘갈명이다. 字는 仲章, 自號는 滄江이다.

17 강세륜의 어릴 때 친구 興陽 李忠彦의 처(1756~1793)의 묘갈명이다. 부친은 滄洲處士 鄭義模이다. 창주공의 有服兄은 山南高士 鄭翼魯이다.

18 高翼修의 처(1767~1819)의 遺事이다. 姜世魯(1737~1814, 字 幼道, 號 九遷翁)의 둘째딸이다.

19 朴璘의 遺事이다. 字는 君獻, 號는 杏窩, 朴慶胤의 長子이다.

20 金紳의 임진왜란 때의 행적을 적은 贊이다. 金紳의 字는 希張, 號는 西齋로, 尙山 金氏이다.

21 鄭蓍(1768~1811)의 字는 德圓, 號는 伯友, 가산군수로 홍경래의 난에 순국하였다.

22 朴明源(1725~1790)의 字는 晦甫, 號는 晚葆亭, 本貫은 潘南, 諡號는 忠僖. 영조의 딸 和平翁主에게 장가들어 錦城尉에 봉해졌다.

23 閔林(1587~1637)의 字는 正甫, 本貫은 驪興, 병자호란 때 광주의 쌍령 전투에서 적군과 싸우다가 전사하였다. 1755년 영사 이정보가 병자호란 때의 척화절인 26인의 치제를 건의할 때 뽑혔다.

24 李慶善(1600~1636)의 字는 君善, 李時發(1569~1626)의 서자, 吳允謙(1559~1636)의 사위이다. 丙子胡亂 때 藍浦縣監이었다. 예조참의를 추증, 정려되었다.

25 李曙(1580~1637)의 字는 任叔, 號는 月峰, 諡號는 忠定, 1623년 인조반정 때 金瑬, 李貴 등과 함께 공을 세워 호조판서에 승진되고 정국공신 1등에 책록되었으며, 完豐君에 봉해졌다.

26 許輅(1598~1637)는 무신으로 평안도 순안현감으로 재직 중 병자호란이 일어나 김화에서 평안도관찰사 홍명구와 함께 전사하였다. 1649년 좌승지에 추증되었다.

27 沈能建(1752~1817)은 영조의 駙馬 沈鼎之의 4남이자 화령옹주의 남편이다. 작위는 青城尉이다.

28 金時默(1722~1772)의 字는 而愼, 정조의 장인, 효의왕후의 아버지로 淸原府院君에 추증되었다.

29 姜世德(1759~1813)의 字는 聖潤, 號는 志齋. 姜必絅의 둘째아들이며, 姜世揆의 兄이다.

30 蕪山書院은 1835년에 건립한 것으로 임진왜란 때 공이 많은 鄭好仁, 鄭好義 형제의 우국충정을 기리고자 지었다. 1929년에 小魯書院으로 이름을 바꾸었다.

31 鄭好仁(1554~1624)의 號는 蘇山, 本貫은 東萊, 鄭節의 8세손이며, 義陵參奉 鄭希鸞의 큰아들이다. 동생은 鄭好義이다. 1832년 호조좌랑에 추증되었다.

32 愚山書院은 1796년 지방유림의 공의로 鄭經世(1563~1633)의 학문과 덕행을 추모하기 위해 창건하여 위패를 모셨다. 그 뒤 鄭宗魯를 추가 배향하여 선현배향과 지방교육의 일익을 담당하였다. 1868년 대원군의 서원철폐로 훼철되어 복원하지 못하였으며 현재 大山樓만 남아 있다.

33 姜世謇(1777~1807)의 字는 聖臣, 生父는 姜必章인데 姜必名을 이었다. 성품이 효성스럽고 우애가 있었으며, 조리 있고 단정하고 고결했다. 1807년 7월 11일 卒했다.

34 趙沐洙(1736~1807)의 문집은 柳尋春과 아들 趙述志가 편찬하고 간행한 『舊堂先生文集』(舊堂集) 10권 5책이 있다. 1786년에 『상산지』 구당본 초책을 지었다.

35 李奎鎭(1763~1822)의 字는 而拱, 自號는 蹇蹇子, 號는 農捿. 農戶, 本貫은 星山. 父는 李敏謙, 母는 姜必默의 딸이다.

36 장인 高禬(1740~1782)의 祭文이다.

37 장모 孺人 延安 李氏(李萬達의 딸)의 祭文이다.

38 姜彲欽(1783~1816)(姜世緯의 二男)이 죽은 것을 곡하였다. 景으로 된 곳도 있다.

39 柳範休(1744~1823)의 字는 天瑞, 號는 壺谷, 本貫은 全州, 父는 참봉 柳道源, 일생 주희, 이황, 이상정의 학문을 확충하는 데 노력하였다. 蔡濟恭, 兪漢人, 李埦, 權訪, 鄭宗魯 등과 두루 교유하였다. 문집은 『壺谷集』이 있다.

40 申景祿은 高靈 申氏로, 생부는 申任權인데 申佑權의 아들로 系하였다.

41 李升培(1768~1834)의 字는 大彦, 號는 修溪, 修溪居士, 本貫은 興陽, 尙州거주, 父는 李坤宅이다.

42 姜大欽(1769~1836)의 字는 聖化. 父는 姜世質, 祖父는 姜必恭이다.

43 洪汝河(1620~1674)의 천장제문이다. 字는 百源, 號는 木齋, 別號는 山澤齋, 本貫은 缶溪(경북 군위), 경성판관, 병조좌랑, 사간 역임, 『木齋集』이 있다.

〈부록 2〉『북정록北征錄』 작품일람作品一覽

1	「九月六日承鍾山除命二十一日因促敎辭陛」	48	「草原驛」	95	「遊仙臺倣懷仙詞」
2	「次金台公穆熙周贈行韻留別」	49	「宿定平次東岳韻」	96	「宿端川主倅李勉大巡相近族也講戚叙誼懽如舊識」
3	「俶兒聲叔次第至將以偕行也」	50	「王愁洞王樂峙」	97	「瞻雲樓」
4	「十月二日發行馬上次杜韻」	51	「咸興途中」	98	「宿麻谷驛」
5	「楊州途中戱占」	52	「萬歲橋」	99	「摩天嶺」
6	「樓院」	53	「豊沛館延 命」	100	「交龜亭」
7	「宿西月廊店」	54	「澄淸閣奉巡相李侍郎勉昇」	101	「登摩天絶頂東北望雪大塊聳出碧宵北人指點曰白頭山山上四時雪不消故又名曰長白蟠據甲山吉州明川鏡城茂山五邑周圍千餘里爲海東諸山之祖上頂立地界碑有大澤其流南爲鴨綠東爲豆滿胡地之混同黑龍松花諸水亦發源于此」
8	「早發」	55	「樂民樓次板上韻」	102	「城津鎭」
9	「場街驛午憩」	56	「又拈」	103	「望洋亭觀日出」
10	「歷龍淵書院訪趙正言象基」	57	「玉簫亭效步虛詞」	104	「觀漁臺」
11	「永平途中」	58	「知樂亭次板上韻」	105	「洗劍亭」
12	「驛人遙指山深水洄處曰白鷺洲」	59	「七寶亭」	106	「朝日軒」
13	「馬上口號」	60	「本宮」	107	「門巖」
14	「宿陽門驛」	61	「盤松」	108	「臨溟驛」
15	「鐵原途中」	62	「慶興殿」	109	「雄城舘感吟」
16	「豊田驛午憩」	63	「讀書堂」	110	「百勝樓」
17	「宿生靑驛」	64	「馳馬臺」	111	「主人防禦尹載鐸携童

					妓蘊玉請解珮辭以老環座諸妓皆青鳥也强勉之翼朝玉戴高髻現爲之一笑賦三五七言」
18	「眞木驛午憩」	65	「可憐」	112	「湯泉」
19	「金城」	66	「將前進愁州別巡相」	113	「明川途中望七寶山」
20	「曉發昌道驛」	67	「宿德山驛俶兒患感劇痛」	114	「宿明川」
21	「新安驛午憩」	68	「咸關嶺」	115	「府伯尹永培契家少年也逢迎道故舊懽然」
22	「麥遷」	69	「宿洪原主倅尹學士永僖三十年前舊識也相對悲咤留贈一律」	116	「□主人挽留一日」
23	「淮陽途中悵望金剛」	70	「吾家甲子事尙忍言哉先時大諫先祖二弟校理監察公俱以佔畢門人被戊午禍謫北路歿而葬於北墓傳疑子孫散在洪原北青利原之間而洪最多抵縣訪之仕於官者數人來見居外村者百餘家云」	117	「鬼門關」
24	「抵淮陽訪知府趙華之琮鎭華之方有病深臥暮向銀溪驛」	71	「趙生」	118	「朱村」
25	「銀溪書事」	72	「穿島」	119	「立石臥石」
26	「鐵嶺次岑嘉州天山雪歌」	73	「海月亭」	120	「在途紀見」
27	「近體次艮翁韻」	74	「節婦巖」	121	「鏡城」
28	「抵高山驛日未斜爲歇脚解鞍」	75	「宿平浦驛北青地兒病越添達宵憂煎」	122	「節度本營」
29	「早發」	76	「北青途中」	123	「晩發鏡城」
30	「安邊途中」	77	「北青」	124	「宿輸城驛」
31	「暮投南山驛」	78	「滯北青遇評事徐學士有素夜話曉聞結緣於	125	「富寧途中」

			童妓一點紅走一絶戲之」		
32	「元山」	79	「看病達曙風雪撲牕」	126	「武陵巖」
33	「門坪」	80	「妓秋月洪剛仲莅府時所眄也相對話舊爲一愴然」	127	「兄弟巖歌」
34	「湧珠里」	81	「話東閣偶題」	128	「富寧」
35	「銘石院」	82	「運籌軒贈兵相金熯」	129	「茂山嶺」
36	「早發文川歷杜驛遙望玉女峯蛾眉山秀麗可愛」	83	「贈主人使君李德汝海淸」	130	「下嶺」
37	「文川途中」	84	「老德書院」	131	「古豐山堡」
38	「午站高原郡」	85	「留青海七日兒病始差其翼前發知府借坐車兵相送牢卒護行」	132	「會寧」
39	「宿和州」	86	「千里堠」	133	「拜東岡書院」
40	「和州奉閱先生案」	87	「宿居山驛」	134	「顯忠祠」
41	「君子樓」	88	「侍中臺」	135	「路上風雪撼地迷天人馬皆凍栗」
42	「濬源殿」	89	「觀音窟」	136	「至月初八抵宿行營明日先考忌辰也遞燭達曙感成一律」
43	「本宮」	90	「利原途中始逢新延以晩待屛之」	137	「宿方垣鎭翼日早發踰朴達嶺」
44	「龍江祠」	91	「萬松坪」	138	「立巖」
45	「府伯畜咸山妓秋香頗解詩有香樓集小冊間多嬋娟語卷中有以無人解芳音爲題者走步其韻贈之」	92	「宿利原」	139	「上官途中」
46	「別府伯在途寄一律」	93	「月波亭」	140	「下馬以上官有日姑寓將廳」
47	「定平途中紀見」	94	「摩雲嶺」	141	「再翼莅政堂堂日逍遙次板上韻」

〈부록 3〉「종산잡록鍾山雜錄」 작품일람作品一覽(『북정록北征錄』 소재)

1	「塞下冬歌」 5首	50	「會寧途中」	99	「東林古城」
2	「官齋謹次在京時伯氏寄來韻」	51	「宿行營登鎭北樓謹次博泉韻」	100	「龍堂辭」
3	「曉起和唐人韻」	52	「還官途中口拈是日三三而社也」	101	「忠烈祠」
4	「冬日至曉坐」	53	「親董防江」	102	「次贈慶源使君」
5	「又步杜韻」	54	「三月六日志感」	103	「次巡相韻題秋江仙軸」
6	「偶次王昌齡出塞韻」	55	「孝禧殿練日望哭志哀」	104	「統軍亭口拈是日試士」
7	「閱贐軸商鄕社中諸人多州字韻謾步」	56	「西將臺武科設場」	105	「午憩黃拓坡堡登立巖」
8	「澹翁寄詩出重陽節閱三月至次謝付撥路」	57	「江築成牛酒犒役丁」	106	「鎭邊樓試士次板上韻」
9	「塞上書懷」	58	「寒食書懷」	107	「戲贈小妓玉山梅」
10	「又拈」	59	「三月晦日」	108	「依斗軒口拈」
11	「監糴」	60	「閏春」	109	「發穩城踰他山嶺」
12	「臘日」	61	「留春詞」	110	「午憩永達堡萬戶李元豊咸興人頗解詩集中多警語」
13	「得鄕書」	62	「秉兒至」	111	「暫憩潼關鎭登城樓」
14	「以邊事往行營歲除前二日也途中口號」	63	「官齋謾次李供奉韻」	112	「途中口拈」
15	「行營」	64	「奉贐使相行部歸轆」	113	「潼關途中」
16	「坐運軒夜讌次工部魏將軍歌贈兵相金守基卽永保亭上舊識也」	65	「會寧舊使君朴令應浩高嶺鎭將沈令日永聯轡來訪留一日劇遊」	114	「還衙」
17	「除日因營撥寄鄕書」	66	「燈夕登受降樓次板上韻」	115	「端陽」
18	「次長蘇別歲韻」	67	「雨餘月出步登受降樓」	116	「發會寧試士行途中卽事五月十一日也」

19	「高達夫除夜詩曰旅館寒燈獨不眠客心何事轉凄然故鄉今夜思千里雙鬢明朝又一年不知古人緣何客千里而詩意政道此此夜懷緖諷詠邑邑遂步其韻」	68	「深夜無眠攬妓命歌」	117	「高嶺鎭嘯月堂和板上韻」
20	「元朝」	69	「爲觀西水羅諸勝歸路將試士沿途諸邑盖職兼六鎭敎養也四月二十二日發向慶源秉兒從馬上口拈」	118	「滌愁軒試士次板上韻」
21	「次司空曙元日早朝韻」	70	「午站鷹谷倉」	119	「觀劍舞」
22	「是日謹次伯氏寄來韻」	71	「驟雨」	120	「沿江堤柳成陰下馬納涼時有吹笛者」
23	「人日次杜韻」	72	「宿慶源」	121	「皇帝塚」
24	「開市淸人自會寧往慶源市抵府留三日接見讌饋有例罷歸又如之前後支送刮一境軍馬邑里騷然上差金倭克經副差金英瑞博氏塔靑阿號三房上副差自言新羅敬順王之後本東國人頗致情欵仕於京爲六品七品職博氏亦有職人云上副差索詩甚苛辭以不嫺索愈力强副之」	73	「晩發途中口號」	122	「還宿高嶺鎭次嘯月堂板上韻」
25	「立春次唐人韻」	74	「紀見」	123	「送鰲山朴使君棄官還京」
26	「又拈」	75	「午站乾原堡次板上韻」	124	「思鄉諸作」
27	「偶題」	76	「宿阿山堡」	125	「遙悼林翁」
28	「上元」	77	「慶興途中」	126	「塞下夏歌」 5首
29	「次長蘇上元夜韻盖蘇在惠州作也」	78	「路傍海棠盛開」	127	「逍遙堂試士和板上韻」

30	「俶兒發科行仍南覲遠將于三峰」	79	「午站撫夷堡登烟臺望彼境八池」	128	「選功令生五十七員課試十五日而罷其歸書事以贐之」
31	「生朝志感」	80	「過雨」	129	「及秋賦歸北來初計也以立秋日合呈三度病牘於觀察營此心預覺浩然散步延賓關和板上韻」
32	「往潼關看審防江形便」	81	「弓浦巖」	130	「七夕之翊乘輿登鎭北樓次板上韻」
33	「念兒行」	82	「慶興館」	131	「移席受降樓又次板上韻」
34	「塞上春寒次醉翁韻」	83	「午站造山堡讀李忠武勝戰碑」	132	「簡寄鏡湖李使君」
35	「塞下春歌」 5首	84	「抵西水羅鎭將卽族人九戚也塞外邂逅其喜可知和板上韻贈之」	133	「逍遙堂觀樂次朴士文宗正板上韻」
36	「兵相將秩滿還京齎壺酒往餞行營」	85	「早登海望臺」	134	「又次東岳韻」
37	「夜偕兵相步月登受降樓評事與焉亦歸客也」	86	「望瑟海」	135	「積雨新霽秋月初圓七月旣望也携妓樂步登雷天閣」
38	「歸路遇風雪宿方垣」	87	「卵島」	136	「翌夜月色如昨復登鎭北樓疊前韻」
39	「發試院行途中口號」	88	「復路馬上口拈」	137	「潼關途中」
40	「宿會寧」	89	「赤島行」	138	「登重巾山城」
41	「馬上口拈」	90	「奉審德安二陵舊碑閣」	139	「爲訪嶺外山水發行馬上口拈」
42	「宿古豊山堡」	91	「赤池詞」	140	「又拈」
43	「踰茂山嶺次李供奉天台韻」	92	「斡東歌」	141	「宿行營諸妓來謁」
44	「抵試院鏡湖半刺李戚南翼青海使君李友德汝幷以試事至喜賦之」	93	「洗釰軒試士口拈」	142	「嶺行」
45	「富春館同兩使君夜話」	94	「聞歌」	143	「向鍾山書院」

46	「送德汝先歸」	95	「西將臺餞筵走艸」	144	「拜院」
47	「科次謹步晦菴試院韻」	96	「午站阿吾地堡途中口號」	145	「龍巖」
48	「罷試歸與鏡倅叙別」	97	「宿阿山堡登將臺流眺」	146	「訪谷泉寺次王勃三覺寺韻」
49	「富寧途中」	98	「午站乾原堡馬上口號」	147	「又次物跡寺韻」

※「종산록鍾山錄」 추가 12제題 (『지원집芝園集』 권7 소재)

1	「塞下秋歌」 5首	5	「行營迎評事朴仲益光錫甚喜口拈」	9	「得罷官報」
2	「赴穩城使君李行敎邀翌偕往黃拓坡將爲立巖之遊也途中口拈」	6	「鏡城半刺李穉鵬以試事來走筆志喜」	10	「穩城使君以親老解官歸贐以一律」
3	「夜歸」	7	「與評事鏡倅設公都會試場」	11	「次唐人大漠行韻贐仲益巡邊」
4	「北關節度歌」	8	「送鏡判先歸」	12	「須代遣悶六韻」

〈부록 4〉 강세륜姜世綸 연표年表

나이	연도	관직 및 주요 사건·특징/연도가 정확한 작품 제목 (작품은 『芝園集』에 연도와 날짜를 정확하게 기록한 작품만 넣었음)
1세	1761년辛巳 (영조37)	尙州 鳳臺里(상주시 신흥동, 현 상주시 상산로)에서 태어남.
15세	1775년乙未 (영조51)	부친 姜必岳이 수습한 원고로 채제공이 목판 『菊圃集』 12권을 간행함.
18세	1778년戊戌 (정조2)	開城高氏 夫人(高禬의 딸)과 결혼.
20세	1780년庚子 (정조4)	『芝園集』 卷1의 첫 시 「灝北甥館次石塘李公萬達韻」을 지음.
22세	1782년壬寅 (정조6)	겨울에 장인 高禬 卒.
23세	1783년癸卯 (정조7)	生員試 增廣試 兵科 17位로 文科에 及第, 奎章閣講製 文臣에 뽑힘, 4월 29일 관직 '事變假注書'를 제수 받음, 姜必恭 卒.
24세	1784년甲辰 (정조8)	첫째아들 姜俶欽 태어남, '秋水社' 문학동인 결성.
25세	1785년乙巳 (정조9)	11월 8일 沈晉賢·李翼晉·金熙朝·成種仁·申馥·趙濟魯·鄭萬始·尹行任·李崑秀 등과 誠正閣에서 나와 시를 지음, 12월 5일 本源의 工夫를 아뢰고 역적을 懲討하는 의리를 논하였으며 還上의 폐단은 守令을 가리는 일로 急先務될 것을 상소함.
26세	1786년丙午 (정조10)	掌令(사헌부 정4품 벼슬), 「課講比較連三次居魁陞叙謝箋」을 지음.
28세	1788년戊申 (정조12)	12월 평안도 江東縣監 제수 받음, 「感君恩」, 「應製優等賞賚謝箋」 (12월)을 지음.
29세	1789년己酉 (정조13)	둘째아들 姜秉欽 태어남.
30세	1790년庚戌 (정조14)	江東縣監으로 4월까지 있었음.
32세	1792년壬子 (정조16)	부친 姜必岳이 통정대부에 임명됨.
34세	1794년甲寅 (정조18)	1월 17일 부친 姜必岳이 동지중추부사에 임명됨, 모친 卒. 추수사시사가 창립된 해.

35세	1795년乙卯 (정조19)	11월 부친 姜必岳(향년72세) 卒.
38세	1798년戊午 (정조19)	초여름에 「敬書帖後」(蓮池契帖)를 지음.
39세	1799년己未 (정조23)	掌令.
40세	1800년庚申 (정조24)	端陽(端午)에 정조께 부채를 하사받고 상자에 보관함.[1]
42세	1802년壬戌 (순조2)	獻納, 영남 남인을 물리치기 위한 疏를 올림, 結城縣監으로 1804년 10월까지 있었음. 「正宗太廟陳賀箋」(宰結城時代兵使), 「辭獻納疏」를 지음.
43세	1803년癸亥 (순조3)	「大王大妃殿誕日賀箋」(代巡使)을 지음.
44세	1804년甲子 (순조4)	弘文錄 회권에 들고 10월 도달록에 오름, '竹雨社' 문학동인결성, 「大王大妃殿六旬稱慶正朝陳賀箋」(代巡使)을 지음.
45세	1805년乙丑 (순조5)	經筵侍讀官, 副校理, 「聖痘歌用李游齋韻」, 「請掖隷李慶郁依秋曹議讞處斷」(7월 19일), 「經筵講義」(7월 2일부터 9월 4일까지 12강의), 「正朝賀箋」(代巡使), 「辭副校理疏」, 「教平安監司李勉兢書」를 지음.
46세	1806년丙寅 (순조6)	1월 16일 李玄用이 나귀를 타고 와서 함께 시를 지음, 12월 庚子에 剛齋 李承延 卒.
47세	1807년丁卯 (순조7)	「剛齋李丈承延挽」과 7首의 歌를 씀, 「再從弟上舍聖臣世譽哀辭」를 지음.
48세	1808년戊辰 (순조8)	「田家月課」 월령체의 13首, 「從孫胄永幣書」(代伯氏), 「舊堂趙丈沐洙誄」, 「太平樓上樑文」을 지음.
49세	1809년己巳 (순조9)	둘째 며느리[2]가 22세의 젊은 나이에 卒.
50세	1810년庚午 (순조10)	弘文錄 회권, 「崔郎雲秉哀辭」를 지음.
51세	1811년辛未 (순조11)	「簡林下李德懋敬儒兼呈愚山」, 「辭執義疏」, 「教平安監司鄭晩錫書」(辛未西亂時以慰撫使陛拜)를 지음.

52세	1812년壬申 (순조12)	副修撰, 上元에는 泮邸에서 穉實 朴時源,[3] 善長 金尚元[4]과, 中秋에 柳象遠, 姜世揆등과 배를 띄워 새벽까지 시를 지음, 「嶺南湖西穀移運時平海郡揮羅浦及東海廟海瀆祭祝文」, 「故嘉山郡守贈兵曹判書鄭蓍致祭文」.
53세	1813년癸酉 (순조13)	修撰, 9월16일 조카와 아들이 과거에 응시함, 「王大妃殿寶齡周甲陳賀箋」(代沁留), 「景德祠上樑文」, 「論西征帥臣柳孝源擁兵玩愒之罪聯疏後因臺箚引嫌徑出箚」를 지음.
55세	1815년乙亥 (순조15)	7월 음력보름에 素履亭에 모여 시를 지음.
56세	1816년丙子 (순조16)	檢討官, 立齋 鄭宗魯 卒, 「元朝試筆」, 「都承旨朴宗薰請推後辭副修撰疏」, 「故掌令鄭宗魯請贈啓」(8월 24일), 「經筵講義」(8월 1일부터 9월 18일까지 7강의), 「惠慶宮薨逝後進慰箋」(代尙牧), 「續竹雨社立春詩序」, 「明陵幸行親祭時局內各 陵遣大臣攝行祭祝文」, 「淸璿郡主回甲日致祭文」을 지음.
57세	1817년丁丑 (순조17)	5월 7일에 성균관 司成이 됨. 修撰, 7월에 교리, 上元에 明府 李晩圭와 달을 감상함, 「歸後林翁書寄一絶走次謝之」 「星山君李公別祠移建上樑文」, 「元陵幸行時 動駕告由祭祝文」, 「完豐府院君李曙致祭文」, 「敎江華留守金相休書」, 홍의호와의 수창으로 「漢京雜詠」을 지음.
58세	1818년戊寅 (순조18)	「次公叙元日唱酬韻」, 「宗英商山君中山君世德祠移建上樑文」, 「哭亡侄彪欽文」을 지음, 姜世靖 卒. 洪大浩 卒.
59세	1819년己卯 (순조19)	「元日簡寄杜中諸君子」, 「趙生觀榮哀辭」를 지음.
60세	1820년庚辰 (순조20)	「伯氏宅社會次東人田家雜詠韻」, 「元日次伯氏韻」을 지음.
61세	1821년辛巳 (순조21)	10월에 鍾城府使로 떠남, 『北征錄』, 「鍾山錄」 저술. 林下 李敬儒 卒, 「請寢徐瀅修洪在敏量移之 命仍辭校理疏」, 「永禧殿修改移還安告由祝文」, 「淸原府院君金時默唐城府夫人洪氏家廟致祭文」, 「大行王大妃殯殿議政府進 香文」, 「勉之誠時辛巳仲春之王日」, 「請罷公淸監司李錫奎」(5월 25일).

62세	1822년壬午 (순조22)	「鍾山錄」, 「南歸錄」 저술함, 함경도 암행어사 趙寅永이 서계를 올려 그 지역 관리들의 비리를 고발할 때 姜世綸도 연루됨, 李奎鎭 卒.
63세	1823년癸未 (순조23)	1월에 석방되어 풀려남, 「露陰山南長寺極樂寶殿重建上樑文」, 「祭林翁文」을 지음. 柳範休 卒.
64세	1824년甲申 (순조24)	형 姜世白 卒, 「與淵嶽書院會中」, 「素履亭重建上樑文」, 「祭壺谷柳丈範休[5]文」을 지음.
66세	1826년丙戌 (순조26)	澹園 洪義浩 卒, 「澹園洪尙書養仲輓」, 「祭申大受景祿文」, 「安平社會拈五絶」, 「西嶽華山歌壽白下翁花甲」을 지음.
67세	1827년丁亥 (순조27)	「故侯西厓柳先生遺愛碑閣重建上樑文」, 「端陽節小集景祠謹次西厓先生古意韻」을 지음.
68세	1828년戊子 (순조28)	悅雲社를 재결성함. 「兩殿上尊號稱慶賀箋」(代尙牧), 「淵嶽書院古蹟帖序」, 「初度日次寢郎姪韻」을 지음, 7월 旣望에 강장흠, 황번로, 조덕, 유심춘과 洛嵒에서 船遊하며 함께 시를 지음,[6] 姜鳳欽 卒.
69세	1829년己丑 (순조29)	「辭刑曹參議書」, 「己丑元日立春也是日以邦 御慶極志三十年聖壽四旬擧賀禮昨年是日又以坤殿寶齡四旬擧賀禮誠我東方无疆之慶也顧賤臣有當寒貞疾前後賀班幷不得赴參不勝耿結之忱次老杜立春韻以識之」 지음, 金憲慶 卒.
70세	1830년庚寅 (순조30)	「生朝次國孫獻詩韻」, 「追遠堂重建上樑文」을 지음.
71세	1831년辛卯 (순조31)	둘째아들이 과거에 합격하여 生員이 됨, 「秉兒榜聲新到白下翁適至拈東人韻共賦志喜」, 「北溪趙公別廟重修上樑文」, 「潁上世德祠上樑文」을 지음.
72세	1832년壬辰 (순조32)	「從曾孫稷弊書」(代宗侄), 「次少輩東江詩軸雜詠韻」, 「淸凉精舍上樑文」, 「少輩東江軸詩序」를 지음, 낙동강에서 舟遊한 시인들의 『洛遊帖』에 차운시를 남김. 12월 李頤淳 卒, 韓觀啓 卒.
73세	1833년癸巳 (순조33)	「龍門小會拈唐人韻」, 「宗英益寧君昭剛公內外子孫譜後序」를 지음, 姜浚欽이 1월 19일에 卒, 黃贊熙 卒.
74세	1834년甲午 (순조34)	「送春感懷」, 「祭兢菴族弟司諫世揆文」을 지음, 李升培 卒.

75세	1835년乙未 (헌종1)	司諫院 嘉善大夫大司諫, 兵曹參判, 「翼宗追崇賀箋」(代尙牧), 「權郞來我月餘歸與吾稷孫有留別贈別詩病中步其韻贐」을 지음.
76세	1836년丙申 (헌종2)	「甲山二肯菴重建上樑文」, 「祭堂侄聖化大欽文」을 지음, 姜大欽 卒.
77세	1837년丁酉 (헌종3)	「嘉禮賀箋」(代尙牧), 「上元漫筆」, 「寢室移建上樑六偉文」을 지음.
78세	1838년戊戌 (헌종4)	淑夫人과 결혼 60주년 回婚宴을 하며 「重牢宴詩」와 幷序를 지음.
79세	1839년己亥 (헌종5)	「與門中」(8월 13일), 「重九日與渾姪季陽上東海寺」를 지음.
80세	1840년庚子 (헌종6)	「辭兵曹參議疏」, 「又次元朝韻」, 「慕軒集序」(姜必愼文集)를 지음.
81세	1841년辛丑 (헌종7)	「元日」을 지음.
82세	1842년壬寅 (헌종8)	1월 16일 「慕夏堂文集序」(金忠善文集), 「雲谷老人金上舍羲壽寄詩善謔反其意謝之」, 「踈軒老人柳重吉敗約不至悵然寄一律」을 지음, 6월 19일 卒(享年 82세).
×	1843년癸卯 (헌종9)	부인 淑夫人 卒(享年 84세).

1 姜世綸, 『芝園集』 卷6, 「端陽 賜扇志感」

2 둘째 며느리(1788~1809)는 豐山 洪氏로 剛仲 洪大浩의 딸이다. 『芝園集』 卷13, 「仲子婦洪氏壙銘幷序」에 보면 1809년 1월 2일에 卒한 것으로 나온다.

3 朴時源(1764~1842)의 字는 穉實, 號는 逸圃, 本貫은 潘南, 『逸圃集』 8卷, 『逸圃集』 卷1, 「和姜文學望鄕臺觀燈韻」, 卷2, 「壺谷柳公範休挽」, 「輓鄭明應必奎」 등으로 이들의 교류를 짐작할 수 있다.

4 金尙元의 字는 善長, 號는 晩星齋, 本貫은 一善, 父는 金龍應, 1800년 문과에 급제, 지평, 정언 등을 지냈다. 鄭宗魯 門下에서 학문을 배웠다.

5 柳範休(1744~1823)의 字는 天瑞, 號는 壺谷, 柳範休는 蔡濟恭, 兪漢人, 李埦, 權訪, 鄭宗魯 등과 두루 교유하였다. 저서로 『泮村問答』, 『師門簡牘』, 『壺谷集』이 있다. 『壺谷集』 卷14에 李頤淳과 姜世綸 등이 쓴 祭文이 있다.

6 柳尋春, 『江皐先生文集』 卷1.

방현아方賢娥

서울 출생.
성균관대학교 사범대학 한문교육과 졸업.
성균관대학교 일반대학원 한문학과 석사, 박사 졸업.
국사편찬위원회 고문서·초서 일반, 고급과정 수료.
성균관대학교, 성신여자대학교 강사 역임.
성균관대학교 문과대학 박사후연구원.
한국고간찰연구회 회원.
현재 성균관대학교에서 강의하고 있다.

주요 논문으로 『重菴 姜彝天의 「漢京詞」 研究 -18世紀 都市的 樣相의 形象化-』, 『芝園 姜世綸의 詩文學 研究 -「漢京雜詠」과 『北征錄』을 中心으로-』, 「姜彝天과 漢京詞」, 「芝園 姜世綸의 「漢京雜詠」 研究」, 「芝園 姜世綸의 『北征錄』으로 본 北關의 人文地理」, 「澹寧 洪義浩의 紫閣二十詠 研究」, 「澹寧 洪義浩의 金剛山紀行詩 研究」, 「甪里 高聖謙의 「漢城樂府」 研究」, 「半蒼 洪醇浩의 생애와 초기시 연구」, 「皓隣 姜世白의 생애와 시경향 -家乘과 詩社를 중심으로-」, 「19세기 북관기행 한시집 『北征錄』 연구」, 「尙州지역 詩社의 전통과 그 史的 전개양상 -秋水社, 竹雨社, 悅雲社와 『洛遊帖』을 중심으로-」 등이 있다.

지원 강세륜의 삶과 시문학

2023년 3월 31일 초판 1쇄 발행

지은이 : 방현아
펴낸이 : 김병환
펴낸곳 : 학자원
주　소 : 서울시 강동구 천호대로 1121
전　화 : 02) 6403-1000
팩　스 : 02) 6338-1001
E-mail : hakjaone@daum.net
등　록 : 2011년 3월 24일 제2011-14호

ISBN 979-11-6247-295-8 93810
값 35,000원